U0714013

十三經注疏校勘記

劉玉才　主編

北京大學出版社
PEKING UNIVERSITY PRESS

爾雅注疏校勘記

〔清〕阮元 總纂
臧庸 分校
唐田恬 整理

目録

整理説明

一、爾雅版本源流梳理

爾雅是我國現存最早的訓詁書，作者不詳，約成於漢初。今傳十九篇，前三篇按照同義歸併古書中的一般性詞語，並用通用詞加以訓釋；後十六篇則分門別類，解釋各種名物。爾雅是解讀經典古義的重要工具書，故自漢代起，就不斷有學者爲之作注。如犍爲舍人、劉歆、樊光、孫炎、李巡等，然其注多已散佚。現存較早的注本爲晉郭璞的爾雅注，後宋人邢昺奉勑校訂爾雅經注，成爾雅疏，合二者即爲流傳甚廣、影響最巨的爾雅注疏。

唐石經共刻有十二部儒家經典，另五經文字、九經字樣二種附刻，其中亦包含爾雅，這就是後世爾雅刻本經文的始祖。五代後唐長興三年（九三二）至後周廣順三年（九五三）年間，國子監以唐石經爲經文底本，合以注文，刊刻九經（實際經數與唐石經同），是爲爾雅雕版印本之始。此後，爾雅的刊刻在宋代得到進一步發展。在經注組合形式上，除了延續刻本時代之前就已經出現的經注本、白文本、單疏本之外，又將經注與疏文合刻，形成注疏本；或將經典釋文與經注合而爲一，形成附釋音本。

這裏依據經注的組合方式列舉數種爾雅存世版本及其館藏位置，以供讀者參考。

單經本（白文本）：唐石經，原石今存西安碑林，民國十五年（一九二六），皕忍堂依拓本影模刻板，成景刊唐開成石經，爲民國時期著名藏書家陶湘代奉系軍閥張宗昌所刻。

經注本：宋刻爾雅三卷，今藏臺北故宮博物院，有一九三一年天禄琳琅叢書影印本。宋刻爾雅三卷釋音三卷，今藏中國國家圖書館，有四部叢刊影印本。

單疏本：宋刻遞修爾雅疏十卷，今藏中國國家圖書館，有四部叢刊續編、續古逸叢書影印本。

注疏本：元刻明修爾雅注疏十一卷，今藏中國國家圖書館等處。

二、爾雅注疏校勘記的承担者及其工作情况

爾雅注疏校勘記由臧庸擔任分校。臧庸（一七六七—一八一一），字在東，號拜經，江蘇武進（今屬常州）人，清代考據學家。盧文弨主常州書院時，往受經學。後入阮元幕，在阮元編修經籍纂詁、十三經注疏校勘記等學術活動中均發揮重要作用。臧庸治學嚴謹，著述頗豐，今有拜經日記、拜經堂文集等書存世。

臧庸同時擔任周禮、公羊傳二經的分校。比對這三種校勘記，以爾雅注疏校勘記的特點最爲突出，最能反映臧庸的治學特點。

爾雅注疏校勘記依唐石經分三卷，每

卷又分上下。釋文校勘記分上下二卷。校勘記共出4598條校記：經注疏部分4198條，其中卷上之上594條，卷上之下819條，卷中之上625條，卷中之下486條，卷下之上966條，卷下之下708條；釋文部分400條，其中卷上212條，卷下188條。

在這些校記當中，詳略分化的特徵非常明顯。一部分校記只是簡單羅列了版本之間的文字差異，其中主要是爾雅的注疏本與底本之間的差異。這部分校記有些甚至只是標識注疏本刪削文字的情況，而這些刪削的文字是由注疏本合併經、注、疏、釋文造成的，並沒有在版本形制或文字內容上造成太多歧義。還有一部分校記除了記載參校各本的異同外，引用了大量文獻對最後的結論加以佐證。這些校記往往徵引豐富，論述詳細，但是失於繁瑣，增加了閱讀難度。某些過於繁雜的校語有賣弄學問之嫌。

三、爾雅注疏校勘記利用的經書版本

爾雅注疏校勘記使用了多種參校版本，計有單經本、經注本、單疏本、注疏本、經典釋文五類十四種，也是十三種校勘記中徵引版本較爲豐富的校勘記之一。臧庸、阮元等人認爲，爾雅一經没有宋刻十行注疏本，校勘記搜羅到的最早的爾雅注疏合刻本是元刻明修的九行本，是本並不具有代表性。因此使用明刻仿宋經注本和宋刻單疏本分別作爲經注和疏文的底本。這是十三種校勘記中較爲特殊的使用兩種版本組合互補而作爲底本的情況。

第一，單經本方面，主要包括唐開成

石經和清代彭元瑞的石經考文提要。

唐石經爾雅三卷，每卷又分上下。唐石經屢經改補，各拓本之間文字多有差異；而且除卻因轉拓造成的訛誤之外，石經本身的質量也存在一定問題。阮元在儀禮石經校勘記序中稱：「唐開成石經所校未盡精審，且多朱梁補刻及明人補字之訛。」❶可見其雖爲雕版經書之經文之祖，但實際上使用時需要非常謹慎。然而此本畢竟是三卷爾雅早期之本，大概出於溯源復古的目的，爾雅注疏校勘記依據唐石經進行分卷，並大量採用了唐石經的內容作爲校勘依據。

彭元瑞所撰石經考文提要爾雅一卷。此書爲乾隆五十九年（一七九四）編撰。乾隆五十七年（一七九二），清高宗下令刻石經於太學，尚書彭元瑞實際主事，阮元亦奉勅充任校勘官，分校儀禮。彭元瑞以毛詩，那彥成以爾雅屬阮元襄助，因此石經考文提要中爾雅一卷亦有阮元的學術成果。爾雅注疏校勘記主要是轉引考文提要所記的版本及文獻信息。

第二，經注本方面，主要包括明仿宋刻爾雅經注和元刻爾雅經注。

明吳元恭仿宋刻爾雅經注三卷。此本每葉十六行，行十七字，爲嘉靖十七年吳元恭校刻。吳元恭，生卒年不詳，字仲內，吳縣（今屬江蘇蘇州）人，嘉靖三十四年（一五五五）舉人。喜藏書，精於校勘。所校有賈誼新書、韓昌黎集、穀梁注疏、爾雅經注等書，均稱善本。校勘記稱此本「間有一二小誤，絕無私意竄改處」，因其不附釋文，而完整保留了郭注中的注音，故稱其所據必是宋刻無疑。臧庸在拜經文集書吴元恭本爾雅書後通過闕筆避諱進一步判斷此本乃仍南宋之舊。因此，爾雅注疏校勘記選擇其爲校勘經注的底本。

元槧雪牕書院爾雅經注三卷。此本具體刊刻時間不詳。每葉二十行，行經十九字，注二十六字。校勘記稱此本「較諸注疏本獨爲完善」，認爲其遠勝郎奎金、鍾人傑所刊之俗本。臧庸對此本極爲重視，曾於嘉慶年間重刻此本，並極言其優於他本之獨得之處。然而今學者董恩林經過比對宋經注本發現，「臧氏所論此本之得未必爲得，而此本之私改則不可不知」。❷可見校勘記雖然極爲重視此本的校勘價值，但實際上有些判斷可能是不夠準確的。

第三，單疏本方面，主要有宋槧爾雅疏一種。

宋槧爾雅疏十卷。此本每葉三十行，行三十字，或多少一字。臧庸、阮元等人極爲重視此本的價值，將其作爲校勘疏文的底本。爾雅注疏校勘記書前「引據各本目録」下稱此本「當脱胎於北宋本」。十三經注疏校勘記凡例中則認爲「爾雅無十行本，而有北宋時所刊之單疏本，爲……邢昺之原書……又在宋十行本之上」。❸然而此本遞經元明刊補，其中多明人補葉，質量較差。

第四，注疏本方面，包括元槧爾雅注疏和此後相沿而成的明閩、監、毛三本以及一些清人校本。

元槧爾雅注疏十一卷。每葉十八行，行二十字。内多明人補葉。補刻質量不高，多有他本不誤而補刻反誤者。注疏本文字質量較好的部分往往與宋單疏本及元雪牕經注本相同，然其中訛字亦不少。由於此本是明代閩、監、毛本的祖本，因此校勘記還是將其列爲重要的參校版本，並試圖通過羅列異文來揭示其與明代三本之間的關係。爲了體現此本的版本細節，校勘記將其中的正德補葉稱爲「正德本」，時間不詳的補葉稱爲「舊本」，希望以此來反映其與元刻的區别。

明代的注疏本中，爾雅注疏校勘記主要選取了閩、監、毛三本。閩本爾雅注疏十一卷，爲明嘉靖閩中李元陽用元刻注疏本重刻。此本雖多有與宋單疏本及元注疏本相合之處，但是增補之字多出臆改，往往不得其當。監本爾雅注疏十一卷，爲萬曆二十一年用閩本重刻。此本較閩本略爲完善，而錯字亦比毛本少。毛本爾雅注疏十一卷，爲明崇禎十三年（一六四〇）用監本重刻而成。此本雖是清時較爲通行之本，但是質量最差。尤其是毛本新刊本，由於輾轉翻刻，文字多難以識讀，修補時又多妄改，以致訛上加訛。

爾雅注疏校勘記還重點使用了浦鏜的爾雅注疏正誤和惠棟、盧文弨的校本。

爾雅注疏正誤是浦鏜所著的十三經注疏正字的一部分。此書是較爲詳贍的通校各經的校勘著作。但是浦鏜不重視版本對校勘的意義，多援引宋人經解回改本經。改動之處往往不當，因此可以作爲校勘依據的内容是有限的。校勘記在使用浦氏的意見時，大多只是將其作爲批評的對象。惠棟校本以毛本爲工作底本，利用説文解字、唐石經等較古文獻，訂正流通俗本的錯訛。盧文弨校本綜合了多家校記的長處。惠校與盧校這兩種校本的意見多爲校勘記採納。

第五，經典釋文主要包括明葉林宗影鈔宋本及盧文弨的爾雅音義考證。

與爾雅注疏校勘記相比，爾雅釋文校勘記在形式和内容上都有特殊之處，所有校勘記全部爲加「〇」按語，有時加「〇」按語疊加出現（一條校記中包含兩條加「〇」按語），而這些都是爾雅注疏校勘記的經注疏部分不曾出現的現象。爾雅注疏校勘記幾乎不使用目録所羅列的這二種釋文版本；同時，釋文校勘記也很少使用前四類版本内所附入的釋文作爲校勘依據。因此，釋文的校勘可以視爲一個獨立環節。經典釋文校本的選擇與校勘的具體工作都與注疏部分的校勘記有很大不同。

明代没有經典釋文的單行本。崇禎年間，震澤（今屬江蘇蘇州）葉林宗以錢謙益絳雲樓所藏宋本影寫，其中雖多有訛誤，但是頗受清代衆多學者的重視。清朝徐乾學取此本刻入通志堂經解，盧文弨又刻之抱經堂。徐本和盧本雖然修訂了葉鈔本的部分錯誤，但是也有顛倒是非、棄瑜取瑕的地方。因此，校勘記還是選擇葉鈔本作爲底本，同時也參考了徐氏、盧氏的意見。

校勘是一門綜合性的學問。廣泛而合理地運用各種善本，是校勘學的治學利器。總體説來，爾雅注疏校勘記較爲重視版本學對校勘的作用，主要體現在：其一，較爲全面地運用了爾雅注疏的常見版本。其二，注意考辨版本形式，記録了很多版本的細節信息。其三，注意到經、注、疏、釋文以及其他文獻使用爾雅底本的區別，因而能夠正確地處理因底本差異産生的異文。

但是，比對目前國內主要的圖書館藏與重要的版本目録可以發現，阮元雖然自稱廣搜衆本，卻仍有一些重要版本沒有利用或見到，這也是不能回避的事實，我們應該辯證地看待爾雅注疏校勘記在版本學方面的經驗與不足。

四、校勘理念

阮元在校勘記凡例中記述了他使用的各種經書版本和參考文獻的特點，但是並沒有很明確地説明各經的校勘理念和工作原則。根據爾雅注疏校勘記的具體內容，可以知道阮元等人的校勘原則和方法是比較科學謹慎的。這裏簡單舉例以對爾雅注疏校勘記的校勘理念進行總結。

（一）區分古今字、正俗字

阮元在主持編寫十三經注疏校勘記時，盡可能多地搜集了當時常見的具有代表性的版本，因此，校勘記在異文材料十分充分的基礎上，成功地運用了對校方法，成爲了這種校勘方法的實踐典範。校勘記不僅針對所選底本進行了較爲細緻的校勘，而且廣校衆本，兼以標識他本之誤。爾雅注疏校勘記在羅列異文及文字錯誤的同時，已經有意識地區分古今字、正俗字，辨析通假字。

爾雅注疏校勘記辨析古今字時，區分古字與今字的差異，如：

卷上之上「縱横家者流」：舊本同。閩本、監本、毛本「縱」作「從」，與漢書合。按，「從」、「縱」古今字。

考察不同時代用字特點的，如：

卷中之上「二達謂之歧旁」：唐石經、單疏本、雪牕本、注疏本同。釋文作「歧旁」，字從止。一切經音義卷二十「歧路」下引爾雅「二達謂之歧旁」。五經文字云：「俗以歧爲山名，别作歧路字，字書無。」按，玉篇止部「歧，翹移切，歧路也」，廣韻五「支」「岐，山名。歧，歧路」，是六朝以來歧路字多從止矣。

同時，校勘記對待古今字的態度是辯證的，認爲後出版本自有其刊刻時代的文字特點，不必盲從古字，如：

卷中之上「因以簿圍捕取之」：單疏本同。雪牕本、注疏本「簿」作「薄」。按，詩潛正義及廣韻五十二「沁」引此注皆作「簿圍」，蓋相傳舊本如是。今本作「薄」，係近人改從古字耳。

除了區分古今字，校勘記還有大量區分正俗字的内容，如：

卷上之上「晊」：唐石經、單疏本、雪牕本同。釋文：「晊，舊音之日反，本又作『至』，又作『胵』。」按，史記司馬相如列傳「爰周胵隆」，徐廣曰「胵，蓋字誤，或爲『郅』。北地有郁郅縣。郅，大也，音質」，索隱曰「郅，至也。樊光云『郅，可見之大也』」。今本史記「胵」、「郅」字互誤。漢書注「文穎曰『郅，至也』」。○按，作「郅」、作「胵」、作「晊」者，皆「至」之轉寫譌俗，漢魏人所爲也，而「晊」字僅見後漢書人名。

卷上之下「僶繩音義同」：閩本、監本、毛本「僶繩」倒。元本誤作「僶憴」。〇按，「繩」正字，「憴」俗字也。

校勘記還注意辨析假借字，如：

卷上之上「易之嗛嗛」：正德本、閩本同，與漢書合。監、毛本改作「謙謙」。按，易釋文「謙，子夏傳作『嗛』，云『嗛，謙也』」，言「嗛」爲「謙」之假借字也。班志所用正韓嬰易。此本舊亦描改爲「謙」，今訂正。

卷上之下「蓋割裂也」：唐石經、單疏本、雪牕本同。釋文：「蓋，古害反，舍人本作『害』。」按，書呂刑「鰥寡無蓋」，即「害」字之借，言堯時鰥寡無害也。釋名「害，割也」，書堯典「洪水方割」，大誥「天降割」之類，皆「害」字之借。「割」與「蓋」亦音相近，書君奭「割申勸寧王之德」，鄭注緇衣云「割之言蓋」是也。

但是，校勘記對於通假字的態度是審慎的。對於一些難以決斷的用字，校勘記反復推理，辨析源流，並不簡單判斷成通假來敷衍了事，如：

卷下之上「蘻由胡」：唐石經、雪牕本、注疏本同。釋文：「蘻，音繁，本今作『繁』。」按，「繁」當作「蘻」。此「蘻由胡」與上「蘻皤蒿」一也，字皆從艹。傅崧卿本夏小正「蘻，由胡。由胡者，繁母也」，上「蘻」下「繁」，最有區別。春秋隱三年正義及邢疏「蘻皤蒿」皆引陸機疏曰「夏小正『蘻，游胡』」。今本夏小正亦作「繁」，皆俗寫流傳，失其本真，非古字通也。詩采蘻字亦從艹。

（二）區別經注疏的用字

在此基礎上，校勘者已經認識到由於

經書、經注及疏證的成書與刊刻時間都不同，因此，十分容易形成文字的差異。古今字、正俗字的存在，不應該簡單歸結爲正誤問題，在校勘過程中强行尋求一致，湮没異文。校勘者較爲注意區分經、注、疏的文字區别，反對依注改經。如：

卷上之下「矜」：唐石經、雪牕本、注疏本同。單疏本作「矝」。釋文：「鹷，音矜，本又作『矜』。」按，廣雅釋詁一「鹷，哀也」，玉篇鹵部「鹷，苦也」，皆本此經。蓋經作「鹷」，注作「矜」，後人轉寫亂之。

卷中之上「故謂之消雪」：雪牕本同。邢疏云「霄即消也」，注疏本作「謂之霄雪」，一脱一誤。按，此經作「霄」，注作「消」。釋文「霄音消，本亦作『消』」，蓋援注改經，未審經注異文之致，自陸氏作釋文時已然矣。

（三）還原隱藏版本

除了注意辨析經、注、疏因爲古今差異和正俗體差異而形成的文字區别外，爾雅注疏校勘記還意識到隱藏版本的存在。即鄭注、賈疏以及其他一些引用材料所依據的版本實際上已經存在文字差異，因此不能强行劃一，力圖「以賈還賈，以陸還陸」。如：

卷上之下「桄」：唐石經、單疏本、雪牕本同。釋文：「桄，孫作『光』，古黄反。」按，説文「桄，充也」，與「横，闌木也」連文。「桄」、「横」字通，鄭注禮記樂記、孔子閒居皆云「横，充也」，此其證。尚書「光被四表」，漢書王莽傳、後漢書馮異傳皆作「横被四表」，蓋作「桄」、「横」者爲今文，作「光」

者爲古文。孔傳堯典云「光，充也」，與孫叔然本合，賈逵云「古文應讀爾雅」，是爾雅本作「光」也，作「桄」者蓋李巡本。

卷上之下「緜緜穮也」：唐石經、單疏本、雪牕本同。釋文「麃，字書作『穮』」，引説文、字林皆從禾。詩載芟「緜緜其麃」，毛傳「麃，耘也」，釋文「緜緜，如字，爾雅云『麃也』」，正義曰「釋訓『緜緜麃也』」，據此知詩經、爾雅、毛傳皆作「麃」。陸、孔所據釋訓字皆不從禾，自唐石經據字書增加，而今本承之。

（四）反對全據他書輕改本經

爾雅注疏校勘記除了廣泛運用對校方法以外，還大量運用了他校的方法，徵引大量文獻材料作爲旁證，從而使校勘論證更加充分，結果更加準確。更加可貴的是，校勘者注意到這些文獻只能作爲補充材料，而不能片面依靠他書材料輕易改經，因此反對全據他書以改本書。如：

卷上之下「水濡民狎而翫之」：注疏本同。浦鏜依今左傳作「水懦弱」，云脱「弱」字。按，偶少一字，亦可不補。

卷中之上「則共其金版」：注疏本作「供其金鈑」，係依郭注改。正德本亦作「共」。單疏本引爾雅注作「即供今鈑」，引周禮作「共其金版」，各依本文，不彼此互改，故足貴。

（五）慎改本書

對於改動經書文本，阮元採取了比較謹慎的態度。其在江西校刻宋本十三經注疏書後稱：「刻書者最患以臆見改古書。今重刻宋板，凡有明知宋板之誤字，亦不使輕改，但加圈於誤字之旁，而別據校勘記擇其説，附載於每卷之末，俾後之學者不疑於古籍之不可據，慎之至也。」❹因此，對於校勘出的種種錯誤，爾雅注疏校勘記一般只是列出校記，而並不改動出文原來的文字面貌。同時，對於前人一些没有根據的經文改動，校勘記採取了批判性的態度。

然而爾雅注疏校勘記中還是有一些直接改動原文的地方。

如：卷上之下「窕」：釋文、唐石經、單疏本、注疏本同。雪牕本及此本作「窕」，訛，今訂正。

卷中之上「耨及定當是一器」：注疏本「耨」上有「鎛」字。按，自引廣雅「定謂之耨」至毛傳「鎛，耨也」，皆言「耨」以釋經之「定」，故云「耨及定當是一器」。詩正義則釋毛傳，不釋爾雅，故云「鎛、耨當是一器」。淺者據此增「鎛」於「耨」上，誤甚。此本舊有「鎛」字，係剜擠，今删正。

同時，不能否認，校勘學者在實際的校勘中仍然存在過於自信，輕易排斥他説的研究心態，就爾雅注疏校勘記的具體内容而言，「淺人」、「妄改」之語比比皆是。尤其是對待浦鏜的校勘意見，多以帶有强烈主觀色彩的語言進行貶斥，而這是在規範嚴謹的校勘記中不應出現的現象。

五、結語

爾雅注疏校勘記是清代爾雅注疏的重要研究著作。我們不能否認，校勘記本身存在着一些問題，如校勘内容的錯誤，版本價值判斷的失誤等等。後續也有不少學者對此書進行了修正補改。但是，校勘記仍然是經學史上一部不能繞開的重要著作，它是我們研究爾雅注疏的重要參考資料，是我們考察清代爾雅存世文本的重要依據；同時，校勘記的編修體例、工作方法、校勘理念對今日我們構建新的善本和經典的校勘活動提供了很好的參考標準，具有極强的示範意義。

筆者分任爾雅注疏校勘記的整理工作，對本書的整理主要包括：對校勘記每卷下的校記進行逐條標號，加以新式標點，比對文選樓本和江西南昌府學本的差異並撰寫校記等。具體整理方法一仍全書凡例，兹不再一一贅述。

唐田恬

❶ 清阮元撰，鄧經元點校揅經室集，中華書局，一九九三年，頁四一。
❷ 文獻季刊二〇〇〇年一月第一期，頁六〇。
❸ 續修四庫全書影印文選樓本十三經注疏校勘記，册一八〇，上海古籍出版社，一九九五年，頁二八六。
❹ 清阮元撰，鄧經元點校揅經室集，中華書局，一九九三年，頁六二〇。

爾雅注疏校勘記序

爾雅一書，舊時學者苦其難讀，今則三家村書塾尟不讀者，文教之盛，可云至矣。爾雅注郭氏後出，不必精審，而從前古注之散見者，通儒多愛惜攟拾之。若近日寶應劉玉麐、武進臧庸，皆采輯成書可讀。邢昺作疏，在唐以後，不得不綷唐人語爲之。近者翰林學士邵晉涵改弦更張，別爲一疏，與邢並行，時出其上。顧邢書列學官已久，士所共習，而經注疏三者皆譌舛日多。俗閒多用汲古閣本，近年蘇州翻版尤劣。臣元搜訪舊本，於唐石經外得明吴元恭仿宋刻爾雅經注三卷，元槧雪牕書院爾雅經注三卷，宋槧爾雅邢疏未附合經注者十卷，皆極可貴。授武進監生臧庸，取以正俗本之失，條其異同，纖悉畢備。臣復定其是非，爲爾雅注疏挍勘記六卷。上、中、下三卷，各分上、下卷。後之讀是經者，於此不無津梁之益。陸德明經典釋文，此經爲最詳，仍別爲挍訂譌字，不依注疏本，與經注相淆。若夫爾雅經文之字，有不與經典合者，轉寫多岐之故也。有不與說文解字合者，說文於形得義，皆本字本義；爾雅釋經則假借特多，其用本字本義少也。此必治經者深思而得其意，固非挍勘之餘所能盡載矣。臣阮元恭記。

引據各本目録

單經本❶

唐石經爾雅三卷首載郭序。每卷標篇目，下題「郭璞注」。每行十字，卷上釋詁第一，釋言第二，釋訓第三，釋親第四。卷中釋宮第五，釋器第六，釋樂第七，釋天第八，釋地第九，釋丘第十，釋山第十一，釋水第十二。卷下釋草第十三，釋木第十四，釋蟲第十五，釋魚第十六，釋鳥第十七，釋獸第十八，釋畜第十九。大致與今本同。非特較陸氏釋文迥然不侔，即與邢疏本亦有異。如釋天，石經作「析木謂之津」，而邢本作「析木之津」，云定本有「謂」字，因注誤。釋地，石經作「下者曰溼」，而邢本作「下者曰隰」，云「本作溼，誤」。舉此，知今本承石經之誤者多矣。

國朝石經考文提要爾雅一卷乾隆五十六年校刊石經，據宋元舊刻多所訂正。尚書彭元瑞撰輯此篇，每經爲一卷。

經注本

明吳元恭仿宋刻爾雅經注三卷嘉靖十七年秋七月，東海吳元恭挍刊。有後序。每葉十六行，每行十七字。卷首標目同唐石經。卷末總計經若干字，注若干字。間有一二小誤，絶無私意竄改處。不附釋文，而郭注中之某音某，完然無闕，爲經注本之最善者，必本宋刻無疑。今以此爲據，間參用陳本以證其同。陳本者，明陳深十三經解詁本也。較此多印合，而微有删改處。如釋詁注云「其餘義皆通見詩、書」，陳本作「其餘義見詩、書」。「嗟咨𧹞也」注云「音兔罝」，陳本删此三字，不若吳本之可據也。今作挍勘記，以此本爲據，凡摘書經注皆用此本，凡札記經注云「此本」者，謂此也。

元槧雪牕書院爾雅經注三卷無年代可考。首署「雪牕書院挍正新刊」八字，故稱雪牕本。字體與唐石經同。每葉二十行，每行經十九字，注二十六字。注下連附音切，於本字上加圈爲識。較諸注疏本獨爲完善。釋畜「駣牝驪牝」與經義雜記合。釋蟲注「蠠蠿桑樹」與釋文合，而今本釋文亦誤。若「女桑桋桑」之作「姨」，「四蹢皆白首」之作「騚」，釋草注「音繾綣」之作「音丘阮」，皆其私改，又不可不知者。然較之俗所行郎奎金、鍾人傑等刊本，則遠勝之矣。郎、鍾等本隨意增删竄易，更不可據。

單疏本

宋槧爾雅疏十卷宋史藝文志、玉海皆十卷。俗本注疏分十一卷，非。卷一釋詁，卷二釋詁下，卷三釋言，卷四釋訓、釋親，卷五釋宮、釋器、釋樂，卷六釋天，卷七釋地、釋丘、釋山、釋水，卷八釋草，卷九釋木、釋蟲、釋魚，卷十釋鳥、釋獸、釋畜。每卷標目，首署邢氏名銜。每葉三十行，每行三十字，或多少一字。經注或載全文，或標起止，皆空一格，下稱「釋曰」。此當脱胎北宋本，中有明人刊補者，最劣。今作挍勘記，以此本爲據，凡摘書疏本皆用此本，凡札記疏文云「此本」者，謂此也。

注疏本

元槧爾雅注疏十一卷卷一釋詁分上、中、下，卷二釋言，分卷下，卷三釋訓、釋訓下、釋親，卷四釋宮、釋器下、釋器，卷五釋樂、釋天下、釋天，卷六釋地、釋丘，卷七釋山、釋水，卷八釋草，分卷下，卷九釋木下、釋木、釋蟲，卷十釋魚、釋鳥下、釋鳥，卷十一釋獸、釋畜。分卷極無理。閩本正襲此。每葉十八行，經每行二十字，注及疏低一格，亦每行二十字。經下載注雙行，不標「注」字。疏標陰文「疏」字。内多明人補刻板。其佳者往往與單疏本、雪牕本印合，而訛字極多，不勝指摘。今第取其是者，及與閩、監、毛三本有相涉者，證其同異云。

明閩本爾雅注疏十一卷明嘉靖間閩中御史李元陽刊。分卷及疏文脱落處，悉與元板同。知此本出於元板也。其佳者多與單疏本、元本合。而增補之字多不得當，剜擠之痕灼然可考。監、毛本則照此排匀矣。每半葉九行，每行經二十一字，注及疏低一格，每行二十字。經下載注單行居中，標陰文「注」字。分經、注、疏爲大、中、小三等字。

明監本爾雅注疏十一卷萬厤二十一年刊。每卷首署「皇明朝列大夫國子監祭酒臣曾朝節、司業臣周應賓等奉勑重較刊。皇明朝列大夫國子監祭酒臣吴士玉、承德郎司業仍加俸一級臣黄錦等奉旨重修」。行數、字數與閩本同。惟分「印吾台予」以下爲釋詁下。餘篇不分上下。注用小字，單行偏右。較閩本爲完善。誤字亦較毛本爲少。

明汲古閣毛本爾雅注疏十一卷崇禎庚辰古虞毛晉刊。經、注、疏亦分大、中、小三等字。合釋詁爲一篇。其餘行欵與監本同。此世所通行者，而錯誤極多。❷

國朝浦鏜爾雅注疏正誤三卷嘉善浦鏜撰。據毛本及他書徵引之文以意參挍。其所改正之字，多未可信。

國朝惠棟爾雅注疏挍本十一卷元和惠棟挍本。

多以説文、釋文、唐石經等訂俗本之訛。

國朝盧文弨爾雅注疏挍本十一卷餘姚盧文弨挍本。以釋文及衆家説參挍。

經典釋文

明葉林宗影抄宋本經典釋文爾雅音義。共二卷，上、中一卷，下一卷。

國朝盧文弨爾雅音義考證二卷盧文弨撰。

校記

❶原誤作「單疏本」，據南昌本改。

❷南昌本校語「行欸」誤「徐欸」。

爾雅注疏校勘記卷上之上

01a—001

爾雅疏敘　正德本、閩本、監本、毛本改作「爾雅註疏序」。○「註」字正德本作「注」，閩、監、毛本作「註」，非。此經有元板注疏十一卷，爲閩、監、毛本之所從出。元板有闕頁，明正德年補刊者，今稱正德本是也，有補刊而不著正德年者，今但稱舊本是也，分別稱之以明其與元刻有間耳。疏文以宋槧單疏本爲據，經注以明嘉靖十七年東海吴元恭翻刻宋本爲據。

002

翰林侍講學士朝請大夫守國子祭酒上柱國賜紫金魚袋臣邢昺等奉勑校定　此本十卷，每卷篇題前著名銜如此，上空三格，「勑」字提行，下文「今既奉勑校定」同，正德本亦然。又正德本、閩本、監本、毛本「子」誤「賜」。

003

誠傳注之濫觴　正德本同。閩本、監本、毛本「注」改「註」，非。段玉裁云：「傳注字必從水，即六書之轉注，引伸其義有所歸，如引水注於江海也，凡記註字則從言，明人盡改『注』爲『註』。張參云『註與訓注字同』，則唐時已昧昧矣。」

004

夫混元闢而三才肈位　正德、閩、監、毛四注疏本「肈」改「肇」。❶

005

豹鼠既辨　正德本、閩本、監本同。毛本「辨」作「辯」，蓋依唐石經爾雅序所改，此本下釋郭序亦作「豹鼠既辨」。

006

臣崔偓佺　注疏本「偓」誤「㦍」。按，説文：「偓，偓佺也，从人，屋聲。」

007

爲之疏釋凡一十卷　注疏本删下四字。按，宋史藝文志及玉海藝文皆十卷，鄭樵通志載爾雅兼義十卷，即此書。兼義者，以經注本兼合義疏也。後人分爲十一卷，因删此四字。○按，今周易注疏首標周易兼義，葢宋之淺人作此名目。

008 雖上遵睿言　「睿言」提行，正德本同，閩本、監本、毛本不提。

009 爾雅疏卷第一　敘後載疏即題此，注疏本别置邢敘於前，改此爲「爾雅註疏卷第一」。

010 辨章同異　正德本同。閩本、監本、毛本「辨」改「辯」，與釋文序錄合，此與下文「辯言小辯」有别。

011 日昊不食　注疏本「昊」改「昃」。

012 或言叔孫通所補　閩本、監本同。正德本脱「孫」字，毛本倒作「孫叔通」。

013 或言沛郡梁文所著　監本「或言」下衍「是」字。閩本、毛本作「或言是沛郡梁文考」，正德本作「或言沛郡梁文考」，廣雅序作「或言刜郡梁文所考」，皆誤。按，玉海藝文所引與此本同。○按，「刜」系「郙」之誤。❷

014 夫爾雅之爲書也　注疏本脱「之」。

015 真九經之檢度　注疏本「九」誤「七」。

016 序與緒音義同　浦鏜云「敘」誤「緒」。

017 五自英儒贍聞之士至序末惣序己所以作注之意也　注疏本脱「至」字，「惣」作「總」，下準此。惣者，唐人俗字，此字从牛，甚無謂也。

018 辯同實而殊號者也　單疏本、雪牕本、注疏本同。唐石經「號」作「号」。

019 夫爾雅至同實而殊號者也○釋曰此明其用也　注疏本改「釋曰」二字作方匡「疏」字，通書皆然；又删「夫爾雅至同實而殊號者也」十一字，因注疏本另載郭序，故删以避複，然失邢氏真面目矣。凡「釋曰」上及標注起止上，此本皆空一字，元本於「釋」、「注」上亦然，今倣他經注疏例，加圓圈間之。❸

020 **故嗟嘆之** 正德本同。閩本、監本、毛本「嘆」作「歎」，係依俗本毛詩改。

021 **故永歌之** 正德本同。閩本、監本、毛本「永」誤「詠」。

022 **亦此意也** 注疏本「亦」上衍「蓋」。

023 **凡物雖殊其號** 正德本脱「凡」，閩本、監本、毛本改作「事物」。

024 **誠九至苑也○釋曰此明其樞要也** 注疏本刪上七字。

025 **後進循之** 漢書同。注疏本「循」誤「脩」。

026 **然後知秉要執本** 注疏本同，與漢書合。浦鏜改「執」爲「埶」，讀「秉要埶」絶句，誤甚，浦書此類極多，不及盡正。

027 **易之嗛嗛** 正德本、閩本同，與漢書合。監、毛本改作「謙謙」。按，易釋文「謙，子夏傳作『嗛』，云『嗛，謙也』」，言嗛爲謙之假借字也。班志所用正韓嬰易。此本舊亦描改爲「謙」，今訂正。

028 **法家者流十家** 注疏本衍作「十二家」。按，漢書云右法十家。

029 **先王以明罰飭法** 舊本同，與漢書合。閩本、監本、毛本「飭」作「勑」，依今易所改。按，易釋文云「勑法，恥力反」，此俗字也。

030 **縱横家者流** 舊本同。閩本、監本、毛本「縱」作「從」，與漢書合。按，「從」、「縱」古今字。

031 **説文云鈐鏁也** 注疏本脱「云」。○按，説文無此語，不知邢氏何據，説文亦無「鏁」字。

032 必開通之　舊本同。閩本、監本、毛本「通」改「導」。

033 足以掇其英華　舊本「足」誤「兄」，閩本、監本、毛本改作「凡」。

034 若乃至爾雅○釋曰此言其博物也　×　注疏本刪上七字。

035 又能多識辨於鳥獸草木之名者　元本同。閩本、監本、毛本「辨」改「辯」。

036 又案公羊傳　注疏本「又」誤「也」。

037 莫近諸春秋　元本、閩本同。監、毛本「諸」改「於」。

038 豹鼠既辯　唐石經、雪牕本、注疏本同。單疏本「辯」改「辨」，元板疏中亦作「辨」。

039 爾雅至亦顯○釋曰此言興隆之時也　×　注疏本刪上七字。

040 經典通以伏犧爲上古　元本同。閩、監、毛本「犧」改「羲」。

041 周公亦可言中古　元本同。閩、監、毛本「言」改「爲」。

042 戰國陵遅　元本同。閩、監、毛本「遅」改「遲」，下準此。❹

043 故曰隆於漢氏也　元本同。閩本、監本、毛本「曰」改「云」。

044 雖註者十餘　唐石經、單疏本、雪牕本、注疏本同。釋文「註，之戍反」，字皆從言，或疑當作「注」，非也。按，五經文字言部「註，竹句反，與訓註之註義同」，一切經音義卷六云「註記，廣雅『註，疏也，識也』，字林『註，解也』，通俗文『記物曰註』」，可證郭景純本用言旁字。考石臺孝經序「劉炫明安國之本，陸澄譏康成之注」，又「敷文約暢，義則昭然。分註錯經，理亦條貫」，「注」、「註」二字畫然有別，開成石經同。○按，唐人已有將傳注字譌作「註」者。要之，「注」是正字，「註」是俗字也。

045 **用袪未瘏**　單疏本、閩、監本同，釋文亦作「袪」字，從衣；雪牕本、元本、毛本作「祛」，非，唐石經闕。

046 **英儒至序末○釋曰此言己所以作注之意也**　注疏本刪上七字。×

047 **案禮辭名記德過千人曰英**　惠棟云「辭」當作「辨」。辨名記，逸禮文。按，詩汾沮洳正義曰「大戴禮辨名記云『千人爲英』」，禮記禮運、春秋宣十五年正義皆引作「辨名記」，白虎通聖人篇作「別名記」，「辨」、「別」義同。

048 **藻水草也**　注疏本「草」誤「藻」。

049 **此言用功深**　注疏本「功」改「力」。

050 **云雖註者十餘**　正德本、監本同。閩、毛本「註」作「注」。

051 **犍爲文學注二卷**　注疏本同。浦鏜改作「三卷」。按，葉鈔釋文作「二卷」，云闕中卷。

* **劉諫注三卷補**　各本「諫」皆作「歆」。

052 **謝嶠**　注疏本「嶠」改「潏」，此與釋文序錄同。

053 **此四家存郭氏之後**　正德本同。閩、監、毛本「存」作「在」。

054 **並多紛紜錯繆**　正德本、閩本同。此以「繆」釋上之「謬」。監本上下皆作「繆」，毛本上下皆作「謬」，並非。

* **及俗間有所記志**　補，各本「間」作「聞」。

055 **蟰蛸注云俗呼爲喜子之類**　正德本亦作「蟰蛸」，閩、監、毛本「蟰」誤「蠨」，又並脫「呼」字。

056 刓削也削去其疵瑕瓦礫　注疏本脱「也削」二字。閩、監、毛本「疵」誤「疪」。

057 此自荅也　注疏本「自」誤「亦」。

058 爾雅卷上　唐石經、單疏本、雪牕本、監本、毛本同。正德本、閩本署「爾雅兼義一卷上」，分釋詁一篇爲上、中、下三卷。

059 郭璞注　唐石經、單疏本、雪牕本、正德本同，在「爾雅卷上」後；閩本删此，於序疏前署「晉郭璞註宋邢昺疏」八字，監本、毛本從之。

060 爾雅卷上郭璞注○釋曰上者對中下生名　注疏本删上九字，「生」誤「之」。×

釋詁第一

061 釋詁第一○釋曰釋解也　注疏本删上六字。×

062 釋詁釋言通古今之字　注疏本脱「古」字。按，毛詩周南關雎詁訓傳正義曰「爾雅序篇云釋詁、釋言通古今之字，古與今異言也，釋訓言形貌也」，邢疏本此。

063 此秦康鄭武之詩　注疏本「詩」誤「時」。

064 胚胎未成　注疏本同，釋文亦作「胚」，從丕，單疏本、雪牕本及元本疏中皆作「肧」。○案，「肧」字是。

065 初哉首基肇祖元胎俶落權輿始也○釋曰皆初始之異名也　注疏本删上十六字。×

＊ 哉者説文云　補，單疏本「哉者」下有「古文作才」四字。×

066 肈者説文作肁　注疏本下仍作「肈」，非。

067 他皆倣此○注尚書至殊語○釋曰　注疏本删下八字。按，閩本、監本、毛本删七字，「注」改「註」。元本無「此」字，今統元本注疏言之，故删八字，通書準此。

068 **楊雄説方言云** 正德、閩、監本同。毛本「楊」改「揚」。

069 **林烝天帝皇王后辟公侯君也○釋曰** 注疏本删。

070 **故后之** 説文作「故厂之」。此誤。

071 **餘皆通稱○注詩曰至詩書○釋曰** 注疏本删下八字。

072 **皆義之常行** 元本、閩、監本同。毛本「皆」誤「者」。

073 **弈** 唐石經、單疏本、雪牕本同。釋文作「奕」。○按，依説文「奕，大也」，「弈，圍棊也」，然則作「弈」非是。毛詩「弈弈梁山」，亦是譌字耳。

074 **蓟** 釋文、唐石經、單疏本、雪牕本、閩本、監本、毛本同，元本作「葪」。盧文弨曰：釋文引説文云「草大也」，則字當從艸，今説文、爾雅皆有誤。

075 **晊** 唐石經、單疏本、雪牕本同。釋文：「晊，舊音之日反，本又作『至』，又作『胵』。」按，「胵」當作「郅」。史記司馬相如傳「爰周胵隆」，徐廣曰「胵，蓋字誤，或爲郅。北地有郁郅縣。郅，大也，音質」，索隱曰「郅，至也。樊光云『郅，可見之大也』」，今本史記「胵」、「郅」字互誤。漢書注「文穎曰『郅，至也』」。○按，作「郅」、作「胵」、作「晊」者，皆「至」之轉寫，譌俗，漢魏人所爲也，而「晊」字僅見後漢書人名。

076 **席** 唐石經、單疏本、陳本同。雪牕本、注疏本作「蓆」，注及疏準此。釋文：「蓆，音席。」按，説文「蓆，廣多也」，「席，藉也」，廣多有大義，當從釋文。詩緇衣亦作「蓆」，毛傳曰「蓆大也」本此。

077 **湯孫奏假** 雪牕本、注疏本同。單疏本作「湯孫奏嘏」，王氏詩考引爾雅注同。按，詩釋文「奏假，毛古雅反，大也。鄭作格升也」，是毛、鄭異讀而字同作「假」。郭引作「嘏」以證經之「嘏」而非釋經之「假」，蓋所據魯韓詩。❺

078 **廓落宇宙穹隆至極亦爲大也** 單疏

本、雪牕本同。疏云：「郭氏讀晊爲至，故云『至極』。是廓、宇、穹、晊亦爲大也。」按，此經作「晊」，注作「至」，爲經注異文之證。釋文音經「晊，本又作至」，蓋依注改經也。○按，郭所據之經本作「至」，而後人亂之，未可定耳。

079 弘廓弘溥介純夏幠厖墳嘏丕奕洪誕戎駿假京碩濯訏宇穹壬路淫甫景廢壯冢簡箌昄晊將業席大也○釋曰　注疏本刪。×

080 弈弈梁山　元本、閩本、監本同。毛本改「奕奕」，非，王氏詩考引作「弈弈」。

081 韓詩云箌彼圃田　注疏本「圃」改「甫」。玉篇艸部引韓詩「菿彼圃田」，與此合，「箌」亦當從玉篇作「菿」。按，毛詩車攻「東有甫草」，李善注文選、李賢注後漢書皆引韓詩「東有圃草」，是毛詩「甫」字韓詩多作「圃」也。

082 餘皆見注○注詩曰至一實○釋曰　注疏本刪下六字。×

083 云緇衣之席兮者　注疏本「席」改「蓆」。

084 皇子貴衷　監本、毛本同。正德本、閩本「衷」誤「哀」。

085 料子貴別囿　監本、毛本同。正德本、閩本「囿」作「原」，則句下屬。惠棟云「料」疑作「科」。

086 天帝后皇　正德本、閩本、監本同。毛本倒作「皇后」。

087 閎博介忳夏幙蒙贖昄　監本同。正德本、毛本作「弘溥介純夏幠冢晊昄」，係依爾雅改。按，「閎」、「弘」，「博」、「溥」，「忳」、「純」皆同聲。「幙」、「幠」音相近，故規模字亦作「橅」。蒙爲王女，王，大也，故蒙亦爲大。「贖」當作「膹」，元板困學紀聞引作「膹」，與「晊」皆音質。

088 自此而下　正德本、監本同。閩本、毛本

「而」改「以」。

089 幠厖有也○釋曰　注疏本删。✕

090 注詩曰遂幠大東○釋曰　監本、毛本「注」改「云」，删「釋曰」，正德本、閩本删此九字。✕

091 艘　唐石經、單疏本、正德本、毛本同。雪牕本、閩本、監本誤「艘音宗」，釋文亦誤。❻

092 宋曰屆　單疏本、雪牕本同。按，釋文艘，郭音屆，孫云古『屆』字」，此音經「艘」字也；又「屆，音界」，此音注「屆」字也，爲經注異文之證。五經文字云「艘，爾雅或作『屆』」，此依注改經，非也。

093 先祖于摧　注疏本同。單疏本、雪牕本「于」作「於」。按，郭注引詩如「先祖於摧」，「尚不媿於屋漏」，「視祭於祊」，「集於灌木」，皆作「於」，不作「于」，蓋毛詩古文作「于」，三家詩今字作「於」也。

094 迄臻極到赴來弔艘格戾懷摧詹至

也○釋曰　注疏本删。✕

095 皆方俗語○注齊楚至言云○釋曰　注疏本删下八字。✕

096 假音駕洛古格字懷摧詹戾艘古屆字至也　注疏本音切改大字。✕

097 如適之嫁徂逝往也○釋曰　注疏本删。✕

098 皆方俗語○注方言云自家而出謂之嫁猶女出爲嫁○釋曰　注疏本删下十八字。✕

099 斯逝秦晉語也　注疏本脱「逝」。

100 貢　唐石經、單疏本、雪牕本同。釋文：「貢，字或作『贛』，同。」臧琳經義雜記曰：「論語子貢字，隸釋載石經殘碑作『贛』。說文『貢，獻功也』，『贛，賜也』。子貢名賜，字當作『贛』。爾雅釋詁『貢，賜也』，郭注皆賜與也。據釋文知爾雅古本作正字，然陸德明已不能定其是非矣。邢疏引左傳『爾貢包茅不入』爲證，誤解贛賜之『贛』爲貢獻之『貢』，則無足責也。」〇按，經典子貢爲「贛」之假借字。

101 賚貢錫畀予貺賜也〇釋曰　注疏本刪。×

102 儀若祥淑鮮省臧嘉令類綝彀攻穀介徽善也〇釋曰　注疏本刪。×

103 清絜之善　注疏本「絜」改「潔」，下準此。

104 詩齊風云射則臧兮　注疏本同。浦鏜云「齊風」下當脱「猗嗟」二字。按，此類係疏文原本如是，非由脱誤。

105 令問令望　注疏本同。浦鏜改作「令聞」，云「問」字誤。按，詩釋文「令聞，音問，本亦作『問』」。宋板荀子正名篇引詩作「問」，與此合。

106 徽者美善也〇注詩曰至常語〇釋曰　注疏本刪下八字。×

107 以禦螭魅　注疏本「螭」作「魑」，因「魅」字從鬼，故改「螭」亦從鬼也。❼

108 蓋採合傳文故云禁禦不若也　閩本、監本、毛本「採」作「采」，「云」作「言」，「文」誤「之」；正德本作「采」、作「云」，與此合。

109 皆謂次敘　雪牎本同。注疏本「敘」改「序」。×

110 舒業順敘也舒業順敘緒也〇釋曰　注疏本刪。×

111 怡懌悅欣衎喜愉豫愷康妉般樂也〇釋曰　注疏本刪。×

112 我心不説　正德本、閩本、監本「説」作「悦」，毛本脱此字。

113 無以大康　注疏本「大」改「太」，非。浦鏜「以」改「已」。按，後漢書張升傳注引詩「無以大康」，古「以」、「已」通。

114 般樂也○注皆見詩○釋曰　注疏本刪下六字，閩本、監本、毛本下增「按」字。×

115 但以詩書之作作非一人　注疏本不重「作」字。

116 而字形踳駮者　正德本、閩本作「踳駮」，監本、毛本作「蹐駮」。○案，「蹐」字非也。❽

117 詩文作夷説豈槩□　此本「槩」下空闕一字，注疏本改作「弁槩」。

118 恊　雪牕本、正德本、閩本、監本同。釋文、唐石經、單疏本、毛本作「協」。按，説文「協，同心之和」，「恊，衆之同和也」。此詁「服」當用從十字。五經文字云「心部亦有恊字」。按，古文作「叶」，則從十者義長。

119 悅懌愉釋賔協服也○釋曰　注疏本刪。×

120 遹遵率循由從自也遹遵率循也○釋曰　注疏本刪。×

121 漠　釋文、單疏本、雪牕本同。瞿中溶云唐石經「漠」、「謨」二字皆磨改。

122 究如慮謨猷肇　唐石經、單疏本、雪牕本同。釋文「猷」、「肇」在「究」、「謨」上。唐石經「謨」字先作「謀」。

123 靖惟漠圖詢度咨諏究如慮謨猷肇基訪謀也○釋曰　注疏本刪。×

124 小雅小旻云　浦鏜云「明」誤「旻」。

125 小雅小弁云　浦鏜云「巧言」誤「小弁」。

126 咨禮義所宜爲度　閩本、監本、毛本「義」改「之」，正德本實闕。

127 訪者謀政事也○注國語至見詩○

釋曰　注疏本删下八字。×

128 詢於八虞　正德本、閩本、監本同。毛本「於」改「于」。按，晉語六「于」字並當作「於」，明道本及俗本皆「于」、「於」錯出。

129 是晉語胥臣對文公辭　正德本同。閩本、監本、毛本「是」誤「皆」。

130 皆周大史也　注疏本脱「也」。

131 典彝法則刑範矩庸恒律戛職秩常也○釋曰　注疏本删。×

132 若有恒性　注疏本「若」誤「君」。

133 有秩斯祜　注疏本「祜」誤「祐」。

134 詩曰伐柯伐柯　單疏本、雪牕本、正德本、閩本、監本同。毛本「曰」改「云」。❾

135 柯憲刑範辟律矩則法也○釋曰　注疏本删。×

136 大雅桑扈云　浦鏜云「小」誤「大」。

137 皆謂常法也○注詩曰至踰矩○釋曰　注疏本删下八字。×

138 不踰矩者　正德本、閩本、監本同。毛本「矩」誤「距」。×

139 皆刑罪　雪牕本、注疏本同。釋文音經「辠，古罪字」，疏云「辠、罪古今字」。按，此經作「辠」，注作「罪」。×

140 辜辟戾辠也○釋曰　注疏本删。×

141 説文云　注疏本「説」誤「訓」。×

142 自古文以爲鼻　注疏本作「古文自爲鼻」，誤也。徐鉉曰「自，古者以爲鼻字」，説文「自，鼻也，象形」。

143 齯齒　唐石經、單疏本、雪牕本同。釋文「兒，五兮反，一音如字」，校者云「本今作齯」。按，注云「黄髮，髮落更生黃者。兒齒，齒隋更生細者」，訓「兒」爲「細」，是本不從齒也。儀禮士冠禮疏引爾雅云「黃髮兒齒」，與釋文合，詩閟宮亦作「兒」，此當從陸本。○按，玉篇作「齯」。

144 齒墮更生細者　雪牕本、注疏本同。釋文、單疏本「墮」作「隋」，古字通借。

145 耇猶耆也　雪牕本同。釋文、單疏本、注疏本「耆」作「耆」，下經「耆長也」準此。按，五經文字云「耆，從老省，從旨。今或作老下目者，非」。

146 黃髮齯齒鮐背耇老壽也○釋曰　注疏本刪。×

147 黃耇台背毛傳云台背　注疏本「台」作「鮐」，依爾雅改。按，詩作「台」。

148 燕代北鄙謂耇爲梨　正德本同。閩本、監本、毛本「代」誤「岱」。

149 色似浮垢　注疏本「似」改「如」。按，春秋僖廿五年正義引作「似」。❿

150 匕言須髮變白也　正德本同。閩本、監本、毛本「須」改「鬚」。

151 方言曰荆吳淮汭之間曰展　雪牕本、正德本同。閩本、監本、毛本「汭」誤「泗」。毛本「方言曰」「曰」改「云」。按，釋文「汭，仁銳反」，單疏本亦作「汭」。

152 允孚亶展諶誠亮詢信也○釋曰　注疏本刪。×

153 ○注方言至見詩○釋曰案方言云允訦音諶恂音詢展諒音亮穆信也　注疏本刪上八字及音切，下文「洵訏且樂」下多「訦諶」二字。毛本「案」作「按」。×

154 終然允臧　正德本、閩本、監本同。毛本依坊刻詩集傳改作「終焉」，謬甚。

155 愼爾優遊　單疏本、雪牕本同。注疏本「遊」

改「游」。

156 展諶允慎亶誠也○釋曰　注疏本删。✕

157 ○注詩曰慎爾優遊○釋曰　注疏本删，但存「詩曰」二字。✕

158 謔浪笑敖　唐石經、單疏本、雪牕本、元本、閩本同，釋文亦作「笑」，五經文字云「笑，喜也，從竹，下犬」；監本、毛本作「笑」，係據説文改，通書準此。

159 謔浪笑敖戲謔也○釋曰　注疏本删。✕

160 浪意明也　注疏本作「意朗也」，此誤，詩終風正義作「意萌」。

161 對越在天　單疏本、雪牕本同。按，「越」、「粵」字通，書盤庚「越其罔有黍稷」，釋文「越，本又作『粵』」。注引詩「越」字以證經之粵，是郭意「對越」爲「對曰」也，鄭箋云「越，於也」，在下文，非郭義，此經注異字之證。釋文「粵，音越」，本注也。✕

162 粵于爰曰也爰粵于也○釋曰　注疏本删。✕

163 説文云曰從開口象氣出於口也　今説文作从口，乙聲，亦象口气出也。✕

164 ○注書曰至出征○釋曰云書曰　注疏本删上八字。✕

165 小雅采芑文　元本同，誤也。閩本剜改「采芑」爲「六月」，監本、毛本從之。

166 邢　雪牕本、注疏本同。釋文、唐石經、單疏本作「郱」。

167 爰粵于郱都繇於也○釋曰　注疏本删。✕

168 又爲於乎○注左傳至韻絶○釋曰　注疏本删下八字。✕

169 云繇辭者繇卦兆之辭也　注疏本「繇」作「繇」。按，説文、玉篇、廣韻無「繇」字，集韻始收。詩氓箋云「兆卦之繇，無凶咎之辭」，杕杜箋云「合言於繇爲近」，小旻箋云「占繇不中」。葉鈔釋文「繇」、「繇」錯出。岳本、今本皆從卜，他宋本仍作「繇」。此經唐石經、單疏本作「繇」。釋文「繇，除又反，注同」，是陸氏所據經注同作「繇」，從卜之字，非古也。○按，此經「繇」同「由」，如孟子「由是則生而有不用」是也。「由」與「於」皆語辭，「於」如字，不音烏也。自郭氏注譌，而疏者更支離矣。

170 敆郃盍翕仇偶妃匹會合也○釋曰　注疏本删。元本、閩本此節疏後分一卷中。×

171 *仇讎敵妃知儀匹也　元本、閩本自此起分一卷中。×

丹朱憑身以儀之　陳本、閩本同。釋文、單疏本、雪牕本、正德本、監本、毛本「憑」作「馮」，國語同；此下加心，非。

172 仇讎敵妃知儀匹也○釋曰　注疏本删。×

173 妃合耦之匹也○注詩云至輩也○釋曰　注疏本删下八字。×

174 實臨昭周之子孫而禍福之　元本同。閩本、監本、毛本「昭」作「照」，蓋據國語改。

175 若由是觀之　元本、監本同，與明道本國語合。毛本「若」作「焉」，上屬，係依俗本國語改。閩本「若」上剜擠「焉」字。

176 妃合會對也妃媲也○釋曰　注疏本删。×

177 紹允嗣續纂緌績武係繼也○釋曰　注疏本删。×

178 陳風東門之枌云　注疏本脱「風」。

179 失丈夫○注詩曰至常語○釋曰　注疏本刪下八字。　×

180 謚　葉鈔釋文、唐石經、單疏本、雪牕本、元本、閩本、監本同。毛本作「諡」。盧文弨曰：五經文字「謚、諡常利反。上説文，下字林」，字林以謚爲笑聲，音呼益反，今用上字。據此知爾雅本作「謚」。毛刻「諡」字剜改，蓋因今本説文而誤。段玉裁云：宋以前無「諡」字，玄應書引説文云從言，益聲，是也。説文作「諡」，始於徐鉉等。經典改謚爲諡，始於毛居正、岳珂。

181 㤵謚溢螯慎貉謐顗頠密寧靜也○釋曰　注疏本刪。　×

182 磌　釋文、唐石經、單疏本、雪牕本、元本、毛本同。閩本、監本作「殞」，訛。石經考文提要引至善堂亦作「殞」。

183 摽　唐石經、單疏本、雪牕本、注疏本同。此舊作「標」，訛，今訂正。葉鈔釋文作「標」。

184 隕磌湮下降墜摽蘦落也○釋曰　注疏本刪。　×

185 訊　唐石經、單疏本、雪牕本同。盧文弨曰：釋文「誶，沈音粹，郭音碎，本作訊，音信」，則郭本不作「訊」明矣。後漢書張衡傳注引爾雅作「誶」。離騷「謇朝誶而夕替」，王逸注引詩「誶予不顧」。按，邢疏云「訊者，告問也，詩『歌以訊之』」，是邢本作「訊」，其誤始於唐石經。詩墓門釋文云「訊之，本又作『誶』，徐息悴反，告也。韓詩『訊，諫也』」，則毛詩本作「歌以誶之」。

186 命令禧畛祈請謁訊誥告也○釋曰　注疏本刪。　×

187 ○注禮記曰畛於鬼神○釋曰　注疏本但存「畛於鬼神」四字。　×

188 永悠迥違遐逷闊遠也永悠迥遠遐

也○釋曰　注疏本刪。×

189 召南殷其靁云　元本、閩本、監本作「隱其雷」，毛本作「殷其雷」。按，詩釋文「殷，音隱」。

190 ○注書曰遏矣西土之人○釋曰　注疏本刪「注書曰釋曰」五字。×

191 虧壞圮垝毀也○釋曰　注疏本刪。×

192 壞者人毀也音怪　一云自毀也乎怪切　○注疏本音切改大字。×

193 垝是毀垣也○注書曰至語耳○釋曰　注疏本刪下八字。×

194 矢　唐石經、單疏本、雪牕本同。釋文：「戻，本作『矢』，同，失耳反。」按，廣雅二釋詁「戻，陳也」，本此經，當從陸本作「戻」。玉篇「戻」與「矢」同。

195 矢雉引延順薦劉繹尸旅陳也○釋曰　注疏本刪。×

196 ○注禮記曰尸陳也○釋曰　注疏本刪下五字。×

197 尸職主也○釋曰　注疏本刪。×

198 ○注左傳至亂階○釋曰云左傳曰　注疏本刪上八字。×

199 尸寀也寀寮官也○釋曰　注疏本刪。×

200 ○注官地至爲寮○釋曰云官地爲寮者　注疏本刪上八字。×

201 績緒采業服宜貫公事也○釋曰　注疏本刪。×

202 ○注論語曰仍舊貫○釋曰先進篇云魯人爲長府閔子騫曰　注疏本刪「論語曰」以下二十一字，有「云論語者」四字。×

203 永羕引延融駿長也○釋曰　注疏本 ×

刪。 ×

204 引者信也顔師古曰信讀曰伸言其長 ○ 注疏本改小注爲大字。

205 喬嵩崇高也崇充也○釋曰 注疏本 × 刪。

206 ○注左傳曰師叔楚之崇也○釋曰 × 宣十二年傳文也 注疏本「注」改「云」，刪「左傳曰師叔」五字，「釋曰」作「者」，「傳文」下刪「也」。 ×

207 果毅 唐石經、單疏本、雪牕本同。釋文「惈，音果，本今作『果』」，無「毅」字音。按，「果」當爲「惈」。一切經音義卷九引爾雅「惈，勝也」，與釋文合，郭注引左傳作「果」，此經、注異字之證。「毅」當爲衍文。注云「陵犯、誇奢，皆得勝也」，此釋經之「犯」字、「奢」字；又云「左傳曰『殺敵爲果』」，此釋經之「惈」字。今注「陵犯誇奢」下有「果毅」二字，蓋後人竄入。邢疏祇云「陵犯誇奢」，經如本有「毅」字，郭引左傳必連「致果爲毅」矣。邢所據本有「毅」字，故釋經云「殺敵爲果，致果爲毅」。段玉裁云：注當本是「陵犯、夸奢、惈毅」，以「惈毅」釋「惈」，猶以「陵犯」、「夸奢」釋「犯」、釋「夸」也，下引左傳作「果」以證「惈」字，廣韻引蒼頡篇作「惈」，則「惈」字甚古，特説文不收。

208 剋 唐石經、單疏本、雪牕本、元本同。閩本、監本、毛本改「尅」，注中準此。

209 堪 唐石經、單疏本、注疏本同。皆上作「堪」，下作「戡」。雪牕本上下皆作「戡」，於此云「戡，音堪」，注疏本移此音於下。按，此「堪勝也」與下「戡克也」同字、同義，但轉相訓耳，故釋文於此作「堪」，云「本又作『戡』」，下不別出，明無異文也，蓋自唐石經始誤加區別，而今本因之。

210 陵犯誇奢 單疏本、雪牕本同。釋文：「夸，口花反，或作『誇』，非。」按，説文大部「夸，奢也」，作「誇」者，爲言之誇誕，在言部。

211 西伯堪黎 單疏本、注疏本同。雪牕本「堪」

作「戡」。釋文：「𨞲，國名，本作『黎』。」按，説文邑部：「𨞲，殷諸侯國，从邑，𥝢聲。商書『西伯戡𨞲』。」許氏所引書爲古文，此注正與之合，當從釋文，今本非，史記宋微子世家「滅阢」，索隱謂「鄒誕本作『𨞲』，音黎」。又尚書及伏生大傳皆作「戡」，與説文合，此作「堪」，非，蓋既區別經文爲上「堪」下「戡」，因復據經改注耳。

212 犯奢果毅剋捷功肩堪勝也○釋曰　注疏本删。

213 戡勝之勝也　書正義作「强之勝也」。此誤。

214 是皆得勝也○注左傳至堪黎○釋曰　注疏本删下八字。

215 宣二年君子辭也　元本、閩本、監本同。毛本「宣」下衍「公」字。

216 勝肩戡劉殺克也○釋曰　注疏本删。

217 轉互相訓耳　注疏本脱「耳」。

218 ○注公羊傳曰克之者何殺之也○釋曰　注疏本「公羊」下增「者」，删「傳曰」以下十一字。

219 秋獵爲獮　單疏本、雪牕本同。注疏本「爲」改「曰」。

220 劉獮斬刺殺也○釋曰　注疏本删。

221 餘皆具注○注書曰至之也○釋曰　注疏本删下八字。

222 云秋獵爲獮者　注疏本脱「者」。

223 僖二十七年傳文也　元本、閩本、監本同，誤也。毛本「七」改「八」。

224 敦　唐石經、單疏本、雪牕本同。釋文：「軙，丁門反，本今作『敦』。」

225 蠠没猶黽勉　單疏本、雪牕本同。釋文：

「僶，字又作『黽』。」按，詩釋文：「黽，本亦作『僶』。」五經文字人部：「僶，莫尹反，僶勉之僶。字書無此字。經典或借『黽』字爲之。」

226 亹亹蠠没孟敦勗釗茂劭勔勉也○釋曰 注疏本删。 ×

227 餘見注○注詩曰至未聞○釋曰 注疏本「餘」下衍「皆」，删下八字。 ×

228 昏睯 唐石經同。釋文「睯」從「昬」。單疏本、正德本作「昬睯」，雪牕本注中作「昬睯」，經及閩本、監本、毛本作「昏睯」。

229 鶩務昬睯强也○釋曰 注疏本删。 ×

230 務謂先務 注疏本「先」改「事」。

231 昬夙夜之强也 監本同，與書正義合。正德本「强」誤「勉」，閩本、毛本承之。

232 餘皆見注○注書曰至畏死○釋曰 注疏本删下八字。 ×

233 爾雅疏卷第一 卷末篇題，閩本書一行，每卷準此。

234 爾雅疏卷第二 注疏本合卷一。

235 釋詁下 上空四格，監本同，有此題，正德本、閩本、毛本無之，自「印吾台予」節以後爲釋詁下，此蓋邢氏作疏時所分。⓫

236 禮記云 單疏本、雪牕本同。注疏本「云」改「曰」。

237 印吾台予朕身甫余言我也○釋曰 注疏本删。 ×

238 餘皆見注○注書曰至見詩○釋曰 注疏本删下八字。 ×

239 史記秦始皇二十六年 注疏本脱「記」。 ×

240 朕余躬身也○釋曰 注疏本删。 ×

241 賚卜畀皆賜與也　雪牎本、注疏本同。按，經作「賚畀卜」，疏云「賚、畀、卜，皆賜與也」；此作「賚卜畀」，蓋誤。

242 台朕賚畀卜陽予也○釋曰×　注疏本刪。

243 夢帝賚予良弼　注疏本「予」誤「以」。

244 萬壽無疆○注與猶至阿陽○釋曰×　注疏本刪下八字。

245 漢書蓺文志云　注疏本「蓺」作「藝」。

246 肅延誘薦餤晉寅藎進也○釋曰×　注疏本刪。

247 餘皆見注○注禮記至進也○釋曰×　注疏本刪下八字。

248 羞餞迪烝進也注皆見詩禮○釋曰×　注疏本刪。

249 導也　唐石經、單疏本、雪牎本同。釋文：「道，徒報反，本或作『導』，注及下同。」按，經當作「道」，注教導字作「導」，陸所見本已亂。

250 皆相佑助　單疏本、雪牎本同。此經作「右」，注作「佑」。

251 詔亮左右相導也詔相導左右助勴也亮介尚右也左右亮也○釋曰×　注疏本刪。

252 相者二人此皆謂教導之也　注疏本「二」誤「一」，「導」改「道」，非，下同。

253 皓　雪牎本、閩本、監本、毛本同。釋文、唐石經、單疏本、正德本作「晧」，從日。疏云「晧者，亦日光也」，今本從白，非。

254 緝熙烈顯昭皓熲光也○釋曰×　注疏本刪。

255 不出于熲○注詩曰至烈光○釋曰

注疏本删下八字。✕

256 又曰休有烈光　注疏本「又曰」改「云」。✕

257 劼鞏堅篤掔虔膠固也○釋曰　注疏本删。✕

258 剛彊之固也　注疏本「彊」作「强」，非。✕

259 虔者恭之固也膠者所以固物　注疏本脱「也」。此本「膠者」字誤「著」，今訂正。

260 德音孔膠○注劼虔至志也○釋曰　注疏本删下八字。✕

261 云易曰鞏用黄牛之革　注疏本脱「云」。

262 疇孰誰也○釋曰　注疏本删。✕

263 ○注易曰疇離祉○釋曰　注疏本删「注易曰」、「釋曰」五字，「祉」下增「易」。✕

264 禕　唐石經、單疏本、雪牕本、注疏本同。此本舊作「褘」，從衣，訛，今訂正。按，釋文通志堂本作「禕」，葉鈔本誤作「褘」。五經文字示部「禕，美也，音猗」，玉篇示部「禕，於宜切，美皃，又歎辭」，廣韻五「支」「禕，美也，珍也」，文選東京賦「漢帝之德，侯其禕而」，薛綜注「禕，美也」，字皆從示。宋人書衣、示偏旁往往無别。或據誤本謂爾雅「禕」當從衣，其未考之唐石經、五經文字、玉篇等書也。○按，説文有从衣之「褘」，無从示之「禕」，凡用「褘」爲徽美字者，取其同音而已，傳寫遂多从示，唐石經、五經文字、玉篇不可爲典要也。

265 自穆穆已上　雪牕本同。注疏本脱「自」。

266 暀暀皇皇藐藐穆穆休嘉珍禕懿鑠美也○釋曰　注疏本删。✕

267 齊齊皇皇　注疏本改「濟濟皇皇」，非。此與禮記合。

268 皆言語容止之美盛也　正德本同。閩本、監本、毛本「言語」倒。

269 周頌酌篇云　注疏本脱「云」。

270 協　唐石經、單疏本、注疏本同。雪牕本作「恊」。按，疏云「協者，説文云『衆之同和也』」，字亦從十。

271 關關噰噰音聲和也　唐石經、單疏本、雪牕本同。釋文：「噰噰，於恭反。」按，文選南都賦「嚶嚶和鳴」，注「毛詩曰『鳥鳴嚶嚶』，爾雅曰『關關嚶嚶，聲之和也』」，又笙賦「嚶嚶關關」下引爾雅曰「關關嚶嚶，音和也」，「雍雍喈喈」下引「爾雅『雍雍和也』，毛傳曰『喈喈，和聲遠聞也』」，然則李善所據本「噰噰」作「嚶嚶」，與釋文、唐石經異。郭注此云「皆鳥鳴相和」，於伐木詩亦洽也。毛傳曰「嚶嚶，驚懼也」，與此異義。張平子東京賦、歸田賦皆云「關關嚶嚶」，李善注俱引爾雅「關關嚶嚶，音聲和也」證之。

272 爕　雪牕本、正德本、閩本、監本同。釋文、唐石經、單疏本、毛本作「燮」，當據以訂正。從三火者俗作。　×

273 諧輯協和也關關噰噰音聲和也勰爕和也○釋曰　注疏本删。　×

274 ○注書曰至柔克○釋曰　注疏本删，但有「注云」二字。　×

275 從申神加弼崇重也○釋曰隨從申重加增　注疏本删「釋曰」以上八字，「增」誤「弼」。　×

276 今江東呼厭極爲罊　單疏本、雪牕本同。注疏本「罊」誤「罄」。

277 觳悉卒泯忽滅罄空畢罊殲拔殄盡也注觳今至見詩○釋曰　注疏本删。　×

278 苞蕪茂豐也○釋曰　注疏本删。　×

279 樓　唐石經、單疏本、雪牕本同。釋文：「摟，力侯反，從手，本或作『樓』，非。」

280 樓猶今言拘樓　單疏本、注疏本同。雪牕本作「摟猶今言拘樓」。按，雪牕本「樓」、「摟」二字互易，始得之。

281 揫斂屈收戢蒐裒鳩樓聚也○釋曰　注疏本刪。

282 餘皆見注○注禮記至聚也○釋曰　注疏本刪下八字。

283 云詩曰屈此羣醜者　注疏本脱「者」。

284 云樓猶今言拘摟聚也者　注疏本脱「者」。

285 肅齊遄速亟屢數迅疾也○釋曰　注疏本刪。

286 亟者　欺冀切　論語曰　注疏本音切作大字。

287 ○注詩曰仲山甫徂齊○釋曰　注疏本刪「詩曰」、「釋曰」四字。

288 寁駿肅亟遄速也○釋曰　注疏本刪。

289 ○注詩曰不寁故也○釋曰　注疏本刪「注詩曰」、「釋曰」五字。

290 阬阬　釋文、唐石經、單疏本、雪牕本同。疏云：「阬阬者，坎陷之虛也，但重言耳。」經義雜記曰：「廣韻十二『庚』『阬』下引爾雅『虛也』，郭注云『坑壍也』。坑，上同。引經注字皆不重，則鄭漁仲謂『其一衍者』是也，疑一即作『坑』。」

291 漮虛也　唐石經、雪牕本同。釋文引郭云「漮，本或作『荒』，荒亦丘墟之空無」。經義雜記曰：「詩召旻『我居圉卒荒』，箋云『荒虛也』，正義曰『荒虛，釋詁文。某氏曰野荒民散則削之，唯某氏之本有荒字，諸家爾雅無之』。按郭音知『荒』即『漮』之異文，蓋孫、郭諸家本作『漮』，鄭、樊本作『荒』。或誤會詩正義語，謂某氏本『阬』字不重，其一即作『荒』，非也。」

292 皆謂丘墟耳　雪牕本、注疏本同。釋文音經「虛，許居反」，音注「墟，去魚反」，此經注異字之明證。

293 壑阬阬滕徵隍漮虛也○釋曰　注疏本删。

294 漮㝗空貌　浦鏜云「窘」誤「㝗」。按，「漮」、「㝗」疊韻字，浦據誤本方言改「㝗」爲「窘」，非。

295 亦丘墟之空無　舊本及釋文引方言注同。閩本、監本、毛本「無」誤「也」。

296 康虛也　舊本同。閩本、監本、毛本「虛」誤「空」。

297 黎庶烝多醜師旅衆也○釋曰　注疏本删。

298 那　單疏本、雪牕本、注疏本同。釋文、唐石經作「𨚔」。

299 洋觀裒衆那多也○釋曰　注疏本删。

300 ○注詩曰至不那○釋曰　注疏本但有「注云」二字。

301 流差柬擇也○釋曰　注疏本删。

302 戰慄震驚戁竦恐慴懼也○釋曰　注疏本删。

303 使民戰栗　監本同。舊本、閩本、毛本「栗」作「慄」。

304 震來虩虩　舊本同。閩本、監本、毛本「來」誤「雷」。

305 ○注詩曰不戁不竦○釋曰　注疏本「注」下增「云」，删「詩曰」、「釋曰」。

306 虺頽　葉鈔釋文、雪牕本同。通志堂釋文、唐石經、單疏本、注疏本作「虺穨」爲是。⑫

307 **⿸疒臠** 單疏本、雪牕本同。唐石經此字磨改。釋文：「⿸疒臠，郭作『拘攣』。」文選登徒子好色賦「蓬頭攣耳」，李善引爾雅「攣，病也」。一切經音義卷十一：「爾雅云『攣，病也，亦拘攣也』。作『⿰月䜌』、『⿸疒戀』二形，並非體。」按，玉篇「⿸疒臠，體⿸疒臠曲也」，廣韻「癵，病也，瘦也」，詩棘人「欒欒兮」，說文作「臠臠」。此從疒，當省肉，作「癵」，或作「⿸疒戀」。今本非。郭作「拘欒」。今注無，蓋別見音義，與文選注、玄應書所引合。

308 **疷** 注疏本同，誤也。釋文、唐石經、單疏本、雪牕本皆作「疧」，當據以訂正。釋文：「疧，祈支反，或丁禮反，本作『疫』。」按，「疧」與「疫」同字、同音，或丁禮反，故誤作「疷」。五經文字：「疧，巨支反，病也，見爾雅。」雪牕本疧音祈，單疏本引白華「俾我疧兮」。說文、毛傳皆云「疧，病也」，今詩亦誤「疷」。⑬

309 **虺頹玄黃皆人病之通名** 單疏本、雪牕本同。釋文於經後標「瘣」字，云「呼回反」。字林云病也」。按，此蓋注作「瘣頹」字，經作「虺頹」，與毛詩同，假借字也。淺人援經改注，亦作「虺」，挍釋文者因云今經注無此字矣。詩釋文曰「虺，呼回反。說文作『瘣』」，今說文無「瘣」，玉篇、廣韻皆云「瘣，馬病」，蓋毛詩、爾雅作「虺」，韓、魯詩作「瘣」。邵晉涵正義曰：「舊本爾雅必有作『瘣穨』者。」

310 **而說者便爲之馬病** 單疏本、雪牕本同。閩本、監本、毛本「爲」作「謂」，正德本注作「謂」，疏作「爲」。按，「謂」、「爲」二字每相亂，此作「謂」是也。⑭

311 **智藏瘝在** 單疏本、雪牕本同。釋文「鰥，古頑反，注『瘝』同」，此經注異字之證。尚書作「瘝」，或欲依經改作「鰥」，非也。

312 **戮逐未詳** 雪牕本、注疏本同。按，「戮」字當衍。注云「相戮辱，亦可恥病也」，是「戮」字注已詳之矣。邢疏亦云「逐者，郭氏未詳」。翟灝云：一本但云「逐未詳」，無「戮」字。

313 痡瘏虺頹玄黃劬勞咎顇瘽瘉鰥戮癙癵痤痒疷疵閔逐疚痗瘥痱擅瘵瘼瘠病也○釋曰　注疏本刪。×

314 瘽者小雅正月云　浦鏜云「十」誤「正」。

315 下民卒癉　注疏本同。今詩「癉」作「癉」，疏不云「癉」與「癉」音義同者，邢氏所據詩本作「癉」也。詩釋文云：「癉，沈本作『癉』。」

316 大雅瞻卬云　注疏本「卬」改「仰」。

317 餘皆見注○注詩曰至見詩○釋曰　注疏本刪下八字。×

318 云書曰智藏瘝在者　注疏本「瘝」改「鰥」。

319 悠悠我悝　單疏本、雪牕本同。按，上「瘽病也」疏引十月之交「悠悠我里」云「瘽、里音義同」，此「悝憂也」注當引雲漢「云如何悝」。何也？據十月之交毛傳曰「里，病也」，雲漢鄭箋云「悝，憂也」，可證此作「悠悠我悝」誤。或云郭氏據魯、韓詩。

320 繇役亦爲憂愁也　單疏本、雪牕本同。注疏本「亦」誤「以」。

321 恙寫悝盱繇慘恤罹憂也○釋曰　注疏本刪。×

322 逢此百罹○注詩曰至盱矣○釋曰　注疏本刪下八字。×

323 云何盱矣者卷耳及都人士文也　按，卷耳作「云何吁矣」，箋云「而今云何乎，其亦憂矣，深閔之辭」，不作「盱」；何人斯作「云何其盱」，此誤記。

324 邛　葉鈔釋文、唐石經、單疏本同。雪牕本注中亦作「邛」。陸德明音「巨凶反」。今釋文及注疏本作「卭」，誤。石經考文提要引至善堂九經本作「邛」。

325 **倫理事務以相約敕亦爲勞** 雪牕本、注疏本同。按，「事務」二字係疏語竄入，當衍。此訓「倫」爲「理」，訓「敕」爲「約」，經無「事務」也。上經「務」字注云「事務」，下經「事」字注云「事事」。此因疏云「倫者，理也，理治事務者必勞」，淺人因增「事務」於注中矣。或當作「倫理約敕亦爲勞」，「事務以相」四字皆衍文。

326 **今字或作窳同** 注疏本同。單疏本、雪牕本「窳」作「寙」。按，詩召旻釋文、正義皆引説文「寙，嬾也」。一切經音義卷十四引爾雅「寙，勞也」。郭氏曰『勞苦者多惰寙也』。承慶云『懶人不能自起。瓜瓠在地，不能自立。故字從㼌。又懶人恒在室中，故從宀』」。今釋文亦誤作「窳」，蓋因説文脱「寙」字，故諸書誤以穴部字當之。又玄應書引爾雅「寙勞也。郭氏曰勞苦者多惰寙也」，凡七見。蓋經作「寙」，注云「或作愉」，今本係後人乙改。

327 **倫勩邛敕勤愉庸癉勞也○釋曰** 注疏本删。×

328 **勞病也○注詩曰至庸者○釋曰** 注疏本删下八字。×

329 **難雖不能死而能讓** 今國語作「難雖不能死君」。浦鏜云此脱「君」字。按，國語上云「無忌備公族不能死」，又云「勇不能死」。此正承上文，「不能死」與「能讓」相對，不當有「君」字，今本國語衍也。

330 **自勉强者亦勤力者** 雪牕本、注疏本同。按，下「者」字當衍。邢疏云：「自勉强者，亦爲勤。」×

331 **勞來强事謂翦篲勤也○釋曰皆謂勤勞也** 注疏本删「釋曰」以上十一字，「謂」誤「爲」，正德本作「謂」。×

332 **○注詩曰職勞不來迨其謂之○釋曰云職勞不來者** 注疏本删「詩曰」以

下十二字。

333 悠傷憂思也○釋曰　注疏本删。

334 懷惟慮願念惄思也○釋曰　注疏本删。

335 惄志而不得之思也　注疏本「志」誤「恚」，詩汝墳正義亦作「志」。

336 ○注詩曰惄如調飢○釋曰　注疏本「詩曰」改「云」，删「釋曰」。

337 祓禄康矣　單疏本、雪牎本、注疏本同。郎本或依詩改作「茀禄爾康矣」，誤甚。按，卷阿毛傳曰「茀，小也」，是讀「茀」爲蔽芾之「芾」。釋言「芾，小也」，是也，與此異義。

338 禠禧書傳不見　雪牎本同。注疏本「不」作「少」，誤。

339 禄祉履戩祓禧禠祜福也○釋曰　注疏本删。

340 受天之祜○注詩曰至康矣○釋曰　注疏本删下八字。

341 禋祀祠蒸嘗禴祭也○釋曰　注疏本删。

342 ○注書曰禋于六宗○釋曰　注疏本删作「注云禋于六宗者」。

343 儼恪祗翼諲恭欽寅熯敬也○釋曰　注疏本删。

344 欽若昊天○注書曰至熯矣○釋曰　注疏本删下八字。

345 朝旦夙晨晙早也○釋曰　注疏本删。

346 底　唐石經、雪牎本同。注疏本作「厎」，非。單疏本經作「厎」，注作「厎」。釋文：「厎，之視反，字宜從一，或作『厎』，非也。底，音丁禮反。」按，五經文字、唐石經「底」皆作「厎」，與葉鈔釋文合。段玉裁云：釋文「字宜從一」，「一」乃「厂」之訛。

347 止亦相待 單疏本、雪牕本同。注疏本「待」下衍「也」。

348 頢誒替戾底止徯待也○釋曰 注疏本刪。×

349 卬須我友 元本同。閩本剜改「須」爲「頚」，監本、毛本承之。

350 止亦相待 元本同。閩本、監本、毛本「待」下衍「也」。

351 ○注書曰徯我后○釋曰 注疏本刪「書曰」、「釋曰」。×

352 晞幾裁殆危也○釋曰 注疏本刪。×

353 畿汔也○釋曰 注疏本刪。×

354 昭二十年左傳 閩本、監本、毛本脱「二」，元本實闕。

355 治肆古故也○釋曰 注疏本刪。×

356 肆故今也○釋曰 注疏本刪。×

357 頻仍埤益肶輔皆重厚 單疏本、雪牕本同。按，經先「肶」後「埤」，與注異。

358 惇亶祜篤掔仍肶埤竺腹厚也○釋曰 注疏本刪。×

359 載謨食詐僞也○釋曰 注疏本刪。×

360 以載誥爲言 元本同。閩本、監本、毛本「誥」誤「話」。

361 或曰譎或曰膠 注疏本脱上三字。

362 ○注書曰朕不食言○釋曰商書湯誥文 注疏本刪「書曰」、「釋曰」。浦鏜云「誓」誤「誥」。×

363 世以妖言爲訛 單疏本、雪牕本同。

釋文：「祅，於喬反，本又作『妖』，同。」

364 話猶載行詁言也○釋曰　注疏本刪。

365 載於簡策之言也　閩本、監本、毛本「言」誤「謂」，元本空闕。

366 世以妖言爲詁○注詩曰至之載○釋曰　注疏本刪下八字。

367 謂相遭遇　雪牕本同。注疏本作「遘遇」，非。邢疏云「相遭遇」。

368 行而相值即見　陳本同。雪牕本、注疏本作「行而相值即是見」，「是」衍字。邢疏云「行而相值即見也」，本注。

369 遘逢遇也遘逢遇遻也遘逢遇遻見也○釋曰　注疏本刪。

370 遻逅相遇　注疏本「遇」誤「見」。

371 行而相值即見也　注疏本脱「也」。

372 顯昭覲釗覿見也○釋曰　注疏本刪。

373 ○注逸書曰釗我周王○釋曰　注疏本但有「注逸書」三字。

374 頫　閩本、監本、毛本同。釋文、唐石經、單疏本、雪牕本、元本作「覜」，當據以訂正。按，説文見部「覜，視也」本此，頁部「頫，低頭也，大史卜書頫仰字如此」義別。

375 監瞻臨涖覜相視也○釋曰　注疏本刪。

376 上帝臨女　元本同。閩本、監本、毛本「女」改「汝」。

377 不能涖阼　元本「涖」作「莅」；閩本、監本、毛本作「蒞」，非。

378 覞者考工記云　注疏本「覞」誤「頫」，下並同。

379 聘問也　注疏本「也」誤「曰」。

380 鞫訩溢盈也　唐石經、單疏本、雪牕本同。按，「訩」當爲衍文。詩節南山「降此鞫訩」，毛傳「鞫，盈。訩，訟也」，正義曰「訩訟，釋言文。鞫盈，釋詁文」，可證「鞫」詁「盈」，「訩」不詁「盈」也。此殆因郭注引詩「降此鞫訩」，正文遂衍「訩」字。

381 降此鞫訩　雪牕本、注疏本同。單疏本「鞫」字剜改，葢本作「鞫」。釋言「訩，訟也」，單疏本引詩「降此鞫訩」可證。

382 鞫訩溢盈也○釋曰　注疏本刪。

383 ○注詩曰降此鞫訩○釋曰　注疏本刪「注詩曰」、「釋曰」五字。

384 孔魄哉延虛無之言間也○釋曰　注疏本刪。

385 空無所有也　元本同。閩本、監本、毛本「空」誤「虛」。

386 微謂逃藏也　雪牕本、注疏本同。一切經音義卷四、卷十四、卷十五、卷十八四引皆作「謂逃竄也」。

387 瘞幽隱匿蔽竄微也○釋曰　注疏本刪。

388 潛隱而微也　元本、閩本、監本同。毛本「隱」作「藏」，非。

389 行之微　注疏本下有「也」。

390 ○注左傳曰其徒微之是也○釋曰案昭十七年傳云　注疏本刪「釋曰」以上十二字。昭十七年，元本、閩本、監本同，誤也。毛本改作「哀十六年」，又元本、閩本此節疏後分一卷下。

391 底　通志堂釋文、雪牕本、注疏本同。葉鈔釋文、唐石經、單疏本作「底」。五經文字：「底，丁米反，下也。」按，説文广部「底，山居也，从广，氐聲」，山居有止義，即爾雅此字，當從「氐」爲正。釋文、五經文字、開成石經皆作「底」，從「氏」，蓋隸省相承如是，與説文不同。○按，此張參之誤。

392 **廢** 注疏本同，誤也。葉鈔釋文、唐石經作「底」，單疏本引注亦作「底」，當據以訂正。單疏本、雪牕本經作「底」，非。

393 **按抑按也替廢皆止住也** 雪牕本、注疏本同。邵晉涵正義云：「監本『按抑』下衍『按也』二字。今從宋本删。邢疏云『按抑替廢皆止住也』，與宋本同。」按，注訓「按」爲「抑」，訓「替」爲「廢」，因注衍「按也」二字。似「替廢」皆經所有，又未審「底」、「底」爲二字，因改經「底」作「廢」矣。

394 **戾底義見詩傳國語曰戾久將底** 雪牕本、注疏本同。單疏本作「戾底義見詩國語曰戾久將底」，當據以訂正。疏云「凡注言見詩，今毛詩無者，蓋在齊、魯、韓詩也」，可證今本「傳」字衍。

395 **訖徽妥懷安按替戾底底尼定曷遏止也○釋曰** 注疏本删。

396 **餘皆見注○注戾底至尼之○釋曰** 注疏本删下八字。

397 **此云行或尼之者** 元本同。閩本、監本、毛本脱「者」字。

398 **豫射厭也** 雪牕本、閩本、監本、毛本同。唐石經、單疏本、元本「厭」作「猒」，釋文作「厭」。

399 **服之無斁** 單疏本、雪牕本同。案，禮記緇衣、王逸楚辭注引詩皆作「服之無射」。

400 **豫射猒也○注詩曰服之無斁○釋曰謂猒倦也云詩曰者** 注疏本删上十三字。又閩本、監本、毛本「猒」改「厭」，「云」改「注」，元本作「猒」，作「云」。

401 列績業也○釋曰　注疏本刪。×

402 績勳功也○釋曰　注疏本刪。×

403 案周禮司勳職云　注疏本脱「司」。

404 質爾民人　單疏本、雪牕本、注疏本同。鍾本依詩改作「人民」，非。按，詩正義釋經云「言汝等當平治汝民人之政事」，又釋箋云「故令質爾民人也」，是正義本作「民人」，開成石經毛詩誤倒耳。鹽鐵論世務篇引詩「詰爾民人」，説苑脩文篇引詩「告爾民人」，皆不作「人民」。

405 功績質登平明考就成也○釋曰　注疏本刪。×

406 皆言成功也○注詩曰至成也○釋曰　注疏本刪下八字。×

407 頲道無所屈　雪牕本、注疏本同。按，「頲」解已見上，不當複出。邢疏云「道者，頲道無所屈」，此注當作「道，挺道無所屈」。左傳「周道挺挺」，杜注「挺挺，正直也」。

408 梏梗較頲庭道直也○釋曰　注疏本刪。×

409 ○注詩曰既庭且碩○釋曰　注疏本「注」下增「云」，刪「詩曰」、「釋曰」。×

410 密康靜也○釋曰　注疏本刪。×

411 周頌昊天有成命　浦鏜下增「云」字。按，此類皆疏本原本如是，不當補。

412 豫寧綏康柔安也○釋曰　注疏本刪。×

413 不敢戲豫　浦鏜依今詩改作「無敢」，非也。左傳昭三十二年，後漢郎顗、丁鴻、蔡邕等傳引詩皆作「不敢」。

414 平均夷弟易也○釋曰　注疏本刪。×

415 豈弟君子　元本同。閩本、監本、毛本

「豈」改「愷」。

416 矢弛也弛易也○釋曰郭云弛放也　注疏本刪「釋曰」以上八字，「弛放也」誤「矢弛也」。×

417 希寡鮮罕也鮮寡也○釋曰　注疏本刪。×

418 酬酢侑報也○釋曰　注疏本刪。×

419 不主于飲酒　單疏本、雪牕本同。按，「于」當作「於」。

420 案公食大夫禮賓三飯之後云　元本同。閩本、監本、毛本「禮賓」倒。

421 殷勤之意未至　元本同。閩本、監本、毛本「殷勤」改「慇懃」。

422 謂樹木葉缺落蔭疏暴樂　雪牕本、注疏本同。釋文：「廕，又作蔭，同。」單疏本作「謂樹葉缺落蔭爆樂」，當據以訂正。按，釋文音經「暴樂，本又作『爆爍』，郭音落」。疏引毛詩傳作「爆爍」，引舍人注作「爆樂」。

423 毗劉暴樂也○釋曰　注疏本刪。×

424 爆樂之意也　元本同。閩本、監本、毛本「爆」改「暴」，非，下二「爆樂」同。

425 覭髳髴離也○釋曰　注疏本刪。又釋文、唐石經作「茀」，此作「髴」，蓋因「髳」字從髟，因誤書「茀」亦從髟也。×

426 天命不謟音縚　釋文「謟，郭音縚」，與此合。雪牕本作「音叨」，非。今注疏本別附音切者，皆刪去「音縚」二字，以避複，下準此。

427 蠱謟貳疑也○釋曰　注疏本刪。×

428 云左傳曰　元本同。閩本、監本、毛本「云」改「注」。

429 楨翰儀榦也　單疏本、雪牕本同。唐石經原刻作「幹」，後磨改作「榦」。釋文：「翰，胡旦反。榦，本又作『幹』。」翰、幹字當兩列，今本誤并爲一。按，詩正義「翰、幹，釋詁文」凡三引，又一引釋詁「楨，幹也」，字皆從干，與石經原刻合。

430 維周之翰　單疏本、雪牕本、注疏本同。此本「翰」字舊誤「幹」，今訂正。

431 楨翰儀榦也○釋曰　注疏本刪。　×

432 翰所以當牆兩邊障土者也　注疏本脱「翰」。○按，此「翰」當作「幹」，詩桑扈疏可證。

433 大雅生民云　正德本同。閩本剜改作「文王」，監本、毛本從之。

434 天威棐忱　單疏本、雪牕本、注疏本同。此本舊作「天畏」，係據孔本尚書改，今訂正。皋陶謨「天明畏」，釋文云「馬本作『威』」，是孔本「畏」字舊本多作「威」也。釋文：「諶，市林反，本今作『忱』。」按，風俗通卷五引書「天威棐諶」，與此合。今本作「忱」，亦淺人據尚書改。

435 弼棐輔比俌也○釋曰　注疏本刪。　×

436 疆　唐石經、單疏本、雪牕本同。釋文：「壃，字又作『畺』。經典作『疆』，假借字。」惠棟云：「據此知爾雅不作「疆」也，當改正。按，説文「畺，界」，字作「畺」，或作「疆」。此當經作「畺」，注作「疆」，嘗謂爾雅之文有較經典獨得其正者，此類是也。一切經音義卷二十五「壃，界，居良反，壃境也。爾雅『壃陲也』」，與陸本合。

437 疆場竟界　單疏本同。雪牕本、注疏本「竟」作「境」。按，古竟界字祇作「竟」。竟，盡也。加土旁者，俗作。

438 疆界邊衞圉垂也○釋曰　注疏本刪。　×

439 ○注左傳曰聊以固吾圉也○釋曰　注疏本刪作「注云聊以固吾圉也者」。　×

440 昌敵彊應丁當也○釋曰　注疏本

刪。

441 ○注書曰禹拜昌言○釋曰　注疏本刪作「注云禹拜昌言」。

442 蠢動作　雪牕本同。注疏本下衍「也」。

443 浡肩搖動蠢迪俶厲作也○釋曰　注疏本刪。

444 莊公十一年左傳云　元本同。閩本、監本、毛本「云」改「曰」。

445 其興也悖焉　元本作「浡焉」，閩本、監本、毛本改「浡然」。

446 爲亦作也○注公羊至樂矣○釋曰　注疏本刪下八字。

447 大雨雪　注疏本脱「雪」。

448 茲斯咨呰已此也○釋曰　注疏本刪。

449 召南殷其雷云　注疏本「雷」作「靁」。

450 今河北人云蹉歎　單疏本同。雪牕本作「嗟歎」，注疏本「歎」改「嘆」。按，釋文引字林云「蹉，古『嗟』字」。

451 音兔罝　雪牕本同。注疏本作「音兔罝之罝」，係淺人增改。

452 嗟咨蹉也○釋曰　注疏本刪。

453 貫　唐石經、單疏本、雪牕本同。釋文：「慣，本又作『貫』，又作『遦』，同，古患反。」按，玉篇「慣，習也。遦，習也」，本此經。後漢書馮異傳注引爾雅「忸，復也，郭氏曰謂慣忕復爲之也」，亦用「慣」字，今本注不然。

454 貫貫忕也　單疏本「忕」作「忲」，從大，是也；釋文亦誤從「犬」，雪牕本、注疏本作「伏」，更誤。

455 閑狎串貫習也○釋曰　注疏本刪。

456 皆稽久　陳本同。雪牕本、注疏本下有「也」，蓋因疏語增。　×

457 曩塵佇淹留久也○釋曰　注疏本刪。　×

458 逮及暨與也○釋曰　注疏本刪。　×

459 郭云公羊傳曰　元本同。閩本、監本、毛本「郭」改「注」。　×

460 天王登遐　單疏本、雪牕本、注疏本同。釋文音經「假，音遐」，本注讀也，此經注異字之證。或疑當從禮記作「假」，以合正文，非。

461 騭假格陟躋登陞也○釋曰　注疏本刪。　×

462 餘見注○注方言至陞也○釋曰　注疏本刪下八字。　×

463 躡郅音質跂音企佫躋踚音躍登也　注疏本刪小注，「登也」下增「郅音質跂音企踚音躍」九字。

464 涸竭也　唐石經、單疏本、雪牕本同。釋文：「渴，音竭，本或作『竭』。」按，古竭盡字多作「渴」，此當從陸本。說文水部「涸，渴也」，「渴，盡也」，本此經，立部「竭」云「負舉也」。

465 無漉陂池　單疏本、雪牕本同。釋文：「毋，音無，本今作『無』。」按，月令多言「毋」，此作「無」，非。釋文音經「盝」爲「鹿」，又音注「漉」爲「鹿」，此經注異字之明證。

466 揮盝歇涸竭也○釋曰　注疏本刪。　×

467 執玉器者弗揮是也　按，禮記「飲玉爵者弗揮」。此誤記。

468 涸水竭也○注月令至成梁○釋曰　注疏本刪下八字。　×

469 振訏抆拭掃刷　雪牕本、注疏本同。釋文、單疏本「掃」作「埽」。按，此經作「拒」，注作「振」，鍾本、郎本改爲「拒振祓拭」，謬甚。

470 拒拭刷清也○釋曰　注疏本删。 ×

471 可以清除其室　注疏本「除」誤「潔」。

472 鴻昏於顯間代也注鴻鴈至相代○釋曰　注疏本删。 ×

473 謂間厠交錯　注疏本「厠」誤「則」。

474 饁饟饋也○釋曰　注疏本删。 ×

475 舍人曰　注疏本「舍」誤「食」。

476 ○注國語曰其妻饁之○釋曰　注疏本删作「注曰其妻饁之」。 ×

477 晉語云臼季使舍於冀野　注疏本作「臼季使過冀」。浦鏜曰此左傳文。

478 冀芮之子也　注疏本脱「也」。

479 臣得賢人敢以告　今國語作「當以告」，非。

480 遷運徙也○釋曰　注疏本删。 ×

481 秉拱執也○釋曰　注疏本删。 ×

482 廞熙興也○釋曰　注疏本删。 ×

483 周官即周禮也　注疏本脱「周官」二字。

484 衛蹶假嘉也○釋曰　注疏本删。 ×

485 廢税赦舍也○釋曰　注疏本删。 ×

486 棲　釋文、單疏本、雪牕本同。唐石經作「捿」，從手，誤。釋草「瓠棲」、「瓣棲」字刮磨，蓋本作手旁；明道本國語「越王句踐捿於會稽之上」，「捿」亦從手。

487 憩　唐石經、單疏本、雪牕本同。釋文作「憇」。

488 棲遲憩休苦𣪠齂呬息也○釋曰

注疏本删。 ×

489 餽消息喙呬息也　注疏本「消息」二字改大字。

490 供峙共具也○釋曰　注疏本删。 ×

491 庤乃錢鎛　正德本同。閩本、監本、毛本「庤」作「痔」，誤。

492 靖共爾位　注疏本「靖」改「靜」。

493 惵憐惠愛也○釋曰　注疏本删。 ×

494 憮亡輔切俺音掩憐牟愛也　注疏本删音切，「愛也」下增「憮亡輔切俺音淹」七字。

495 今江東通呼爲憐惵憮音義同　注疏本脱「通」、「惵」、「音」三字。

496 娠蠢震戁妯騷感訛蹶動也○釋曰　注疏本删。 ×

497 昭元年左傳曰邑姜方震大叔哀元年左傳曰后婚方震　今左傳哀元年作「娠」。按，昭元年釋文云「方震，本又作『娠』」，「震」、「娠」古今字。漢書高帝紀「已而有娠」，應劭注云「娠動懷任之意，左傳曰『邑姜方娠』」，師古曰「漢書皆以『娠』爲任身字。『邑姜方震』自爲震動之字，不作娠」，蓋左氏本作「震」，以義讀之爲娠也。

498 文王蹶厥生○注詩曰至或訛○釋曰　注疏本删下八字。 ×

499 覆校察視副長　單疏本、雪牕本、元本、閩本、監本同。毛本「校」作「挍」。釋文：「校，音教。」按，五經文字手部云「挍，經典及釋文或以爲比校字，按，字書無文」，又詩序「子衿刺學校廢也」，注「鄭國謂學爲校，言可以挍正道藝」，葉鈔釋文以挍正音教，然則此釋文亦當作「挍音教」也。

500 覆察副審也○釋曰　注疏本删。 ×

501 契滅殄絶也○釋曰　注疏本删。×

502 杜注云　注疏本衍作「注杜預云」。

503 郡　唐石經、雪牕本同。段玉裁云「郡」當爲「那」之誤。按，那、仍、迺、乃皆一音之轉，經傳未見訓「郡」爲「乃」者。

504 迺即乃　雪牕本、注疏本同。一切經音義卷十三引作「迺即乃字也」，卷十八引作「迺亦乃字也」。

505 郡臻仍迺侯乃也○釋曰　注疏本删。×

506 迪繇訓道也○釋曰　注疏本删。×

507 周書顧命云　注疏本「周」上衍「又」。

508 僉咸胥皆也○釋曰　注疏本删。×

509 育孟耆艾正伯長也○釋曰　注疏本删。×

510 艾歷也○釋曰　注疏本删。×

511 麻秭算數也○釋曰　注疏本删。×

512 皆筭數也　注疏本「筭」改「算」。

513 毛傳云數億至萬曰億數億至億曰秭　注疏本作「數萬至萬曰億」，毛詩豐年傳同。按，詩正義云「數億至億曰秭」，定本集注皆云「數億至萬曰秭」，釋文作「數億至萬曰秭」，云「一本作『數億至億曰秭』」，説文亦云「數億至萬曰秭」，蓋此疏引毛傳本作「數萬至萬曰億，數億至萬曰秭」，淺人誤改，遂不可通。

514 以時驗而言也○注論語云何足算也○釋曰　注疏本删下十字。×

515 歷傳也○釋曰　注疏本删。×

516 覛　唐石經、單疏本、雪牕本同。釋文：「覛，字又作脈，亡革反。」按，五經文字：「脈，摸白反，見爾雅。」文選魯靈光殿賦「徒脈脈而狋狋」，李善注：「爾雅曰脈，相視也，莫革切。」○按，釋文「又作脈」，乃「脈」之譌也。

517 艾歷覛胥相也○釋曰皆謂相共也　×　注疏本刪上八字，「共」誤「視」。

518 論語曰予有亂臣十人　單疏本、雪牕本同。惠棟云「臣」字俗人妄加。

519 餘並見詩書　單疏本、雪牕本同。陳本「並」誤「并」，注疏本脱此字。

520 乂亂靖神弗淈治也○注論語至詩書○釋曰　注疏本刪。　×

521 頤艾育養也○釋曰　注疏本刪。　×

522 晉衛燕趙曰台音頤　○注疏本「音頤」改大字。

523 或曰艾是也　注疏本脱「是」。

524 汱　唐石經、雪牕本、注疏本同。單疏本作「汏」，從大，引注同，非也。按，釋文「汱，姑犬反，施胡犬反，顧徒蓋反，字宜作汏」，是陸德明、施乾皆作「汱」，音犬，惟據顧音謂「字宜作汏」，猶未改爲「汏」也。廣韻二十七「銑」「汱，爾雅云墜也，姑泫切」，即此字；十四「泰」「汏，濤汏，說文云淅瀉也，徒蓋切」，非此義。邵晉涵正義謂「汱」當作「汏」，失之。

525 汱渾隕墜也○釋曰　注疏本刪。　×

526 際接翜捷也○釋曰　注疏本刪。　×

527 毖神溢慎也○釋曰　注疏本刪。　×

528 鬱陶繇喜也○注孟子至字耳○釋曰　注疏本刪。　×

529 云孟子曰鬱陶思君者案孟子云　閩本、監本、毛本上「云」改「注」，脱下「云」，元本上亦作「云」。

530 曰鬱陶思君爾　注疏本衍作「象曰」。

按，此蒙上「象往入舜宮」句，無「象」字是。

531 象見舜生在牀鼓琴　注疏本「生」誤「正」。

532 陶鬱陶也咏嘔也　元本上句同，「嘔」改「謳」。閩本、監本、毛本作「鬱陶陶也咏謳也」。按，禮記釋文云「咏謳，本亦作『嘔』」，與此合。

533 獲禾爲穧　單疏本、雪牕本同。釋文：「穫禾，一本作『獲禾』。」按，穫禾字當從禾，此經注異文之證；今本依經改犬旁，非。

534 馘穧獲也○釋曰　注疏本删。×

535 □云獲禾爲穧者　「云」上空闕一字，當是「郭」字或「注」字，注疏本排勻。×

536 此有不斂穧穧者　注疏本脱一「穧」。

537 是並見詩也　注疏本脱「也」。

538 阻艱難也○釋曰　注疏本删。×

539 剡絜利也○釋曰　注疏本删。×

540 允任壬佞也○釋曰　注疏本删。×

541 俾拼抨使也○釋曰　注疏本删。×

542 儴仍因也○釋曰　注疏本删。×

543 儴攘音義同　元本、閩本、監本同。毛本「攘」誤「穰」。×

544 董督正也○釋曰　注疏本删。又經字「督」作「督」。此與唐石經合。×

545 春秋僖公十二年左傳云　注疏本「二」誤「三」。

546 享孝也○釋曰　注疏本删。×

547 珍享獻也○釋曰　注疏本删。×

548 縱縮亂也○釋曰　注疏本删。×

549 探篹俘取也○釋曰　注疏本删。×

550 以曩爲曏　雪牕本、注疏本同。釋文：「爲嚮，本今作『曏』。按，釋言作『曏』。」×

551 徂在存也○釋曰　注疏本删。×

552 皆有起文　注疏本「有」誤「可」。

553 士理官　雪牕本同。邢疏云「士者，理獄之官」，閩本、監本、毛本作「士師官」，誤，舊本誤作「正思宜」，此類不足舉正。

554 在存省士察也○釋曰　注疏本删。×

555 省謂視察論語云　注疏本脱下三字。×

556 晉衞之間曰櫱　單疏本、雪牕本同。釋文音經「栫，五割反，注作『櫱』，並同」，此經注異字之明證。

557 烈栫餘也○釋曰　注疏本删。×

558 迓迎也　唐石經、單疏本、雪牕本同。釋文：「訝，五駕反，本又作『迓』。」按，説文「訝，相迎也，从言，牙聲。周禮曰『諸侯有卿訝迓』，訝或从辵」，又周禮掌訝注「訝，迎也。鄭司農云『訝讀爲跛者訝跛者之訝』」，此經當從陸本作「訝」爲正字，注引公羊傳「跛者迓跛者」亦當作「訝」，與鄭司農所引同。賈公彦、邢昺所據公羊皆作「迓」，淺人遂援以改注，而并以改經矣。○按，説文本無「迓」篆，今有者，徐鉉所增十九文之一也。

559 迓迎也○釋曰謂相逢逆也郭云　注疏本删上五字，「逆」誤「迎」，「郭」改「注」。×

560 蕭同姪子者　閩本同。正德本、監本、毛本依左傳「姪」改「叔」。

561 踊于棓而窺客　浦鏜云：窺，公羊傳作「闚」。按，宋槧官本公羊傳作「窺」，與此合。公羊釋文云：「闚，本又作『窺』。」

562 鄭注亦云　注疏本脱「亦」。

563 致茲異也　監本同。正德本、閩本、毛本「致」誤「到」。

564 元良首也○釋曰　注疏本刪。×

565 郭云左傳曰　正德本同。閩本、監本、毛本「郭」改「注」。

566 薦摯臻也○釋曰　注疏本刪。×

567 賡揚續也○釋曰　注疏本刪。×

568 郭云書曰　正德本同。閩本、監本、毛本「郭」改「注」。

569 付新死於祖廟　雪牕本同。單疏本、注疏本作「付新死者於祖廟」，此脫「者」。×

570 祔祪祖也○釋曰　注疏本刪。×

571 毀廟之主名祪　閩本、監本、毛本「名」作「曰」，元本脫此字。

572 即尼也○釋曰尼近也言即今相近也　注疏本刪上五字，「言」字誤倒「尼近」下。×

573 尼定也○釋曰　注疏本刪。×

574 邇幾暱近也○釋曰　注疏本刪。×

575 日幾中而后禮成　元本同，與禮記聘義合。閩本、監本、毛本「后」改「後」。

576 妥安坐也○釋曰妥者安定之坐也郭云　注疏本刪上六字，「妥」下脫「者安」，「郭」改「注」。×

577 案士相見禮云　元本同。閩本、監本、毛本「云」改「曰」。

578 今俗語亦然　注疏本同，或作「猶然」。雪牕本「語」作「言」。

579 貉縮綸也○釋曰　注疏本刪。×

580 貉嗼安定也○釋曰　注疏本刪。×

581 貊其德音　注疏本依爾雅「貊」改「貉」。

按，爾雅作「貉」，邢氏引詩及傳、箋作「貊」，故下云「貉、貊音義同」。

582 皇矣又云　注疏本「又」誤「文」。

583 伊維也伊維侯也○釋曰　注疏本删。　×

584 伊余來塈　注疏本「塈」誤「曁」。

585 時寔是也○釋曰　注疏本删。　×

586 卒猷假輟已也○釋曰　注疏本删。　×

587 終盡之已也　注疏本「盡」誤「壽」。

588 論語曰　注疏本「曰」作「云」。　×

589 求酉在卒就終也　唐石經、單疏本、雪牕本同。釋文：「殏，巨牛反，又作『求』」，「就，又作『殧』，同」，「殅，音終，本又作『終』」。按，玉篇「殏，終也，亦作『求』」，「殧，殅也，千六切」，「殅，殁也」，今作「終」，與陸本合。

590 嗣先公爾酋矣　單疏本、雪牕本、注疏本同。按，卷阿詩三章「俾爾彌爾性，百神爾主矣」，四章「俾爾彌爾性，純嘏爾常矣」，每章末句皆用「爾」字；惟二章「俾爾彌爾性，嗣先公酋矣」句，無「爾」字，葢今本脱。考正義曰「又嗣其先君之功汝主能終之矣」，訓「爾」爲「汝」，是孔本有「爾」字。郎本、鍾本依今詩删「爾」字，非。

591 求酉在卒就終也○釋曰　注疏本删。　×

592 徂落　唐石經、單疏本、雪牕本同。注疏本改「殂」，非。釋文：「殂，音徂，本又作『徂』。」「⿰歹各，音落，本又作『落』。」

593 故尚書堯曰殂落　單疏本、雪牕本、注疏本同，此經注異字之明證。按，尚書作「殂落」。説文「殂，往死也。虞書曰『放勛乃殂』」，足證孔氏古文作「殂」。

01a—594 崩薨無禄卒徂落殪死也○釋曰

注疏本刪。

爾雅疏卷第二

校記

❶南昌本校語「肈」誤「肇」。
❷南昌本校語「邟」作「刜」。
❸南昌本校語下有「○疏標經注起止及釋曰二字，注疏本刪。今悉加補，後不悉出」。
❹南昌本校語「遲」誤「遟」。
❺南昌本出文「假」作「椵」。校語「注疏本同」作「注疏本椵作假」，「單疏本作湯孫奏椵」作「此本作椵」。按，此因南昌本更換底本而導致出文及校語變動，無校勘内容上的實質差異。此种情況依體例下不一一出校。
❻南昌本「艘」作「艘」。
❼南昌本校語「亦從」作「亦作」。
❽南昌本校語上「駁」字作「駮」，下「駁」字作「駮」。
❾南昌本出文「伐」字作「伐」字。
❿南昌本「卄」作「廿」。
⓫南昌本「上」作「土」，「此」作「茈」。
⓬南昌本脱「是」字。
⓭南昌本校語「皆作」下「疷」字作「疷」。
⓮南昌本校語下有「○今訂正」。

爾雅注疏校勘記卷上之下

01b—001 爾雅疏卷第三　注疏本卷第二。

釋言第二

002 釋言第二〇釋曰　注疏本刪。

003 漢書東方朔云　注疏本「朔」下衍「方」。

004 初別國不相往來之言也　注疏本脫「也」。

005 故爲之作釋也　閩本、監本、毛本脫「之」、「也」，元本脫「之」。

006 岠齊州以南　單疏本、雪牕本、注疏本同。釋文：「距，又作『岠』，同，音巨。」按，今釋地作「岠」，釋文同，蓋失其舊。〇按，依說文本作「歫」，从止，俗改从山。

007 殷齊中也〇釋曰　注疏本刪。

008 斯誃離也〇釋曰　注疏本刪。

009 謖興起也〇釋曰　注疏本刪。

010 注禮記曰尸謖者　注疏本脫「注」。

011 還復返也　元本經下載音切「還音旋」，閩本、監本誤爲注，毛本遂剜改作「皆迴返也」，似郭氏舊有此注矣，考此本、雪牕本、陳本、鍾本、郎本、葛本皆無也。

012 還復返也〇釋曰皆迴返也　注疏本刪上六字。

013 宣徇徧也〇釋曰　注疏本刪。

014 皆傳車驛馬之名　單疏本、雪牕本、元本、閩本、監本同。毛本「驛」作「馹」，依經所改。釋文音經「傳也，張戀反，注同」，此本「傳」誤「轉」，今訂正，單疏本經中「傳」字亦誤「轉」。

015 馹遽傳也○釋曰皆傳車驛馬之名　注疏本删上六字。毛本「驛」改「馹」。　×

016 蒙荒奄也○釋曰　注疏本删。　×

017 告謁請也○釋曰　注疏本删。　×

018 肅噰聲也○釋曰　注疏本删。　×

019 注詩曰肅噰和鳴者　注疏本删「注」字。　×

020 格懷來也　唐石經、單疏本、雪牕本同。釋文：「徠，音來，本今作『來』。」按，釋親「來」，孫、陸本亦作「徠」，云「音來，本亦作『來』」。玉篇彳部：「徠，力哀切，就也，還也，今爲『來』。」

021 格懷來也○釋曰　注疏本删。　×

022 注書曰格爾衆庶者　注疏本删「注」字。　×

023 厎　釋文、唐石經、雪牕本同。注疏本作「底」，非；單疏本經誤「底」，疏中作「底」。五經文字厂部：「厎，音指，致也。」

024 皆見詩傳　雪牕本、注疏本同。單疏本無「皆」字。

025 昣厎致也○釋曰　注疏本删。　×

026 厎禄以德周頌武篇云　注疏本「厎」誤「底」，下同，「武」上衍「下」。

027 今江東呼母爲恀音是　雪牕本同。注疏本删下二字，因别附音切，有「恀音是」三字也，全書準此。

028 恀怙恃也○釋曰　注疏本删。　×

029 無母何恃是也　注疏本脱「是也」。

030 律遹述也○釋曰　注疏本删。 ×

031 畣者應也　雪牕本、注疏本同。釋文音經「畣，古荅字，一本作『荅』」。○按，「畣」字从田，絶無文理；舊本繇釋作「畣」，从曰，似近是，然亦俗字耳。❷

032 俞畣然也○釋曰　注疏本删。 ×

033 豫臚敘也○釋曰　注疏本删。 ×

034 大初元年　注疏本「大」改「太」。

035 以禮大陳敘賓客也　閩本、監本、毛本「大陳敘」改「陳敘于」，元本實闕。

036 庶幾尚也○釋曰　注疏本删。 ×

037 注詩曰不尚息焉者　注疏本删「注」字。 ×

038 觀指示也○釋曰　注疏本删。 ×

039 注國語曰且觀之兵者　注疏本删「注」字。 ×

040 若惠順也○釋曰　注疏本删。 ×

041 憮　釋文、唐石經、雪牕本、元本同。單疏本作「撫」，閩本、監本、毛本作「憮」，皆誤。

042 無憮無傲　單疏本、雪牕本同。注疏本作「無憮無敖」，非；疏引投壺作「無撫無敖」，亦誤。

043 敖撫傲也○釋曰　注疏本删。 ×

044 幼鞠稚也　唐石經、單疏本、雪牕本、元本同。閩本、監本、毛本「稚」改「穉」，疏中同。釋文：「穉，又作『稚』。」按，釋親「穉婦」，釋文亦作「穉」，云「又作『稚』」。

045 幼鞠稚也○釋曰　注疏本删。 ×

046 是皆謂年小也　注疏本「小」改「少」。

047 逸諐過也○釋曰皆謂咎過也注云　注疏本但存「皆謂咎過也」五字。 ×

048 疑休戾也○釋曰　注疏本刪。×

049 疾齊壯也○釋曰急疾齊整　注疏本刪上六字，「疾」改「速」。❸

050 悈褊急也○釋曰　注疏本刪。×

051 革亦急也　注疏本脱「也」。

052 貿賈市也○釋曰　注疏本刪。×

053 注詩曰抱布貿絲者　注疏本刪「注」字。×

054 厞陋隱也○釋曰　注疏本刪。×

055 注禮記曰厞用席者　注疏本刪「注」字。×

056 云書曰揚側陋者　注疏本刪「曰」、「者」。

057 北燕曰遾　單疏本、雪牕本同。浦鏜云方言作「噬」。

058 遏遾逮也○釋曰　注疏本刪。×

059 征邁行也○釋曰皆出行也注　注疏本但存「皆出行」三字。×

060 圮敗覆也○釋曰　注疏本刪。×

061 易曰水荐至　單疏本、雪牕本同。浦鏜云易「荐」作「洊」。按，易釋文於「洊」下引爾雅云「再也」，又云「干作荐」，則爾雅有作「洊」，周易有作「荐」者。

062 今呼重甗爲甗　單疏本、雪牕本、注疏本同。釋文：「原，舍人本作『甗』，音同。」

063 敉義見書　單疏本、雪牕本同。注疏本作「敉寧」，因疏引書大誥敉寧字致誤，疏中同。

064 荐原再也○釋曰　注疏本刪。×

065 郭云易曰　元本同。閩本、監本、毛本

「郭」改「注」。 ×

066 撫敉撫也○釋曰皆憐撫也　注疏本删上六字，「憐」改「愛」。

067 宋衛邠陶之間　元本同。閩本、監本、毛本「宋衛」改「東齊」。

068 故注云撫愛撫也　注疏本「注」誤「上」，又上「撫」作「憮」。元本與此同。

069 齊人謂瘠瘦爲脙　單疏本、雪牕本同。注疏本脱「瘦」。

070 臞脙瘠也○釋曰　注疏本删。 ×

071 瘦臞腐敗　注疏本「臞」誤「瞿」。周禮廛人釋文：「臞，其俱反，又作『臒』，音稍。」按，賈疏本「臞」作「臒」。

072 桄　唐石經、單疏本、雪牕本同。釋文：「桄，孫作光，古黄反。」按，説文「桄，充也」，與「横，闌木也」連文。「桄」、「横」字通。鄭注禮記樂記、孔子閒居皆云「横，充也」，此其證。尚書「光被四表」，漢書王莽傳、後漢馮異傳皆作「横被四表」，蓋作「桄」、作「横」者爲今文，作「光」者爲古文。孔傳堯典云「光，充也」，與孫叔然本合。賈逵云「古文讀應爾雅」，是爾雅本作「光」也，作「桄」者蓋李巡本。

073 桄熲充也○釋曰　注疏本删。 ×

074 書云光被四表　注疏本「云」改「曰」。

075 屢暱亟也○釋曰　注疏本删。 ×

076 親暱者恩信必數　注疏本「者」誤「時」。

077 靡罔無也○釋曰　注疏本删。 ×

078 爽差也爽忒也○釋曰　注疏本删。 ×

079 佴貳也○釋曰　注疏本删。 ×

080 次即副貳之義　閩本、監本、毛本「義」誤「貳」，元本闕。

081 劑翦齊也○釋曰　注疏本删。 ×

082 今呼餈飯爲饙　單疏本、雪牕本同。閩本、監本、毛本「餈」誤「資」，疏中同。元本「餈」誤「攸」。釋文：「飰，字又作『餅』，俗作『飯』，同。」按，玉篇「餅」、「飰」並俗「飯」字。

083 饙餾稔也○釋曰　注疏本刪。×

084 饙熟爲餾　注疏本同。詩正義作「饙均熟爲餾」，因連引孫炎注「均之曰餾」而誤衍耳。郭釋經「稔」爲「熟」，詩釋文引孫炎「均之曰餾」，引郭注「餴熟爲餾」可證。

085 媵將送也○釋曰　注疏本刪。×

086 作造爲也○釋曰　注疏本刪。×

087 餥餱食也○釋曰　注疏本刪。×

088 注方言云　注疏本刪「注」字。

089 或曰餂　注疏本「餂」誤「䬸」。

090 河陰之間曰䭡惡恨切饐五恨切　○注疏本音切改大字。

091 迺裹餱糧　注疏本「迺」改「乃」。

092 鞫究窮也○釋曰　注疏本刪。×

093 矜　唐石經、雪牕本、注疏本同。單疏本作「矝」。釋文：「鹶，音矜，本又作『矜』。」按，廣雅釋詁一「鹶，哀也」，玉篇鹵部「鹶，苦也」，皆本此經，葢經作「鹶」，注作「矜」，後人轉寫亂之。

094 可矜憐者亦辛苦　單疏本、雪牕本同。釋文：「粦，力田反。本今作『憐』，同。」按，「今」當作「又」。

095 滷矜鹹苦也○釋曰　注疏本刪。×

096 表淳鹵　元本同。閩本、監本、毛本「鹵」改「滷」。按，左傳襄二十五年作「鹵」。

097 云可矜憐者亦辛苦者小雅鴻鴈云爰及矜人　注疏本「矜」作「矝」，毛詩、唐石經、宋本同。按，釋訓「矜憐撫掩之也」，疏引詩鴻鴈亦作「矜」。華嚴經音義卷上「特垂矜念」，下引毛詩傳「矜，憐也」，又引説文、字統「矜，怜也」，皆從矛、令。「矜」、「憐」聲相近，故説文、毛傳皆云「矜，憐也」。鈕樹玉云：漢隸字源「矜」字注引唐君頌「不侮矜寡」，詩序「至于矜寡」，史記「有矜在民間曰虞舜」，字皆從矛、令。

098 **鹹味極必苦**　注疏本「味」誤「殊」。

099 **干流求也○釋曰**　注疏本删。 ×

100 **論語云**　注疏本脱「論」。

101 **皆謂蔓延相被及**　單疏本、雪牕本同。釋文：「蔓莚，以戰反，相連不斷，又音延，本今作『延』。」按，蔓莚字古皆從艹作「莚」。華嚴經音義卷上引爾雅「覃，延也」，引郭注謂「蔓莚相被及也」，與釋文同。此經作「延」，注作「莚」之明證。釋草「蔨鹿藿蘦大苦」注「蔓延生」，釋文皆作「蔓莚」。毛詩旄丘傳曰「如葛之蔓延相連及也」，釋文「蔓莚，以戰反，又音延」。芃蘭箋云「恒蔓延於地」，釋文云「本或作『蔓莚於地』」。

102 **流覃也覃延也○釋曰**　注疏本删。 ×

103 **佻偷也○釋曰**　注疏本删。 ×

104 **視民不恌是也**　元本同。監本、毛本「恌」作「佻」，與經合。左傳昭十年及説文、玉篇皆引詩「視民不佻」。此從心，蓋依今詩改。

105 **潛深也潛深測也○釋曰**　注疏本删。 ×

106 **穀鞫生也○釋曰**　注疏本删。 ×

107 **注詩曰穀則異室者**　注疏本删「注」字。 ×

108 **啜茹也○釋曰**　注疏本删。 ×

109 **茹虞度也○釋曰**　注疏本删。 ×

110 **注詩曰不可以茹者**　注疏本删

「注」字。

111 見詩書　雪牕本、注疏本同。單疏本作「皆見詩書」。

112 試式用也○釋曰　注疏本删。×

113 注皆見詩書者　注疏本删「注」字。

114 誥誓謹也○釋曰皆謹勑也　注疏本删上六字。閩本、監本、毛本「勑」改「敕」。×

115 尚書誥誓之篇是也　閩本、監本、毛本「篇」改「類」，元本此字實闕。

116 競逐彊也　唐石經、單疏本、雪牕本同。釋文：「强，巨丈反，注同，本或作『彊』字，又其良反。」按，此蓋經作彊盛字，注用勉强字。

117 皆自勉彊　單疏本、注疏本同。雪牕本作「皆自强勉」。按，「强勉」猶「彊勉」也。漢書董仲舒傳「事在彊勉而已矣」，師古曰「彊，音其兩反」。此當從雪牕本，古「彊」、「强」通。

118 競逐彊也○釋曰　注疏本删。×

119 皆自勉彊也　元本同。閩本、監本、毛本「彊」改「强」，下「彊梁」同。

120 禦圉禁也○釋曰　注疏本删。×

121 故皆爲禁也　元本、閩本、監本同。毛本脱「也」。

122 窒薶塞也○釋曰　注疏本删。×

123 黼黻彰也○釋曰　注疏本删。×

124 言文采著明也　閩本、監本、毛本下衍「一」字，元本實闕。

125 膂身親也○釋曰　注疏本删。×

126 愷悌發行也○釋曰　注疏本删。×

127 注詩曰齊子愷悌者　注疏本删「注」字。

128 髦士官也○釋曰　注疏本删。 ×

129 士者男子之人大號　注疏本同。浦鏜云「人大」二字疑「美」字之誤。

130 畯農夫也○釋曰　注疏本删。 ×

131 葢割裂也　唐石經、單疏本、雪牕本同。釋文：「蓋，古害反，舍人本作『害』。」按，書呂刑「鰥寡無蓋」，「蓋」即「害」字之借，言堯時鰥寡無害也。釋名「害，割也」，書堯典「洪水方割」，大誥「天降割」之類，皆「害」字之借。「割」與「蓋」亦音相近，書君奭「割申勸寧王之德」，鄭注緇衣云「割之言蓋」，是也。

132 蓋割裂也○釋曰　注疏本删。 ×

133 邕支載也○釋曰　注疏本删。 ×

134 諈諉累也○釋曰　注疏本删。 ×

135 漠察清也○釋曰　注疏本删。 ×

136 今俗語呼樹蔭爲庥　單疏本、注疏本同。雪牕本「蔭」作「廕」。按，釋文「廕，字亦作『蔭』」，依經當作「廕」，蓋以樹蔭義改從艹耳。釋詁注云「蔬蔭爆樂」，釋文「廕，又作『蔭』」，同。

137 庇庥廕也○釋曰　注疏本删。 ×

138 福履將之　單疏本、雪牕本同。按，此當如釋詁注引詩「福履綏之」，毛傳「履，禄也」，本此經。樛木詩一章「福履綏之」，二章「福履將之」。

139 穀履禄也○釋曰　注疏本删。 ×

140 履禮也○釋曰　注疏本删。 ×

141 注禮可以履行見易者　注疏本删「注」字。 ×

142 隱占也○釋曰　注疏本删。 ×

143 逆迎也○釋曰　注疏本删。 ×

144 憯曾也○釋曰　注疏本删。 ×

145 增益也○釋曰　注疏本删。×

146 寠貧也○釋曰　注疏本删。×

147 薆隱也　唐石經、單疏本、雪牕本同。釋文：「薆、僾，皆音愛。」按，亦作「愛」，詩烝民「愛莫助之」，毛傳「愛，隱也」，本此經，而字作「愛」，可證。

148 薆隱也○釋曰　注疏本删。×

149 僾唈也○釋曰　注疏本删。×

150 基經也基設也○釋曰基牆下止也　注疏本删上八字，「止」作「土」。按，説文「基，牆始也」，玉篇「址，基也」，廣韻「基，址也」，然則此「止」當爲「址」，合「止」字、「土」字始得之。

151 祥吉之先見　注疏本同。雪牕本作「謂吉之先見」。

152 祺祥也祺吉也○釋曰　注疏本删。×

153 祺福之祥　元本同。閩本、監本、毛本「福」誤「祥」。

154 兆域也　唐石經、雪牕本同。釋文：「兆，本又作『垗』。」按，依説文「垗」正字也，「兆」假借字也。❹

155 兆域也○釋曰　注疏本删。×

156 肇敏也○釋曰　注疏本删。×

157 注書曰肇牽車牛者　注疏本删「注」字。

158 挾藏也○釋曰　注疏本删。×

159 浹徹也　唐石經、雪牕本同。釋文：「浹，子協反，郭音接。」詹事錢大昕云：説文無「浹」字，當作「挾」，詩「使不挾四方」，毛傳「挾，達也」，漢儒諱徹爲通，通、達義同。按，爾雅當本作「挾徹也」，與上「挾藏也」同字異訓。詩釋文「挾，子燮反」，與「郭音接」正合。正義曰「挾者，周匝之義」，周禮「所謂浹日」，周禮釋文「挾日，字又作『浹』」。凡「挾」作「浹」

者，皆後人所改。❺

160 浹徹也○釋曰　注疏本刪。 ×

161 替廢也替滅也○釋曰　注疏本刪。 ×

162 小雅楚茨云　注疏本「云」上衍「篇」。

163 速徵也徵召也○釋曰　注疏本刪。 ×

164 注易曰不速之客者　注疏本刪「注」、「之」二字。

165 琛寶也○釋曰　注疏本刪。 ×

166 注詩曰來獻其琛者　注疏本刪「注」字。

167 探試也○釋曰　注疏本刪。 ×

168 髦選也髦俊也○釋曰　注疏本刪。 ×

169 士之俊選者借譬爲名焉故郭云士中之俊如毛中之髦　注疏本作「士之俊選者是也」，刪「借譬」以下一十七字。

170 俾職也○釋曰　注疏本刪。 ×

171 紕飾也○釋曰注謂緣飾見詩者　注疏本刪上六字。 ×

172 淩懅戰慄　單疏本、雪牕本同。釋文：「淩，郭注意當作『倰』，埤蒼云『倰，慄也』。」按，陸謂注意當作「倰」，則字不作「倰」矣。或謂「注當作『倰』」，非。下注云「强梁淩暴」，亦用水旁字。

173 淩慄也慄慼也○釋曰　注疏本刪。

174 倰慄也　元本同。閩本、監本、毛本「倰」誤「淩」。

175 郭云淩懅戰慄　注疏本「云」誤「言」。

176 蠲明也茅明也明朗也○釋曰　注疏本刪。 ×

177 注左傳云　注疏本刪「注」字。

178 **周官曰**　雪牕本、注疏本同。單疏本作「周禮曰」。按，郭注多引作「周禮」，凡釋詁、釋官、釋器、釋天「旌旂」、釋丘、釋草、釋畜共十二見，皆作「周禮」，惟此及釋天「講武」注作「周官」。

179 **猷圖也猷若也○釋曰**　注疏本刪。×

180 **注周禮曰以猷鬼神祇者**　注疏本刪「注」字。×

181 **注詩曰寔命不猷者**　注疏本刪「注」字。×

182 **偁舉也**　唐石經、單疏本、雪牕本同。釋文音下「稱好也」「尺證反」。此「偁」字不出音，葢本作「稱」。李善注文選陸士衡演連珠引「爾雅『稱，舉也』，郭注引書『偁爾戈』」，今尚書作「稱」。

183 **偁舉也○釋曰**　注疏本刪。×

184 **注偁爾戈者**　注疏本刪「注」字。

185 **稱好也○釋曰**　注疏本刪。×

186 **坎律銓也○釋曰**　注疏本刪。×

187 **矢誓也○釋曰**　注疏本刪。×

188 **之死矢靡它**　元本、閩本、監本同。毛本「它」改「他」。按，唐石經、毛詩作「它」。

189 **並兩舩**　雪牕本、注疏本同。釋文：「併，字又作『並』。」按，釋水「大夫方舟」注亦云「併兩舩」，此作「並」，非。

190 **舫舟也○釋曰**　注疏本刪。×

191 **潛行游水底**　單疏本、雪牕本同。葉鈔釋文「底」作「底」。

192 **泳游也○釋曰**　注疏本刪。×

193 **追及也○釋曰**　注疏本刪。×

194 **冥幼也○釋曰**　注疏本刪。×

195 **降下也○釋曰** 注疏本删。 ✕

196 **傭均也○釋曰** 注疏本删。 ✕

197 **强** 雪牕本同。單疏本、注疏本作「彊」，唐石經先作「彊」，後改「强」。按，注云「彊梁淩暴」，疏引詩序「彊暴之男」，則字當從「彊」。上文「競逐彊也」，疏云「馳逐者，亦彊梁」，可互證，石經原刻是。

198 **强梁淩暴** 雪牕本同。注疏本「强」作「彊」，疏云「彊梁者，好淩暴於物」，「淩」字從冫，非。五經文字云：「淩，水名。經典或以爲侵陵字。」

199 **彊暴也○釋曰** 注疏本删。 ✕

200 **宨** 唐石經、單疏本、雪牕本同。注疏本作「窕」，注及疏準此，元本經作「宨」。按，葉鈔釋文「宨，肆也，吐彫反」，「窕，閒也，郭徒了反」，與唐石經皆畫然有别。玉篇、廣韻脱「宨」字。今本皆作「窕」，誤甚。詩大明正義引釋言及郭注作「宨」，集韻二十九「筱」於「宨」下引爾雅「肆也」，謂輕宨放肆，類篇宀部「宨」下引爾雅「肆也」，此其證。左傳成十六年「楚師輕宨」，釋文「勑彫反」，依義當作「宨」。

201 **宨肆也肆力也○釋曰** 注疏本删。 ✕

202 **戴弁俅俅** 單疏本、元本、閩本、毛本同。雪牕本、監本「戴」改「載」。按，毛詩絲衣「載弁俅俅」，箋云「載，猶戴也」，蓋古文作「載」，今文作「戴」，韓、魯詩當有作「戴」者，玉篇頁部引詩「戴弁俅俅」可證。

203 **俅戴也○釋曰** 注疏本删。 ✕

204 **幽亦薶也** 注疏本同。雪牕本「薶」改「埋」，係俗省。按，釋文、邢疏皆作「薶」。

205 **瘞幽也○釋曰** 注疏本删。 ✕

206 **氂罽也○釋曰** 注疏本删。 ✕

207 **氂謂毛罽也** 注疏本「氂」下衍「所」。

208 **烘燎也煁烓也○釋曰** 注疏本删。 ✕

209 若今之火鑪也　元本同。閩本、監本、毛本「鑪」改「爐」。

210 陪朝也○釋曰　注疏本删。

211 康苛也○釋曰　注疏本删。

212 樊藩也○釋曰　注疏本删。

213 賦量也○釋曰　注疏本删。

214 平均賦也　注疏本「平」改「評」。按，下云「凡相賦斂謂之平均」本此。

215 粻糧也○釋曰謂糧食也　注疏本删上五字。元本「糧食」作「粮食」，閩本、監本、毛本遂誤作「粻食」。

216 庶侈也庶幸也○釋曰　注疏本删。

217 筑拾也○釋曰　注疏本删。

218 盡起而築之　注疏本「築」改「筑」。按，書釋文「築，音竹，本亦作『筑』。馬云『築，拾也』」，單疏本引書不隨經改字，故足據。

219 今江東呼大爲䮘　單疏本、雪牕本同。釋文：「評，火乎反，或作『呼』，同。」按，説文評召字在言部，呼吸字在口部，此當從陸本。❻

220 䮘猶麤也　單疏本、注疏本同。雪牕本「麤」作「麄」，俗字。

221 奘䮘也○釋曰　注疏本删。

222 集會也○釋曰　注疏本删。

223 水中簰筏　注疏本「簰」作「簰」。單疏本作「簰」，後剜改作「簰」。按，葉鈔釋文作「簰」，引方言「泭謂之簰，簰謂之筏」，與此合。○按，廣韻、集韻有「簿」、「箄」字，無「簰」字。

224 舫泭也○釋曰　注疏本删。

225 龕　注疏本同。唐石經、雪牕本作「龕」，當據以訂正。單疏本此頁係明人補刻，不足據。按，釋文

「龕，苦南反，字或作『含』，本今作『龕』」，今本多誤。九經字樣云「龕，龍皃也，從龍，從今聲。作龕，訛」，玉篇「龕，苦含切，龍皃也，受也，聲也，盛也」，字皆從今。

226 洵均也洵龕也○釋曰　注疏本删。×

227 苑彼桑柔　閩本、監本、毛本「苑」改「菀」。按，葉鈔釋文、詩桑柔作「苑」。單疏本補刻作「菀」，非，今據元本訂正。

228 洵又爲龕未詳　閩本、監本、毛本「龕」作「龕」，單疏本補刻同，今據元本訂正。

229 今荆楚人皆云還音沓　雪牕本同。注疏本删下二字。釋文沓與上同，亦徒荅反。

230 逮遝也○釋曰　注疏本删。×

231 是則也○釋曰　注疏本删。×

232 是不非　監本、毛本下衍「也」，補刻亦剜擠「也」字，茲據元本、閩本訂正。

233 畫者爲形象　單疏本、雪牕本同。注疏本「象」改「像」。

234 畫形也○釋曰　注疏本删。×

235 畫繢之事　元本同。閩本、監本、毛本「繢」改「繪」。

236 賑富也○釋曰　注疏本删。×

237 局分也○釋曰郭云謂分部　注疏本删。×

238 天之方懠音薺　雪牕本同。注疏本删下二字。

239 懠怒也○釋曰　注疏本删。×

240 郭云詩曰天之方懠者大雅版篇文也　閩本、監本、毛本「郭」改「注」，「版篇」改「板之」，元本作「郭云」，「版篇」二字實闕。按，詩「上帝板板」，釋訓作「版版」，後漢書董卓傳注、文選辨命論注皆引詩「上帝版版」。

241 偲聲也○釋曰　注疏本刪。　×

242 天子葵之　單疏本、雪牕本、元本同。閩本、監本、毛本「葵」改「揆」。按，單疏本及元本疏引詩「天子葵之」、「揆之以日」，二字畫然有別。

243 葵揆也揆度也○釋曰　注疏本刪。　×

244 逮及也○釋曰　注疏本刪。　×

245 惄飢也○釋曰　注疏本刪。　×

246 眕重也○釋曰注云謂厚重　注疏本刪上七字。　×

247 獵虐也○釋曰　注疏本刪。　×

248 土田也○釋曰　注疏本刪。　×

249 土已耕者曰田　元本「已」字空闕，閩本、監本、毛本改作「田」。

250 戍遏也○釋曰　注疏本刪。　×

251 師人也○釋曰　注疏本刪。　×

252 硈　唐石經、單疏本、雪牕本同。釋文：「硈，苦角反。」邢疏云：「『硈』當從告，説文別有『硈』，石堅也，字異義同。」按，説文「硞，石聲，從石，告聲，苦角切」。段玉裁云：據説文知爾雅「硈」必「硞」之誤，非告聲不得苦角切也。五經文字「硈，口八反，又苦角反，見爾雅」，蓋張氏所見本始誤從吉矣。

253 硈鞏也○釋曰　注疏本刪。　×

254 硈苦學切當從告　注疏本音切改大字，下同。

255 棄忘也○釋曰　注疏本刪。　×

256 棄我如遺　注疏本同。浦鏜依詩改作「棄予」，云「我」字誤。按，文選郭泰機荅傅咸一首「棄我忽若遺」，李注引毛詩曰「將安將樂，棄我如遺」，又新序雜事五引詩「棄我如遺」，是未可據今詩改也。

257 囂閑也○釋曰囂然閑暇貌　注疏本删。 ×

258 謀心也○釋曰謀慮以心　注疏本删。按，此二節疏與注同。或據疏作「釋曰」云云，不言「注云」，疑郭氏無注，後人以邢疏當之，然考經注本、注疏本並有此注，知邢疏襲用注語耳，如下文「幕暮也」注及疏皆云「幕然暮夜」，「宣緩也」注及疏皆云「謂寬緩」可證。又此節疏後元本、閩本分二卷下。 ×

259 聰明睿智曰獻　單疏本、雪牕本同。浦鏜云謚法解「智」作「哲」。

260 獻聖也○釋曰　注疏本删。 ×

261 里邑也○釋曰　注疏本删。 ×

262 不可襄　陳本同。雪牕本、注疏本作「不可襄也」。

263 襄除也○釋曰　注疏本删。 ×

264 振古也○釋曰　注疏本删。 ×

265 乃古古而如此　注疏本「古古」改「自古」。

266 懟怨也○釋曰　注疏本删。 ×

267 縭者繫　單疏本、雪牕本、元本同。閩本、監本、毛本下有「也」。

268 縭介也○釋曰　注疏本删。 ×

269 綏繫著則介閡也　注疏本「著」誤「者」。

270 今江東皆言謼　單疏本、雪牕本同。釋文音經「謼，又作『呼』」。

271 號謼也○釋曰　注疏本删。 ×

272 凶咎也○釋曰　注疏本删。 ×

273 苞積也○釋曰　注疏本删。 ×

274 毛傳云苞稹　元本、閩本、監本同。毛本下增「也」。

275 根相迫迮梱緻　注疏本誤作「逼迮梱綴」。按，此與正義本同，定本「緻」作「致」。

276 逜寤也○釋曰　注疏本删。×

277 寐而覺之曰寤　注疏本「覺」下衍「寤」。

278 頲題也○釋曰　注疏本删。×

279 猷來無棄　單疏本、雪牕本同。按，「棄」當作「止」，詩陟岵首章「猶來無止」，毛傳「猶，可也」，與郭義同，二章「猶來無棄」。

280 猷肯可也○釋曰皆堪可也　注疏本删上六字，「堪」誤「肯」，元本此字闕。×

281 外禦其侮　單疏本、雪牕本、元本同。閩本剜改「侮」爲「務」，監本、毛本承之。按，毛詩「外禦其務」，箋云「務，侮也」，本此經，言「務」爲「侮」之假借也。故郭注引詩以證務義之爲侮，雖有春秋内、外傳引詩「外禦其侮」，而此注必當同毛作「務」矣。

282 務侮也○釋曰　注疏本删。×

283 貽遺也○釋曰　注疏本删。×

284 貿買也○釋曰　注疏本删。×

285 賄財也○釋曰　注疏本删。×

286 甲狎也○釋曰　注疏本删。×

287 水懦民狎而翫之　注疏本同。浦鏜依今左傳作「水懦弱」，云脱「弱」字。按，偶少一字，亦可不補。

288 菼薍也　唐石經、雪牕本同。釋文：「薍，五患反。」按，此係釋草文誤入，郭氏言「菼草色如騅」云云，本上文「菼騅也」之注，而在此下，可證。詩大車「毳衣如菼」，毛傳「菼，騅也」，箋云「菼，薍也」，正義曰「菼，騅，釋言文」，「菼，薍，釋草文」，分析最清。

釋文「薍」字音亦後人竄入。

289 茭騅也茭薍也○釋曰 注疏本刪。×

290 未辨草名 元本同。閩本、監本、毛本「辨」改「辯」。

291 粲餐也 唐石經、單疏本、雪牕本同。釋文：「飡，謝素昆反。説文云『餔也』。字林云『水澆飯也』，本又作『餐』，施七丹反。字林云『呑食』。」按，説文「飡，餔也，从夕食，餔日加申時食也」，「餐，呑也，从食，𣦼聲。湌，餐或从水」，蓋爾雅作「飡」爲正字，毛詩傳作「餐」爲假借字，此當從陸本。

292 今河北人呼食爲餐 單疏本、雪牕本、元本同。閩本、監本、毛本「餐」改「粲」。

293 粲餐也○釋曰 注疏本刪。×

294 渝變也○釋曰 注疏本刪。×

295 赦命不渝 元本、監本同，誤也。閩本、毛本改作「舍命」。按，箋云「舍，猶處也」。

296 宜肴也○釋曰 注疏本刪。×

297 夷悦也 唐石經、單疏本、雪牕本同。釋文：「恞，本又作『夷』，音同。」按，玉篇心部「恞，悦也」本此。經作「恞」，注引詩作「夷」，亦異文之證。

298 夷悦也○釋曰 注疏本刪。×

299 顛頂也○釋曰 注疏本刪。×

300 耋老也○釋曰 注疏本刪。×

301 伯舅耋老服虔云七十曰耋 注疏本「云」改「曰」。元本、閩本脱下八字。

302 輶輕也○釋曰 注疏本刪。×

303 俴淺也○釋曰 注疏本刪。×

304 綯絞也○釋曰 注疏本刪。×

305 訛化也○釋曰 注疏本刪。×

306 跋躐也疐跲也○釋曰 注疏本刪。×

307 跋蹎丁千切跆躓竹二切　○注疏本音切改大字。

308 謂頷下垂胡　注疏本「頷」改「頜」。

309 烝塵也○釋曰　注疏本刪。×

310 小雅南有嘉魚云　注疏本脱「云」。

311 戎相也○釋曰戎相也如字注同　一云相助也息亮切　○注疏本刪上八字，音切改大字。

312 飫私也○釋曰　注疏本刪。×

313 飫非公朝私飲酒也　注疏本同。詩常棣正義「私」下衍「飫」字，浦鏜反據以補此，誤甚。

314 孺屬也○釋曰　注疏本刪。×

315 幕暮也○釋曰　注疏本刪。×

316 熾盛也　唐石經、單疏本、雪牎本同。釋文：「晠，市正反，本作『盛』，同。」按，釋詁「美也」，注「皆美盛之貌」。釋文「盛，或作『晠』，同」，玉篇「晟，明也」，廣韵「晟，熾也」，集韻云「或作『晠』」。

317 煽熾也熾盛也○釋曰　注疏本刪。×

318 豔妻煽方處　閩本、監本同。毛本「豔」改「艷」，元本此字闕。

319 柢本也○釋曰　注疏本刪。×

320 圭末四出故也　注疏本「末」誤「本」。

321 窕　釋文、唐石經、單疏本、注疏本同。雪牎本及此本作「窕」，譌，今訂正。

322 窕間也○釋曰　注疏本刪。×

323 淪率也○釋曰　注疏本刪。×

324 無淪胥以鋪　注疏本同。浦鏜云「無」衍字。

325 罹毒也○釋曰　注疏本刪。×

326 檢同也○釋曰　注疏本刪。×

327 郵過也○釋曰　注疏本刪。×

328 謂逃去　注疏本同。雪牕本作「謂逃亡」。

329 遜遯也○釋曰　注疏本刪。×

330 孫猶孫也　注疏本下「孫」改「遜」。

331 孫之猶言爲孫　元本同。監本、毛本及穀梁傳作「孫之爲言猶孫」，閩本「爲言」二字剜改。段玉裁云此本誤。❼

332 斃踣也　單疏本、雪牕本同。「斃」字唐石經闕，釋文「獘」字亦作「弊」，又作「斃」。○案，從大與從廾一也，後人訓死者改爲「斃」。

333 却偃　雪牕本同。單疏本、注疏本「却」作「卻」。○案，「卻」、「却」正俗字。

334 斃踣也僨僵也○釋曰前卻顛倒之名也　注疏本刪上八字，「倒」改「覆」，元本此字實闕。

335 射之斃鄭注云　注疏本「射」誤「躬」，「注」誤「箋」，元本「注」字實闕。

336 畛殄也○釋曰　注疏本刪。×

337 曷盍也○釋曰　注疏本刪。×

338 虹潰也　唐石經、雪牕本同。釋文：「虹音洪，顧作『訌』，音同；李本作『降』，下江反。」按，毛詩抑「實虹小子」，傳「虹，潰也」，召旻「蟊賊内訌」，傳「訌，潰也」，説文：「訌，讃也，从言，工聲。詩曰『蟊賊内訌』」。蓋「虹」假借字，「訌」正字，「虹」、「訌」皆工聲。陸德明作「虹」，與抑合，顧野王作「訌」，與召旻合，陸、顧本皆郭本也。李巡本作「降」，古「降」與「虹」音同，亦是假借字。

339 虹潰也○釋曰　注疏本刪。×

340 召旻云　注疏本脱「云」。

341 陪闇也○釋曰　注疏本删。 ×

342 膠黏䵑　注疏本同。雪牕本作「膠黏」，無「䵑」字，別附音切云「䵑，女乙反」，注與音相連，今本蓋因此衍「䵑」字。○按，「黏」、「䵑」雙聲字，未必「䵑」爲衍也。

343 䵑膠也○釋曰　注疏本删。 ×

344 䵑⿰黍攵黏也　注疏本「⿰黍攵」誤「⿰黍攵」，下「或曰⿰黍攵」同。釋文云「䵑，字又作『⿰黍攵』」，「⿰黍攵」亦「⿰黍攵」之誤。玉篇：「⿰黍攵，而與切，黏也。」❽

345 孔甚也厥其也戛禮也○釋曰　注疏本删。 ×

346 闍臺也○釋曰　注疏本删。 ×

347 囚拘也○釋曰　注疏本删。 ×

348 攸所也展適也○釋曰　注疏本删。 ×

349 得自申展者皆適意也　注疏本脱「也」。❾

350 鬱氣也○釋曰　注疏本删。 ×

351 宅居也○釋曰　注疏本删。 ×

352 休慶也○釋曰　注疏本删。 ×

353 祈叫也○釋曰　注疏本删。 ×

354 濬幽深也哲智也○釋曰　注疏本删。 ×

355 玩弄也○釋曰　注疏本删。 ×

356 尹正也皇匡正也○釋曰　注疏本删。 ×

357 服整也○釋曰　注疏本删。 ×

358 聘問也○釋曰　注疏本删。 ×

359 以諭諸矦之德　注疏本「諭」改「喻」。

360 愧慙也○釋曰　注疏本刪。 ×

361 梅㥾音匿赧慙也　注疏本「音匿」改大字，別附於後。監本、毛本「梅」改「悔」，元本、閩本亦作「梅」，下「晉曰梅」同。○按，方言作「挴」，从手是也。

362 㥏音腆恧女六切慙也　注疏本「㥏」誤「倎」，下同，音切改大字。○按，唐人疏内間出雙行小字，邢氏用其法。

363 趙魏之間謂之聅音密亦音祕　○注疏本音切改大字。

364 殛　唐石經、單疏本、雪牕本同。釋文：「殛，紀力反。」段玉裁云：「殛，經注皆作『極』。按，詩菀柳『後予極焉』，箋云『極，誅也』，正義曰『極，誅。釋言文』，閟宮『致天之屆』，箋云『屆，殛也。殛紂於商郊牧野』，釋文『屆，極，紀力反，下同』，正義曰『屆，極，釋言文。釋言又云『極，誅也』』，此經作『極』之證。書洪範『鯀則殛死』，釋文『殛，紀力反，本或作『極』，音同』，周禮太宰之職注『殛鯀於羽山』，葉鈔釋文『極，紀力反』，此注作『極』之證。爾雅釋文當與毛詩、周禮同作『極』；唐石經作『殛』，非。書釋文作『殛』，蓋開、寶所改，陸氏原本當亦作『極』。」

365 殛誅也○釋曰　注疏本刪。 ×

366 克能也翌明也○釋曰　注疏本刪。 ×

367 注書曰翌日乃瘳者　注疏本脱「者」。

368 訩訟也○釋曰　注疏本刪。 ×

369 譊即讙譊　注疏本脱下「譊」。

370 降此鞫訩　浦鏜改「鞫」爲「鞠」，云從言誤。按，説文本從言。「鞠」爲蹋鞠字，義別。唐石經、毛詩「鞠」皆作「鞫」，惟采芑、節南山、蓼莪誤作「鞠」。此引節南山作「鞫」，可以補正唐石經之誤，不當反據俗本毛詩改也。⑩

371 已復於事而逡　單疏本、雪牕本同。按，齊語「有司已於事而竣」凡六見，無「復」字。此蒙上文「鄉長復事」引之，「有司」即「鄉長」也。說文「竣」下引國語曰「有司已事而竣」，則今本「於」字亦當衍。一切經音義卷九引爾雅「逡，退也。郭氏曰逡巡，卻退也」，文選東都賦注引郭注曰「逡巡，卻去也」，今本無此五字，爾雅正義據文選注補。

372 **晦冥也奔走也逡退也〇釋曰** 注疏本刪。 ×

373 **頓躓倒仆** 單疏本、雪牕本同。按，此經作「疐」，注作「躓」，爲經注異文之明證。釋文「疐」、「躓」各爲音。

374 **疐仆也〇釋曰** 注疏本刪。 ×

375 **亞次也諗念也〇釋曰** 注疏本刪。 ×

376 **屆極也〇釋曰** 注疏本刪。 ×

377 **大雅瞻卬云** 注疏本「卬」改「仰」。

378 **奄同也** 陳本同。唐石經、單疏本、雪牕本、注疏本皆作「弇」，此與下文「弇蓋也」異字，蓋據注誤改，當訂正。

379 **奄有龜蒙** 單疏本、雪牕本、注疏本同。按，「奄」當依經作「弇」。說文廾部「弇，蓋也」，大部「奄，覆也」，爾雅「蒙荒奄也」即說文大部字，爾雅「弇同也。弇蓋也」即說文廾部字。閟宮上言「泰山巖巖，魯邦所至」，故此言同有龜山、蒙山也，蓋毛詩假借作「奄」，魯、韓詩作「弇」。

380 **弇同也弇蓋也〇釋曰** 注疏本刪。 ×

381 **弇奄揜音義同** 注疏本脫「奄」。

382 **恫痛也〇釋曰** 注疏本刪。 ×

383 **握具也〇釋曰** 注疏本刪。 ×

384 **主持辦具也** 元本同。閩本剜改作「握持」，監本、毛本承之。

385 **振者奮迅** 雪牕本、注疏本同。單疏本「迅」改「訊」，與經同。

386 振訊也○釋曰　注疏本刪。×

387 郭云振者奮迅　注疏本「迅」下衍「也」。

388 振書端書　按，此用曲禮文也，單疏不誤，注疏本作「端冊」，誤也。

389 鬩恨也　釋文、唐石經、單疏本、雪牕本同。釋文：「恨，孫炎作『很』，云相很戾。」春秋僖二十四年正義曰：「釋言云『鬩，很也』。孫炎云『相很戾也』，李巡本作『恨』。注云『相怨恨』。」按，詩常棣「兄弟鬩于牆」，毛傳「鬩，很也」，本此經，是當從孫叔然本。李巡本作「恨」，誤也。郭氏據李本，兼用其義，失之。○按，廣雅「很，恨也」，是其義通也。

390 鬩恨也○釋曰　注疏本刪。×

391 小雅常棣云　元本、閩本、監本同。毛本「常」改「棠」。

392 忿爭之名　注疏本「爭」誤「呼」。

393 越揚也對遂也○釋曰　注疏本刪。×

394 燬火也○釋曰　注疏本刪。×

395 煨呼隗切火也　注疏本音切改大字，下「焜」字音同。

396 懈怠也○釋曰　注疏本刪。×

397 宣緩也○釋曰謂寬緩也　注疏本刪。×

398 遇偶也　唐石經、單疏本、雪牕本同。按，文選讓宣城郡公表「偶識量已」，注引「爾雅曰『偶，遇也』，郭氏曰『偶爾值也』」，與山巨源絕交書「偶與足下相知」，注引爾雅曰「偶，遇也」。一切經音義卷二「偶成」下引字林「偶，合也」，引「爾雅『偶，遇也』，郭氏曰『偶爾相值者矣』」，卷九「偶得」下引「爾雅『偶，遇也』，郭氏曰『偶爾相值也』」，據此知唐以前爾雅作「偶遇也」，郭注作「偶爾相值」。「值」即釋經之「遇」，今本經又誤倒，注衍「遇」字。

399 遇偶也○釋曰　注疏本刪。×

400 曩而言戲也　單疏本、雪牕本同。按，國語晉語作「曩而言戲乎」。「也」與「邪」古通，論語子張「問十世可知也」，「也」義作「邪」，説詳顏氏家訓。

401 曩鄉也○釋曰　注疏本删。×

402 注國語曰　注疏本删「注」字。

403 人皆集於苑　元本同。閩本、監本、毛本「苑」改「菀」。按，明道本國語作「苑」，與此合，下同。

404 如有所聞之乎是也　注疏本「如有」作「抑有」，據國語改。按，「如」當讀「而」。

405 偟暇也○釋曰　注疏本删。×

406 注詩曰不遑啟處者　注疏本删「注」字。

407 小雅騆牡文　元本同。閩本、監本、毛本「騆」改「四」。按，儀禮既夕禮疏引鄭駁異義云「小雅『騆牡騑騑』」，王氏詩考引之，未可據今本輕改。

408 宵夜也○釋曰　注疏本删。×

409 懊忨也愒貪也○釋曰　注疏本删。×

410 榰柱也　唐石經、單疏本、雪牕本、元本、閩本同。石經考文提要引至善堂九經本亦作「榰柱」。五經文字木部引爾雅「榰，柱也」。監本、毛本作「搘拄」，非。按，釋文作「搘拄」，云「説文作『榰柱』，皆從木」，然則今本從手據釋文改也。按，郭注云「相搘拄」，義當從手，若經字則本從木。

411 榰柱也○釋曰　注疏本删。×

412 裁節也並併也○釋曰　注疏本删。×

413 卒既也○釋曰　注疏本删。×

414 慒慮也○釋曰　注疏本删。×

415 將資也○釋曰　注疏本删。×

416 黹紩也　唐石經作「黹」，單疏本作「黹」，毛本作「黹」。按，説文「黹箴縷所紩衣」，玉篇、廣韻皆作「黹」，「黹」、「黹」、「黹」同。今釋文、監本、閩本作「黹」，雪牕本作「薾」，元本作「黹」，此本舊作「黹」，皆訛，今訂正。石經考文提要引至善堂九經本亦作「黹」。

417 黹紩也○釋曰　注疏本删。×

418 黼黻希繡希讀爲黹　注疏本「希」誤「絺」，又脱「希讀」二字。元本「繡」誤「綉」。

419 更迭　雪牕本、注疏本同。一切經音義卷一、卷十六、卷十七、卷二十二四引皆作「謂更易也」。

420 遞迭也○釋曰　注疏本删。×

421 譬況　單疏本、雪牕本同。釋文：「辟況，本亦作『譬』，同。」按，古譬況字多作「辟」，此當從陸本。

422 矧況也○釋曰　注疏本删。×

423 取辭之所之如矢也　注疏本脱「之所之」三字。

424 廩廯也○釋曰　注疏本删。×

425 則廩廯皆困倉之别名　注疏本「皆」誤「百」。

426 逭逃也○釋曰謂逭逃　注疏本删上五字。「逭」字元本同，閩本、監本、毛本改「遯」。×

427 訊言也○釋曰　注疏本删。×

428 間俔也○釋曰　注疏本删。×

429 謂詐爲敵國之人　元本「詐」作「詳」，閩本、監本、毛本遂改「佯」。

430 又鄭注周禮掌戮云　注疏本「又」誤「人」。

431 沄沆也○釋曰　注疏本删。×

432 干扞也○釋曰　注疏本删。　×

433 趾足也䠊刖也○釋曰　注疏本删。　×

434 䠊一名刖斷足刑也　注疏本「足」誤「人」。元本「一」字實闕，閩本、監本、毛本改「刑」。

435 襄駕也○釋曰　注疏本删。　×

436 忝辱也燠煖也○釋曰　注疏本删。　×

437 塊　唐石經、單疏本、雪牕本同。釋文「塊，本作『凷』。說文云『塊，俗凷字也』。凷，一名『堛』」，邢疏引郭云「土凷也」，蓋經作「凷」，注作「塊」，後人轉寫亂之。

438 枕凷以堛　單疏本、雪牕本同。按，疏云「『凷』當作『王』」，此蓋因經文「塊」作「凷」相涉致誤。

439 塊堛也○釋曰　注疏本删。　×

440 ○注外傳曰枕凷以堛○釋曰　注疏本删「釋曰」。　×

441 屏營仿偟於山林之中　元本同。閩本、監本作「徬偟」，毛本作「傍偟」。按，國語明道本作「仿」，宋公序補音作「傍」，今本蓋據補音改。

442 墣匹角切亦塊也　注疏本音切改大字，「匹」誤「四」。

443 凷當作王　元本「王」誤「上」，閩本、監本、毛本誤「土」。

444 將齊也○釋曰　注疏本删。　×

445 糜也　雪牕本同，誤也。釋文、單疏本、注疏本皆作「糜」，當據以訂正，釋文注中亦誤作麋鹿字。

446 餬饘也○釋曰　注疏本删。　×

447 啟跪也○釋曰　注疏本删。　×

448 ⿰日旁密也○釋曰　注疏本删。×

449 開闢也○釋曰注書曰　注疏本删上六字。×

450 袍襺也○釋曰　注疏本删。×

451 玉藻云纊爲繭　此與今禮記同，注疏本作「纊爲襺」，與釋文引玉藻合。

452 纊謂今之新緜　注疏本「緜」改「綿」，下同。

453 然則襺是袍之別名　此本舊作「繭」，係剜改，今據注疏本訂正。此舉經中「襺」字，必當從衣。

454 注左傳曰重襺衣裘者　單疏本此頁自「襺」字起以下補刻，極劣。此「襺」字空闕，蓋據今左傳作「繭」剜改也。按，注疏本此作「襺」，與下引左傳文作「繭」不同，今訂正，釋文標注「重襺衣裘」。

455 襄二十一年傳云　注疏本衍作「魯襄公」。

456 重繭衣裘　元本同。閩本、監本、毛本「繭」改「襺」。

457 障畛也○釋曰　注疏本删。×

458 靦姡也○釋曰　注疏本删。×

459 姡面靦也　詩正義同。今説文作「面醜也」，係淺人所改，浦鏜反據以改此，誤甚。爾雅「靦，姡也」，説文「姡，面姡也」，轉相訓。

460 鬻糜也　唐石經、雪牕本、注疏本同。單疏本無此經及疏，因并釋於上文「餬饘也」下，故此不重出。

461 舒緩也○釋曰　注疏本删。×

462 翢　葉鈔釋文、唐石經、雪牕本、元本同。通志堂釋文及閩本、監本、毛本作「翿」；單疏本此頁補刻，故作「翿」。按，玉篇「翢，纛也」，廣韻「翢，羽葆幢」，皆本此經。

463 纛也　單疏本、雪牕本同。唐石經「纛」作「纛」，下「纛翳也」同。釋文「纛，字又作『翳』」，葉鈔本作「字又作『纛』」，則正文當作「纛」。詩君子陽陽毛傳「翿，纛也」，釋文云「纛，徒報反，俗作『纛』」，可證。五經文字云：「纛，見詩。作『纛』訛。」

464 舞者所以自蔽翳　雪牕本、注疏本同。詩君子陽陽正義引郭云「所持以自蔽翳也」。按，「持」字當有。

465 翿纛也纛翳也○釋曰　注疏本删。×

466 然則翿一名爲纛　閩本、監本、毛本「一」作「又」，元本闕。⓫

467 隍壑也○釋曰　注疏本删。×

468 芼搴也○釋曰　注疏本删。×

469 典經也威則也○釋曰　注疏本删。×

470 煩苛者多嫉妎　單疏本、雪牕本、閩本、監本、毛本同。元本「妎」作「妬」，蓋因疏云「言煩苛之人多嫉妬」致誤。

471 苛妎也○釋曰　注疏本删。×

472 芾小也○釋曰　注疏本删。×

473 謂檸葉之始生　元本、閩本、監本同。毛本「謂」誤「爲」。

474 狃忕復爲　單疏本「忕」作「忕」。盧文弨曰：「『忕』從大聲，從犬者訛。注疏本作『伏』，更誤，下同。後漢書馮異傳注引此作『慣忕復爲之』也。」

475 迷惑也狃復也○釋曰　注疏本删。×

476 孫炎云　元本、閩本、監本同。毛本「云」改「曰」。

477 忕習也　元本同。閩本、監本、毛本「忕」誤「伏」。浦鏜云說文無「忕」字。按，詩蕩釋文及詩四月正義、春秋桓十三年正義皆引說文「忕，習也」，與此合；犬部「狃」下云「犬性忕也」，尤爲本有「忕」字之證。

478 般還也　唐石經、單疏本、雪牕本同。釋文：「般，郭音班。左傳云『役將般矣』是也。」按，此經當本作「班還也」，與下「班賦也」爲同字異言之證。注引左傳「般馬之聲」，今襄十八年傳作「班馬之聲」，可證。一音「蒲安反」，非。

479 逼迫也般還也○釋曰　注疏本删。×

480 注左傳曰般馬之聲者襄十八年　注疏本脱「注」。毛本「襄」下衍「公」。

481 班賦也○釋曰　注疏本删。×

482 濟渡也濟成也濟益也○釋曰　注疏本删。×

483 緡綸也○釋曰　注疏本删。×

484 注詩曰維絲伊緡者　注疏本删「注」字。×

485 召南何彼穠矣文　注疏本同。按，五經文字衣部云「襛，見詩風，從禾者訛」，然則唐本毛詩已有從禾者矣。

486 辟歷也　唐石經、雪牕本同。單疏本此經無疏。凡注云未詳及重出者，邢氏例不爲疏，因不標經，通書準此。⓬

487 漉漉出涎沫　雪牕本、注疏本同。此經作「盝」，注作「漉」。釋文：「唌，字當作『次』，又作『涎』，字林云『口液』。」按，一切經音義卷十四引「東晳餅賦曰『行人失唌於下風』，郭注爾雅云『唌，沫也』」，與陸本正合。⓭

488 㯟盝也○釋曰　注疏本删。×

489 以同于王庭　閩本同。元本作「以司」，監本、毛本作「以伺」，皆誤。此與明道本國語合，韋注云「共處曰同」。⓮

490 寬綽也○釋曰　注疏本删。×

491 衮黻也○釋曰　注疏本刪。 ×

492 華皇也　唐石經、單疏本、雪牕本同。注疏本作「皇華也」，非。釋草注引此作「華皇也」。段玉裁云：「今本因注引釋草『葟華榮』而倒改一例，此言『華』，本草木之花，引申之則凡煌煌者皆得曰華也。禮記玉藻注云『華，黄色也』，古皇、黄通，華與皇雙聲，故訓詁如此。説文引『黊華也』，爲釋草文，而非釋言文。」

493 葟華榮　雪牕本、注疏本同。單疏本作「皇華榮」。釋文「皇，胡光反」，釋草釋文「葟，音皇，本亦作『皇』」。

494 華皇也○釋曰　注疏本刪。 ×

495 昆後也○釋曰　注疏本刪。 ×

496 彌終也○釋曰　注疏本刪。 ×

爾雅疏卷第三 ×

497 爾雅疏卷第四　名銜後另行標「釋訓第三」、「釋親第四」，上空四格。注疏本卷第三。⑮

釋訓第三

498 釋訓第三○釋曰　注疏本刪。 ×

499 玄謂能訓説土地善惡之勢　元本、閩本同，與周禮注合。監本、毛本「玄謂」下增「土訓」二字，此本舊亦剜擠，今刪正。

500 明明斤斤察也○釋曰　注疏本刪。 ×

501 物精詳之察也　注疏本「精」誤「情」。

502 聰明鑒察也　浦鏜云句上當有「郭云皆」三字。

503 條條秩秩智也○釋曰　注疏本刪。 ×

504 穆穆肅肅敬也○釋曰　注疏本刪。 ×

505 諸諸便便辯也○釋曰　注疏本刪。 ×

506 肅肅翼翼恭也○釋曰　注疏本刪。 ×

507 廱廱優優和也○釋曰　注疏本刪。×

508 兢兢憴憴戒也○釋曰　注疏本刪。×

509 憴繩音義同　閩本、監本、毛本「憴繩」倒，元本誤作「憴憴」。○按，「繩」正字，「憴」俗字也。

510 皆恐動趨步　單疏本、雪牕本同。注疏本「趨」作「趍」，俗寫。

511 戰戰蹌蹌動也○釋曰　注疏本刪。×

512 晏晏温温柔也○釋曰　注疏本刪。×

513 皆懸危　雪牕本、注疏本同。釋文「皆縣，音玄」，單疏本作「縣」。按，五經文字云「縣，音玄，又音眩。經典兩音，用此字不作懸危之『懸』」，據此知懸危之「懸」，經典相承，下從心也。

514 業業翹翹危也○釋曰　注疏本刪。×

515 惴惴憢憢懼也○釋曰　注疏本刪。×

516 番番矯矯勇也○釋曰　注疏本刪。×

517 桓桓烈烈威也○釋曰　注疏本刪。×

518 皆果毅之貌　雪牕本、注疏本同。釋文：「惈，音果，本亦作『果』。」按，惈毅字當從心，見釋詁。

519 洸洸赳赳武也○釋曰　注疏本刪。×

520 藹藹濟濟止也○釋曰　注疏本刪。×

521 悠悠洋洋思也○釋曰　注疏本刪。×

522 人想思其傍優之貌　禮記注同。注疏本「優」改「倚」，非。

523 皆便速敏捷　雪牕本同。注疏本下衍「也」。

524 蹶蹶踖踖敏也○釋曰　注疏本刪。×

525 薨薨增增衆也○釋曰　注疏本刪。×

526 烝烝　唐石經、單疏本、雪牕本同。釋文作「蒸蒸」，按者云「本今作『烝烝』」。

527 烝烝遂遂作也○釋曰　注疏本删。×

528 佗佗　單疏本、雪牕本、注疏本同。唐石經先作「他他」，後改「佗佗」。按，詩君子偕老「委委佗佗」，葉鈔釋文作「他他」，與吕氏讀詩記引釋文合；通志堂本作「佗佗」，非。

529 委委佗佗美也○釋曰　注疏本删。×

530 皆寬容之美也　元本、閩本及詩正義無「皆」。監本、毛本脱「寬」。

531 委委者行可委曲從迹也　元本同。閩本、監本、毛本「從」改「蹤」。按，毛詩羔裘傳云「委蛇行可從迹也」，釋文「從迹，足容反，字亦作『蹤』」，知正作「從」字。

532 忯忯　釋文、唐石經、單疏本、雪牕本、元本、閩本、監本同。毛本改「怟怟」，誤，注及疏準此。嚴元照云：「説文『忯，愛也，从心，氏聲』，無『怟』字，玉篇『忯』、『怟』並列，忯訓愛，訓敬；怟訓悶，都替切，音義悉異。近人有欲據玉篇改爲『怟』者，誤也。」

533 忯忯惕惕愛也○釋曰　注疏本删。×

534 注詩云心焉惕惕者　注疏本脱「詩」。×

535 偁偁格格舉也○釋曰　注疏本删。×

536 蓁蓁孽孽戴也○釋曰　注疏本删。×

537 懕懕媞媞安也○釋曰　注疏本删。×

538 孫炎曰　注疏本「曰」改「云」，元本脱此字。

539 好人提提毛傳云提提安諦　注疏本「提提」改「媞媞」。按，此本引孫炎爾雅注作「媞媞」，引毛詩及傳作「提提」。

540 祁祁遲遲徐也○釋曰　注疏本删。×

541 丕丕簡簡大也○釋曰　注疏本删。×

542 萌萌　唐石經、單疏本、雪牕本同。釋文：「萌萌，字或作『蕄』。」嚴元照云：玉篇艸部「蕄」下引爾雅「存存蕄蕄，在也」，又「懜」同上，本或作「萌」。廣韻十三「耕」、十七「登」「蕄」下皆引爾雅。按，説文心部云「𢝊，𢝊存也，从心，簡省聲，讀若簡」，義本雅訓。

543 存存萌萌在也○釋曰　注疏本删。✕

544 易繫辭云　注疏本「繫」改「係」。

545 懋懋慔慔勉也○釋曰　注疏本删。✕

546 皆自勉强也　注疏本「自」誤「出」。

547 庸庸慅慅勞也○釋曰　注疏本删。✕

548 赫赫躍躍迅也○釋曰　注疏本删。✕

549 何人斯云　舊本同，誤也。閩本、監本、毛本改「巧言」。⑯

550 皆顯盛迅疾之貌　注疏本「盛迅」誤「著然」。

551 皆寬緩也悠悠偁偁丕丕簡簡存存懋懋庸庸綽綽盡重語　單疏本、雪牕本同有此注，注疏本删。釋文：「重語，直用反，又直龍反。」單疏本「悠悠」作「攸攸」。

552 綽綽爰爰緩也○釋曰　注疏本删。✕

553 坎坎壿壿喜也○釋曰　注疏本删。✕

554 瞿瞿休休儉也○釋曰　注疏本删。✕

555 旭旭蹻蹻憍也○釋曰　注疏本删。✕

556 夢夢訰訰亂也○釋曰　注疏本删。✕

557 爆爆邈邈悶也○釋曰　注疏本删。✕

558 洄洄　釋文、唐石經、單疏本、雪牕本同。按，此溯洄字，以上「儚儚」例之，當作「佪佪」。玉篇人部、廣韵十五「灰」「佪」字注皆云「佪佪，惛也」，本此經。今本作「洄洄」，非。

559 儚儚洄洄惛也○釋曰　注疏本删。×

560 洄本作⿰忄圍音韋　注疏本「⿰忄圍」作「⿰衤圍」。釋文：「⿰巾圍，音韋。按，字林『⿰巾圍，重衣貌』。」按，「⿰忄圍」當作「⿰忄圍」，「⿰巾圍」即「⿰忄圍」之誤。説文衣部「⿰衤圍，重衣貌」，字不從巾。按，字林以下云云義乖，似非陸語。邵晉涵正義云：「太玄疑『初一』『疑，恛恛，失貞矢。』⿰忄圍、恛蓋一字，從心不誤也，從巾、從衣皆非。」

561 盪盪　唐石經、單疏本、雪牕本同。釋文：「蕩蕩，本或作『盪』。李云蕩蕩者，弗思之，僻也。」按，毛詩作「蕩蕩」。按，李巡注爾雅亦作「蕩蕩」。

562 皆邪僻　雪牕本、注疏本同。釋文：「皆衺，本又作『邪』。」

563 版版盪盪僻也○釋曰　注疏本删。×

564 大雅板篇云　注疏本脱「云」。×

565 法度廢懷之貌　元本、閩本同。監本、毛本「法」改「灋」。×

566 薰也　唐石經、單疏本、雪牕本同。釋文：「熏，本亦作『燻』，或作『薰』。」按，當從陸本作「熏」。一切經音義卷四，華嚴經音義卷上、卷下兩引此經及郭注，字皆作「熏」。

567 皆旱熱薰炙人　雪牕本、注疏本同。釋文：「炙，之石反。」一切經音義引作「謂旱氣熏灼人也」，華嚴經音義兩引俱作「皆旱氣熏灼人也」。按，詩雲漢「憂心如熏」，毛傳「熏，灼也」。⑰

568 爞爞炎炎薰也○釋曰　注疏本删。×

569 毛傳云赫赫氣也　元本、閩本、監本同。毛本作「毛傳赫赫旱氣也」。

570 居居究究惡也○釋曰　注疏本删。×

571 仇仇敖敖傲也○釋曰　注疏本删。×

572 卽卽猶謷謷也　注疏本脱「卽卽」、「謷」

三字。

573 欲忠告以善道　浦鏜改作「及忠」，云「及」誤「欲」。按，俗本毛詩誤作「及」，小字本、岳本皆作「欲」，與此合。

574 是皆傲慢賢者　元本同。閩本、監本、毛本「傲」改「敖」。

575 仳仳瑣瑣小也○釋曰　注疏本删。×

576 悄悄慘慘愠也○釋曰　注疏本删。×

577 痌痌　唐石經、單疏本、雪牕本、注疏本同。釋文：「庾庾，羊主反，又羊朱反，本今作『痌痌』。」按，所謂「本今」者，據唐石經以下本言之也。葉鈔釋文正作「庾庾」，爲是。通志堂本「庾」、「痌」字互倒。

578 痯痯痌痌病也○釋曰　注疏本删。×

579 管管無所依也　注疏本同。按，毛傳作「依繫」，此「也」字剜改。

580 殷殷　唐石經、單疏本、雪牕本同。釋文作「慇慇」，挍者云本今作「殷殷」。

581 惸惸　釋文、唐石經、單疏本、雪牕本、元本、閩本、監本同。毛本作「㷀㷀」，訛。

582 殷殷惸惸忉忉慱慱欽欽京京忡忡惙惙怲怲奕奕憂也○釋曰　注疏本删。×

583 忡忡猶衝衝也　閩本、監本、毛本同，與毛詩傳合。元本作「衝衝」，下引鄭箋同。按，説文「衝，从行，童聲」。玉篇正作「衝」，同作「衝」。

584 在塗而憂　注疏本「而」誤「時」。

585 畇畇田也○釋曰　注疏本删。×

586 毛傳云畇畇　元本同。閩本、監本、毛本脱「畇畇」。

587 畟畟耜也〇釋曰　注疏本刪。×

588 郝郝耕也〇釋曰　注疏本刪。×

589 謂耕地其土解散　閩本、監本、毛本「地其」誤「也有」，元本誤「他有」。

590 土氣烝達而和耕之則澤澤然解散　注疏本脱「土」、「耕」二字。

591 繹繹生也〇釋曰　注疏本刪。×

592 驛驛其達　注疏本下衍「也」。

593 繹與驛音義同　元本同。閩本、監本、毛本「繹」、「驛」互倒。

594 穟穟苗也〇釋曰　注疏本刪。×

595 緜緜穮也　唐石經、單疏本、雪牕本同。釋文「麃，字書作『穮』」，引説文、字林皆從禾。詩載芟「緜緜其麃」，毛傳「麃，耘也」，釋文「緜緜，如字。爾雅云『麃也』」，正義曰「釋訓『緜緜麃也』」，據此知詩經、爾雅、毛傳皆作「麃」，陸、孔所據釋訓字皆不從禾，自唐石經據字書增加，而今本承之。

596 言芸精　雪牕本同。釋文「耘，字亦作『芸』」，注疏本作「言芸耨精」。按，「耨」字是邢疏語竄入。毛詩載芟傳云「麃，耘也」，正義引「郭曰『芸，不息也』」，皆不言「耨」。

597 緜緜穮也〇釋曰　注疏本刪。×

598 麃耘也　元本、閩本、毛本同。監本「麃」改「穮」。×

599 挃挃穫也栗栗衆也〇釋曰　注疏本刪。×

600 截穎謂之挃　注疏本「穎」誤「頴」。×

601 烰烰烝也　唐石經、單疏本、雪牕本同。釋文作「蒸」，校者云本今作「烝」。

602 溞溞淅也烰烰烝也〇釋曰　注疏本刪。×

603 烰浮音義同　閩本、監本、毛本「烰浮」倒，元本誤作「烰烰」。×

604 謂戴弁服　單疏本、雪牕本、注疏本同。釋文：「載，丁代反，本今作『戴』。」

605 俅俅服也○釋曰　注疏本刪。×

606 故郭云謂戴弁服　元本、閩本、監本同。毛本「云」誤「氏」。

607 峨峨祭也○釋曰　注疏本刪。×

608 半珪曰璋　注疏本「珪」改「圭」。

609 鍠鍠　唐石經、單疏本、雪牕本同。釋文：「韹韹，又作『鍠』。」

610 鍠鍠樂也○釋曰　注疏本刪。×

611 穰穰福也　唐石經、單疏本、雪牕本同。釋文：「禳禳，而羊反，本今作『穰』。」按毛詩執競傳「穰穰，衆也」，字從禾，言若黍稷之衆多也。爾雅「禳禳，福也」，字從礻，言禳除災禍，則神降之福也，今本蓋據毛詩改。

612 穰穰福也○釋曰　注疏本刪。×

613 毛傳云穰穰衆也　注疏本脱上五字。

614 子子孫孫引無極也○釋曰　注疏本刪。×

615 引無極也者　注疏本脱「也」。

616 永永卬卬君之德也○釋曰　注疏本刪。×

617 此道人君之德望也　元本同。閩本、監本、毛本「人君」倒。

618 案詩云　閩本、監本、毛本「案」作「○」，元本空闕。

619 與之以禮義相切瑳　元本同。閩本、監本、毛本「瑳」改「磋」。按，詩卷阿釋文云

「磋，或作『瑳』」，與此合。

620 丁丁嚶嚶相切直也○釋曰　注疏本删。×

621 賢士衆　單疏本、雪牕本同。注疏本「士」誤「才」。

622 鳳凰應德鳴相和　閩本、監本、毛本同。單疏本、雪牕本、元本「凰」作「皇」。按，正作「凰」，俗作「皇」。

623 藹藹至服也○釋曰　注疏本删。×

624 佻佻契契愈遐急也○釋曰　注疏本删。×

625 譚公子也　注疏本「譚」誤「謂」。

626 宴宴　唐石經、單疏本、雪牕本同。釋文：「燕燕，字又作『宴』。」按，邢疏於此引北山「或燕燕居息」，於下引氓「言笑晏晏」，字各有當。今本此作「宴宴」，與下作「晏晏」爲一字，非。

627 近處優閑　單疏本、雪牕本、元本、閩本、監本同。毛本「閑」改「閒」。按，釋文「閒，音閑，本今作『閑』」，毛本葢據釋文改。

628 宴宴粲粲尼居息也○釋曰　注疏本删。×

629 謂宴安盛飾近處優閑也　注疏本「安」誤「宴」。毛本「閑」改「閒」。

630 小雅北山或燕燕居息　「北山」下舊剜擠「云」字。按，注疏本無，今删正。

631 又大東云　注疏本脱「又」。

632 哀哀悽悽懷報德也○釋曰　注疏本删。×

633 儵儵嘒嘒罹禍毒也○釋曰　注疏本删。×

634 生大子宜咎　元本、閩本、監本同，與毛詩傳合。毛本改「宜臼」，非。

635 又說褎姒　注疏本「說」改「悅」。

636 晏晏旦旦悔爽忒也○釋曰　注疏本 × 刪。

637 結髮宴然之時　元本同。閩本、監本、毛本「宴」改「晏」。

638 泯刺時也　注疏本「泯」誤「恨」。

639 宣公之時　注疏本「公」誤「王」。

640 琄琄　釋文、唐石經、單疏本、雪牕本同。釋文又云「鞙，音與琄同，贙，胡犬反」，校者云「本今無『鞙』、『贙』二字」。按，此當如「璲瑞也」注引詩「鞙鞙佩璲」，蓋經作「琄」，注作「鞙」，「贙」即「琄」字音，今本皆無。

641 皋皋琄琄刺素食也○釋曰　注疏本 × 刪。

642 刺其素飧是也　元本同。閩本、監本、毛本「飧」改「餐」。按，詩箋作「飧」。

643 以其尸者神象　注疏本「者」誤「皆」。

644 懽懽　唐石經、單疏本、雪牕本同。釋文「灌灌，本或作『懽』，同，古玩反。」按，詩板「老夫灌灌」，毛傳「灌灌，猶款款也」。說文心部「悹，憂也，从心，官聲，古玩切」，玉篇「悹悹，憂無告也。悺，同上」，然則此經本從官、從心矣，作「灌」者，聲近之借，作「懽」，又「灌」形近之訛耳。今說文「懽」下引爾雅「懽懽，愮愮，憂無告也」，蓋非許氏原文。

645 懽懽愮愮憂無告也○釋曰　注疏本 × 刪。

646 猶欵欵也　注疏本「欵」作「款」，是正字。

647 懽灌愮搖音義同　閩本、監本、毛本「懽灌」倒。

648 憲憲洩洩制法則也　唐石經、單疏本、雪牕本、元本、閩本同。釋文「泄泄，或作『呭』」，今本沿唐諱之舊。監本、毛本「法」改「灋」，疏中準此。

649 憲憲洩洩制法則也○釋曰　注疏本×删。

650 謞謞　釋文、唐石經、雪牎本同。釋文又出「熇」字，音許各、火沃二反，挍者云「本今無此字」。盧文弨曰：詩板作「熇熇」，郭蓋引此，而今注缺耳。

651 謔謔謞謞崇讒慝也○釋曰　注疏本×删。

652 讒譖也慝惡也　注疏本脱「譖」。浦鏜作「讒慝惡也」，并以上「也」字爲衍，誤甚。

653 言樂禍助虐增譖惡也舍人曰　注疏本脱上九字。

654 大臣謔謔謞謞然盛　注疏本同。詩板正義引孫炎曰「大臣謔謔然喜謞謞然盛」，此脱「然喜」二字。

655 背公恤私曠職事　單疏本、雪牎本、元本同。閩本、監本、毛本「恤」改「卹」，下「矜憐撫掩之也」注同。

656 翕翕訿訿莫供職也○釋曰　注疏本×删。

657 故郭云賢者陵替姦黨熾　注疏本作「姦黨熾盛」。盧文弨曰：「熾事」爲韻，不當有「盛」字。按，此本剜擠「盛」字，元本排入，今删正。

658 故字從宀　音眠　○詩召旻正義同。元本、閩本作「從密」，監本、毛本作「從宀山」，皆誤。此辨「寙」字從宀，而非從穴耳。注疏本「音眠」改大字。

659 賢士永哀念窮迫　單疏本、雪牎本、元本同。閩本、監本、毛本「永」誤「求」，疏中同。

660 速速蹙蹙惟逑鞫也○釋曰　注疏本

刪。✕

661 抑抑密也秩秩清也〇釋曰　注疏本刪。✕

662 德音德明也　注疏本作「清泠」，本注語。此涉下文「教令又清明」致誤，當訂正。

663 謂牽拕　單疏本、雪牕本、元本同。釋文：「扡，本或作『拕』，同，泰何、達可二反。」閩本、監本、毛本「拕」改「挽」，因邢疏有「從旁牽挽」及「挽離正道」等言而誤改。

664 粤夆掣曳也〇釋曰　注疏本刪。✕

665 謂爲譎詐誑欺　注疏本脱「誑」，此本舊誤「詐」，今據詩箋訂正。

666 朔北方也〇釋曰　注疏本刪。✕

667 李巡曰　注疏本「巡」誤「超」。

668 不俟不來也　唐石經、單疏本、雪牕本同。釋文：「不䇐，事已反，待也，宜從來，本今作『俟』字。」說文來部「䇐」下引詩「不䇐不來」，从來，矣聲。又𢓊，䇐或从彳。按，說文引詩「不䇐」，與爾雅合。采薇詩古本當作「我行不䇐」，其義爲不來。「䇐」與「疚」亦韻也。毛詩作「來」，因聲相近，而字脱其半。毛傳「來至也」，箋云「來猶反也」，皆如字讀，失雅訓矣。

669 不俟不來也〇釋曰　注疏本刪。✕

670 故郭云　注疏本脱「故」。

671 不遹不蹟也　唐石經、單疏本、雪牕本同。釋文：「遹，古『述』字。」按，此本孫叔然語。爾雅「述」字多作「遹」，釋詁、釋言、釋訓三篇皆有之。此釋邶風日月篇「報我不述」也，蓋古經有作「報我不遹」者。邢疏引沔水「念彼不蹟」，邵晉涵正義因謂以「不俟」釋「不來」，以「不遹」釋「不蹟」，誤甚。釋訓一篇皆詩經在上，雅訓在下，未有倒置之者。

672 言不循軌跡也　單疏本、雪牕本同。按，此經作「蹟」，注作「跡」。

673 小雅沔水云　閩本、監本、毛本「水」誤「彼」，元本闕。

674 不徹不道也○釋曰　注疏本删。×

675 勿念勿忘也○釋曰　注疏本删。×

676 義見伯兮考盤詩　單疏本同。雪牕本、注疏本「盤」作「槃」。釋文：「考槃，本又作『盤』。」按，邢疏引注作「考盤」，引詩作「考槃」，是陸、邢所據本不同。

677 萲諼忘也注義見伯兮考盤詩○釋曰　注疏本删。×

678 衛風伯兮云　注疏本脱「風」。

679 每有雖也○釋曰　注疏本删。×

680 况也永嘆　此與唐石經毛詩原刻同，注疏本改「况也永歎」，非。

681 饎酒食也○釋曰　注疏本删。×

682 兼通酒食兩名也　注疏本脱「兼」。又此節疏後元本、閩本分三卷下。

683 舞號雩也○釋曰　注疏本删。×

684 服杜皆云　監本同。元本、閩本、毛本「皆」作「注」。

685 暨不得已是不得及　雪牕本、注疏本同。按，此説公羊傳以釋經之「不及」也，不當云「不得及」，下「得」字當衍，單疏本標起止云「注公羊至得及」，則邢本已衍。

686 暨不及也注公羊至得及○釋曰　注疏本删。×

687 公及邾婁儀父盟于眛　閩本、監本、毛本「眛」誤「昧」，元本誤「時」。

688 螽不遜也○釋曰　注疏本删。×

689 **小雅采芑**　注疏本同。此本下衍「云」字，係剜擠，今删正。邢疏引詩不言「云」者多矣。

690 **如琢如磨**　唐石經、雪牕本、注疏本同。段玉裁云「磨」當作「摩」。按，一切經音義卷十「練摩」下引「易『堅柔相摩』注云『相切摩也』，爾雅『石謂之摩』，郭曰『玉石被摩，猶人自修飾也』」，今釋訓、釋器皆作「磨」。

691 **玉石之被雕磨**　單疏本同。雪牕本、元本「雕」作「彫」。「雕」、「彫」一字也。閩本、監本、毛本「雕」改「琢」，非。按，釋文「琢，丁角反，治玉也，本或作『琢』，非也」，葢作「本或作『雕』，非也」。釋器「玉謂之雕」，「玉謂之琢」，本兩文。邢氏所據郭注是「雕」字，陸氏所據本是「琢」字。

692 **赫兮烜兮**　釋文、唐石經、單疏本、雪牕本同。注疏本「烜」作「咺」，據毛詩改也。釋文舊挍已云今並作「咺」字矣。按，單疏本引爾雅經作「烜」，從火；引毛詩傳作「咺」，從口。

693 **如切至忘也○釋曰**　注疏本删。×

694 **此舉衛風淇奥篇文**　元本同。閩本、監本、毛本「奥」改「澳」。

695 **如切磋骨象以成器**　注疏本「磋」上衍「如」。

696 **内心寬裕也**　注疏本「内心」改「又内」。

697 **云赫兮烜兮者**　注疏本「烜」改「咺」，下文「言赫烜者」同。

698 **容儀發揚之言故言威儀也**　元本脱「故言」。閩本、監本、毛本「之言」作「之貌」，又脱「故」。

699 **瘍瘡**　雪牕本同。華嚴經音義卷上引郭注爾雅「瘍，瘡也」，單疏本、注疏本作「瘍，創也」。釋文：「創，初良反。」按，瘡，俗「創」字。鄭注周禮瘍醫云「瘍創癰也」，亦作「創」。

700 **既微至爲瘇○釋曰**　注疏本删。×

701 然則膝脛之下有瘡腫　注疏本脱「脛」。

702 是刈是穫鑊煑之也　唐石經、雪牕本同。釋文：「乂，本亦作『刈』。鑊，又作『濩』，同。」經義雜記曰：「宋刻單疏本爾雅作『是刈是濩鑊煑之也』，今考元本正如是。」閩本又剜改「鑊」爲「濩」，監本、毛本承之，單疏本亦兩字描改作「濩」。按，毛詩作「濩」，舍人、孫炎以濩爲煑，與毛傳同。五經文字水部云「濩，煑也」，金部無「鑊」字。詩正義有「煑之於濩」之言，字當從金。爾雅釋文作「鑊」。鍾人傑本上下皆作「鑊」，是也。唐石經上從禾旁，葢非。「穫」爲收穫，與刈複也。

703 是刈是濩濩煑之也○釋曰　注疏本删。×

704 以煑之於濩故曰濩煑非訓濩爲煑　閩本、監本、毛本同。元本上下二「濩」字作「鑊」。⑱

705 麤曰綌　元本「麤」作「麄」，閩本、監本、毛本作「粗」，下準此。

706 履帝武敏武迹也敏拇也○釋曰　注疏本删。×

707 張仲至爲友○釋曰　注疏本删。×

708 張姓仲字　詩正義同。注疏本脱「姓」。

709 有客至四宿也○釋曰　注疏本删。×

710 所以結好媛　單疏本、雪牕本、注疏本同。邵晉涵正義作「好援」，云從宋本。按，釋文「援，音媛」，舊挍云本今作「媛」，是宋本亦從女旁矣。

711 美女爲媛○釋曰　注疏本删。×

712 人所彥詠　單疏本、雪牕本、注疏本同。釋文：「喭，音彥，本今作『彥』。」段玉裁云：「陸氏經本作『喭』，注中『彥』字乃『言』字之誤。說文彣部云『彥，美士有文人所言也』，舍人注云『國有賢士，爲人所言道」，皆以言釋彥，取同音爲訓也。說文繫傳引作「人所啗詠」，正言之誤耳。

713 美士爲彥○釋曰　注疏本刪。×

714 其虛其徐威儀容止也○釋曰　注疏本刪。×

715 云其虛其徐　注疏本同。臧禮堂云下當脱一「者」字。

716 鄘風北風文也　浦鏜云「邶」誤「鄘」。

717 猗嗟名兮目上爲名○釋曰　注疏本刪。×

718 上平博　元本同。閩本剜擠作「目上平博」，監本、毛本承之。

719 式微至者也○釋曰　注疏本刪。×

720 云微乎微者也　元本同。閩本、監本、毛本作「云微乎微也者」。

721 之子者是子也○釋曰　注疏本刪。×

722 桃夭傳云嫁子　注疏本「嫁」作「之」。浦鏜云「之子」下脱「嫁子」二字，非也。邢疏引毛傳略「之子」二字耳。

723 徒御不驚輦者也○釋曰　注疏本刪。×

724 此止解徒字也　注疏本「止」誤「上」。

725 止以爲蕃營　監本同。元本、閩本、毛本「蕃」改「藩」。

726 襢裼至搏也○釋曰　注疏本刪。×

727 無舟楫　單疏本、雪牕本同。釋文：「檝，本又作『楫』。方言曰『檝，橈也』。說文云『檝，舟棹也』。」按，今說文作「楫，舟櫂也」，非。論語述而正義引此注作「無舟檝」，與陸本合。

728 馮河徒涉也○釋曰　注疏本刪。×

729 籧篨至面柔也○釋曰　注疏本删。

730 巧言好辭以口饒人　注疏本同。浦鏜云「口」衍字。按，釋文引李云「巧言辭以饒人」。

731 必仰面觀人之顔色　注疏本脱「之」。

732 故郭云籧篨之疾不能俯口柔之人視人顔色常亦不伏因以名云　注疏本同。浦鏜云下脱「戚施之疾」云云一十九字。

733 夸毗體柔也○釋曰　注疏本删。

734 便僻其足　詩正義同。監本、毛本「僻」改「辟」。元本、閩本「求得於人」下脱「曰體柔然則夸毗者便僻其足前卻爲恭以形體順從於人」二十三字。

735 婆娑舞也○釋曰　注疏本删。

736 辟　唐石經、雪牎本同。單疏本、注疏本作「擗」。按，釋文「辟，婢亦反」。字宜作『擗』」，引詩「寤擗有摽」以證，然則爾雅本作「辟」，毛詩則從手也，今本毛詩、爾雅正互易其字。

737 擗拊心也○釋曰　注疏本删。

738 矜憐撫掩之也○釋曰　注疏本删。

739 爰及矜人　注疏本「矜」改「矜」。

740 緎羔裘之縫也○釋曰　注疏本删。

741 召南羔裘云　注疏本同。浦鏜云「羊」誤「裘」。

742 殿屎呻也○釋曰　注疏本删。

743 大雅板云　注疏本「板」下有「篇」。

744 幬謂之帳○釋曰　注疏本删。

745 幬牀帳也　注疏本同。按，「幬」當依詩箋作「裯」，此順爾雅改。

746 侜張誑也○釋曰　注疏本删。×

747 郭云書曰　元本同。閩本、監本、毛本「郭」改「注」。

748 誰昔昔也○釋曰　注疏本删。×

749 不辰不時也○釋曰　注疏本删。×

750 凡曲者爲罶　唐石經、單疏本、雪牕本、元本、閩本、監本同。毛本「爲」誤「謂」。

751 毛詩傳曰　單疏本、雪牕本同。注疏本脱「詩」。

752 凡以簿爲魚笱者　單疏本、元本同。雪牕本、閩本、監本、毛本「簿」作「薄」。釋文：「薄，蒲博反，本今作『簿』。」按，説文艸部「薄，林薄也。一曰蠶薄」，知從竹者非矣。凡蠶簿、笮簿、簿圍字，古皆作「薄」。

753 凡曲者爲罶○釋曰　注疏本删。×

754 郭云毛詩傳曰　閩本、監本、毛本「郭」作「注」，脱「詩」字。元本作「郭云」。

755 鬼之爲言歸也○釋曰　注疏本删。×

釋親第四

756 釋親第四○釋曰　注疏本删。×

757 聖人南面而聽天下　注疏本脱「而」。

758 世有爲嫡者　單疏本、雪牕本同。釋文：「適者，本或作『嫡』，同。」×

759 來孫之子爲晜孫　唐石經、雪牕本、注疏本同。按，史記索隱孟嘗君列傳、漢書惠帝紀師古注皆引爾雅「來孫之子爲昆孫，昆孫之子爲仍孫」，是唐初本爾雅作「昆孫」。開成石經始誤爲晜弟字，猶晜弟字，釋文及後漢書注亦誤作「昆」也。郭注「晜，後也」及「不窋之晜孫」二「晜」字，皆當作「昆」。邢疏云「晜，後也。釋言文」，今釋言作「昆後也」可證。

760 不窋之晜孫　雪牕本同。釋文、單疏本、注疏

本「窟」作「窋」。按，玉篇「窋周、不窋，后稷子也。窟，窟室也，穴也」，是當以作「窋」爲正。×

761 父爲至宗族○釋曰　注疏本刪。×

762 以度教子也　浦鏜云「以」下脱「法」。

763 男任也任家事也　注疏本脱「任也」。

764 宗者尊也　注疏本「者」誤「有」。

765 禮記曰　元本同。閩本剜去「記」字，監本、毛本承之。

766 族人皆侍侍　元本同。監本、毛本「侍侍」上衍「侍」，閩本作「族人皆侍聖者」，「聖者」二字剜擠。

767 謂恩愛相流湊也　注疏本脱「也」。×

768 故謂之族也○注禮記至例也○釋曰　注疏本刪下八字。×

769 ○注從祖而別世統異故○釋曰　×

注疏本「故」下增「者」，刪「釋曰」。又閩本、監本、毛本「注」改「云」。×

770 故曰從祖　元本同。閩本、監本、毛本下衍「別」。

771 ○注世有爲嫡者嗣世統故也○釋曰　注疏本刪「注」、「釋曰」，「也」下增「者」。×

772 ○注同姓之親無服屬○釋曰　注疏本「屬」下增「者」，刪「釋曰」。×

773 ○注孫猶後也○釋曰　注疏本刪「注」、「釋曰」。×

774 ○注玄者言親屬微昧也○釋曰　注疏本刪「注」、「釋曰」，「也」下增「又」。×

775 ○注晜後也汲冢竹書曰不窋之晜孫○釋曰　注疏本刪「注」、「釋曰」。×

776 科斗之文　注疏本脱「之」。

777 舅孫謂毀榆　注疏本下有「也」。

778 宗族　唐石經、單疏本此題同在「舅兄也」後。雪牕本、注疏本移在釋親第四下，非也。下母黨、妻黨、婚姻準此。⑲

779 母之至母黨○釋曰　注疏本刪。×

780 帝館甥于二室是　單疏本、雪牕本同。元本「二」作「貳」。閩本「是」下剜擠「也」字，監本、毛本承之。按，副貳字多作「貳」，然釋文無「貳」字音。邢疏引孟子作「貳」，引爾雅注作「二」。

781 此即其義也　注疏本同。雪牕本無「即」字，此葢衍。單疏本標起止云「注公羊至弟也」，併無此五字。

782 女子謂兄之妻謂嫂　唐石經、雪牕本同。釋文：「㛐，素早反，本今作『嫂』。」

783 妻之至妻黨○釋曰　注疏本刪。×

784 内則云　元本同。閩本、監本、毛本「云」改「曰」。

785 其義一也○注孟子曰帝館生于二室○釋曰　注疏本刪下十二字。按，「生」當作「甥」。×

786 禮記妻父曰外舅　注疏本同。浦鏜改「禮記」作「禮謂」，云「謂」誤「記」。按，今孟子注作「禮謂」者，誤也。孟子疏云「注妻父曰外舅」，此葢按禮記而云也，則作疏時所據趙注本是禮記。風俗通引釋樂篇稱禮樂記，白虎通引釋親篇稱禮親屬記，張揖上廣雅表所云叔孫通撰置禮記是也，故漢人多稱爾雅爲「禮記」。×

787 故謂堯甥　浦鏜云「舜」誤「堯」。

788 是天子之友匹夫也　注疏本同。浦鏜改作「而友」，云「而」誤「之」。按，今本孟子作「而」，誤也。元本孟子注作「之」，與此合。

789 ○注四人至依次○釋曰四人謂姑

之子　注疏本刪上八字。元本每節注首空一字，閩本、監本、毛本每節增一「一」字。×

790 ○注詩曰邢侯之姨譚公維私○釋曰　注疏本刪「注詩曰」、「釋曰」五字。×

791 春秋譚子奔莒　注疏本「奔」誤「伐」。

792 ○注公羊傳曰蓋舅出○釋曰　注疏本刪「注」、「釋曰」。×

793 襄公母姊夫之子也　注疏本「姊」作「妹」。按，公羊注作「姊妹之子」，與此經合，「夫」當作「妹」。

794 ○注左傳曰姪其從姑○釋曰　注疏本刪「注」、「釋曰」。×

795 ○注公羊至弟也○釋曰　元本、閩本、監本作「云公羊傳者」。按，毛本「者」作「曰」。×

796 諸侯壹聘九女　元本同。閩本、監本、毛本「壹」作「一」。

797 ○注猶今言新婦是也○釋曰　注疏本「注」改「云」，「釋曰」改「案」。×

798 言婦人棄姓無常秩　元本同。閩本「秩」剜改作「稱」，監本、毛本遂衍作「無常秩稱」。

799 故謂之婦　注疏本「婦」誤「娣」。

800 ○注今相呼先後或云妯娌○釋曰　注疏本刪「注」、「釋曰」，「妯娌」下增「者」。×

801 娣姒先後也世人多疑娣姒之名　注疏本上句脫「娣」，下句脫「世」。

802 左傳成十一年　注疏本「成」下增「公」，考元本始擠入。

803 昭二十八年傳　注疏本「昭」下增「公」，脫「二十」。

804 **言兩人相謂謂長者爲姒**　注疏本脱一「謂」。

805 **夫之兄爲兄公**　唐石經、雪牕本、注疏本同。釋文：「兄妐，音鍾，本今作『公』。」禮記奔喪注「兄公於弟之妻」，正義曰「釋親婦人謂夫之兄爲兄公，郭景純云『今俗呼兄鍾，語之轉耳』。今此記俗本皆女旁置公，轉誤也。皇氏云『婦人稱夫之兄爲公者，須公平尊稱也』」。按，禮記俗本女旁置公，與爾雅釋文合。下文「夫之姊爲女公」，昏義注亦作「女妐」。然劉熙釋名作「兄公」，云「公，君也」。君者，尊稱也。合之皇侃云「公者須公平」。然則此經及奔喪注本不作「妐」字，唐石經今本作「公」是也。

806 **今俗呼兄鍾語之轉耳**　雪牕本、注疏本同。或疑「鍾」當爲「妐」。釋文：「兄妐」，本爲注音，經則作「兄公」。按，釋名「夫之兄曰公。俗間曰兄忪，俗或謂舅曰章，又曰忪」，一切經音義卷十三引釋名云「俗謂舅章曰妐，言是己所敬見之忪，遽自齊肅也」，漢書景十三王傳「背尊章」，師古曰「尊章，猶舅姑也。今關中俗婦呼舅姑爲鍾。鍾者，章聲之轉也」，然則公、忪、妐、鍾、章五字聲互相轉，婦人於夫之父及兄皆有妐鍾之稱。爾雅注與漢書注合，可證「鍾」字之非誤矣。

807 **夫之女弟爲女妹**　唐石經、雪牕本、注疏本同。袁廷檮云「女妹」當作「女叔」。按，禮記昏義「和於室人」，注「室人謂女妐、女叔，諸婦也」，正義曰「女叔謂壻之姊也。夫之弟爲叔，故女弟爲女叔」，以經作「女叔」，故注云「今謂之女妹是也」，若經作「女妹」，郭氏必不如此下注矣。段玉裁云：嫂妹，見曹大家女誡，是漢人始有女妹之稱，亦名不正之一也。

808 **婦稱至婚姻○釋曰**　注疏本删。×

809 **持帚灑埽也**　注疏本「埽」改「掃」。

810 **聞一知十爲士**　此邢疏語耳，浦鏜據説文改作「推十合一爲士」，非。

811 有才知之稱　注疏本「知」作「智」。×

812 ○注國語曰吾聞之先姑○釋曰　注疏本「姑」下增「者」，删「釋曰」。元本無「注」字。×

813 何以語子康子曰　元本脱「以語子」。閩本、監本、毛本脱「子康」。

814 ○注詩曰瑣瑣姻亞○釋曰　注疏本删「注詩曰」、「釋曰」。×

815 ○注古者皆謂婚姻爲兄弟○釋曰　注疏本删「注」、「釋曰」，「弟」下增「者」。×

816 是古者謂昬姻爲兄弟　元本同。閩本、監本、毛本「昬」作「婚」。

817 ○注書曰嬪于虞○釋曰　注疏本删「注書曰」、「釋曰」，「虞」下增「者」。×

818 婚姻　唐石經、雪牕本、注疏本同。單疏本作「婚姻」。按，説文「昏」从日，从氐，省氐者下也，一曰民聲。⑳

爾雅疏卷第四

01b—819 爾雅卷上　唐石經、雪牕本同。單疏本始删去此題，注疏本同。此本下記經四千一百三十二字，注五千四百一十六字，雙行小字。㉑

校記

❶ 南昌本校語「脱注」作「删注字」，下有「○按，單疏本所標注字，注疏本盡删。今悉補正，後不悉出」。

❷ 南昌本「倉」作「倉」。

❸ 南昌本出文無「疾齊壯也○釋曰」七字。校語無「删上六字」。按，此因南昌本更换底本而導致出文及校語變動，無校勘内容上的實質差異。此种情況依體例不一一出校。

❹ 南昌本出文「兆」字空闕。

❺南昌本「子協反」作「于協反」。

❻南昌本「釋文」下「評」字作「評」。

❼南昌本校語下有「今訂正」。

❽南昌本「下」作「丨」。

❾南昌本「脱也」作「脱者、也字」。

❿南昌本「改」下無「也」。

⓫南昌本出文「翻」作「翢」。

⓬南昌本出文「歴」作「歷」。

⓭南昌本「㳄」作「次」。

⓮南昌本出文無「王」。

⓯南昌本上提二格。

⓰南昌本出文「何人」作「巧言」，「斯」作「詩」。校語「舊本同，誤也」作「舊本並誤何人斯」，「閩本、監本、毛本改巧言」作「據閩本、監本、毛本改」。

⓱南昌本「之石反」作「之后反」。

⓲南昌本出文「於」下「濩」字作「鑊」。校語「元本上下二濩字作鑊」作「元本訓濩之濩亦作鑊」。

⓳南昌本此條移於762條前。

⓴南昌本此條移於809條前。

㉑南昌本出文改作「爾雅疏卷第四」，上提二格。校語「雪牕本」下「同」字作「並題爾雅卷上」。

爾雅注疏校勘記卷中之上

02a—001 爾雅卷中　唐石經、雪牕本、毛本同。單疏本、元本、閩本、監本皆無此題。×

002 爾雅注疏卷第五　名銜後標目「釋宮第五」、「釋器第六」，另行標「釋樂第七」。監本、毛本「釋宮」、「釋器」卷第四，「釋樂」以下卷第五。元本、閩本「釋宮」以下爲四卷上，「斛謂之疀」以下爲四卷下。❶

釋宮第五

003 釋宮第五○釋曰　注疏本刪。×

004 門墉行步之名　元本同。閩本、監本、毛本「墉」改「牖」，非。經云「牆謂之墉」。

005 宮謂之室室謂之宮○釋曰　注疏本刪。×

006 言屋見於垣上穹崇然也　注疏本同。浦鏜依釋名改作「穹隆」，非。「崇」亦高也。

007 窻東户西也　雪牕本、元本同，單疏本亦作「窻」；閩本、監本「窻」改「窓」，毛本改「窗」。

008 牖户至之家○釋曰　注疏本刪。×

009 ○注禮云至名之○釋曰云禮云斧扆者　元本刪上八字。閩本、監本、毛本僅存一「注」字，今統稱注疏本刪云，下準此。×

010 東西牆謂之序○釋曰　注疏本刪。×

011 敷重厎席　注疏本「厎」誤「底」。按，書釋文作「厎」，鄭注「厎，致也」。

012 尚不媿於屋漏　單疏本、元本同。雪牕本改「媿于」，閩本、監本、毛本改「愧於」。按，釋文作「媿」。

013 東南隅謂之窔　按，説文「窔」作「窅」。

014 掃室聚窔　單疏本、雪牕本、注疏本「掃」皆作「埽」，當據以訂正。此從手旁者，俗字。❷

015 西南至之窔○釋曰　注疏本刪。 ×

016 故郭云亦也○注詩曰至未詳○釋曰　注疏本刪下八字。 ×

017 不慙媿於屋漏　元本、閩本、監本同。毛本改「愧于」。

018 當室之白　注疏本衍作「當室之所白」。按，「當室之白」見禮記曾子問。

019 以孫鄭之説　注疏本脱「以」。

020 ○注宧見禮亦未詳○釋曰　注疏本「注」改「云」，「詳」下增「者」，刪「釋曰」。 ×

021 與屋漏意同　注疏本脱「意」。❸ ×

022 ○注禮曰埽室聚窔○釋曰　注疏本改作「云禮記曰埽室聚窔者」。元本無「注」字。 ×

023 柣謂至之扂○釋曰　注疏本刪。 ×

024 及兩旁之木名也　元本、閩本同。監本、毛本「旁」改「傍」。

025 曲禮云不履閾是也　注疏本同。浦鏜云「踐」誤「履」。

026 士介拂棖鄭注云棖門楔也　監本亦作「士」，元本、閩本、毛本「士」誤「上」，「注」誤「箋」，又並脱「也」。

027 坫端也　單疏本、閩本同。雪牕本、舊本「端」訛「瑞」，監本、毛本作「端」。按釋文「墆，達結、達計二反，或作『端』，丁果反，本或作『端』」。

028 垝謂至之坫○釋曰　注疏本刪。 ×

029 社内北牆是也　閩本同。舊本、監本、毛本「社」誤「杜」。

030 方斲是虔是也　注疏本脫「是也」。

031 穀梁傳曰裘纏楯以爲臬是也　注疏本同。浦鏜云穀梁傳作「葛覆質以爲槷」。按，毛詩車攻傳作「裘纏質以爲槸」。「質」、「楯」、「槸」、「臬」皆古今字，「槷」與「槸」一也。邢氏引毛詩傳誤記爲穀梁耳。

032 ○注在堂隅坫端也○釋曰坫名見於經傳者　注疏本刪上九字。×

033 ○注書曰既勤垣墉○釋曰　注疏本刪「注書曰」、「釋曰」。×

034 不敢縣於夫之楎箷　雪牕本、注疏本同。單疏本「箷」作「椸」。釋文：「箷，字林云『竿也』，本或作『椸』，字林云『榻前机也』。」段玉裁云：禮記注「竿謂之箷」，則從竹者是。今禮記作「椸」，非。

035 樴謂至之閣○釋曰　注疏本刪。×

036 ○注禮記曰不敢縣於夫之楎椸○釋曰　注疏本刪「注」、「釋曰」。×

037 臺上起屋　雪牕本同。注疏本「屋」誤「土」。

038 闍謂至之榭○釋曰　注疏本刪。×

039 雞棲於弋爲榤　唐石經、雪牕本同。單疏本標起止云「雞棲至爲塒」。釋文：「栖，音西，下同，又作『棲』。」按，說文「西，鳥在巢上」，日在西方而鳥西，故因以爲東西之西。棲，西或从木、妻，然則陸本作「栖」是也。

040 雞棲至爲塒○釋曰　注疏本刪。×

041 ○注今寒至見詩○釋曰云今寒鄉穿牆棲雞者　注疏本刪上八字。閩本、毛本、監本「云」上增「郭」，元本闕。×

042 傳謂之突　唐石經、單疏本、雪牕本同。釋文：

「突，本又作『楑』，徒忽反。」按，五經文字木部「楑，音突，見爾雅」。

043 户持鏁植也　單疏本亦作「鏁」。雪牕本、元本、閩本作「鎖」，監本、毛本誤「鎮」。釋文：「鎖，本又作『瑣』。」按，一切經音義卷十三引作「瑣」。「瑣」、「鎖」古今字。

044 植謂之傳傳謂之突○釋曰　注疏本刪。×

045 其上楹謂之梲　唐石經、雪牕本同。單疏本亦作「脱」。釋文：「棳，之劣反，本或作『梲』，音同。」

046 宗廇至之樀○釋曰　注疏本刪。×

047 字林云枅柱上方木是也　注疏本脱「字林云枅」四字。

048 一名榱吕沈云齊魯名桷周人名榱　注疏本「吕」誤「梠」。按，「沈」當作「忱」。釋文引字林云「周人名椽曰榱，齊、魯名榱曰桷」，即此文。浦鏜讀「一名榱」，「梠」當衍，誤也。

049 容謂之防○釋曰　注疏本刪。×

050 以射灋治射儀　注疏本「灋」改「法」。

051 待獲者所蔽也是矣　注疏本「也」誤「者」。

052 今呼之簃廚連觀也　單疏本同。雪牕本、注疏本「廚」作「厨」。釋文：「廚，本或作『躕』。」按，説文广部「廚，庖屋也，从广，尌聲」，五經文字云「廚，俗作厨。非」，此當從釋文。广、厂不同部。

053 連謂之簃○釋曰　注疏本刪。×

054 屋上薄謂之筄　單疏本、注疏本同。唐石經、雪牕本「薄」作「簿」。按，廣韻三十五「笑」「筄，屋上薄也」，字亦從艹。

055 屋笮　單疏本、雪牕本同。釋文：「迮，本或作

『筐』。」

056 **屋上薄謂之筄○釋曰**　注疏本刪。×

057 **人君南鄉當階閒**　雪牕本同。注疏本「君」誤「居」。

058 **兩階閒至屏謂之樹○釋曰**　注疏本刪。×

059 **鄉明而治**　元本同。閩本、監本、毛本「鄉」改「嚮」。

060 **西面北上**　元本、閩本、監本同。毛本「面」誤「南」。×

061 **諸侯西面曰朝是也**　元本同。閩本、監本、毛本「曰」誤「而」。

062 **閎謂之門**　唐石經、雪牕本同。單疏本標起止云「閎謂至之閎」。按，此文疑倒。禮祀郊特牲「祊之於東方」，正義曰「釋宮云『門謂之閎』。孫炎云『謂廟門外』」，是孫叔然注本作「門謂之閎」也。郊特牲「索祭祝于祊」，注「廟門曰祊」，正義曰「爾雅釋宮文」，又禮器「爲祊乎外」，正義曰「以釋宮云『廟門謂之祊』」，皆「閎」字在下，可互證。鄭、孔俱言廟者，以義增加，非爾雅本文。❹

063 **祝祭於祊**　單疏本、雪牕本、注疏本同。釋文「祊音同閎」，此經注異文之明證。郊特牲正義引孫炎注，亦引詩「祝祭於祊」。

064 **小閨謂之閤**　唐石經、注疏本同。疏云「閨之小者名閤」。雪牕本「閤」作「閣」，誤。

065 **閎衖頭門**　雪牕本、元本、閩本、監本同。毛本「衖」作「閧」，訛。

066 **齒著于門闔**　單疏本、雪牕本、注疏本同。釋文作「著乎」。按，公羊傳作「乎」，邢疏載郭注作「于」，引公羊傳作「乎」。

067 **所以止扉謂之閎**　唐石經、單疏本、雪牕本同。釋文：「所以止扉謂之閎，音宏；本亦作『閣』，音各。郭注本無此字。」又左傳釋文云：「爾雅本止扉之名或作閣字，讀者因改左傳皆作各音。」惠棟云：說文「閣，所以止扉也」，是古本如此。段玉裁云：「郭注上文『大者謂之栱，小者謂之閣』，云『別杙所在長短之名』，注此云『長杙，即門橜也』，前後皆訓爲長杙，則前後皆作『閣』字，其所據左傳作「閈」，閣門既高，則門旁杙亦高。盟諸僖閎，閎訓門；高其閈閎，閎訓長橜。郭氏分引畫然。匡謬正俗引左傳『高其閈閣』，引爾雅『所以止扉謂之閣』，及郭注『高其閈閣』，顏氏所據左傳、爾雅尚未誤，而俗刻匡謬正俗皆改作『閎』矣。廣韻十九『鐸』『閣』字注引急就章『閣并訢』。顏師古注云『閣所以止扉，今之門杙是也』。」

068 閎謂至之閎○釋曰　注疏本刪。×

069 ○注詩曰祝祭於祊○釋曰　注疏本刪「注詩曰」、「釋曰」。×

070 ○注朝門○釋曰　注疏本刪「注」、「釋曰」。×

071 案鄭玄注周禮　注疏本「周」誤「問」。

072 ○注宮門雙闕○釋曰　注疏本作「云宮門雙闕者」。×

073 義亦相兼　注疏本「亦」誤「又」。

074 其狀魏魏然高大　注疏本「魏」改「巍」。

075 ○注左傳曰盟諸僖閎○釋曰　注疏本刪「注左傳曰」、「釋曰」。×

076 ○注公羊傳曰齒著于門闔○釋曰　注疏本「注」改「云」，刪「釋曰」。×

077 手劒而叱之萬辟撥仇牧　閩本、監本、毛本「叱」誤「撥」，「撥」誤「剌」；元本「撥」字不誤，「萬」作「万」。

078 齒著乎門闔　元本同。閩本、監本、毛本「乎」誤「于」。

079 闔扇也是矣　注疏本「矣」改「也」。

080 ○注左傳曰高其閈閎○釋曰　閩

本、監本、毛本「注」改「云」，删「釋曰」。×

081 **杜預云**　注疏本「預」改「注」。

082 **今江東呼瓴甓**　單疏本、雪牕本同。詩正義引作「今江東呼爲『瓴甓』」。按，「爲」字當有。

083 **瓴甋謂之甓○釋曰**　注疏本删。×

084 **宮中衖謂之壼**　注疏本同。單疏本、雪牕本「壼」作「壸」。五經文字云「壼，見爾雅」，唐石經闕。

085 **巷閤閒道**　雪牕本、注疏本同。按，此經作「衖」，注作「巷」，聲類以衖爲「巷」字，是也。

086 **廟中路謂之唐**　雪牕本、注疏本同。唐石經闕。釋文：「隚，音庚，本今作『唐』。」❺

087 **堂途謂之陳**　唐石經、雪牕本同。周禮匠人「爲溝洫」，注引爾雅「堂涂謂之陳」。按，説文有「涂」無「途」。塗，爾雅釋丘「當涂梧丘」亦作「涂」。

088 **二達謂之岐旁**　唐石經、單疏本、雪牕本、注疏本同。釋文作「歧旁」，字從止。一切經音義卷二十「歧路」下引爾雅「二達謂之歧旁」。五經文字云：「俗以岐爲山名，别作歧路字，字書無。」按，玉篇止部「歧，翹移切，歧路也」，廣韻五「支」「岐，山名。歧，歧路」，是六朝以來歧路字多從止矣。

089 **宮中至之壼○釋曰**　注疏本删。×

090 **宮中衖閤閒道名壼**　注疏本「壼」改「壸」。

091 **○注詩曰中唐有甓○釋曰此詩陳風防有鵲巢篇文也**　閩本、監本、毛本删「詩曰」、「釋曰此」五字。元本删「注」字，下同。×

092 **○注史記所謂康莊之衢○釋曰**　閩本、監本、毛本「注」改「云」，删「釋曰」。×

093 **○注左傳曰得慶氏之木百車於莊○釋曰**　閩本、監本、毛本「注」改「云」，删「釋曰」。×

094 ○注四道交出復有旁通○釋曰　閩本、監本、毛本「注」改「云」，「通」下增「者」，删「釋曰」。

095 室中至之奔○釋曰　注疏本删。

096 室中名時　元本、閩本同。監本、毛本「室」誤「堂」。

097 鄭玄云　注疏本脱「云」。

098 聚石水中以爲步渡彴也　單疏本、注疏本同。雪牕本「彴」作「仢」。釋文：「彴，音斫，今江東呼彴音約。」按，説文「仢，約也」，無「彴」字。當從雪牕本。釋天「奔星爲仢約」，即此字，星之奔流如人之渡彴也。釋文前後皆作「彴」。玉篇、廣韻分釋宮字從彳，釋天字從亻，蓋非。

099 歲十月徒杠成　單疏本、雪牕本同。注疏本作「十一月」，係淺人據今本孟子改。按，郭注所據孟子作「十月」，邢疏所據孟子作「十一月」。

100 隄謂至之徛○釋曰　注疏本删。

101 郭氏亦兩解一云　注疏本「云」誤「名」。

102 彴步橋也　元本同。閩本、監本、毛本「彴」誤「徛」。

103 ○注或曰石絶水爲梁見詩傳○釋曰　注疏本删作「一石絶水爲梁」，毛本「石」誤「名」。

104 ○注孟子曰歲十月徒杠成○釋曰　注疏本删「注」、「釋曰」，「十月」作「十一月」，閩本「一」字空闕。

105 但有大室　單疏本、雪牕本同。注疏本「室」誤「寢」。

106 陜而修曲曰樓　毛本同。唐石經、單疏本、雪牕本、元本、閩本、監本「修」作「脩」，疏中準此。按，古修長、修飾多用脩脯字。此改「修」，非。❻

107 室有至曰樓○釋曰　注疏本删。　×

108 無室者名榭　元本、閩本、監本同。毛本「無」誤「爲」。

109 春秋宣十六年　注疏本脱「六」。

110 二屋歇前無壁者　元本同。閩本、監本、毛本「二」改「一」,「壁」改「屋」。

釋器第六

111 釋器第六○釋曰　注疏本删。　×

112 木豆謂之豆注禮器也○釋曰　注疏本删。　×

113 豆實四升用薦菹醢　注疏本「豆」誤「其」,「菹」改「葅」。

114 其實韭菹醓醢　注疏本「醓」誤「醢」。

115 竹豆謂之籩注籩亦禮器○釋曰　注疏本删。　×

116 亦祭祀享燕所用　元本同。閩本、監本、毛本「享」作「饗」。

117 瓦豆謂之登　單疏本、雪牕本、元本、閩本、監本同。唐石經闕。毛本「登」改「豋」。釋文:「登,本又作『鐙』。」按,公食大夫禮注「瓦豆謂之鐙」,公羊傳桓四年「一曰乾豆」,何注「豆,祭器名,狀如鐙」,禮記祭統「夫人薦豆執校,執醴授之,執鐙」,注「鐙,豆下跗也」,然則「鐙」本豆跗之名,因通名瓦豆爲鐙矣。又説文「鐙,錠也,从金,登聲」,徐鉉曰「今俗别作『燈』,非是」,合之郭注云「即膏登」,知漢以來爾雅字皆作「鐙」。詩生民「于豆于登」,毛傳「瓦曰登,薦大羹」,蓋古文作「登」,今文作「鐙」。郭云「膏登」,字必當從金,膏鐙即油燈。此説非。又説文豆部有「豋」字,云「禮器也,从廾,持肉在豆上,讀若鐙,同」,説者因謂詩、爾雅豆登字皆當從肉作「豋」,此臆説也。○按,詩「于豆于登」用叚借字,俗改爲「豋」。

118 瓦豆謂之登○釋曰　注疏本删。×

119 盎謂之缶○釋曰　注疏本删。×

120 罇酒篕　元本、閩本、監本同，與周易合。毛本「罇」改「尊」，非。

121 主國尊於篕副　浦鏜云「棜」誤「於」。按，詩正義作「棜」。單疏本此頁係補刻，多誤。

122 有孚盈缶注云　注疏本「云」誤「六」。

123 爻辰在木　浦鏜云「未」誤「木」。

124 若今擊甌　注疏本「若」改「如」。

125 甌瓿謂之瓵○釋曰　注疏本删。×

126 瓬音岡瓭都感切甒音武䍃音由甸音鄭甇仕江切甀度睡切瓮瓿甊瓿音部甊落口切甓牛志切甖也　注疏本但有「甖也」二字，改以上爲音切，移於「是其方俗之異名也」之後，因「瓮」字無音，無所附麗，遂删之。都感、仕江二「切」字作「反」，「睡」作「腄」，「牛」作「年」，皆誤。「甒」字，元本同，閩本、監本、毛本作「甌」，下同。

127 陳魏宋楚之間曰㼡音臾或曰𤬶音殊　○注疏本音切改大字，移於後，下準此。

128 謂之瓺音暢亦腸　○注疏本「腸」誤「賜」。❼

129 海岱之間謂之儋音檐　○元本同。閩本、監本、毛本「儋」改「甔」。

130 罃謂之甀鼓鼙　○注疏本複「罃」字，「鼓鼙」改大字，不移於後者，不知爲「甀」作音也。

131 缶謂之瓿甌音隅　○注疏本「隅」誤「偶」。

132 或謂之盆　注疏本脱「或」。❽

133 甂音邊陳魏宋楚之間謂之㼮杜啟切

○注疏本「切」作「反」。

134 賈誼曰　雪牕本、注疏本同。單疏本作「賈誼說曰」，元本疏亦引作「賈誼說」。

135 康瓠謂之甈○釋曰　注疏本刪。×

136 瓠即壷也　元本、閩本、監本同。毛本「壷」改「壺」。❾

137 ○注賈誼說曰寶康瓠是也○釋曰　閩本、監本、毛本作「注云賈誼曰者」，元本作「云賈誼說者」，餘皆刪。×

138 及渡湘水　元本、閩本、監本同。毛本「及」誤「乃」。

139 寶康瓠兮是也　元本、閩本同。監本、毛本脫「兮」。

140 斪斸謂之定　唐石經、雪牕本同。釋文：「斪斸，本或作『拘㩳』。」廣韻四「覺」「㩳」下云「爾雅『拘㩳謂之定』，本亦作『斪斸』」，說文斤部「斪」、「斸」二字注皆云斫也，即陸本所從出。考工記車人之事注引爾雅「句欘謂之定」。按，說文木部「欘，斫也，一曰斤柄性自曲者」。「㩳」即「欘」之變，古從木字往往改作手旁。然則此經本作「句欘」，字書始作「斪斸」矣。

141 斪斸謂之定○釋曰　注疏本刪。×

142 耨及定當是一器　注疏本「耨」上有「鎛」字。按，自引廣雅「定謂之耨」至毛傳「鎛，耨也」，皆言「耨」以釋經之「定」，故云「耨及定當是一器」。詩正義則釋毛傳，不釋爾雅，故云「鎛耨當是一器」。淺者據此增「鎛」於「耨」上，誤甚。此本舊有「鎛」字，係剜擠，今刪正。

143 但先儒或即云鋤或云鋤屬　注疏本脫「或云鋤」三字。

144 斫謂之鐯　唐石經、單疏本、雪牕本同。釋文：「鐯，字又作『櫡』。」按，一切經音義卷十四引爾雅

「斫謂之櫡」。嚴元照云：説文木部「櫡」下云「斫，謂之櫡」，知舊本從木爲正。

145 斫謂之鐯〇釋曰　注疏本删。又此節疏後元本、閩本分四卷下。

146 㪺謂之疀　唐石經、單疏本、雪牕本、元本同。閩本、監本、毛本「㪺」作「𠜾」，訛。五經文字云「㪺，見爾雅」，釋文云從斤。按，玉篇斤部「廝，斫也」，今釋文作「𠜾」，從刀，字書所無。説文斗部「㪺」下引爾疋作「㪺」，廣韻三「蕭」亦引作「㪺」。釋文「疀，本或作『疀』」。〇按，釋文作「疀」。⑩

147 皆古鍬鍤字　單疏本、雪牕本、元本同。閩本、監本、毛本「鍤」作「插」，訛。

148 㪺謂之疀〇釋曰　注疏本删。✕

149 朝鮮洌水之閒謂之㪺　閩本、監本、毛本「㪺」作「𠜾」，元本實闕。

150 或謂之鍏音韋　〇注疏本音改大字。

151 趙魏之閒謂之喿音鍫　〇注疏本脱「音鍫」。

152 今江東呼爲緵　單疏本同。雪牕本、注疏本「呼爲」作「謂之」。

153 謂以簿爲魚笱　單疏本同。雪牕本、注疏本「簿」作「薄」，釋文作步各反。

154 今之作槮者　雪牕本、注疏本同。單疏本作「今之作罧者」，而云「槮」、「罧」古今字。又玉篇木部「槮」下，廣韻五十二「沁」「罧」下及初學記卷二十八皆引爾雅作「槮」，引郭注作「罧」，此經注異文之明證。今本援經改注，非也。釋文云「字林作『罧』」，是晉時用「罧」字，故郭注本之。

155 因以簿圍捕取之　單疏本同。雪牕本、注疏本「簿」作「薄」。按，詩潛正義及廣韻五十二「沁」引此注皆作「簿圍」，蓋相傳舊本如是。今本作「薄」，係近人改從古字耳。

156 緵罟至覆車也〇釋曰　注疏本删。✕

157 㲋豬也　注疏本「豬」作「猪」。

158 皆謂覆車也○注今之至爲繴○釋曰　注疏本删下八字。×

159 鱒魴是也○注毛詩至魚笱○釋曰　注疏本删下八字。×

160 魚麗于罶傳云　元本同。閩本、監本、毛本「云」作「曰」。×

161 ○注今之撩罟○釋曰　閩本、監本、毛本作「云今之撩罟者」，元本無「云」字。×

162 ○注捕魚籠也○釋曰　注疏本删作「云捕魚籠也者」。×

163 皆謂捕魚籠也　注疏本「籠」改「是」。

164 ○注今之至取之○釋曰　注疏本删作「郭云今之作槮者」。×

165 聚積柴木於水中　注疏本脱「木」。

166 ○注謂羅絡之○釋曰　注疏本删作「云謂羅絡之者」。×

167 ○注罝猶遮也見詩○釋曰詩周南云　注疏本「注」改「云」，删「釋曰詩」三字。×

168 然則張罔遮兔　元本同。閩本、監本、毛本「罔」改「網」。×

169 ○注最大罟也今江東云○釋曰　注疏本「注」誤「罛」，「云」下增「者」，删「釋曰」。×

170 ○注今之至異語○釋曰　注疏本改作「云今之覆車者」。×

171 絇謂之救○釋曰　注疏本删。×

172 玄端黑屨青絇　注疏本同。浦鏜云「屨」誤「履」。按，義疏之文「屨」、「履」往往相亂，無庸盡改。下文「絇屨屬」，此本亦作「履屬」矣。

173 鳥而今約也　注疏本同。浦鏜云「而」如「也」。

174 律謂之分○釋曰　注疏本删。

175 崐崘之陰　閩本、監本、毛本改「崑崙」，元本作「崑侖」。

176 大版至縮之○釋曰　注疏本删。

177 ○注築牆版也○釋曰　注疏本删「釋曰」。

178 然則業者　元本「者」誤「之」。閩本改作「乃」，監本、毛本承之。

179 ○注縮者至以載○釋曰　注疏本但有「注縮者」三字。

180 用繩束版　元本同。閩本、監本、毛本「繩」誤「縮」。

181 云詩曰縮版以載者　元本同。閩本、監本、毛本「云」改「注」。

182 彝其揔名　雪牕本、元本同。釋文亦作「揔」。單疏本作「揔」，與「揔」同。閩本、監本、毛本改「總」。

183 彝卣至之坎○釋曰　注疏本删。

184 受一斛　注疏本「斛」作「斗」。

185 金飾龜目　注疏本同。浦鏜云續通解作「口目」。

186 繡刺黼文以襮領　單疏本、注疏本同。雪牕本「襮」作「僂」。釋文：「襮，音僂，又作『僂』。」按，僂領者謂黼文僂伏衣領上也，字不當從衣。又釋文音經「衿，本又作『領』，音同」。按，說文、毛詩傳皆云「襮，領也」，唐石經亦作「黼領」，蓋經作「領」，注中僂領字作「衿」。玉篇衣部：「衿，力井切，衣衿也。」

187 衣眥謂之襟　唐石經、雪牕本、閩本、毛本同。元本「眥」作「皆」，監本作「背」，皆誤。

188 佩玉之帶上屬　雪牕本同。注疏本「上」誤「二」。釋文：「上屬，上持掌反」。

189 持衣上衽　雪牕本同。注疏本「持」誤「掎」，邢疏云「手執持其衽名袺」。

190 衣蔽前謂之襜　唐石經、雪牕本同，單疏本亦作「襜」。釋文：「幨，本或作『襜』。方言作『袡』。」

191 婦人之褘謂之縭　唐石經、單疏本、雪牕本同。釋文：「幃，本或作『褘』，又作『徽』，同。」按，説文「褘，蔽厀也」，「幃，囊也」。孫炎注以「褘」爲帨巾，郭注以爲香纓，義並當從巾。李善注文選思玄賦云「爾雅曰『婦人之幃謂之縭』，今之香囊。在男曰幃，在女曰縭」，與陸本正合，知舊本爾雅從巾不從衣也。思玄賦注又引爾雅「婦人之徽謂之縭」，與陸云又作本合。

192 褘邪交落帶繫於體　雪牕本、注疏本同。單疏本作「褘交絡帶繫於體」。按，「褘」當作「衺」，釋文「邪，字亦作『衺』」是也。今本作「褘邪」，「褘」蓋衍字。下云「因名爲褘」，則上不當言「褘」矣。繫絡字本從糸旁，作「落」蓋古通。詩東山正義引作「絡」，與單疏本合。○按，説文交部曰「𡕥，衺也」，郭用𡕥邪爲重疊字。交落者，交絡也。帶、繫連文，郭用同音之字，以爲訓也。

193 緌繫也　雪牕本、注疏本同。單疏本標起止云「注即今至繫也」。詩正義引郭注此下有「此女子既嫁之所著，示繫屬於人，義見禮記。詩云『親結其縭』，謂母送女，重結其所繫著以申戒之。說者以褘爲帨巾，失之也」，共四十七字，審爲郭注。正義有申難之辭，未知何時逸去。釋文於「著」字、「重」字皆無音，未詳也。按，「既嫁」當爲「未嫁」，或作「許嫁」。士昏禮注云「婦人十五許嫁，笄而禮之，因著纓，明有繫也」。郭注上云「此女子未嫁之所著，示繫屬於人」，故下云「母送女，重結其所繫著，以申戒之」。

194 裳削幅謂之纀　唐石經、雪牕本、注疏本同。

釋文亦作「纀」，單疏本作「纀」。按，玉篇「纀，布木切，裳削幅也，亦作『襆』」。

195 衣裓至謂纀○釋曰　注疏本刪。×

196 裳削殺其幅者名纀　注疏本「纀」作「纀」。

197 ○注衣縷至之飾○釋曰　注疏本刪作「一云衣縷者」。×

198 本或作褸音婁　○注疏本「音婁」作大字。褸，元本、閩本同，監本、毛本誤「縷」，下引方言同。釋文「縷，又作『樓』」，「樓」即「褸」之訛。

199 又謂之袩子俠切　○注疏本作「丁狹切」。

200 ○注繡刺黼文以褗領○釋曰　注疏本「領」下衍「者」，刪「釋曰」。×

201 ○注今蔽膝也○釋曰　注疏本「也」改「者」，刪「釋曰」。×

202 或謂之袚音弗　○注疏本「弗」改大字。×

203 齊魯之郊謂之袡昌詹切　○注疏本音切改大字。

204 ○注即今至繫也○釋曰孫炎云　注疏本刪上八字。×

205 ○注削殺其幅深衣之裳○釋曰　注疏本「注」改「云」，刪「釋曰」。×

206 制十有二幅　元本同。閩本、監本、毛本「十有」倒。

207 其深衣製度　注疏本「製」作「制」。此非。

208 輿革至之革○釋曰　注疏本刪。×

209 此辨車馬之飾名也　元本同。閩本、監本、毛本「辨」作「別」。

210 轡者御馬之具也　注疏本「轡」誤「轙」。

211 **古者乘車駕駟馬** 元本、閩本同。監本、毛本作「乘馬」，非。

212 **魚謂之餒** 唐石經、雪牕本同，單疏本亦作「餒」。釋文「本作『餧』，奴罪反」，引説文「魚敗曰餧」，云「字書作『鮾』，同」。按，玉篇「餒，鱼敗也」，是也。今釋文「委」、「妥」偏旁互易，論語音義同。五經文字云「餧，奴罪反，飢也。經典相承別作餒爲飢餒字，以此字爲餧餉之餧，字書無文」，然則張參所見經典已有作「餒」者矣，特其所據釋文尚是「餧」字。

213 **肉爤** 雪牕本、注疏本同，誤也。單疏本作「内爤」，論語正義引此注同。此疏云「魚内爤曰餒」。按，説文「爤，孰也，从火，蘭聲」，無「爛」字。今本從闌，非。爾雅「糷」、「爤」、「灡」字皆從蘭。

214 **餀謂至之餒○釋曰** 注疏本删。

215 **飯摶相著者名爤** 元本同，誤也。閩本、監本、毛本「爤」作「爛」，當據以訂正。

216 **魚内爤曰餒** 注疏本「内」誤「肉」。「爤」字，元本同，閩本、監本、毛本改「爛」，非。

217 **○注飯餲臭見論語○釋曰** 注疏本删作「一云飯餲臭者」。

218 **○注内爤○釋曰** 閩本、監本、毛本作「一云内爤者」，元本無「一」字。

219 **故云爾然則魚之敗壞先自内始故云内爤** 注疏本脱「爾然」以下十三字。

220 **謂削鱗也** 單疏本、雪牕本同。釋文：「鰭，巨夷反。子虚賦云『揵鰭掉尾』是也，或作『鱗』。」按，上林賦「揵鰭掉尾」，郭注「鰭，背上鬣也」，子虚賦無文，江賦云「揚鰭掉尾」。經曰斮，注當言鰭，作「鱗」蓋非。

221 **肉曰脱之魚曰斮之○釋曰** 注疏本删。

222 此論治擇魚肉之名也　元本同。閩本、監本、毛本「論」下衍「辨」。

223 肉剝去其皮　注疏本脱「去」。

224 斮謂斬削其鱗　元本、閩本、監本同。毛本「謂」誤「爲」。

225 冰脂也○釋曰　注疏本刪。 ×

226 一名冰　元本同。閩本、監本、毛本下衍「脂」。

227 ○注莊子至膏也○釋曰云莊子云　注疏本刪作「莊子云者莊子云」。 ×

228 肉謂之羹至之䕭○釋曰　注疏本刪。 ×

229 ○注肉臛至左傳○釋曰云肉臛也者　注疏本刪上八字。 ×

230 ○注鮨鮓至夫禮○釋曰　注疏本刪作「云鮨鮓屬也」。 ×

231 ○注雜骨醬見周禮○釋曰　注疏本「注」改「云」，刪「釋曰」。 ×

232 其實韭菹醓醢　注疏本誤作「韭葅醓醢」。⓫

233 滓澱也今江東呼垽　雪牕本、注疏本同。單疏本引下句同。按，「滓澱也」當作「澱滓也」。邢疏云「澱滓，泥也」，所據郭注蓋未誤。一切經音義卷九、卷十五兩引此注云「澱滓也，江東呼爲垽」，華嚴經音義卷上所引同，「澱滓」皆未誤倒，「爲」字亦當據以補正。

234 康謂之蠱澱謂之垽○釋曰　注疏本刪。 ×

235 鼎絶至之鬲○釋曰　注疏本刪。 ×

236 款闊也　元本同。閩本、監本、毛本「闊」改「濶」。

237 䰝謂之鬵鬵鉹也○釋曰　注疏本删。

238 ○注詩曰溉之釜鬵○釋曰詩檜風匪風篇文也　注疏本删「釋曰詩」三字。

239 璲瑞也玉十謂之區○釋曰　注疏本删。

240 ○注詩曰至玉瑞○釋曰云詩曰鞙鞙佩璲者　注疏本删上九字。

241 鄭箋云　注疏本脱「鄭」。

242 ○注雙玉曰瑴五瑴爲區○釋曰　注疏本「注」改「云」，删「釋曰」。

243 獻子以朱絲係玉二瑴　注疏本「係」改「繫」，今左傳作「係」。

244 五瑴則十玉也　注疏本「十」下衍「雙」。

245 羽本至之緷○釋曰　注疏本删。

246 木謂之虡○釋曰　注疏本删。

247 栒上加大版爲之飾　注疏本「版」作「板」。

248 旄謂之藣○釋曰　注疏本删。

249 菜謂之蔌　單疏本、雪牕本、元本同。閩本、監本、毛本「蔌」作「蓛」，非，釋文亦作「蔌」，唐石經闕。

250 菜謂之蔌○釋曰　注疏本删。

251 毛傳云　元本、閩本同。監本、毛本「傳」上衍「詩」。

252 白茅苦也　單疏本、雪牕本同。注疏本脱「也」。

253 白蓋謂之苫○釋曰　注疏本删。

254 孫炎云　注疏本「云」改「曰」。

255 **蓋苦之別名是也**　閩本、監本、毛本脫「是」，正德本此字實闕。

256 **鏐即紫磨金**　單疏本、雪牕本、元本、閩本、監本同。毛本「磨」改「磨」。

257 **黃金至之釰○釋曰**　注疏本刪。×

258 **錫今白鑞也**　正德本、閩本、監本同。毛本「今」誤「金」。

259 **○注周禮至是也○釋曰云周禮曰**　注疏本刪上九字。×

260 **則共其金版**　注疏本作「供其金鈑」，係依郭注改。正德本亦作「共」。單疏本引爾雅注作「即供金鈑」，引周禮作「共其金版」，各依本文，不彼此互改，故足貴。

261 **故文異爾**　注疏本「爾」改「耳」。×

262 **犀謂之剒**　唐石經、雪牕本同。葉鈔釋文「剒，本或作『厝』，同，七各反」，通志堂本誤「斮」。玉篇刀部「剒，且落切。爾雅曰『犀謂之剒』，亦作『錯』」。

263 **五者皆治樸之名**　雪牕本、注疏本同。單疏本「樸」作「撲」，誤。釋文：「璞，字又作『樸』。」按，一切經音義卷十六引此注云「治璞之名也」，所據本與釋文合。注當本用璞玉字，木旁後人所改，據郭氏名璞，字景純可見。⑫

264 **象謂至之雕○釋曰**　注疏本刪。×

265 **○注左傳曰山有木工則剫之○釋曰**　注疏本刪「注」、「曰」、「釋曰」。×

266 **金謂至之磨○釋曰**　注疏本刪。×

267 **璆琳玉也**　唐石經、單疏本、雪牕本同。段玉裁云：「本作『璆，美玉也』，藝文類聚所引不誤。釋文『琳』字無音，後『崐崘虛之璆琳琅玕』乃音林。詩韓奕釋文曰『琳，字又作玪，音林』，鄭注尚書云『璆，美玉也。玪，美石也』，鄭與說文合。今郭注『琳』亦衍字。」按，說文「玪，玪塾，石之次玉者，从玉，今聲」，又「琳，美玉也，从玉，林聲」，然則尚書之「璆玲」與爾雅之「璆琳」異字異訓。琳爲美玉，爾雅與說文亦合，非衍字也。釋地注云「璆琳，美玉名」。

268 璆琳玉也○釋曰　注疏本删。　×

269 郭云璆琳美玉名　正德本同。閩本、監本、毛本「琳」誤「即」。

270 簡謂之畢○釋曰　注疏本删。　×

271 不律謂之筆○釋曰　注疏本删。　×

272 滅謂之點○釋曰　注疏本删。　×

273 玦之以金銑者　雪牕本、注疏本同。釋文「玦」作「決」。單疏本作「玦之以金銑」，無「者」字。按，韋氏注此云「玦猶決也」，郭注以「決」爲「玦」，與韋義同。今本仍作玉旁，非。又國語「而玦之以金銑者，寒甚矣」，單疏本引作「而玦之以金者，銑寒甚矣」。余謂古本國語當無「者」字，故韋注云「銑猶灑也，灑灑寒貌」，讀「銑寒甚矣」句絕。爾雅下文「以金者謂之銑」，郭此注云「銑即美金」，國語曰「玦之以金銑」，是讀「而玦之以金銑」句絕。

274 絶澤謂之銑○釋曰　注疏本删。　×

275 ○注國語曰玦之以金銑○釋曰案晉語　注疏本删上十一字。　×

276 以尨衣純而玦之以金者銑寒甚矣　元本同。閩本剜改「尨」作「厖」，「者銑」作「銑者」，監本、毛本承之。

277 以銑下屬　注疏本「下」誤「玉」。

278 金鏃至之珪○釋曰　注疏本删。　×

279 辨弓箭之名也　閩本、監本、毛本「辨」改「辯」。

280 金鏑斷羽　注疏本「鏑」改「鏃」。

281 以骨爲鏃　注疏本「骨」誤「金」。

282 江淮之閒謂之鍭　注疏本「鍭」誤「鏃」。

283 或謂之鈀音葩　○注疏本「音葩」改大字。

284 謂之鉀鑪嗑盧二音亦謂錍箭也　注疏本「鉀」誤「錍」，「嗑」誤「溘」，「亦」誤「皆」，音切改大字。

285 古者倕作弓　監本同。毛本「倕」作「垂」，閩本作「揮」，正德本實闕。○按，「揮作弓」同説文。

286 以射豻侯鳥獸　元本同。閩本、監本、毛本「侯」誤「猴」。

287 ○注左傳曰左執鞭弭○釋曰　注疏本删「曰」、「釋曰」。元本無「注」字。

288 此僖二十三年傳文也　注疏本「三」誤「二」。

289 以與君周旋是也○注用金至小蚌○釋曰　注疏本删下八字。

290 蚌即蜃也月令孟冬　注疏本「蚌」誤「珧」，脱「月令」。

291 銑即金絶澤者　元本、閩本同。監本、毛本「金」誤「今」。

292 璧大六寸謂之宣　唐石經、單疏本、雪牕本同。經義雜記曰：「漢書郊祀志『有司奉瑄玉』，孟康注用爾雅字作『瑄』，藝文類聚引此作『瑄』。説文玉部云『珣，醫無閭之珣玗琪，周書所謂夷玉也，从玉，旬聲。一曰玉器，讀若宣』，知爾雅『宣』當作『珣』。今作『宣』，是借用同聲。字本或宣旁加玉，誤甚。」按，注引漢書「瑄玉」以證經之宣璧，是經作「宣」，注作「瑄」也。釋文云「宣，本或作『瑄』」，是有援注以改經者。

293 肉邊好孔　雪牕本同。注疏本作「肉邊也好孔也」，蓋依疏語增。

294 孔大而邊小　雪牕本同。邢疏亦云「孔大而邊小名瑗」，注疏本誤作「孔大於邊也」。

295 珪大至之環○釋曰　注疏本刪。×

296 ○注詩曰錫爾玠珪○釋曰　注疏本刪「詩曰」、「釋曰」。元本無「注」字。×

297 ○注璋半珪也○釋曰　注疏本「注」改「云」，刪「釋曰」。×

298 ○注漢書所云瑄玉是也○釋曰　閩本、監本、毛本但有「案漢書」三字，元本并無「案」字。×

299 所以連繫瑞玉者　單疏本、注疏本同。今本疏中誤作「璲玉」，浦鏜反據以改注，誤甚。

300 縌綬也○釋曰　注疏本刪。×

301 所佩之玉名璲　元本同。閩本剜改「璲」爲「縌」，監本、毛本承之。

302 所以連繫瑞玉者　元本同。閩本、監本、毛本「瑞」改「璲」。

303 因通謂之縌也　元本、閩本、監本同。毛本「縌」誤「璲」。按，經注皆作「縌」，此與上文「所佩之玉名璲」「璲」、「縌」字正互誤。

304 再染謂之赬　唐石經、雪牕本同。釋文「赬，恥貞反」。說文赤部云「䞓，赤色也」，引詩「魴魚䞓尾」，又「赬，䞓或从貞」。考工記鍾氏注鄭司農引爾雅「再染謂之窺」，勑貞反，本又作「䞓」，亦作「赬」。按，赬、䞓，正字；窺，假借字，正與貞、巠聲相近。左氏哀十七年傳「如魚窺尾」，杜注「窺，赤色。魚勞則尾赤」，亦用假借字。

305 淺赤　雪牕本同。注疏本作「染赤」，誤。

306 一染至之黼○釋曰　注疏本刪。×

307 帛黃赤色　元本同。閩本、監本、毛本「帛」誤「縓」。今說文云「帛，赤黃色」。

308 書云黼黻絺繡是也　元本同。閩本、監本、毛本「云」改「曰」。

309 ○注周禮曰陰祀用黝牲○釋曰　注疏本刪「周禮曰」、「釋曰」。元本「注」改「云」。×

310 邸謂之柢○釋曰　注疏本刪。×

311 雕謂之琢○釋曰　注疏本刪。×

312 蓐謂之茲○釋曰　注疏本刪。×

313 ○注公羊傳曰屬負茲○釋曰　注疏本刪「釋曰」。元本并無「注」字。×

314 衣架　單疏本、雪牕本同。注疏本誤作「木架」。

315 竿謂之箷○釋曰　注疏本刪。×

316 凡以竿爲衣架者名箷　元本、閩本同。監本、毛本「名」誤「多」。

317 簀謂之笫　注疏本同。葉鈔釋文、唐石經、單疏本、雪牕本「笫」作「第」。⓭

318 簀謂之笫○釋曰　注疏本刪。×

319 牀笫之言不踰閾　元本同。閩本、監本、毛本「踰」誤「喻」。

320 齊魯之閒謂之簀　注疏本「簀」作「簣」。

321 復分半也　雪牕本同。注疏本「半」誤「平」。

322 革中至之鞏○釋曰　注疏本刪。×

323 鏤鋑也○釋曰　注疏本刪。×

324 卣中尊也釋在上　注疏本刪上四字。×

釋樂第七

325 釋樂第七○釋曰　注疏本刪。×

326 白謌也又象鍾磬也　元本「象」誤「家」，「鍾」字空闕。閩本剜改作「又云石磬也」，監本、毛本承之，誤甚。按，此八字亦誤。說文釋樂字之言，今本無之，當據以補正。白即「鼻」字，詞言之气由鼻出，故從白，取詞義也。下從木。兩象鍾磬懸虡之形。⑭

327 物成孰可章度　注疏本「孰」改「熟」。

328 此篇揔釋五聲之名　注疏本脱「之」。

329 皆五音之别名　單疏本、監本、毛本同。雪牕本、元本「皆」作「謂」，閩本剜改作「皆」。釋文引郭云「皆五音别名」。

330 宮謂至之柳○釋曰　注疏本删。×

331 ○注皆五至未詳○釋曰云皆五音者　注疏本删上八字。×

332 清濁相雜和比謂之音　注疏本脱「相雜」。按，禮記注但云「雜比曰音」。

333 衆聲和合成章　注疏本脱「聲」。

334 大瑟謂之灑注長八尺一寸廣一尺八寸二十七絃○釋曰　注疏本删。×

335 庖犧作五十絃　注疏本「犧」下有「氏」。

336 朱弦練朱弦練則聲濁　注疏本「弦」改「絃」，下「練」脱。按，上引樂記「朱絃而疏越」，亦當改「弦」。

337 畫疏之　監本同。元本、閩本、毛本「畫」誤「蓋」。

338 如灑出也　注疏本同。釋文引作「出如灑也」，此誤倒。

339 大琴謂之離注或曰至五絃○釋曰　注疏本删。×

340 伏羲作琴　元本、閩本、監本同。毛本「犧」改「羲」。

341 應輮縣鼓　單疏本、雪牕本、元本、閩本、監本同。毛本「輮」改「輮」。○按，説文作「朄」。

342 大鼓謂之鼖小者謂之應○釋曰

注疏本刪。按，疏文每行二十九字，或三十字；此行剜擠三十三字，蓋邢疏標經起止本作「大鼓至之應」，猶下標「大笙謂之巢」二句云「大笙至之和」，標「大簫謂之言」二句云「大簫至之筊」。淺人剜補全句，故「釋曰」上例空一格者，亦連文矣。×

343 ○注蕢長八尺○釋曰知者　注疏本刪「注」、「釋曰知」四字。×

344 則版六寸三分寸之二耳　浦鏜云「則版」下脱「穹」字。×

345 以蕢鼓鼓軍事　注疏本脱「以蕢」。

346 ○注詩曰至鼓側○釋曰應𨍭縣鼓　注疏本刪上八字。×

347 大磬謂之馨○釋曰　注疏本刪。×

348 磬樂器名也　元本、閩本同。監本、毛本「磬」誤「馨」。

349 已上則磨其旁　元本、閩本、監本同。毛本「磨」改「摩」，下同。

350 ○注馨形至爲之○釋曰字林云　注疏本刪上八字。×

351 大笙至之和○釋曰　注疏本刪。×

352 有十三簧　注疏本脱「十」。

353 其大者名巢　據釋文此下當有「孫炎云」三字。

354 ○注列管至九簧○釋曰瓠匏也　注疏本刪上八字。×

355 以匏爲底　注疏本「底」作「底」。

356 ○注十三至成聲○釋曰云十三簧者　注疏本刪上八字。×

357 鄭司農注周禮亦云十三簧　注疏本

同。此「亦」字係剜擠。

358 云鄉射記曰　元本同。閩本、監本、毛本「云」改「注」。

359 大箎謂之沂　唐石經、單疏本、雪牎本同。釋文、注疏本「箎」作「篪」，注及疏準此。按，「篪」是也，从竹，虒聲；作「箎」非。

360 上出一寸三分　雪牎本同。單疏本、注疏本無「一」字。　×

361 大箎謂之沂○釋曰　注疏本删。　×

362 大箎其聲非一也　按，釋文引李、孫云「篪聲悲，沂，悲也」，此「非一」兩字即悲之誤分。

363 名翹横吹之　注疏本脱「名」。

364 大如鵝子　單疏本、雪牎本同。釋文「鵝」作「鵞」。

365 形如稱錘　單疏本、雪牎本同。注疏本「稱」作「秤」，俗字。釋文「似稱，尺證反」。按，李善注文選笙賦引此作「形似稱錘」。似與如一義，然郭氏多言「似」。作「如」者，後人所改。

366 大塤謂之嘂○釋曰　注疏本删。　×

367 銑上平底　注疏本「底」作「底」。

368 大鐘謂之鏞　唐石經、單疏本同。雪牎本、注疏本「鐘」作「鍾」。釋文「鍾，説文作『鐘』，云『樂器也』。字林同，以此鍾爲酒器。今經典通爲樂器」，據此則唐石經亦當作「鍾」。

369 笙鏞以間　單疏本、雪牎本同。按，「鏞」當作「庸」。周禮眡瞭疏、儀禮大射疏皆引尚書「笙庸以間」。詩那「庸鼓有斁」，毛傳「大鐘曰庸」。書正義引李巡注云「大鍾，音聲大。鏞，大也」，當本作「庸，大也」。

370 亦名鑮音博　雪牎本同。注疏本删下二字。

371 大鐘至之棧○釋曰　注疏本删。　×

372 **鐘樂器也**　注疏本脱「樂」。

373 **東晉興元年**　注疏本同。釋文亦作「興元年」。盧文弨曰：據晉書「太興元年」，此脱「太」字。

374 **○注書曰笙鏞以閒○釋曰**　注疏本删「釋曰」。 ×

375 **簫一名籟**　單疏本、雪牕本同。案，詩有瞽正義引此注無「簫」字，非也。

376 **大簫至之筊○釋曰**　注疏本删。 ×

377 **慱雅曰簫大者二十三管**　注疏本同。盧文弨曰：廣雅「二十四管」，初學記所引同。此誤。⓯

378 **無底小者十六管有底**　注疏本「底」皆作「底」。

379 **其言管數長短**　注疏本脱「言」。

380 **管長尺圍寸併漆之**　單疏本、雪牕本同。釋文「漆音七」。按，文選閒居賦「管啾啾而並吹」，李善引此注曰「管長尺，圍寸，併吹之」，與鄭注周禮「併兩管而吹之」義同，今作「漆」蓋誤。

381 **有底**　注疏本同。單疏本「底」作「底」，雪牕本誤「底」。

382 **其中謂之篞**　單疏本、雪牕本、注疏本同。釋文、唐石經「篞」作「篞」。⓰

383 **小者謂之箹**　唐石經、單疏本、雪牕本、元本同。釋文「箹，郭音妙」，石經考文提要引至善堂九經本亦作「箹」。閩本、監本、毛本「箹」誤「箹」。

384 **大管至之箹○釋曰**　注疏本删。 ×

385 **今大予樂官有之是也**　注疏本「大予」改「太常」。此本舊訛作「大子」，兹據下文「所以鼓柷謂之止」疏訂正。

386 **大籥至之箹○釋曰**　注疏本删。 ×

387 **詩云我歌且謠** 單疏本、雪牕本同。按，「云」當作「曰」，上下文注引詩皆作「曰」。

388 **詩云或歌或咢** 雪牕本、注疏本作「詩曰」。此誤。

389 **徒鼓鐘謂之修** 唐石經同。釋文：「修，如字，本作『脩』。」雪牕本、注疏本作「徒鼓鍾謂之脩」。按，華嚴經音義卷上云「廣雅『修，長也，本作脩者，謂乾脯』」，又卷下云「玉篇修飾、修長字皆從彡」，今本玉篇、廣雅皆不然。此爲修長義，當從彡。釋文、唐石經皆作「修」，係正字之僅存者。

390 **徒鼓磬謂之蹇** 唐石經、雪牕本同。初學記卷十六引作「徒擊磬謂之蹇」。按，磬多言擊，「鼓」字蓋涉上文誤。釋文引李巡云「置擊臬聲蹇連也」，蓋李本作「擊磬」。○按，「蹇」字下从卩。

391 **徒鼓瑟至之蹇○釋曰** 注疏本刪。×

392 **○注詩云我歌且謠○釋曰** 注疏本刪「釋曰」。

393 **孫炎曰** 注疏本「曰」作「云」。×

394 **○注或歌或咢○釋曰** 注疏本刪「釋曰」，「咢」下增「此」。×

395 **連底桐之** 雪牕本、注疏本同。釋文、單疏本「底桐」作「底挏」，書臯陶正義引作「挏」。玉篇「挏，達孔切」，吕氏春秋云「百官挏擾」。挏，動也。廣韻「挏，推引也」。漢有挏馬官作酒，又音同。今本從木，誤。⑰

396 **以木長尺櫟之** 單疏本、注疏本同。雪牕本「櫟」作「擽」。釋文：「櫟，力的反。廣雅云『櫟，擊也』。漢書音義云『櫟，捎也』。」按，廣雅卷二釋詁「擽，擊也」，字從手。玉篇手部「擽，郎的切，捎也，舒也」，廣韻十八「藥」「擽，字統云『擊也』」，三十三「錫」「擽，捎也」，可訂釋文及今本之訛。

397 **所以鼓柷至之籈○釋曰** 注疏本

删。 ×

398 投椎於其中而橦之　注疏本「橦」作「撞」，俗。

399 蓋依漢之大予樂　注疏本「予」改「常」。

400 麻者音概而長也　單疏本同。釋文「概，居器反」。雪牕本、注疏本「概」作「槪」，訛。按，説文禾部「穊，稠也」，此言聲之稠密也。

401 大鼗謂之麻小者謂之料〇釋曰　注疏本删。 ×

402 和樂謂之節〇釋曰　注疏本删。 ×

爾雅疏卷第五 ×

403 爾雅疏卷第六　注疏本仍卷第五。⑱

釋天第八

404 釋天第八〇釋曰　注疏本删。 ×

405 天之言鎮也　注疏本「鎮」改「顯」，非。按，此猶説文云「天，顛也」。「鎮」與「顛」皆真聲。下言「居高理下，爲人經紀」，並鎮守之義。

406 三曰宣夜舊説云　注疏本「舊」誤「昔」，脱「云」。

407 昕讀爲軒　注疏本「爲」改「曰」。

408 但指諸星運轉　閩本、監本、毛本「星」下有「之」。元本「星」字複。

409 即以一日之行而爲一度　注疏本「以」誤「日」。

410 地下萬五千里　浦鏜云「萬」下脱「遊」。

411 地之下畔與天中平　注疏本脱「平」。

412 但渾天之體　注疏本「渾」誤「混」。

413 南極去北極　元本「去」誤「星」，閩本、監本、毛本改「至」。

414 則一百八十一度餘　注疏本同。按，「八十一」當作「八十二」。

415 去南極九十一度餘　注疏本脱「餘」。

416 天旁日四表之中　注疏本「日」改「行」，非。

417 地亦升降於天之中　注疏本脱「之」。

418 至春末復正　元本同。閩本剜改作「春季」，監本、毛本承之。

419 冬季復正　元本同。閩本「冬」上剜擠「至」字，監本、毛本排入。

420 萬世不失九道謀　注疏本「世」改「里」，非。

421 立春星辰西遊日則東遊春分星辰西遊之極日東遊之極日與星辰相去三萬里立夏星辰北遊日則南遊夏至星辰北遊之極日南遊之極日與星辰相去三萬里　元本先「立春」，次「夏至」、「春分」、「立夏」。閩本、監本、毛本先「立春」，次「立夏」、「春分」、「夏至」。下文「相去三萬里」，監本、毛本同，元本、閩本「三」誤「二」。按，此舉春夏以該秋冬，言四遊之極，以明日與星辰相去之遠也。立春、春分、立夏、夏至以四時之敘言之。注疏本倒錯，不可讀。

422 秋冬放此可知　注疏本「放」改「倣」。

423 冬至日在斗則晝極短　元本「斗」誤「升」，閩本剜擠作「日在牽牛」，監本、毛本作「斗牛」。又注疏本「晝」作「日」。

424 又於日與日相會　注疏本「又」作「及」。

425 但月是陰精　元本「但月」誤「餘此」，閩本因剜擠爲「餘倣此月陰精」，監本、毛本遂排入。

426 **辟九** 注疏本「辟」改「壁」，非。

427 **不更煩説** 注疏本「不更」倒。

428 **既無正文可馮** 元本同。閩本、監本、毛本「馮」改「憑」。

429 **言氣皓旰** 注疏本同。單疏本、雪牕本作「晧旰」。釋文：「晧，本亦作『昊』，光明也，日出也。」按，此經作「昊」，注作「晧」，爲經注異文之證。注仍作「昊」，非。説文「晧，日出皃，从日，告聲」，「暤，暤旰也，从日，皋聲」，晧、暤蓋通，今本從白，訛。

430 **在上臨下而已** 單疏本、雪牕本同。注疏本「在上」下衍「而」字。

431 **穹蒼至上天○釋曰** 注疏本刪。 ×

432 **古詩人質** 元本、監本同。閩本「詩」剜改「時」，毛本承之。

433 **昊大貌** 注疏本「大」誤「天」，下「其氣昊大」同。

434 **故異義天號** 注疏本「天」改「同」。

435 **蒼天蒼天** 元本同。閩本、監本、毛本改作「悠悠蒼天」。

436 **而又從歐陽之説** 注疏本脱「之」。

437 **四時○釋曰** 注疏本刪。 ×

438 **是四時天之名也** 注疏本脱「天」。

439 **歲時者何** 注疏本脱「者」。

440 **四氣和謂之玉燭** 唐石經、單疏本、雪牕本同。注疏本作「四時」，非。按，邢疏引尸子云「四氣和爲正光，此之謂玉燭」，此經無「爲正光」，故直言「謂之玉燭」。

441 **夏爲長嬴** 唐石經、單疏本、雪牕本、注疏本同。釋文「嬴，本或作『嬴』」，盧文弨刊本作「本或作『嬴』」。石經考文提要作「夏爲長嬴」，云從釋文。

442 **尸子皆以爲太平祥風** 單疏本、注疏本同。雪牕本「太」作「大」。釋文：「大平，音泰，或作『太』。」⑲

443 **四時和爲通正謂之景風** 唐石經、單疏本、雪牕本同。文選新刻漏銘注引作「四氣和爲通正」。按，此猶上文「四氣和謂之玉燭」也。論衡是應篇引爾雅曰「四氣和爲景星」，「景風」作「景星」，無「爲通正」三字。邢疏引尸子則云「四氣和爲通正，此之謂永風」。又尸子、論衡、文選注、白帖卷一皆作「四氣」，與上同。唐石經上作「四氣」，此作「四時」，蓋非。論衡引爾雅作「景星」，尸子作「永風」，永、景聲相近。

444 **甘雨時降** 唐石經、雪牕本同。論衡是應篇曰爾雅言「甘露時降」，則今本作「甘雨」非。

445 **春爲至醴泉○釋曰** 注疏本删。 ×

446 **水泉味甘如醴也** 此本下接「云祥者亦題上事也祥吉也善也言此上皆大平之吉祥也」二十三字，次接「○注此亦至祥風○釋曰云此亦四時之别號者」云云，蓋先釋經文都畢，然後釋注也。注疏本以上二十三字移配題下，失其次矣。

447 **云尸子皆以爲太平祥風者** 元本同。閩本、監本、毛本「云」改「注」。

448 **四氣和爲正光** 元本作「四氣和正光照」，「和」下脱「爲」，「照」字係剜擠，閩本始排入。監本、毛本作「四時和正光照」，更非。按，尸子作「正光」，與上「青陽」、「朱明」、「白藏」、「玄英」韻，元板困學記聞所引與此同。

449 **其雨時降** 元本同。閩本、監本、毛本「其」作「甘」，此據爾雅改尸子也。尸子此云「其雨時降，萬物以嘉」，下云「其風春爲發生，夏爲長嬴」，是「其風」、「其雨」對文之證。

450 **○注所以出醴泉○釋曰案援神契云** 注疏本删上八字。 ×

451 穀不熟爲饑　唐石經、單疏本、雪牕本、元本、閩本、監本同。毛本「饑」改「飢」，下「仍饑爲荐」注及疏同。釋文：「饑，本或作『飢』。」

452 穀不至爲荐○釋曰　注疏本刪。×

453 詩小雅云　注疏本脱「詩」。

454 襄十四年穀梁傳　浦鏜云二十四年。

455 一穀不升謂之嗛　注疏本「嗛」作「歉」，此與穀梁傳同。

456 四穀不升謂之康　注疏本「康」改「荒」，此與穀梁傳同。

457 相因而饑謂連歲不熟也　元本、監本作「饑，飢也。連歲不熟爲荐饑」，閩本、毛本作「飢，饑也。連歲不熟爲荐饑」，皆係臆改。

458 晉荐饑是也　此本下接「云災者亦題上事也下皆倣此」，次接「注左傳曰今又荐饑○釋曰此晉語文也」云云。注疏本移「云災者」十二字分配題下，失其次。

459 太歲在甲曰閼逢　單疏本、雪牕本、注疏本同。唐石經「太」字一點，後人增添。釋文：「大歲，音泰，下放此。」錢大昕云：「古法太陰與太歲不同。淮南天文『太陰在寅，歲名曰攝提格』云云。史記厤書索隱引爾雅云『歲在甲曰焉逢，寅曰攝提格』，無『太』字，當是古本。東漢術家不求太陰，誤仞太陰爲太歲，故漢書天文志有『太歲在寅曰攝提格』之文。太史公書但云『攝提格歲陰左行在寅初』，不云太歲也。按，天官書索隱引李巡注爾雅『歲在寅爲攝提格』，無『太』字，又漢書律厤志上『復得閼逢、攝提格之歲』，孟康注云『歲在甲曰閼逢，在寅曰攝提格』，然則天文志『太歲』之『太』當亦後人增加耳。」

460 在戊曰著雍　唐石經、雪牕本同。單疏本亦作「著雍」。釋文「著，本或作『祝』」，「廱，字又作『雍』，本或作『黎』」。按，史記厤書作「祝犂」。

461 在壬曰元黓　唐石經、閩本、監本、毛本同，釋文亦作「黓」；此本及雪牕本、元本作「默」，誤從戈，今訂正。

462 在未曰恊洽　雪牕本、元本、閩本、監本同。釋文「恊，音叶」，唐石經、單疏本、毛本作「協洽」。按，字當從十。

463 太歲在甲至赤奮若○釋曰　注疏本删。×

464 載歲也至曰載○釋曰　注疏本删。×

465 季穀熟也　正德本同。閩本、監本、毛本「季」作「年」，非。

466 卜年七百　閩本同。正德本、監本、毛本「卜」誤「十」。

467 ○注取歲星行一次○釋曰案律厤志　注疏本删上九字，「厤」作「麻」，下同。×

468 在丙曰修　唐石經、雪牕本、注疏本同。釋文：「修，本亦作『脩』。」按，單疏本云「三月得丙，則曰脩寎」。

469 正月爲陬　唐石經、雪牕本同。釋文：「陬，側留、子侯二反，隅也，又子瑜反。」史記厤書「月名畢聚」，索隱音娵，周禮注作「娵」。釋文：徐、劉、沈竝子須反。按，陬、娵、聚皆取聲。

470 三月爲寎　唐石經、雪牕本同。單疏本亦作「寎」，元本疏中作「窉」。釋文：「寎，本或作『窉』字，同。」按，廣韻三十八「梗」「窉，爾雅云『三月爲窉』，本亦作『寎』」，四十三「映」「寎，驚病」，玉篇穴部「窉，筆永切，穴也」，宀部無「寎」字，是此經舊作「窉」也。

471 十二月爲涂　唐石經、雪牕本同。釋文「涂，音徒」。周禮硩蔟氏注云「月謂從娵至荼」。按，涂、荼皆余聲。

472 月在甲至月名○釋曰　注疏本删。×

473 ○注離騷至孟陬之○釋曰離騷者　注疏本删上九字，「之」疑當作「兮」。

474 屈原之所作也　注疏本脱「之」字。

475 仕懷王　注疏本「仕」改「事」。

476 高陽之苗裔兮　舊本同。閩本「高陽」上剜擠「帝」字，監本、毛本排入。

477 言己生得陰陽之正中是　舊本同。閩本、監本、毛本「是」改「者」。

478 引之以證正月爲陬之義　注疏本「證」改「証」。

479 ○注國語至是也○釋曰　注疏本「注」改「云」，删「釋曰」。正德本脱「至」字。按，邢疏標經起止，注疏本例所不載，此其删之未盡也。　×

480 ○注純陰至名云○釋曰云純陰用事　注疏本删上八字。　×

481 十月純坤用事　閩本、監本、毛本「坤」改「陰」，舊本「陰」誤「陽」。

482 其實陰陽常有　注疏本「常有」倒。

483 四月秀萎　注疏本「秀」改「莠」。

484 ○注皆月至不論○釋曰言正月爲陬以下皆月之別名云自歲陽至此者　注疏本删上二十字。閩本、監本、毛本「云」上增「又」。　×

485 南風謂之凱風　唐石經、雪牕本同。釋文：「颽，又作『凱』。」

486 詩云泰風有隧　雪牕本、注疏本「云」作「曰」。此非。

487 焚輪謂之穨　唐石經、雪牕本同。單疏本、注疏本「穨」作「頹」。釋文：「棼，本或作『焚』。頹，本或作『穨』、『隤』，同。」○按，穨，俗字也。

488 詩云終風且暴　注疏本同。雪牕本「云」作「曰」。

489 天氣下地不應曰雺　唐石經、單疏本、雪牕本同。釋文：「雺，或作『霧』，字同，亡公、亡侯二反。」文選甘泉賦「霧集而蒙合兮」，李善注「爾雅曰『天氣下地不應曰霧』，霧與蒙同」。按，説文「天氣下地不應曰霿。霿，晦也。霚，地氣發天不應。雺，籀文省」。五經文字云「霚、雺、霧三同，並莫侯反。上説文，中籀文，下經典相承隸變，並見爾雅」，義與説文同，與爾雅正相反。孫同元云：蓋今本説文互誤。玉篇云「霚，同『雺』，天氣下地不應也」。「雺」從矛聲，與蒙聲相近。洪範「曰蒙」，史記宋世家作「曰霧」，索隱曰「霧，音蒙」，鄭注尚書云「雺，聲近蒙」，釋名釋天云「霧，冒也，氣蒙亂覆冒物也。」郭景純云言蒙昧」，皆以蒙訓霧，指「天氣下地不應」言之。

490 地氣發天不應曰霧霧謂之晦　唐石經、單疏本、雪牕本同。釋文：「霧，亡弄反，又亡付反。字林作『⿱雨各』，音同。本亦作『⿱雨各』。」五經文字：「霧，莫弄反。爾雅、釋文並作霧。」惠棟云二「霧」字皆當作「⿱雨各」。按，釋文當正作「霿」，云「本亦作『霧』」。孫同元云：字林作「⿱雨各」，「⿱雨各」即「霿」之省文。玉篇云「霿，武付切。地氣發天不應也」，據文選注引上文作「霧」，則此必不作「霧」可知。

491 江東呼雩音芌　雪牕本同。注疏本刪下二字。按，釋文云「雩，今借爲芌，音于付反」，本注云然也。

492 蜺爲挈貳　唐石經、單疏本、雪牕本同。釋文：「霓，五兮反，本或作『蜺』，漢書同。」

493 疾雷爲霆霓　唐石經、單疏本、雪牕本同。經義雜記曰：「霆與霓二物，不當併稱。郭注無『霓』字。考初學記一、白氏六帖二引作『疾雷謂之霆』，文選注一、北堂書鈔一百五十二、事類賦三引作『疾雷爲霆』，可證『霆』下本無『霓』字，蓋因下句『雨霓爲霄雪』，『霓』與『霓』形相近，遂誤衍矣。」

494 **雷之急激者** 雪牕本、元本同。釋文「激，古麻反」，單疏本、監本、毛本「激」誤「擊」，閩本「激」字空闕。

495 **雨䨘爲霄雪** 唐石經、單疏本、雪牕本同。説文：「霄，雨䨘爲霄，从雨，肖聲。齊語也。」五經文字：「霄，雨䨘爲霄。見爾雅。」按，「䨘」爲水雪雜下，是不得偏舉雪也，古本爾雅蓋無「雪」字。

496 **先集維䨘** 雪牕本、舊本、閩本、監本同。毛本「䨘」作「霰」，蓋據毛詩改。釋文：「䨘，本或作『霰』、『䨮』，同。」詩釋文云：「霰，字亦作『䨘』。」五經文字：「霰、䨘二同。上見詩，下見爾雅。」按，説文「霰，稷雪也，从雨，散聲。䨘，霰或从見」，是「䨘」、「霰」同字。郭氏所據詩蓋本作「䨘」。

497 **䨘水雪雜下者** 單疏本、雪牕本同。注疏本「水」作「冰」，非。按，詩信南山正義引李巡注云「水雪俱下」，禮記月令注云「水雪雜下」，劉熙釋名云「水雪相摶」。

498 **故謂之消雪** 雪牕本同。邢疏云「霄即消也」，注疏本作「謂之霄雪」，一脱一誤。按，此經作「霄」，注作「消」。釋文「霄音消，本亦作『消』」，蓋援注改經，未審經注異文之致，自陸氏作釋文時已然矣。

499 **暴雨謂之涷** 唐石經、雪牕本、注疏本同。五經文字水部「涷，見爾雅」，廣韻一「送」「涷，瀑雨，又水名。涷，冰涷。皆又音東」。按，釋文作「涷，都貢反」。單疏本惟經中字作「涷」。疏云「暴雨，一名涷」，引郭注兩涷雨字，及引九歌大司命涷雨字皆從冫。文選思玄賦注引經「暴雨謂之涷雨」，及注兩涷雨字皆作「涷」。考説文有「涷」無「涷」，今人呼夏月暴雨爲冷雨，涷雨猶冷雨也，當從釋文。張參隸此字於水部，蓋非。

500 **今江東呼夏月暴雨爲涷雨** 雪牕本、注疏本同。單疏本「涷」作「涷」。文選思玄賦注引作「今江東人呼夏月暴雨爲涷雨」。按，「人」字當有，下注云「今南陽人呼雨止爲霽」可證。

501 使涷雨兮灑塵是也涷音東西之東　雪牕本同。注疏本删下六字，作細字音切。釋文云「涷，郭音東」本此。

502 雨自三日已上爲霖　單疏本、注疏本同。釋文及雪牕本作「以上」。按，左傳作「以上」。

503 濟謂之霽　唐石經、單疏本、雪牕本同。釋文「濟」、「霽」皆有音。錢大昕云：洪範「曰雨曰霽」，史記宋世家作「濟」，則濟、霽本一字。説文「霋」字注云「霽謂之霋」，此經「霽」當爲「霋」字之誤。

504 今南陽人呼雨止爲霽音薺　雪牕本同。注疏本删下二字。文選高唐賦注引作「音濟」，蓋音「霽」爲「濟」也。

505 南風至風雨○釋曰　注疏本删。×

506 ○南風謂之凱風者　此本每節首空一字，元本同；舊本每節加「○」，閩本、監本、毛本每節增一「一」字，下準此。

507 南風長養萬物萬物喜樂　注疏本脱一「萬物」。

508 亦用李説　注疏本「用」誤「同」。

509 火而有大風者爲庉　注疏本脱「火」。

510 詩云零雨其濛　注疏本脱「云」，「濛」改「蒙」，非。此本鄭氏尚書注，書正義引鄭注作「濛」。

511 地氣不應而蒙闇也　注疏本脱「而」。

512 ○地氣發天不應曰霧　注疏本「發」下衍「而」。

513 陰之專氣爲雹　元本、閩本、監本同。毛本「爲」誤「謂」。

514 盛陽之氣在雨水則温暖　元本、閩本、監本同。毛本「暖」改「暵」。

515 因水而爲霰　注疏本「霰」誤「雹」。

516 **書云曰霽云風雨者題上事也**　注疏本刪下「云」字，移「風雨者」七字於題下。

517 **析木謂之津**　唐石經、單疏本、雪牕本同。邢疏云「析木之津者，箕斗之次名也」，「經典但有『析木之津』，無『析木謂之津』」。今定本有『謂』字，因注云即『漢津也』，誤矣」，據此知邢疏本無「謂」字，今有者，係後人據定本增加。按，春秋昭八年正義引孫炎注爾雅云「析木之津，箕、斗之閒，漢津也」，無「謂」字。

518 **牽牛斗者**　單疏本、雪牕本同。按，依經當作「斗牽牛者」，否則作「牛斗者」。邢疏云「星紀，斗、牛之次也」。

519 **北方色黑枵之言耗**　單疏本「耗」作「秏」。雪牕本、注疏本「色黑」作「黑色」，非，「秏」誤「耗」。釋文亦作「秏」。按，廣韻「秏，減也，亦稻屬。俗作『耗』」。

520 **作宮室皆以營室中爲正**　單疏本、雪牕本同。注疏本「營室」下衍「之」。

521 **娵觜之口**　唐石經、雪牕本、注疏本同，釋文亦作「娵訾」，單疏本及元本疏引經作「娵訾之口」。按，左傳襄三十年作「娵訾之口」，十二辰之次字作「訾」，與二十八宿之「觜」不同。釋文及唐石經作「觜」，蓋用假借字。

522 **營室東壁也**　閩本、監本、毛本同。唐石經、單疏本「壁」作「辟」。釋文「辟，本又作『辟』」，雪牕本、元本誤「璧」。⑳

523 **濁謂之畢**　唐石經、單疏本、雪牕本同。詩漸漸之石毛傳「畢，噣也」，詩序盧令注「畢，噣也」，正義曰「釋天云『噣謂之畢』」，引李巡、孫炎、郭氏注皆作「噣」。釋文前後皆云「噣，本亦作『濁』」。則此經舊從口爲正也。

524 **或呼爲濁因星形以名**　單疏本、雪牕本同。詩盧令正義引作「或呼爲噣，因星形以名之」。按，「之」字當有。

525 咮朱鳥之口　單疏本、雪牕本同。注疏本「口」誤「名」。

526 何鼓謂之牽牛　單疏本、雪牕本、注疏本同。石經考文提要引至善堂九經本亦作「何」。惠棟云：何，石經補字改作「河」。按，唐石經元刻作「何」，後刮磨作「河」。釋文「何，郭胡可反」。小爾雅云『任也』，説文云『儋也』」，注以「何」爲「荷」，訓作「儋」，是郭本不作「河」。考史記、漢書作「河鼓」，詩正義引李巡、孫炎注同。蓋爾雅本作「河」，郭氏私定爲「何」。唐石經用郭注本，改爲「河」，則非。

527 檐者荷也　單疏本、雪牕本、毛本同。釋文云「何，注作『荷』字，音同」，此經注異文之明證。元本、閩本、監本「荷」仍作「何」，非。思玄賦注引作「檐者，荷也」。又單疏本「檐」字上從木，此從手，非。釋文「檐，丁甘反」。字林云『負也』」，字從木。詩玄鳥箋云「謂當擔負天之多福」。葉鈔釋文「擔」作「檐」，是舊作木旁字，今訂正。

528 彗星爲欃槍　雪牕本、注疏本同。唐石經闕。五經文字云「欃槍，見爾雅」，單疏本作「欃」。釋文：「篲，本今作『彗』。」按，説文「篲」，「彗」或从竹。

529 言其形孛孛似埽彗　單疏本同。釋文亦作「埽」。雪牕本、注疏本作「掃」，俗字。按，釋文音經「篲，恤遂反，又似酢，似鋭二反」，音注「彗，似鋭反，又音遂」。蓋經用古字作「篲」，注用今字作「彗」。

530 奔星爲彴約　單疏本、雪牕本、注疏本同。唐石經闕。段玉裁云：彴，釋文誤從彳，今依玉篇、佩觿正之。按，廣韻十八「藥」「彴，彴約，流星」，開元占經卷七十一引此注曰「彴約，流星別名也」，字皆從彳。

531 壽星至星名○釋曰　注疏本删。

532 九州諸國之封域　浦鏜云「諸國」下脱「中」字。按，今本周禮注有「中」字者，衍也，鏜從此所引。

533 釋六蓺所載者　注疏本「蓺」作「藝」。

534 ○壽星角亢也者　此節注疏本誤連上文，未分節。

535 析木之津者　注疏本脱「者」。㉑

536 箕斗之次名也孫炎曰　閩本、監本、毛本「孫炎曰」上增一「一」字，元本空一格，皆誤分節。

537 東方成龍形　元本同。閩本、監本、毛本「方」誤「南」。㉒

538 尾箕在蒼龍之末　注疏本「蒼」改「倉」。

539 日在析木之津皆是也　注疏本「皆」誤「者」。

540 北方色黑枵之言秏秏亦虛意　注疏本「色黑」倒，脱一「秏」字，「秏」作「耗」，非。

541 顓頊之虛虛也者虛星又謂之顓頊之虛也　注疏本删上十二字。

542 各以意耳　浦鏜云「意」下脱「言」。

543 謂玄枵也虛也　注疏本脱「謂」。

544 娵訾之歎則口開方　監本同。元本、閩本、毛本「歎」誤「次」，詩定之方中正義誤「鄭」。許宗彦云：室壁四星相連，其方如口，故曰娵訾之口，娵訾與嗟咨聲相近，故娵訾之歎則口開方也。

545 案襄三十年左傳曰　注疏本「曰」作「云」。

546 畢所以掩兔也　注疏本脱「也」。㉓

547 吾聞之宋災　注疏本「災」改「灾」。

548 左右左右將　元本同。閩本剜擠作「左左星右右將」，監本、毛本作「左左將右右將」，蓋依漢書改。

549 今荆楚人呼牽牛星爲檐鼓　元本

同。閩本、監本、毛本「荆楚」倒。

550 今曰明星　注疏本同。盧文弨曰：天官書索隱引孫炎注作「命曰明星」，「命曰太白」。「今」字誤，下同。

551 東有啟明　元本、閩本同。監本、毛本「啟」改「启」。

552 西有長庚長庚不知是何星也或以星出在東西而異名　注疏本脱一「長庚」及「星出」二字。

553 甘氏不出三月迺生天欃　元本、閩本同。監本、毛本及漢書作「天槍」，蓋誤。

554 甘氏不出三月迺生天欃　監本、毛本及漢書同。元本、閩本作「天槍」，蓋此誤。

555 公羊傳曰　注疏本脱「曰」。

556 ○奔星爲彴約者　元本同。閩本、監本、毛本誤連上文不分節。

557 一名彴約星名題上事也　注疏本移下六字配題下。

558 冬祭曰蒸　唐石經、單疏本、雪牕本同。釋文亦作「蒸」。五經文字卄部云「蒸，爾雅以爲祭名，其經典祭烝多去草」，以此爲薪蒸。

559 既祭埋藏之　雪牕本、注疏本同。按，此經作「薶」，注作「埋」。

560 祭山曰庪縣　唐石經、單疏本、注疏本同。釋文「縣，音玄，注同」，五經文字云「庪縣，見爾雅」，藝文類聚引此經「縣」字皆作「懸」。案，「縣」、「懸」正俗字。

561 是禷是禡　唐石經、單疏本、雪牕本同。釋文：「禷，音類。經典作『類』。」五經文字云：「禷，師祭名。五經及釋文皆作『類』，唯爾雅從示。」按，説文「禷，以事類祭天神，从示，類聲」，與此經字同。

562 類於上帝　單疏本、雪牕本、元本同。閩本、監本、毛本「於」改「于」。按，此經作「瀨」，注作「類」，爲異文之證。

563 商曰肜　雪牕本、注疏本同。釋文「肜，余終反」，唐石經「肜」作「彤」，五經文字舟部「肜，音融」。按，說文舟部「彤，船行也，从舟，彡聲，丑林切」，玉篇「彤，余弓切。爾雅云『祭也』。又丑林切，舟行也」，詩、書正義引孫炎注云「肜者，相尋不絶之意」，相尋不絶與船行義合。古人詁訓，每取聲相近者，肜與尋同在二十一「侵」。彡聲以丑林切爲正，余終反乃其轉音，古冬韻字與侵韻最相近也。或以此祭名字當從肉，音融者，誤。㉔

564 夏曰復胙　唐石經、雪牕本、注疏本同。釋文：「昨，才各反，本又作『祚』，亦作『胙』，同，才故反。祚，福也。胙，祭肉也。於義並同。」按，此說非也。復昨者，復昨日之祭也。上文「繹，又祭也」，孫、郭注並云「祭之明日，尋繹復祭」可證。周曰繹，商曰肜，皆又祭之義。此與「肜」字從肉之謬說正同，當從陸本訂正。

565 春祭至祭名○釋曰　注疏本删。✕

566 自殷以上　注疏本脱「自」。

567 若然詩小雅云　注疏本同。此本「若」誤「者」，今訂正。

568 不如西鄰之禴祭　元本、閩本、監本同。毛本「鄰」改「隣」。✕

569 ○祭天曰燔柴者　注疏本誤連上文，不分節。此本脱「曰」字，今補。

570 鄭注云禋之言煙　注疏本脱「注」。

571 瘞埋於泰折　元本同。閩本、監本、毛本「折」改「圻」。

572 因名祭地曰瘞薶　注疏本「薶」改「埋」。

573 以貍沈祭山林川澤　元本同。閩本、監本、毛本「貍」改「薶」，下及鄭注同。

574 其祠祀毛太牢之具　元本同。閩本「祀」改「禮」，監本、毛本承之。

575 順其性之含藏是也　元本、閩本、監本同。毛本「含」改「舍」。

576 郭云布散祭於地　注疏本脱「祭」。

577 是禷是禡師祭也者是禷是禡　注疏本「禷」改「類」。

578 類於上帝禡於所征之地者　元本同。毛本「於」改「于」，閩本、監本上「于」下「於」。

579 凡四時之大田獵　注疏本脱「大」。

580 故有兵祭　浦鏜云下脱「鄭曰」二字。

581 ○既伯既禱馬祭也者　注疏本誤連上節。

582 重物愼微　元本脱「微」，閩本剜補，監本、毛本排入。

583 馬祖天駟上文云天駟　注疏本脱下五字。

584 ○禘大祭也者　注疏本誤連上節。

585 及春秋禘于太廟謂宗廟之祭也　元本同。毛本「于」改「於」，「宗廟」改「太廟」，閩本、監本作「于」。

586 謂祭昊天於圓丘也　元本同。閩本、監本、毛本「圓」改「圜」。

587 揔得稱禘　元本「稱」誤「稷」，閩本、監本、毛本改「謂」。

588 亦言使典禮審禘也　注疏本脱「審」。

589 出禮緯文　注疏本「緯」誤「記」。

590 未知然不祭名者以題上事也　注疏本脱下八字。「不」字元本同，閩本、監本、毛本改「否」。

591 管子曰獠獵畢弋今江東亦呼獵爲獠音遼或曰即今夜獵載鑪照也　雪牕本同。單疏本、注疏本無「音遼」二字。釋文「獠，郭音遼，或作『燎』」，「畢，本又作『畢』」。史記司馬相如傳索隱引此注云「又音遼也」。詩伐檀正義引此注云「獠猶燎也。今之夜獵載鑪照者也。江東亦呼獵爲『獠』。管子曰『獠獵畢弋』」。按，當如詩正義所引，今本失其次。注先以獠爲燎，故即申言之曰「今之夜獵載鑪照者也」，「者」字當有。釋文云「獠，或作『燎』」，本注爲説，次引江東所呼及管子證之。今本首引管子，反以宵田爲餘義，非。

592 周官所謂宜乎社　單疏本、雪牕本、注疏本同。案，「官」或作「禮」。

593 春獵至講武○釋曰　注疏本刪。　×

594 文與此同杜注云　元本「與此」誤「蒐于」。閩本剜改「與此同杜」四字作「蒐苗獮狩」，監本、毛本承之。

595 曲辨妄生　閩本剜改「辨」爲「辯」，監本、毛本承之。元本作「曲説妄言」，當由臆改。

596 漢代古學不行明帝集諸學士　監本、毛本同。元本「漢」作「歷」，脱「明」，閩本剜補。

597 雖名通義義不通也　元本同。閩本、監本、毛本脱一「義」。

598 敖其婦女　注疏本「敖」改「淫」。按，管子作「敖」。㉕

599 可以羅罔圍取禽也　閩本、監本、毛本「罔」改「網」，元本實闕。

600 作者既引詩文於上　監本、毛本同。元本、閩本引作「列」。

601 而後出行　元本脱「行」。閩本、監本、毛本脱「後」。

602 至戰止將歸又振旅　元本、閩本、監本同。毛本「旅」誤「振」。

603 羣行聲也　注疏本無「也」。按，「也」當作「〇」，下分節。

604 貴勇力　注疏本下衍「也」。按，注本無。

605 復常儀也講武者　注疏本以「講武者」以下十六字分配題下。

606 以白地錦韜旗之竿　雪牕本、注疏本同。邢疏云「先以白地錦韜旂之竿」，下題「旌旂」。釋文云「本又作『旗』」，是「旂」、「旗」字互見。按，此經作「綢」，注作「韜」。釋文「綢」、「韜」字兩列，皆音他刀反，爲經注異文之明證。㉖

607 練綷練　雪牕本、注疏本下有「也」。

608 六人維王之太常是也　雪牕本、注疏本同。單疏本「太」作「大」。㉗

609 繼旐曰旆　雪牕本、注疏本同。釋文、唐石經、單疏本「旆」作「旆」。五經文字云：「旆，從巿，巿音普末反，或從巾者，訛。」

610 畫蛟龍於旐　注疏本同，誤也。單疏本「蛟」作「交」，詩載見正義、公羊宣十二年疏皆引作「交龍」，當據以訂正。雪牕本作「如畫交龍於旐」，「如」衍字，或云當作「加」。

611 素錦至旌旂〇釋曰　注疏本刪。✕

612 此別旌旂之異名也　注疏本「旂」改「旗」。

613 維持其旒使不曳地以朱縷　注疏本移「以朱縷」三字於「維持其旒」上。按，此倒句法本注。

614 素絲紕之　注疏本「紕」誤「組」。

615 以縫紕旌旗之旒縿　注疏本「旗」改「旂」。按，爾雅言「旌旂」，詩箋言「旌旗」，淺人互易之。

616 十三斿至肩○　閩本、監本、毛本「○」改「云」；正德本空一字，是也。

617 白旆央央是也　注疏本同。按，此當如公羊疏引孫炎注作「帛旆英英」。

618 夏翟羽色　正德本、閩本同。監本、毛本「色」改「名」。

619 畫交龍於旐　注疏本「交」誤「蛟」。

620 以爲旗章　正德本、閩本同。監本、毛本「旗」改「旃」。

621 通帛爲旜　注疏本「旜」改「旃」。

622 謂大赤從周正色無飾　注疏本「無」改「而」。

623 故引爲證○旌旂者　注疏本移「旌旂者」一節，分配題下。

624 九旗之名雖異　元本同。閩本、監本、毛本「九」誤「凡」。

02a—625 旌旂爲之揔稱　注疏本同。此「旂」誤「旗」，今訂正。

爾雅疏卷第六㉘

校記

❶南昌本上提二格。

❷南昌本出文「窔」作「窔」。

❸南昌本校語「意」下有「字」。

❹文選樓本、南昌本作「禮祀」，學海堂本作「禮記」。

❺南昌本「音庚」作「音唐」。

❻南昌本校語下有「○今訂正」。

❼南昌本「賜」作「賜」。

❽南昌本校語「或」下有「字」。

❾南昌本出文及校語「壷」作「壺」。

❿南昌本校語二「⿰齒建」字作「⿰齒虒」，「⿰齒疌」作「⿰齒是」。

⓫南昌本校語「醃醃」作「醯醃」。

⓬南昌本「注當本用璞玉字。木旁後人所改。據郭氏名璞，字景純可見」作「與毛詩挍相矛盾」。

⓭南昌本「笫」作「策」。

⓮南昌本「。。」作「○○」。

⓯南昌本出文「博」作「博」。

⓰南昌本校語「篁」作「篁」，「篁」作「篁」。

⓱南昌本校語「底桐作底桐」作「底作底，底桐」。

⓲南昌本上提二格。

⓳南昌本「或作太」作「或作大」。

⓴南昌本「壁作辟」作「壁作璧」。

㉑南昌本出文「木」作「本」。

㉒南昌本「毛」下無「本」。

㉓南昌本出文「兔」作「色」。

㉔南昌本校語三「肜」字均作「彤」。

㉕南昌本「淫」作「滛」。

㉖南昌本「互見」作「兩見」。

㉗南昌本出文「太」作「大」。

㉘南昌本上提二格。

爾雅注疏校勘記卷中之下

02b—001 爾雅疏卷第七　名銜下標目「釋地第九、釋丘第十」，另行標「釋山第十一、釋水第十二」。注疏本分「釋山」以下爲卷第七，以上仍卷第六。❶

釋地第九

002 釋地第九○釋曰　注疏本删。×

003 佼易變化　注疏本「佼」改「交」，白虎通同。按，古交易字多作「佼」。説文「佼，交也」。易大壯「喪羊于易」，釋文「易，鄭音亦，謂佼易也」。詩天作箋云「以岐邦之君有佼易之道」。公羊傳莊十三年「何以不曰易也」，何休注「易，猶佼易也，相親信無後患之辭」。

004 兩河間曰冀州　注疏本同。葉鈔釋文、唐石經、單疏本、雪牕本「冀」作「兾」。按，五經文字「冀」、「兾」兩列，云上説文，下隸省，知今本作「冀」係據説文改也。

005 江南曰楊州　雪牕本、元本、閩本同。釋文、唐石經、單疏本、監本、毛本作「揚州」。五經文字云：「楊，木名。揚，舉也。州名取輕揚之義，亦合作此字。俗從木，訛。」詩王風揚之水釋文云：「揚，如字，激揚也，或作『楊木』之字，非。」唐風揚之水，石經魯詩殘碑作「楊」。按，廣雅釋言云「楊，揚也」，據此知尚書、周禮、爾雅楊州字，詩王風、唐風楊之水字，本皆從木，其義爲輕揚激揚。陸德明、張參輩以從木爲非，故經典定從手旁，其實非也。唐許嵩建康實録引春秋元命苞云「地多赤楊，因取名焉」，則楊木、楊州實一字也。

006 兩河至九州○釋曰　注疏本删。×

007 ○兩河間曰冀州注自東河至西河

○釋曰　注疏本不分節，「河」下增「者」，删「釋曰」。×

008 ○河南曰豫州注自南河至漢○釋曰　注疏本「漢」下增「者」，删「釋曰」。元本「河南」上空一格，閩本、監本每節首增一「一」字，毛本「○」以間之，下準此。×

009 ○河西曰雝州　注疏本「雝」改「雍」。❷

010 兼得梁州之地　浦鏜云據釋文此上脱「太康地記云雍州」七字。

011 ○漢南曰荊州　注疏本「荊」作「荆」，此本亦「荊」、「荆」錯出。❸

012 稟性彊梁　注疏本「彊」改「强」，下同。

013 荆警也　監本、毛本同。元本、閩本「警」作「驚」，下同。

014 ○江南曰揚州　監本、毛本同。閩本、毛本楊州字凡四見，皆從木，惟輕揚、奮揚從手。❹

015 孔傳凡云據者　注疏本脱「凡」。

016 禹貢其地合於冀州　注疏本下衍「也」。

017 東至范入濡也　浦鏜云「范」下脱「陽」。

018 云此蓋殷制者　注疏本脱「云」。

019 禹貢海岱惟青州　注疏本「貢」下衍「云」。

020 下與周禮又異　元本同。閩本、監本、毛本「又」誤「文」。

021 有青幽并　注疏本「幽并」倒。

022 疑是殷制　注疏本下衍「也」。

023 故云蓋也此上釋九州之名　注疏本移「此上」云云一十三字分配題下。

024 魯有大野○釋曰 注疏本删。 ×

025 晉有大陸注今鉅鹿北廣河澤是也○釋曰 注疏本删。 ×

026 秦有楊陓 唐石經、雪牕本同。釋文：「陓，孫於于反，郭烏花反，本或作『紆』字，非也。」經義雜記曰：「周禮職方氏『其澤藪曰楊紆』，説文云『九州之藪，冀有楊紆』，淮南墬形『秦之楊紆』，風俗通山澤引爾雅『秦有陽紆』，劉昭注續漢郡國志引爾雅『秦有楊紆』，則釋地舊本皆是『紆』字，郭本定爲『陓』。陸反以『紆』爲非，不知孫叔然於于反亦作『紆』也。」

027 秦有楊陓注今在扶風汧縣西○釋曰 注疏本删。 ×

028 周禮冀州云其澤藪曰陽陓 元本同。閩本、監本、毛本「陽」作「楊」。按，「陓」當作「紆」。今周禮作「楊紆」，余仁仲本注中作「陽紆」。

029 宋有孟諸注今在梁國睢陽縣東北○釋曰 注疏本删。 ×

030 楚有雲夢注今南郡華容縣東南巴丘湖是也 注疏本删。 ×

031 今吳縣南太湖 單疏本、雪牕本、注疏本同。釋文「大湖，音泰」，舊挍云「本今作『太』。」❺

032 吳越之間有具區注今吳縣南太湖即震澤是也○釋曰 注疏本删。 ×

033 震澤厎定是也 注疏本「厎」作「底」，非。書釋文葉鈔本作「厎」。

034 齊有海隅注海濱廣斥○釋曰 注疏本删。 ×

035 海畔迥濶 閩本作「迥潤」，舊本作「迴闊」，監本、毛本作「迴濶」。

036 燕有昭余祁注今太原鄔陵縣北九

037 澤是也○釋曰　注疏本刪。×

其澤藪曰昭餘祁　舊本同。閩本、監本、毛本「餘」改「余」，下引地理志同。

038 今滎陽中牟縣西圃田澤是也　雪牕本、舊本、監本同。單疏本「滎」作「熒」，釋文同，當據以訂正。閩本、毛本作「榮」，更誤。凡古書熒陽字皆從火，有從水者，淺人所改。

039 鄭有圃田注今熒陽中牟縣西圃田澤是也○釋曰　注疏本刪。×

040 周有焦護　唐石經、單疏本、雪牕本同。釋文：「穫，胡故反，又作『護』，同。」按，作「護」非也，當從陸本作「穫」。劉昭注續漢書郡國志、李善注文選北征賦皆引爾雅「周有焦穫」，郭注曰「音護」，是「護」乃「穫」之音，不得以「護」易「穫」也。詩六月「整居焦穫」，釋文「焦穫，音護。爾雅『十藪』『周有焦穫』」，不言詩之「穫」字有異，引爾雅「穫」字，則後人改從言旁矣；正義引釋地云「周有焦穫」，尚作禾旁，此類皆當訂正。

041 周有焦護注今扶風池陽縣瓠中是也○釋曰　注疏本刪。×

042 十藪　釋文、唐石經、單疏本、雪牕本同。周禮澤虞注云「爾雅有八藪」，賈公彥説「九州州各一藪」，周、秦同在雍州，又除畿内不數，故八。按，今本作「十」，係淺人依數增加。

043 十藪○釋曰此題上事也　注疏本刪上五字。×

044 中陵朱滕　雪牕本、注疏本同。唐石經「滕」作「縢」，釋文「縢，又作『滕』，同」。❻

045 東陵至是也○釋曰　注疏本刪。×

046 陵莫大於加陵○釋曰　注疏本刪。×

047 謂加陵最大也　注疏本「也」誤「者」。

048 梁莫大於湨梁　單疏本、雪牕本、注疏本同。

049 梁莫大於湨梁注湨水名梁隄也○釋曰　注疏本删。×

050 杜預云湨水出河内　注疏本「預」改「注」，脱「水」。唐石經「湨」作「淏」，單疏本引春秋經注亦作「淏」。○按，从昊是也。

051 墳莫大於河墳○釋曰　注疏本删。×

052 亦謂隄　注疏本「亦」誤「也」。

053 八陵○釋曰　注疏本删。×

054 有醫無閭之珣玗琪焉　唐石經、雪牕本同。釋文、單疏本亦作「珣玗琪」。石經考文提要引至善堂九經本同。注疏本「玗」誤「玕」。

055 有崐崘虚之璆琳琅玕焉　唐石經、雪牕本、正德本同，釋文、單疏本亦作「崐崘」；閩本、監本、毛本作「崑崙」，移山於上，失其舊。釋文：「瑯音郎，又作『琅』，同。」❼

056 琅玕狀似珠也　雪牕本同。注疏本作「如珠」，非。邢疏引山海經注亦云「琅玕子似珠」。

057 謂多野牛筋角　雪牕本、正德本、閩本、監本同。單疏本標起止云「注幽都至筋角」，毛本「角」誤「骨」。

058 有斥山之文皮焉　雪牕本、注疏本同。釋文、唐石經作「厈山」，邢疏云「厈山，山名也」。廣韻四十「禡」「厈，丑格切」，引爾雅「又音尺」。❽

059 東方至生焉○釋曰　注疏本删。×

060 ○注醫無至玉屬○釋曰案地理志　注疏本删上八字。×

061 顔師古曰即所謂醫巫閭　注疏本「曰」改「云」，脱「所」。

062 周書所謂夷玉也　注疏本「夷」誤「美」。

063 ○注會稽至縣也○釋曰周禮揚州

云　注疏本删上八字。×

064 ○南方之美者有梁山之犀象焉○釋曰　注疏本分節與上同，「焉」下增「者」，删「釋曰」。×

065 ○注黄金礝石之屬○釋曰　注疏本删「注」、「釋曰」，「屬」下增「者」。×

066 ○注霍山至精好○釋曰　注疏本「好」下增「者」，删「釋曰」。×

067 云珠如今雜珠而精好者　注疏本脱「者」。

068 ○注璆琳至玕樹○釋曰璆與球同　注疏本删上八字。×

069 云山海經曰者　注疏本脱「云」。

070 琅玕子似珠是也　注疏本脱「是」。

071 ○注幽都至筋角○釋曰　注疏本但作「幽都者」三字。×

072 ○東北至皮焉○釋曰斥山山名也　注疏本删上七字。×

073 ○中有至生焉○釋曰岱岳泰山也　注疏本删上七字。×

074 九府○釋曰此亦題上事也　注疏本删上四字。×

075 財物之所聚也　注疏本「也」誤「故」，「聚」作「藏」，元本同。

076 江東又呼爲王餘魚　雪牕本、注疏本同。單疏本「又」字剜改，蓋本作「人」字，史記封禪書索隱引此注云「江東人呼爲王餘，亦曰版魚」可證。按，版，片也，兩片相合乃行，故曰版。今本注脱「亦曰版」三字。

077 與邛邛岠虛比　唐石經、雪牕本、舊本同。石經考文提要引至善堂九經本亦作「邛邛」。葉鈔釋文「邛邛，巨凶反」，單疏本、閩本、監本、毛本作「卭卭」，誤，下同。釋文：「駏，本或作『岠』，又作『狟』。驢，本或作『虛』，又作『㺒』。」

078 土俗名之爲鼶鼠音厥　雪牕本同。注疏本删下二字。釋文云「鼶，郭音厥」，單疏本標起止云「呂氏至音厥」。

079 各有一目一鼻一孔一臂一脚　雪牕本、注疏本同。正德本「脚」作「足」。此本舊無「一目」二字，今依諸本補。李善注文選三月三日曲水詩序引「一鼻一孔」作「一鼻孔」，其義爲是，今本下「一」字係誤衍。❾

080 更望備驚急　雪牕本、正德本、閩本同。單疏本云「所以備驚急也」，毛本「驚」改「警」。

081 中有枳首蛇焉　唐石經、單疏本同。釋文「枳，本或作『䝭』」，石經考文提要引至善堂九經本亦作「枳」，雪牕本、注疏本作「軹」。○案，「枳」之正字當作「岐」，作「枝」；凡作「枳」，作「軹」，作「䝭」，並同音假借字也。

082 亦名弩絃　陳本同。單疏本、雪牕本、注疏本「絃」作「弦」。此從糸旁者，俗字，當訂正。五經文字云：「琴瑟弦亦用此『弦』字，作『絃』者，非。」○

083 東方至氣也○釋曰　注疏本删。×

084 言鰈爲此魚之名也　注疏本「此魚」誤「比目」。

085 ○注似鳧至乃飛○釋曰案山海經云　注疏本删上八字。×

086 崇五山有鳥　正德本同。閩本剜改「五」爲「吾」，監本、毛本承之。

087 不比不能飛　注疏本「能」作「得」。

088 正謂此也○西方至之鼶○釋曰　注疏本「謂」下衍「相」，「此」誤「比」，删下七字。

089 蟨則肩卑不能走　閩本、監本、毛本作「肩庳」，正德本改「鼠前」。

090 則肩高不得取甘草　注疏本改「肩」誤「前」。

091 ○注呂氏至音厥○釋曰云呂氏春秋者案漢書藝文志云呂氏春秋二十六篇　注疏本刪上二十字。

092 大慎覽順説篇之文也　盧文弨曰：呂氏春秋作「慎大覽」，又「順説」當作「不廣」，呂氏篇題在後，讀者誤以前篇之目當之。

093 ○北方至迭望○釋曰　注疏本刪「釋曰」。監本、毛本相連，不分節。

094 所以備驚急也　正德本、閩本、監本同。毛本「驚」改「警」。

095 ○中有枳首蛇焉○釋曰　注疏本「枳」改「軹」，刪「釋曰」。閩本、監本、毛本節首增「云」字。⑩

096 江東呼越王約髮　監本、毛本「江東」上有「今」字，閩本「今」字剜改，正德本實闕。

097 五方○釋曰亦題上事也　注疏本刪上四字，「亦」上衍「此」。

098 下溼曰隰　唐石經、單疏本、雪牕本同。釋文：「溼，俗作『濕』。隰，本或作『隰』，音習。」五經文字云：「經典皆以『濕』爲『溼』，唯爾雅用之。」

099 下者曰溼　唐石經、雪牕本、注疏本同。單疏本作「下者曰隰」，云「本作『溼』，誤」。按，詩車鄰正義引「下者曰隰」，李巡曰「隰，溼也」，是李本作「隰」字。據注引公羊傳作「隰」，知郭本同。今本沿唐石經之誤也。

100 邑外至曰畬○釋曰　注疏本刪。

101 遂人職云凡治野田　浦鏜云「田」字衍。

102 ○注邑國至里也○釋曰云邑國都也者　注疏本刪上八字。×

103 左氏傳曰　注疏本脱「氏」。×

104 是鄭之所約也　注疏本「是」下衍「也」。

105 ○下溼曰隰者　此本及注疏本以下皆不分節。此節首剜改，當有「云」字。⓫

106 ○注公羊傳曰下平曰隰○釋曰　注疏本刪「注」、「釋曰」。×

107 案彼云　元本同。閩本、監本、毛本「云」改「曰」。

108 曷爲謂之大原　元本同。閩本、監本、毛本「爲謂」倒。

109 ○田一歲曰菑二歲曰新田三歲曰畬○釋曰　注疏本「田一歲」上增「云」字，刪「釋曰」。元本「田」上增「一」字。×

110 ○注詩曰于彼新田○釋曰　注疏本刪「釋曰」。元本「注」改「一」。×

111 故引爲證也　注疏本脱「爲」。

112 ○注易曰不菑畬○釋曰　注疏本刪「釋曰」。閩本「注」字剜改作「云」，監本、毛本承之。×

113 野○釋曰此亦題上事也　注疏本刪上三字。×

114 故題云野　注疏本作「故云」二字。

115 九夷八狄七戎六蠻謂之四海　唐石經、單疏本、雪牕本同。書旅獒正義、詩蓼蕭正義皆言「謂之四海」，下有「八蠻在南方，六戎在西方，五狄在北方」三句，詩正義謂此三句唯李巡所注有之，孫炎、郭氏諸本皆無。按，周禮職方及布憲注皆引爾雅曰「九夷、八蠻、六戎、五狄謂之四海」，與李本合。

116 岠齊州以南　唐石經、單疏本、雪牕本同。按，藝文類聚卷二十一引爾雅「岠」作「距」。釋言注引此經，釋文「距，又作『岠』，同」。今本作「岠」，非。段玉裁云：說文止部「歫」，从止，通作「距」，亦作「拒」，其作「岠」者，乃變止爲山也。

117 北戴斗極爲空桐　唐石經、單疏本、雪牕本同。太平御覽七百九十九引「戴」作「載」。

118 東至日所出爲太平　雪牕本、注疏本同。釋文：「大平，音泰，下同。」瞿中溶云：唐石經「太」皆作「大」，獨此「太平」、「太蒙」字各兩見，四小點後人所加。

119 西至日所入爲大蒙　唐石經、雪牕本、注疏本同。釋文：「濛，音蒙，本今作『蒙』。」按，此蓋經作「大蒙」，注云「濛氾」，陸氏爲注作音。

120 東至至人武○釋曰　注疏本刪。×

121 四方極遠之國名　注疏本下衍「也」。

122 遼西令支有孤竹城是乎　正德本亦作「乎」，閩本、監本、毛本「孤」作「觚」，「乎」改「也」。按，漢書作「觚」。此邢氏不敢質言之辭，作「也」非。

123 西海之中　正德本同。閩本、監本、毛本「中」改「南」。

124 ○注九夷至荒者○釋曰知在東西南北者　注疏本刪上八字，「知」上有「云」。×

125 三曰高驪　小學紺珠引此同。閩本、監本、毛本「驪」改「麗」。按，後漢書作「高驪」。

126 一曰天竺　正德本同。閩本、監本、毛本「竺」作「笁」。

127 三曰僬僥　正德本同，與小學紺珠所引合。閩本、監本、毛本「僬」改「焦」。

128 四曰跛踵　小學紺珠引此同。注疏本作「跂踵」。按，宋本禮記王制正義作「跛踵」。

129 七曰狗軓　注疏本「軓」作「軹」。

130 二曰戎夫　元本作「戎央」，閩本、監本、毛本作「戎夷」，此本舊誤「戎夾」，兹據小學紺珠所引訂正。

131 其行邪辟　元本、閩本同。監本、毛本「辟」作「僻」。

132 故云次四荒者　元本同。閩本、監本、毛本脱「者」。

133 岠齊州以南戴日爲丹穴○釋曰　注疏本删「釋曰」。閩本、監本、毛本「岠」上增「云」，「穴」下增「者」，脱「州」字。元本與此同。

134 禱過山東五百里曰丹穴山是乎　元本「乎」誤「呼」，閩本、監本、毛本改「也」。

135 值此斗極之下　注疏本「此」誤「北」。

136 ○注即蒙汜也○釋曰即者　注疏本删上七字。×

137 ○注地氣使之然也○釋曰　注疏本「注」改「云」，「也」下增「者」，删「釋曰」。×

釋丘第十

138 釋丘第十○釋曰　注疏本删。×

139 丘一成爲敦丘○釋曰　注疏本删。×

140 ○注成猶至爲敦○釋曰孫炎云　注疏本删上八字，增一「一」字。×

141 云周禮曰　元本同。閩本、監本、毛本「云」改「注」。

142 此秋官司儀職文也　注疏本「職」下衍「所載」二字。

143 再成爲陶丘○釋曰　注疏本删。×

144 ○注今濟至陶丘○釋曰　注疏本改

作「濟陰定陶者」。

145 定陶縣名　注疏本下增「也」。×

146 鑯頂者　雪牕本同。釋文、單疏本皆作「鑯」，注疏本改「纖」。

147 再成銳上爲融丘〇釋曰　注疏本删。

148 三成爲崐崘丘　唐石經、單疏本、雪牕本同。×

惠棟云：酈元引爾雅曰「山三成爲崐丘」，無「崘」字。按，水經注卷四河水篇云「水出三累山，其山層密三成，故俗以三累名山。爾雅『山三成爲崐丘』，斯山豈亦崐丘乎」，又邢疏引崐崘山記云「崐崘山，一名崐丘，三重」，蓋經文本無「崘」字，後人因郭注增加。

149 三成爲崐崘丘〇釋曰　注疏本删。×

150 名爲崐崘丘〇注崐崘山三重故以名云〇釋曰　注疏本脱「爲」，删下十二字。

151 如椉者椉丘　唐石經、單疏本、雪牕本同。釋文：「如乘，本又作『椉』，繩證反，注『車乘』同。」按，經當作「椉」，注當作「乘」。×

152 椉謂稻田塍埒　單疏本、雪牕本同。注疏本「椉」下衍「者」字。

153 如椉者椉丘〇釋曰　注疏本删。×

154 形似車椉也繩證切二或云椉謂稻田塍埒椉市陵切許叔重云塍埒稻田畦隄　注疏本「繩證切」移後，「證」誤「正」。「椉市陵切」「椉」誤「塍」，音切改大字。按，此「椉」字當衍。説文土部云「塍，稻田畦也」。此衍「埒」字，「隄」當爲「也」。此行剜擠，故有衍文。

155 春秋莊十年公敗宋師于乘丘　注疏本「十」下衍「五」。毛本「乘」改「椉」。

156 如陼者陼丘○釋曰　注疏本删。×

157 水潦所止泥丘　唐石經、單疏本、雪牕本同。釋文：「泥，依字作『尼』，又作『坭』。」按，當爲「又作屔」。玉篇引爾雅「泥」作「屔」，廣韻同。經義雜記曰：「説文丘部『屔，反頂受水丘，从丘，泥省聲』。郭云『頂上汚下者』，當用説文丘部字。」

158 頂上汚下者　雪牕本、元本同。釋文、單疏本皆作「汚」，閩本、監本、毛本作「汙」，疏中準此。

159 水潦所止泥丘○釋曰　注疏本删。×

160 方丘胡丘○釋曰　注疏本删。×

161 絶高爲之京○釋曰　注疏本删。×

162 而人力爲作之者　正德本亦作「爲作」，閩本、監本、毛本改「所作」，又並脱「之」。

163 又可以爲京乎　正德本、閩本同。監本、毛本「可」改「何」。浦鏜依今左傳改作「又何以爲京觀乎」。考唐石經、左傳本作「可以爲京乎」，「觀」字係旁增小字，與此合。

164 非人爲之丘○釋曰　注疏本删。×

165 水繞環之　雪牕本、閩本、監本、毛本同。正德本「繞」作「遶」。按，疏云「還，環繞也」，又云「外則爲水潦環繞者，名坶丘」，蓋邢本作「水環繞之」。

166 水潦所還坶丘○釋曰　注疏本删。×

167 還環繞也　注疏本「繞」作「遶」。

168 外則爲水潦環繞者　注疏本「環繞」倒。

169 上正章丘○釋曰　注疏本删。×

170 澤中有丘都丘○釋曰　注疏本删。×

171 當途梧丘　唐石經、單疏本、雪牕本同。石經考文提要引至善堂九經本亦作「當」，注疏本「當」誤

「堂」。釋文：「涂，字又作『途』。」

172 當途梧丘 注疏本刪。 ✕

173 途出其右而還之畫丘○釋曰 注疏本刪。 ✕

174 而復環繞之者 注疏本「環」誤「還」。

175 途出其前戴丘○釋曰 注疏本刪。 ✕

176 故名載丘 注疏本「名」誤「爲」。

177 途出其後昌丘○釋曰 注疏本刪。 ✕

178 水出其右正丘 唐石經、雪牎本、注疏本同。釋名曰：「水出其右曰沚丘。沚，止也。西方義氣有所制止也。」今爾雅作「正」，蓋「止」之訛，此制止與下營迴義取相反。

179 水出其左營丘 唐石經、雪牎本、注疏本同。史記周本紀集解、禮記檀弓正義皆引作「水出其前而左曰營丘」，水經淄水注引作「水出其前左爲營丘」，又云「營陵城南無水，惟城北有一水，世謂之白狼水。西出丹山，東北流。由爾雅出前左之文，不得以爲營丘矣。今臨淄城中有丘，淄水出其前，故有營丘之名，與爾雅相符」。邵晉涵正義據此謂舊本爾雅經有「前」字，注云「淄水過其南及東」，東、南二字正釋前左二字。然考詩齊譜正義引孫炎注爾雅云「水出其左營丘」，無「前」字。經文水出其前、後、左、右四字相對，與下「左高，咸丘」，「右高，臨丘」，「前高，旄丘」，「後高，陵丘」文法整對，劉熙釋名本爾雅，亦言「水出其左曰營丘」，蓋史記、水經注等蒙上「水出其前渻丘」之文引之。王宗炎云：凡古人祇言左右者，皆據前言之，猶言東西，亦據前言之，若對文，則並舉，如釋畜言「馬有前右、後右、前左、後左」矣，此言「水出其左」，謂水出其前左也，引者加前字，須人易曉耳。⑫

180 水出至營丘○釋曰 注疏本刪。

181 左右猶東西也○注今齊至及東○釋曰 注疏本「猶」下增「言」，刪下八字。

182 至博昌入泲也　注疏本脱「也」。

183 言此以證水出其左名營丘也　注疏本「左」下增「者」，「丘」下脱「也」。

184 敦盂也　閩本、監本、毛本同。單疏本作「敦盂」，無「也」字。雪牕本、正德本作「敦盂丘」，誤。詩氓正義引郭注曰「敦盂也，音頓」，又釋文於「丘一成爲敦丘」下引「郭云『音頓』」，今本前後注中無「音頓」字。

185 如覆敦者敦丘注敦盂○釋曰　注疏本删。

186 主婦執壹金敦　閩本、監本、毛本「壹」改「一」，元本此字實闕。

187 丘形如覆敦者名敦丘也　注疏本脱「也」。

188 邐迆沙丘　單疏本、雪牕本、正德本同。閩本、監本、毛本「迆」作「迤」，疏中同。釋文「迆，字或作『迤』」，唐石經闕。

189 邐迆沙丘注旁行連延○釋曰　注疏本删。

190 丘形邪行連接而長者　正德本同。閩本、監本、毛本「邪」改「斜」。又此本及正德本、閩本「形」字係剜擠，監本、毛本始排入。

191 左高至陵丘○釋曰　注疏本删。

192 而名不同者也○注詩云旄丘之葛兮○釋曰　注疏本「者」在「兮」下，删「釋曰」。

193 偏高阿丘注詩云陟彼阿丘○釋曰　注疏本删。

194 詩云者　注疏本「云」下增「陟彼阿丘」四字。

195 宛中宛丘注宛謂中央隆高○釋曰　注疏本删。

196 而郭氏以爲中央高者　注疏本脱「氏」。

197 丘背有丘爲負丘○釋曰　注疏本删。×

198 左澤定丘○釋曰　注疏本删。×

199 謂丘之東有水澤者　注疏本脱「水」。

200 宋有太丘社亡　雪牕本同。單疏本「太」作「大」，注疏本作「泰」，依經所改。「亡」字單疏本誤「曰」，此本誤「云」，今據雪牕本、注疏本訂正。

201 右陵泰丘○釋曰　注疏本删。×

202 有大阜者名泰丘　注疏本「泰」改「太」。

203 ○注宋有太丘社亡見史記○釋曰　注疏本删「釋曰」。×

204 宋依丘作社　注疏本「宋」作「蓋」。

205 丘有壟界如田畝　雪牕本、注疏本「壟」作「隴」。疏云「郭以爲田畝之壟也」，則邢本作「壟」。釋文「隴界，本又作『壟』」。文選高唐賦注引作「隴」。

206 如畝畝丘○釋曰　注疏本删。×

207 謂丘如田畝曰畝丘孫炎曰　注疏本「謂」誤「諸」。下「曰」字正德本同，閩本、監本、毛本作「云」。

208 如陵陵丘注陵大阜也○釋曰　注疏本删。×

209 殆自別更有魁梧傑大者五　單疏本、雪牕本、注疏本「傑」作「桀」。釋文「傑，渠列反，本今作『桀』」，此蓋據釋文改。又按，別、更義同，當衍其一。釋文「更」字有音，邢疏云「殆，近也。近是更有魁梧桀大者五」，亦作「更」字，蓋陸、邢本作「更」，經注本作「別」，淺人合并之，隨復沓不可讀。

210 今者所在耳　雪牕本同。注疏本脱「者」。

211 ○注説者至在耳○釋曰　注疏本刪。　×

212 今所未詳知也此已上釋衆丘之名義　注疏本移「此已上」云云十四字分配題下。

213 望厓洒而高岸○釋曰　注疏本刪。　×

214 不發聲　雪牕本、注疏本同。單疏本「聲」下有「也」。按，詩葛藟釋文、正義皆引此注云「不，發聲也」。

215 夷上洒下不漘○釋曰　注疏本刪。　×

216 故名曰漘　注疏本脱「曰」。

217 今江東呼爲浦隩　雪牕本、注疏本同。文選謝宣遠王撫軍庾西陽集別詩注引此云「今江東人呼浦爲隩」。此脱「人」字，作「呼爲浦隩」，亦非。

218 隩隈○釋曰　注疏本刪。　×

219 ○注淮南子曰漁者不爭隈○釋曰案淮南子　注疏本刪上十二字。　×

220 是不爭隈之事也　注疏本脱「也」。

221 外爲隈　唐石經、單疏本、雪牕本同。釋文「隈」作「鞫」，云「如字。字林作『坭』，云『厓外也』，九六反」。邢疏云「『隈』當作『鞫』，傳寫誤也」。詩公劉「芮鞫之即」，正義曰「釋丘『隩，隈也。厓内爲隩，外爲鞫』，李巡曰『厓内近水爲隩，其外爲鞫』」，是孔穎達所據李巡本作「鞫」，與釋文正合，其誤始於開成石經也。公劉箋云「芮之言内也。水之内曰隩，水之外曰鞫」，則鄭讀爾雅與李巡同。

222 厓内爲隩外爲隈○釋曰　注疏本刪。　×

223 其外爲鞫　注疏本「鞫」誤「鞫」，下同。　×

224 毛傳云水之外曰鞫　浦鏜云「鄭箋」誤「毛傳」。

225 又作坈　注疏本「坈」誤「坑」。

226 其邊若堂之牆　雪牎本同。閩本「堂」下剜擠「室」字，監本、毛本排入。按，疏云「其邊之厓如堂室之牆」，蓋因疏語誤衍矣。詩終南正義引此注云「其邊若堂之牆」。

227 畢堂牆○釋曰　注疏本删。×

228 重厓岸○釋曰　注疏本删。×

229 岸上滸○釋曰　注疏本删。×

230 率西水滸之類是也　注疏本脱「是」。

231 墳大防○釋曰　注疏本删。×

232 涘爲厓○釋曰　注疏本删。×

233 涘一名厓厓謂水邊也　注疏本脱一「厓」。

234 在水之涘是也　閩本脱「是」。正德本作「在水之邊也」，監本、毛本作「在水之涘矣」。

235 窮瀆氾○釋曰　注疏本删。×

236 谷者溦○釋曰　注疏本删。×

237 則別名溦也此已上釋厓岸之名也　注疏本移「此已上」云云十三字分配題下。⑬

釋山第十一

238 釋山第十一○釋曰　注疏本删。×

239 河南華至江南衡○釋曰　注疏本删。×

240 以爲中國之名山也　注疏本脱「之」。

241 正東曰兗州　元本、監本、毛本同，誤也。閩本剜改作「河東」。

242 一名吴嶽　元本、閩本同。監本、毛本

「吳」誤「無」。

243 南曰衡也是也　注疏本脱上「也」。

244 山三襲陟注襲亦重○釋曰　注疏本删。×

245 故此云亦也　注疏本「故」上衍「是」。

246 再成英注兩山相重○釋曰　注疏本删。×

247 一成坯　唐石經、單疏本、雪牎本同。釋文「坯或作『伾』」，單疏本注作「伾」，水經注卷五引爾雅作「伾」。

248 一成坯注書曰至於大伾○釋曰　注疏本删。×

249 山再成曰伾　注疏本「伾」作「坏」，依經所改，下同。

250 今中嶽嵩高山　雪牎本、注疏本同。單疏本作「今中嶽高山」。按，「高」當即「嵩」之誤。此經作「崧」，注作「嵩」，爲經注異文之明證。經之作「崧」，有釋文、唐石經、今本爲據。詩「崧高維嶽」，毛傳「崧，高貌。山大而高曰崧」，正義引釋名亦曰「山大而高曰崧」，皆經字作「崧」之證。若「嵩高」爲中嶽之「嵩」，則絶無作「崧」者。釋文音經云「崧，又作『嵩』」，此依注改經也。詩正義引郭氏曰「今中岳崧高山」，此順經改注也。

251 山大而高崧注今中嶽高山蓋依此名○釋曰　注疏本删。×

252 山小而高岑注今言岑崟○釋曰　注疏本删。×

253 鋭而高嶠注言鐵峻○釋曰　注疏本删。×

254 其中山曰員嶠　注疏本脱「山」。

255 卑而大扈　唐石經、單疏本、雪牎本同。釋文：「⿰山扈，音户，或作『扈』。」

256 扈廣貌　單疏本、雪牕本同。注疏本「貌」誤「也」。

257 卑而大扈注扈廣貌○釋曰　注疏本删。×

258 小而衆巋注小山叢羅○釋曰　注疏本删。×

259 言山小而衆　注疏本「山小」倒。

260 小山岌大山峘　唐石經、單疏本、雪牕本同。釋文：「峘，胡官反，又音恒。」經義雜記曰：「説文『馺，馬行相及也，从馬，从及，讀若爾雅小山馺大山峘』。郭注謂『高過』，與『馬行相及』訓亦合。岌，及也。峘，恒也。以小山而高及大山爲恒長，可知釋文『胡官反，音袁』非。」錢坫云：晉書地道記「恒山北行四百五十里，得恒山岌，號飛狐口」，可證「峘」即「恒」之訛。錢大昕云：大山宫小山霍，即南嶽霍山，則小山岌大山峘，爲北嶽恒山審矣。⑭

261 小山岌大山峘注岌謂高過○釋曰　注疏本删。×

262 屬者嶧注言駱驛相連屬○釋曰　注疏本删。×

263 取此名也　注疏本「取」上有「蓋」。

264 獨者蜀注蜀亦孤獨○釋曰　注疏本删。×

265 是以山之孤獨者亦名蜀也　注疏本「名」下衍「曰」。

266 上正章注山上平○釋曰　注疏本删。×

267 宛中隆注山中央高○釋曰　注疏本删。×

268 山脊岡注謂山長脊○釋曰　注疏本删。×

269 未及上翠微注近上旁陂○釋曰

注疏本刪。×

270 謂山峯頭巉巖　雪牕本同。注疏本無「山」。監本、毛本「峯」作「峰」。釋文、五經文字「巉」作「巉」，下從兔。釋文：「嵒，本又作『巖』。」

271 山頂冢崒者厜㕒○釋曰　注疏本刪。×

272 顛頂也　舊本、閩本、監本同。毛本「顛」誤「巔」。

273 謂山顛之末其峯巉巖　監本「末」誤「未」，「峯」作「峰」。元本、閩本、毛本「顛」誤「巔」。

274 形似堂室者　雪牕本、舊本同。閩本、監本、毛本「似」改「如」。按，注以「似」釋經之「如」。

275 山如堂者密○釋曰　注疏本刪。×

276 言山形如堂室者名密○注尸子至美樅○釋曰　注疏本脫「名」，刪下八字。×

277 如防者盛注防隄○釋曰　注疏本刪。×

278 巒山墮　雪牕本同。釋文、唐石經、單疏本、注疏本「墮」作「嶞」。

279 謂山形長狹者　雪牕本、注疏本同。釋文「嶞，狹而長也」，詩般釋文引郭云「山狹而長也」，邢疏云「凡物狹而長者謂之『隋』，則此言『山嶞』者，謂山形狹長者」，據此知「長狹」本作「狹長」也。釋魚注云「橢謂狹而長」亦可證。釋文「狹，乎夾反」，當本作「陜，乎夾反」。釋魚、釋蟲篇此字三見，皆作「陜，乎夾反」。⑮

280 嶞山喬嶽　單疏本、注疏本同。雪牕本「嶞」作「墮」，詩釋文云「嶞，字又作『墮』」。按，說文「嶞，山之墮墮者，从山，从憜省聲，讀若相推落之墮」，則作「墮」非。

281 巒山隋○釋曰　注疏本删。 ×

282 凡物狹而長者謂之隋　注疏本脱「者」。按，「隓」當作「隋」。平準書「復小橢之」，索隱「橢」作「隋」，引爾雅注「隋者狹長也」。

283 ○注詩曰隓山喬嶽○釋曰　注疏本「嶽」下增「乃」，删「釋曰」。閩本、監本、毛本有「注」，無「詩」；舊本有「詩」，無「注」。 ×

284 甗甑　雪牕本同。注疏本「甑」下有「也」。按，詩公劉正義引此注無「也」。⑯

285 山狀似之　雪牕本、注疏本作「山形狀似之」，「形」字衍。詩正義亦引作「山狀似之」，又詩正義此下有「上大下小」四字，下「因以名云」作「因以爲名」。葛藟釋文引此注云「形似累兩重甑，上大下小」，然則今本無「上大下小」四字者，脱也。

286 重甗隒注謂山至名云○釋曰　注疏本删。

287 故名甗甑也　監本、毛本脱「甑」。舊本、閩本作「故云甑也」。 ×

288 左右有岸厒　唐石經、單疏本、雪牕本同。釋文：「厒，口閤反。」五經文字缶部：「厒，口合反，見爾雅。」段玉裁云：「厒」當作「㕉」，文選江賦「鼓㕉窟以瀰渤」，李善注「㕉，苦合切」，是也；玉篇「厒，口合切，山夾有岸」，廣韻二十七「合」「𠩺，口荅切，山左右有岸」，字皆誤。

289 左右有岸厒注夾山有岸○釋曰　注疏本删。 ×

290 大山宮小山霍○釋曰　注疏本删。 ×

291 小山別大山鮮　唐石經、單疏本、雪牕本同。釋文：「鮮，或作『𡼬』。」詩皇矣「度其鮮原」，毛傳「小山別大山曰鮮」，正義引此經及孫炎注曰「別不相連也」。公劉「陟則在巘」，毛傳「巘，小山別於大山也」，釋文「甗，本又作『巘』」，毛傳與爾雅異，正義本亦作「巘」，引釋山「重巘隒」郭注及西京賦「陵重巘」釋之，且云與皇矣「小山曰鮮」義別。按，釋名「小山別大山曰巘。巘，甗也。甗，一孔者，巘形，孤出處似之也」，蓋公劉詩本作「巘」，故釋文、正義皆作「巘」，釋名正本毛詩傳也。鮮、巘聲相近，毛蓋讀巘爲鮮，故與皇矣傳無異訓。陸、孔皆執守此經「鮮」與「巘」別，故一則曰與爾雅異，再則曰與皇矣別也。

292 小山別大山鮮注不相連○釋曰 ×
注疏本刪。

293 謂小山與大山分別不相連屬者 ×
注疏本脱「分別」。

294 山絶陘注連山中斷絶○釋曰 注 ×
疏本刪。

295 多小石磝 唐石經、單疏本、雪牎本同。釋文：「磝，字或作『磽』，同。」五經文字云「磽，五交反，見爾雅」，是張參所據本作「磽」也。釋名「山多小石曰磽。磽，堯也。每石磽磽獨處而出見也」，是劉熙所據爾雅亦作「磽」。今釋名作「磝」，依俗本爾雅改也。説文「磽，磐石也」，無「磝」字。

296 多小石磝注多礓礫○釋曰 注疏本 ×
刪。

297 多盤石 單疏本、雪牎本同。釋文：「磐，步丸反。今作『盤』，同。」

298 多大石礐注多盤石○釋曰 注疏本 ×
刪。

299 山多此盤石者名礐 注疏本「名」下衍「曰」。

300 多草木岵無草木峐 唐石經、單疏本、雪牎本同。釋文云：「峐，三蒼、字林、聲類並云猶『屺』字。」詩陟岵毛傳「山無草木曰岵，山有草木曰屺」，正義曰「與爾雅正反，當是傳寫誤也。定本亦然」，釋文云「王肅依爾雅」。按毛詩傳則此經當作「無草木岵，多草木峐」，毛詩傳不誤，爾雅誤也。王肅解依爾雅，蓋以鄭箋本爲誤耳。釋名云「山有草木曰岵，山無草木曰屺」，蓋所據爾雅本亦誤。段玉裁云：岵之言瓠落也，有陽道，故以言父；屺之言荄滋也，有陰道，故以言母。

301 多草木岵無草木峐注皆見詩○釋曰　注疏本刪。

302 峐當作屺音起　注疏本無「音起」。按，二字當作小注。

303 山有草木曰屺　注疏本脱「山」。

304 有停泉　單疏本、雪牕本同。釋文：「渟，亦作『停』，同。」

305 山上有水埒注有停泉○釋曰　注疏本刪。

306 有停泉者名埒　注疏本脱「者」。

307 夏有水冬無水澩注有停潦○釋曰　注疏本刪。

308 下夏有停潦　注疏本「潦」作「泉」。

309 所謂窮瀆者雖無所通　雪牕本同。注疏本「雖」誤「𧮯」。釋文「𧮯，説文云古文『隫』字」，蓋經作「𧮯」，注作「瀆」。依説文「瀆」、「隫」分部，窮瀆字義當作「隫」，今作水旁者，隸書通借也。

310 山𧮯無所通谿○釋曰　注疏本刪。

311 ○注所謂至同名○釋曰云所謂者　注疏本刪上九字。

312 云與水注川同名者　注疏本脱「水」。

313 石戴土謂之崔嵬土戴石爲岨　唐石經、雪牕本同。毛詩卷耳傳「崔嵬，土山之戴石者。石山戴土曰砠」，正義曰「與爾雅正反者，或傳寫誤」。按，説文山部云「岨，石戴土也」，釋名「石戴土曰岨。岨臚然也。土戴石曰崔巍，因形名之也」，皆與毛傳同。嵬、巍，砠、岨音義同。段玉裁云：石戴土者，以石戴於土上；土戴石者，以土戴於石上，有辭異而義同者，此是也。⑰

314 石戴至爲砠○釋曰　注疏本刪。×

315 山夾水澗陵夾水澞○釋曰　注疏本刪。×

316 山有穴爲岫○釋曰　注疏本刪。×

317 謂山有巖穴者　注疏本「巖」作「岩」。

318 山西曰夕陽注暮乃見日○釋曰　注疏本刪。×

319 山東曰朝陽注旦即見日○釋曰　注疏本刪。×

320 即天柱山灊水所出　單疏本、雪牕本同。注疏本下衍「也」字。詩崧高正義引郭氏爾雅注云「霍山今在廬江灊縣西南，別名天柱山。漢武帝以衡山遼曠，移其神於此。今其土俗人皆呼之爲南岳。南岳本自以兩山爲名，非從近也，而學者多以霍山不得爲南岳，又言從漢武帝始乃名之」，如此言爲武帝在爾雅前乎，斯不然矣。尚書舜典、春秋昭四年正義、周禮大司樂疏皆引之，審爲郭注，未詳何時脱落。邢氏作疏時已逸，但采諸詩正義耳。

321 大室山也　單疏本、雪牕本同。春秋正義引此注下有「別名外方今在河南陽城縣西北」十三字。

322 泰山至中嶽○釋曰　注疏本刪。×

323 言萬物皆相代於東方也　舊本同。閩本、監本、毛本「皆」作「更」。

324 西方爲華　注疏本「方」誤「嶽」。

325 華之爲言獲也　舊本同。閩本、監本、毛本「獲」誤「穫」，下同。

326 嵩言其峻大也　舊本「峻」誤「多」。閩本剜改作「高」，監本、毛本承之。

327 嶽揄考功德黜陟也　舊本同。閩本「揄」誤「牏」。監本、毛本「陟」下衍「堬」。

328 天子巡守至其下　舊本同。閩本、監本、毛本「守」改「狩」。

329 衡山在長沙湘南縣　注疏本「縣」下有「南」。

330 故漢已來衡霍別耳郭云霍山今在廬江　注疏本「耳」改「矣」，脱「今」。

331 皆呼之爲南嶽南嶽本自以兩山爲名　注疏本脱一「南嶽」。

332 孫炎以霍山爲誤　注疏本「炎」下衍「云」。

333 ○注即天柱山灊水所出○釋曰　注疏本不分節，删「釋曰」。×

334 ○注大室山也○釋曰　注疏本删「釋曰」。

335 梁山晉望也注晉國至河上○釋曰　注疏本删。×

336 云晉國所望祭者　注疏本脱「者」。×

337 鄭君以爲望者　元本同。閩本、監本、毛本「君」改「玄」。

338 以此言之　元本脱「此」。閩本剜擠作「以此知三望」，監本、毛本承之。

339 必先有事於呼池　注疏本改「汙池」，非。按，禮記注云「惡當爲呼」，此依注作「呼」耳。

釋水第十二

340 公羊傳曰　注疏本「曰」作「云」。

341 釋水第十二○釋曰　注疏本删。×

342 水之爲言准也　注疏本「准」改「準」。

按，白虎通舊本作「准」，後挍刊者始改作「準」，説詳孫志祖讀書脞録。

343 是平均法則之稱 元本同。閩本、監本、毛本「法」改「灋」。下準此。

344 泉一見一否爲瀸○釋曰 注疏本刪。 ×

345 泉水原也 元本同。閩本、監本、毛本「原」改「源」。

346 故注云纔有貌 注疏本「注」誤「此」。

347 山海經曰 雪牕本同。注疏本「曰」作「云」。

348 泉一有水一無水爲瀱汋○釋曰 注疏本刪。 ×

349 或一時有水一時無水者 注疏本「有水」下衍「者」。

350 ○注山海至類也○釋曰 注疏本作「注山海經云者」。

351 濫泉正出正出涌出也 唐石經、單疏本、雪牕本同。釋文：「濫，胡覽反。」按，「濫」一作「檻」。詩采菽「觱沸檻泉」，毛傳「檻泉，正出也」，瞻卬「觱沸檻泉」，毛傳「檻泉，正出涌出也」，正義於采菽曰「釋水云『檻泉正出。正出，涌出也』」，於瞻卬曰「檻泉，正出涌出。釋水文」，是陸、孔所據本有作「檻」者。論衡是應篇曰「爾雅釋水章『檻泉正出。正出，涌出也』」，尤爲作「檻」之證。段玉裁云：濫泉，正字也；檻泉，假借字也。文選荅賓戲注引爾雅「濫泉正出，正出湧出也」，韋昭曰「濫音檻」，後漢書黃憲傳注引爾雅「正出濫泉，濫音檻」，是作「濫」仍爲「檻」音也。 ×

352 濫泉正出正出涌出也○釋曰 注疏本刪。 ×

353 李巡曰 注疏本「曰」作「云」。

354 ○注公羊至正也○釋曰 注疏本作

「注公羊傳云者」。

355 濆泉者何直泉也　注疏本脱「者何」。✕

356 故云直猶正也　注疏本脱「直」。

357 沃泉縣出縣出下出也　單疏本、雪牕本、注疏本同。釋文：「縣，音玄。」唐石經「縣」皆作「懸」，論衡引此云「沃泉懸出。懸出，下出也」，釋名云「懸出曰沃泉。水從上下有所灌沃也」，據此知「縣」字舊本作「懸」，唐石經是也。

358 從上溜下　單疏本、雪牕本同。釋文：「霤，本又作『溜』。」

359 沃泉縣出下出也注從上溜下○釋曰　注疏本删。✕

360 水泉從上溜下　注疏本脱「從」。

361 洌彼下泉　元本、監本、毛本「洌」改「冽」，今毛詩同，誤也。按，詩釋文作「洌」，正義曰字從水。唐石經三章皆作「洌彼下泉」，與此合。[18]

362 氿泉穴出穴出仄出也注從旁出也○釋曰　注疏本删。✕

363 水泉從旁出　注疏本脱「泉」。

364 湀闢流川注通流○釋曰　注疏本删。✕

365 言深畎澮之水　注疏本「深」下衍「澮」。✕

366 過辨回川注旋流○釋曰　注疏本删。✕

367 名過辨　注疏本「辨」下有「也」。

368 即河水決出復還入者　雪牕本同。注疏本作「即河水決出而復入者」。釋文「復還，扶又反」。此本「復還入」三字剜改，蓋本作「決出而復入者」，疏云「謂河水決出而復入河者」可證，是陸本作「復還入」，邢本作「而復入」。按經云「決復入爲汜」，則今本作「而復入」是也。

369 河之有灉猶江之有沱　雪牕本、元本同。閩本、監本、毛本「沱」作「汜」。釋文：「沱，徒河反，或作『汜』，音似。」按下經「決復入爲汜」，詩「江有汜」毛傳曰「決復入爲汜」，「江有沱」毛傳曰「沱，江之別者」，是「汜」與「沱」不同。此經云「反入」即「復入」，注當言「江之有汜矣」，作「沱」非。

370 灉反入○釋曰　注疏本删。×

371 即下云　注疏本「云」誤「之」。

372 今江東呼水中沙堆爲潬音但　雪牕本同。注疏本「江東」改「河中」，又删下二字。按，一切經音義卷十、卷十一、卷十九三引此注皆作「江東」。

373 潬沙出○釋曰　注疏本删。×

374 便自停成汙池　單疏本、雪牕本、元本同。閩本、監本、毛本「汙」作「污」，疏中同。

375 汧出不流○釋曰　注疏本删。×

376 歸異出同流肥　唐石經、單疏本、雪牕本同。惠棟云：水經注引作「歸異出同曰肥」，犍爲舍人曰「水異出流行合同曰肥」，又引呂忱字林曰「爾雅異出同流爲瀵水」。

377 歸異同出流肥○釋曰　注疏本删。×

378 歸入大水　注疏本「水」誤「海」。

379 名之爲瀵　雪牕本同。注疏本「爲」改「曰」。

380 瀵源皆潛相通　雪牕本、元本同。閩本、監本、毛本「源」作「原」，改從古字也。

381 呼其本所出處爲瀵魁　雪牕本同。注疏本脱「所」。

382 瀵大出尾下○釋曰　注疏本删。×

383 言源深大　注疏本作「言其源深」。

384 ○注今河至底也○釋曰　注疏本刪「釋曰」。×

385 皆謂水中可居之小者　注疏本「皆」作「陼」，「水」作「河」。此誤。

386 謂人壅畜此水　注疏本「壅畜」倒。

387 而溉稻田也　注疏本「田」誤「苗」。

388 水醮曰厬○釋曰　注疏本刪。×

389 凡水之盡皆曰厬　元本、閩本、監本同。毛本「曰」作「謂之」。

390 岷山導江　單疏本、雪牕本、注疏本同。釋文：「道江，徒報反，本或作『導』。」按，引導、開導字古皆作「道」，今禹貢作「岷山導江」，非，當從此。釋文作「道」。

391 汝爲濆　唐石經、單疏本、雪牕本同。釋文：「濆，符云反，下同。字林作『涓』，工元反。衆爾雅本亦作『涓』。」按，説文「涓，小流也，从水，肙聲。爾雅曰『汝爲涓』」，注云「皆大水溢出，別爲小水之名」，則作「涓」義長。郭本作「濆」，注引汝墳詩可證。

392 遵彼汝濆　注疏本同。單疏本、雪牕本「濆」作「墳」。按詩「遵彼汝墳」，正義引釋水文又云「郭氏曰『詩云遵彼汝墳』，則郭意以此汝墳爲濆，汝所分之處有美地，因謂之濆」，然則此注本以「墳」爲「濆」，亦經注異字之證。注疏本依經改「濆」，非也。

393 水自至汝爲濆○釋曰　注疏本刪。×

394 ○注書曰灉沮會同○釋曰　注疏本同，下增「者」，刪「釋曰」。元本無「注」字。×

395 雷夏澤名　元本脱「名」，閩本剜擠，監本、毛本排入。

396 ○注書曰沱潛既道○釋曰　注疏本「注」改「云」，刪「釋曰」。×

397 **而人荊州** 注疏本脱「州」。

398 **沱水自蜀郡都水縣揃山** 元本同。閩本「揃」誤「楄」，監本、毛本改「湔」，因上引地理志「蜀郡有湔道」故也。按書禹貢正義引郭氏爾雅音義本作「揃山」，字從手。

399 **即禹貢潛也** 注疏本「貢」下衍「云」。

400 **○注書曰岷山導江東別爲沱○釋曰** 注疏本「注」改「云」，刪「釋曰」。元本無「注」字。

401 **○注詩曰遵彼汝墳○釋曰** 注疏本「注」改「云」，刪「釋曰」。元本無「注」字。

402 **郭意以爲汝濆所分之處** 注疏本「濆」改「墳」。

403 **水決之澤爲汧○釋曰** 注疏本刪。

404 **亦與上出不流者同名汧也** 注疏本「同名汧也」作「亦名爲汧」。

405 **決復入爲汜○釋曰** 注疏本刪。

406 **河水清且灡漪** 雪牎本同。注疏本「灡」作「瀾」，唐石經闕，單疏本無經，疏中作「瀾」。按，釋文「灡，郭力但反，又力安反，下及注同」，則下文「大波爲瀾」、注「言渙瀾」皆作「灡」。今諸本作「瀾」，非。經義雜記曰：「説文『瀾，大波爲瀾』，『灡，潘也』，『潘，淅米汁也』，義別。釋文作『灡』，是聲借字。」⑲

407 **直波爲徑** 唐石經、雪牎本同。單疏本標起止云「河水至爲徑」，釋文「徑，字或作『俓』」，注同」。按，「字或作『俓』」當爲「涇」。釋名云「水直波曰涇。涇，俓也，言如道俓也」，經「大波爲瀾，小波爲淪」，字皆從水，此當作「直波爲涇」，注云「言俓侹」則作「俓」，爲經注異文之證。「俓」、「徑」同。

408 **言俓侹** 單疏本、雪牎本、注疏本同。釋文：「侹，字又作『挺』。俓侹，直也。」按，此當從陸本作「俓侹」。通俗文「平直曰侹」，草書水旁與人旁相近，遂誤「涏」。

409 河水至爲徑○釋曰　注疏本删。×

410 毛傳云風行水成文曰漣　注疏本脱「云」，「水」下衍「上」。

411 江有沱河有灉　唐石經、雪牕本同。按，上注云「河之有灉猶江之有汜」，然則此經當作「江有汜」，與上文「江爲沱」不同，猶上云「汝爲涓」，此作「汝有濆」，皆上下異文之證。

412 汝有濆　唐石經、注疏本同。上「汝爲濆」釋文云「濆，符云反，下同」。雪牕本「濆」作「墳」，非。詩「遵彼汝墳」，正義引釋水「汝有濆」而曰「彼濆從水，此墳從土」，分析最清，俗本猶寫亂之。

413 滸水厓注水邊地○釋曰　注疏本删。×

414 注詩曰居河之湄○釋曰　注疏本删。×

415 深則厲　唐石經、單疏本、雪牕本同。釋文：「則厲，如字，本或作『濿』。」五經文字：「濿，音厲。爾雅或以爲『深則厲』之『厲』。詩風及論語皆作『厲』。」

416 濟有至爲厲○釋曰　注疏本删。×

417 衣亦謂裳也　注疏本「謂」下衍「之」。

418 繇與由同繇由也　注疏本作「繇自也」。按，當作「由自也」。

419 潛行爲泳○釋曰　注疏本删。×

420 不可泳思是矣○注晏子至七里○釋曰　注疏本「兮」改「也」。下八字作「晏子春秋曰者」。

421 晏子者名嬰謚平仲　注疏本脱「者」，「謚」誤「字」。

422 田開彊　注疏本「彊」作「疆」，下同。元本「開」誤「問」。按，開疆猶辟疆也，作「彊」蓋誤。

423 事景公以勇力搏於虎問　注疏本「問」作「鬪」，係臆改。按，「問」當作「聞」，晏子春秋作「聞」。浦鏜云「於」字衍。

424 晏子而趨　注疏本作「晏子晨趍」，浦鏜云「晏子」下脱「過」。

425 接一搏特䝍　注疏本「䝍」作「猏」。

426 可以食桃而毋與人同矣　晏子「毋」作「無」，古字通。

427 吾杖兵卻三軍者再　閩本、監本、毛本「卻」作「却」，元本闕此文。

428 治之視人　元本「治」誤「治」。⑳

429 汎汎至綏也○釋曰　注疏本刪。×

430 繂是絙　注疏本同。絙即大索，此本「絙」上剜擠「大」字，今刪正，詩采菽正義亦衍「大」字。○按，「絚」从亙，亙从二、从舟。

431 庶人乘泭　唐石經、單疏本、雪牎本同。釋文於此無音，於釋丘云「如乘，本又作『椉』，下文並放此」，則此亦當一作「椉」。石經「乘」皆作「椉」，獨釋水「乘泭」、釋畜「宜乘」不作古字。

432 天子至乘泭○釋曰　注疏本刪。×

433 加版於上　元本同。閩本、監本、毛本「版」改「板」。

434 釋言云舫泭　注疏本「舫」誤「舩」。

435 此皆道水轉相灌注所入之處名　雪牎本、注疏本同。單疏本「名」下有「也」。

436 水注至曰瀆注此皆道水轉相灌注所入之處名也○釋曰　注疏本刪。×

437 豈能容受川水乎　注疏本脱「水」。

438 注入於川也　注疏本脱「於」。

439 注溝曰澮　閩本、監本、毛本「曰」改「云」，脱「溝」，元本「溝」字實闕。[21]

440 注澮水入之者名瀆　注疏本「注」上衍「一」。

441 轉相灌注也　注疏本下衍「灌貫」二字，是音切誤入疏中者。

442 逆流至泝游注皆見詩○釋曰　注疏本删。×

443 遡游從之　注疏本「游」改「遊」。

444 然則逆流順流　元本脱「順流」，閩本剜擠「順」字。監本、毛本脱上「流」。

445 直横渡也　雪牕本、元本同。閩本、監本、毛本「渡」誤「流」。詩公劉正義引孫炎注曰「直横渡也」，注本此。

446 正絶流曰亂○釋曰　注疏本删。×

447 ○注書曰亂于河○釋曰　注疏本删「釋曰」。

448 曰所治　監本、毛本「曰」上衍「有」。浦鏜云「白」誤「曰」。元本、閩本自「有曰所治」起，共脱二十字。×

449 陸行而還帝都也　監本、毛本脱「陸行」。

450 發源注海者也　唐石經、雪牕本、注疏本同。此本「源」改「原」，非，今訂正。

451 江河至者也○釋曰　注疏本删。×

452 瀆中國恬濁發源而注海　元本同。毛本「瀆」作「濁」。閩本、監本、毛本「恬」作「垢」，「而」誤「東」。

453 北過降水　元本、閩本同。監本、毛本

「降」改「洚」。

454 **會于匯**　元本同。毛本「于」誤「爲」。閩本、監本「匯」誤「淮」。

455 **水泉○釋曰題上事也**　注疏本删上四字。　×

456 **水中至爲潏○釋曰**　注疏本删。　×

457 **虚山下基也**　雪牎本、注疏本同。釋文引郭云「墟者，山下基也。發源處高激峻湊，故水色白也」。按，「虚」當作「墟」，下十二字亦郭注，釋文引孫炎云「墟者，山下之地。白者，西方之色也」可證。又按，釋文音經「虚，去魚反，本亦作『墟』」，非。此經作「虚」，注作「墟」，孫叔然注已如此。釋天「顓頊之虚」，釋文云「此一字音墟，下如字」，是經不作「墟」也。釋詁釋文音經「虚，許居反」，音注「墟，去魚反」，是因經之「虚」字本爲空虚，故經注字不相混。

458 **河出至一直○釋曰**　注疏本删。　×

459 **此一段釋河源所自及遠近曲直之勢也**　注疏本脱「一段」、「也」三字。

460 **云所渠并千七百者**　注疏本脱「者」。

461 **并計凡有一千七百也**　元本、閩本、監本同。毛本「計」誤「記」。

462 **○注山海至北隅○釋曰案海内西經云**　注疏本删上八字。　×

463 **入禹所謂石山**　元本作「入禹所積石山」，閩本剜擠作「入禹所導積石山」，監本、毛本排勻。

464 **○注潛流至濁黄○釋曰**　注疏本删「釋曰」。　×

465 **廣袤三四百里其水停居**　元本同。閩本、監本脱「袤」。毛本脱「四」，「停」改「亭」。

466 南出于積石爲中國河　注疏本脱「于」。㉒

467 是潛流地中也　注疏本「流」誤「行」。

468 ○注公羊至一直○釋曰　閩本、監本、毛本作「注云公羊傳曰者」，元本無「注」字。×

469 太史　唐石經、單疏本、雪牕本同。釋文：「大，謝音泰。孫如字，本今作『太』。」

470 河勢上廣下狹　雪牕本、注疏本同。釋文「狹，胡夾反」，當本作「陜，胡夾反」，釋蟲、釋魚釋文可證。

471 水中可居住者而有狀如覆釜　注疏本無「者」字。雪牕本作「水中可居，往往而有，狀如覆釜」。按，釋文曰李、孫、郭並云「水中多渚，往往而有可居之處，狀如覆釜之形」，疏引李巡曰「水中多渚，往往而可居處，形如覆釜」，則此注當從雪牕本矣。此本「住者」二字剜改，蓋原刻本作「往往」。

472 東莞縣今有胡蘇亭　注疏本同。雪牕本作「東莞縣」。疏云「胡蘇在東光，定本注作『東筦』。『筦』當作『光』，字之誤也」。

473 鉤盤　唐石經、單疏本、雪牕本同。釋文：「般，步干反，本又作『盤』。李本作『股』，云水曲如鉤，折如人股，孫、郭同，云水曲如鉤流盤桓不直前也。」漢書地理志「平原郡有般縣，莽曰分明」，是讀般爲班也，師古曰「爾雅説九河云鉤般。郭氏以爲水曲如鉤流般桓也」。按，「盤」當作「般」。錢大昕云：漢隸從舟之字作月，「股」與「般」二文相涉，李巡在孫、郭之前，當以股爲正，鉤、股雙聲，與胡、蘇疊韻，正相類也。㉓

474 徒駭至鬲津○釋曰　注疏本删。×

475 覆釜水中多渚往往而處形如覆釜　監本、毛本同。元本作「覆釜水中可居多者往往而處形如覆釜」，閩本「者」作「渚」。按，依釋文當作「水中多渚往往而有可居處形如覆釜」。

476 **可隔以爲津也**　注疏本「隔」改「鬲」。

477 **用功雖廣**　浦鏜云：釋文作「此河功難」，此誤。按，詩正義作「用功難」。

478 **郭云徒駭**　元本、閩本同。監本、毛本「郭」誤「簡」。

479 **計禹陳九河**　注疏本「陳」改「疏」。

480 **則名應先有**　注疏本脱「則」。

481 **或九河雖舊有名**　注疏本脱「名」。

482 **至平原鬲津**　浦鏜云：漢書作「鬲般」，此誤。

483 **定本注作東筦**　注疏本「筦」誤「莞」，下同。

484 **從釋地已下至九河皆禹所名也○**
釋曰　注疏本删。×

485 **謂釋地已下凡四篇**　元本同。閩本、監本、毛本「已」改「以」。×

爾雅疏卷第七

02b—486 **爾雅卷中**　唐石經、雪牕本同。單疏本、注疏本删此題。此本下記經三千五百六十四字，注四千三百二十二字。㉔

校　記

❶南昌本上提二格。
❷南昌本出文無「○」。
❸南昌本出文無「○」。
❹南昌本出文無「○」。
❺南昌本出文「太」作「大」。

❻南昌本校語「作滕」作「作滕」。

❼南昌本「崑」作「崐」。

❽南昌本「音」下無「尺」。

❾南昌本出文「目」作「自」。

❿南昌本出文無兩「〇」及「釋曰」二字。校語無「删釋曰」及「閩本、監本、毛本節首增云字」。

⓫南昌本出文無「〇」。

⓬南昌本「淄水注」作「緇水注」，「劉熙釋名」作「劉名釋文」。

⓭南昌本出文「岸」作「厓」。

⓮南昌本「峘，恆也」作「峘，峘也」。

⓯南昌本校語「隋狹而長也」作「形狹而長也」。

⓰南昌本「公劉」作「云劉」，「此注」作「此引」。

⓱南昌本校語「毛詩卷耳傳」句「戴石」作「而石」。

⓲南昌本校語「洌」作「冽」。

⓳南昌本「淛」作「浙」。

⓴南昌本出文「人」作「之」，校語下有「監本無上之字」。

㉑南昌本「曰改云，脱溝」作「脱注、溝二字」。

㉒南昌本「脱于」作「汙流誤行」。

㉓南昌本「股」作「股」。

㉔南昌本出文改作「爾雅䟽卷第七」，上提二格。校語「雪牕本」下「同」字作「並題爾雅卷中」，「删此題」作「删」。

爾雅注疏校勘記卷下之上

03a—001 爾雅卷下　唐石經、雪牕本、毛本同。單疏本、元本、閩本、監本删。❶

002 爾雅疏卷第八　注疏本同。　×

釋草第十三

003 釋草第十三〇釋曰　注疏本删。　×

004 隸變作卄七老切　〇閩本「七」作「倉」。

説文別有草字自保切　〇注疏本音切改大字。

005 徐鉉曰今俗以此爲卄木之草　元本同。閩本、監本、毛本作「徐鍇」，誤。按，「草」當作「卄」，説文作「艸木之艸」。

006 故云釋草　注疏本「云」作「曰」。　×

007 茖山葱　釋文、五經文字、唐石經、單疏本、雪牕本、元本同作「葱」，閩本、監本、毛本作「蔥」，依説文改，説文「蔥，菜也，从艸，悤聲」。

008 葝山䪥　唐石經、雪牕本同。釋文：「䪥，本又作『薤』。」五經文字「䪥」、「薤」並列，云「上説文，下經典，相承隸省。今爾雅作『䪥』，餘並用下字」。按，説文「䪥，从韭，㕡聲」，無「薤」字。此爾雅之字，較經典獨得其正者。❷

009 藿山至山蒜〇釋曰　注疏本删。　×

010 廣雅云　陳本同。單疏本、雪牕本、注疏本「云」皆作「曰」。

011 今似蘄而麤大　單疏本同。雪牕本、元本「麤」作「麄」。釋文作「麆」，舊挍云「本今作『麤』」。閩本、監本、毛本改「粗」，下準此。

012 薜山蘄〇釋曰　注疏本删。　×

013 ○注廣雅至麤大○釋曰廣雅張揖撰　注疏本删上八字。閩本、監本、毛本「廣雅」上增「案」。×

014 椴木槿　唐石經、單疏本同。雪牕本、注疏本、此本「椴」訛「椵」，今訂正。釋文：「堇，本或作『槿』，音謹，下同。」按，説文「堇，艸也，从艸，堇聲」。今隸省作「堇」，是也。木部無「槿」字，此因「木」、「槿」連文，遂加木旁矣，當從釋文。月令：「木堇榮。」

015 或呼日及　單疏本、雪牕本同。釋文：「爲日，人逸反。」按，文選歎逝賦「譬日及之在條」，李善引郭注曰「或呼爲日及」，又月令正義引某氏曰「或呼爲日及，亦云王蒸」，此注正本之。今本「日」上脱「爲」字，當補。

016 亦曰王蒸　雪牕本、注疏本同。釋文作「烝」。舊挍云「本今作蒸」。按，文選注亦作「蒸」。

017 椴木槿櫬木槿○釋曰　注疏本删。×

018 別三名也　注疏本誤「別二名」。按，宋本月令正義引作「別三名」，陸元恪所云一名木槿，一名櫬，一名椴是也。

019 詩鄭風云　注疏本脱「詩」。×

020 陸機疏云　元本、閩本、監本同。毛本「機」改「璣」，非。葉鈔釋文「陸機」字作木旁，隋書經籍志烏程令吳郡陸機，字從木。浦鏜以監本作「機」爲非，此蹈唐李濟翁資暇集、宋晁公武讀書志之誤耳，下準此。

021 木山蔚楊枹薊○釋曰　注疏本删。×

022 其樹可以爲埽蔧　釋文「埽，素報反，下同」，單疏本亦作「埽蔧」。雪牕本、注疏本作「掃」，俗字。按，「蔧」當作「彗」。

023 葥王蔧○釋曰　注疏本删。×

024 此則藜之科大爲樹可以作埽蔧者　注疏本「則」作「即」。埽蔧，元本同，閩本作

「掃彗」，監本、毛本作「掃篲」。

025 菉王芻　唐石經、單疏本、雪牕本同。釋文：「彔，力辱反。」按，五經文字「菉，力辱反，見爾雅」，此作「彔」蓋誤。

026 今呼鴟脚莎　單疏本、雪牕本、注疏本同。釋文：「鴟，尺之反。」詩綠竹釋文引作「今呼白脚莎」，郎本作「今呼爲脚莎」，蓋互脱一字。「白」當作「曰」。

027 菉王芻○釋曰　注疏本删。×

028 郭云菉蓐也　注疏本脱「菉」。

029 瞻彼淇奥綠竹猗猗是也　元本「奥」字、「綠」字與此同。閩本、監本、毛本改「澳」、改「菉」。猗猗，監本、毛本同，元本、閩本誤作「漪漪」。

030 拜蔏藋○釋曰　注疏本删。×

031 今人呼青蒿香中炙啖者爲菣　單疏本、雪牕本同。釋文：「啗，本亦作『啖』，又作『噉』。」按，詩鹿鳴正義引郭云「今人呼爲青蒿」。按，「爲」字當有。詩正義引下句亦作「啖」。

032 蘩皤蒿蒿菣蔚牡菣○釋曰　注疏本删。×

033 上有白毛麤澁　元本作「麄澁」，閩本、監本、毛本作「粗澀」。

034 可以爲菹　注疏本「菹」改「葅」，下同。

035 又可烝　注疏本改「蒸」。

036 北海人謂之旁勃　元本作「滂勃」，閩本剜改作「旁」，監本、毛本承之。

037 蘩游胡游胡旁勃也　元本同。閩本、監本、毛本「蘩」改「繁」。毛本「游」改「由」。按，春秋隱三年正義引陸機作「蘩遊胡」，「游」、「遊」同。

038 齧彫蓬薦黍蓬○釋曰　注疏本删。×

039 蓖鼠莞　唐石經、單疏本、雪牕本同。釋文、五經文字、玉篇皆作「蓖」。按，廣韻四「紙」「蓖，并弭切」，六「至」「蓖，必至切」，互引爾雅經注，殆隨音作字也。孫星衍云：一切經音義卷四引釋草「萆鼠莞」，補侍、補婢二反。蓖，俗字，説文所無，知古本作「萆」矣。

040 蓖鼠莞○釋曰　注疏本删。　×

041 可以染皂　雪牕本同。單疏本、閩本、監本、毛本「皂」作「皁」。釋文：「皁，音造。舊本誤『草』。」❸

042 葝鼠尾○釋曰　注疏本删。　×

043 人採作滋染木蘭是也　監本同。舊本「木蘭」作「本草」，閩本、毛本作「皂草」。❹

044 似薺葉細　雪牕本、注疏本脱「似」字。按，疏云「似薺而葉細」，則邢本有「似」字。

045 菥蓂大薺○釋曰　注疏本删。　×

046 蒤虎杖○釋曰　注疏本删。　×

047 郭云似紅草而麤大　注疏本皆改注「麤」作「粗」，舊本作「麄」。

048 孟狼尾　唐石經、單疏本、雪牕本同。石經考文提要引至善堂九經本亦作「孟」，注疏本「孟」誤「盂」。

049 孟狼尾○釋曰　注疏本删。　×

050 齒如瓠棲　雪牕本、注疏本同。疏引詩亦作「棲」。宋王氏詩者采入詩異字。郎本依今詩改「犀」，誤甚。又注疏本疏未有「今詩文作犀」五字，單疏本無，則非邢氏語也。

051 瓠棲瓣○釋曰　注疏本删。　×

052 茹藘茅蒐○釋曰　注疏本删。　×

053 果贏之實栝樓　唐石經、單疏本、雪牕本同。釋文：「贏，力果反。栝樓，本或作『苦蔞』。」按，作

「苦蔞」是也。毛詩傳用「括樓」，假借字。說文作「苦蔞」，正字。爾雅多用正字。「贏」亦俗字，當作「蓏」。說文「在木曰果，在地曰蓏」，又說文「苦蔞，果蓏也」，本此經，與本書「在地曰蓏」之言合，而俗本亦改作「贏」矣。

054 果贏之實栝樓○釋曰　注疏本刪。 ×

055 葉如瓜葉形　注疏本「如」作「似」。

056 荼苦菜○釋曰　注疏本刪。 ×

057 此味苦可食之菜也　注疏本脫「也」。

058 經冬麻春乃成　浦鏜云「麻春」下釋文有「得夏」二句，此脫。

059 ○注詩曰誰謂荼苦○釋曰　注疏本「注」下增「云」，刪「釋曰」。 ×

060 又名益母廣雅云　雪牕本、注疏本同。疏引「郭云『今茺蔚也』，廣雅名益母，葉似荏」云云，此邢氏約注義引之，非郭氏原文，故不得其次。釋文：「⿱艹益，音益，本今作『益』。」按，引廣雅字當從艹。今本廣雅亦作「益」，非。

061 萑蓷○釋曰　注疏本刪。 ×

062 蓷臭穢臭穢即茺蔚也　注疏本脫一「臭穢」。

063 虉綬○釋曰　注疏本刪。 ×

064 邛有旨鷊　正德本同。閩本、監本、毛本作「邛有旨虉」，非。

065 鷊五色作綬文　注疏本脫「文」。

066 粢稷○釋曰　注疏本刪。 ×

067 故先儒共疑焉　注疏本「共」誤「甚」。

068 衆秫○釋曰　注疏本刪。 ×

069 戎叔謂之荏菽　唐石經、雪牕本、注疏本同。單疏本作「戎菽謂之荏菽」。詩生民正義引釋草同。按釋文於「荏」上出「尗」字，云「本亦作『叔』」，下不別出，明無異文。釋詁「戎，大也」，此以大菽釋詩之荏菽，則戎菽字尤不當獨作古字。唐石經上「叔」下「菽」，非。

070 戎菽謂之荏菽○釋曰戎菽一名荏菽　注疏本刪上八字，「戎菽」作「戎叔」。×

071 詩大雅生民云藝之荏菽　注疏本脱「云」，「藝」作「埶」。

072 卉草　唐石經、單疏本、雪牕本同。許宗彦云：藝文類聚卷八十一引作「卉百草」，據注云「百草揔名」，又書禹貢正義引舍人云「凡百草一名卉」，則「卉」上當有「百」字。

073 卉草○釋曰　注疏本刪。×

074 莌雀弁　唐石經、雪牕本、舊本同。釋文：「莌，悦轉反，又古本反。」閩本、監本、毛本作「荛」，此本作「莬」，皆訛，今訂正。注云「未詳」，故邢氏無釋。單疏本不摽經，通書準此。

075 蘥雀麥○釋曰　注疏本刪。×

076 蘾烏蕵　唐石經、雪牕本同。釋文「蘾，户怪切」，石經考文提要引至善堂九經本亦作「蘾」，注疏本作「蘹」。按，玉篇別爲一字，非也。「蕵」當從石經作「蕵」，從夕，下「須，蕵蕪」、「澤，烏蕵」同。五經文字云「蕵，見爾雅」。

077 莵荄　唐石經、雪牕本同。釋文：「莵，音兔。」嚴元照云：諸「莵」字不當從卄，説文「黄，兔瓜也」，「莃，兔葵也」可證。

078 黄莵瓜○釋曰　注疏本刪。×

079 㒹盧一名蟾蠩蘭　單疏本、雪牕本、舊本同。閩本、監本、毛本「盧」改「顱」，「蠩」改「蜍」，疏中同。

080 茢薽豕首○釋曰　注疏本刪。×

081 一名天蔓精　舊本、閩本、監本同。毛本「精」改「菁」，非。

082 香氣似蘭故名蟾蠩蘭　注疏本脱「氣」，「蠩」改「蜍」。

083 可以爲掃篲　單疏本、雪牕本、舊本作「埽彗」，釋文亦作「埽」，閩本、監本、毛本作「掃彗」。按，「彗」當作「篲」。郭序「輒復擁篲清道」，釋文「篲，字又作『彗』」。

084 芣馬帚○釋曰　注疏本删。×

085 ○注似蓍○釋曰　注疏本删「釋曰」。×

086 蘾懷羊　唐石經、雪牕本、舊本、閩本、監本同。毛本「蘾」改「蔍」。按，玉篇、廣韻作「蔍」，蓋毛本所據改。釋文、五經文字皆作「蘾」。

087 茭牛蘄○釋曰　注疏本删。×

088 生水澤旁　注疏本「旁」作「中」。

089 苗似鬼鍼菾菜等　舊本同。監本、毛本「菾」作「蓁」，誤。按，玉篇、廣韻皆云「菾，菜名，徒兼切」。

090 葖蘆萉　單疏本、雪牕本同。釋文「葖，他忽反」，毛本「葖」誤「葵」，唐石經此字闕。郭注云：「萉，宜爲菔。」經義雜記曰：「説文『菔，蘆菔，从艸，服聲』，『萉，枲實也，从艸，肥聲』。後漢書注卷十一引爾雅曰『葖，蘆菔』。菔音步北反，字或作『蔔』。據説文及後漢書注知爾雅本作『菔』，蓋郭本以形近致誤。」

091 紫華大根　陳本同。雪牕本、注疏本「華」改「花」。

092 葖蘆萉○釋曰紫花菘也　注疏本删上五字。按，「花」當作「華」，蘇頌本草圖經引作「華」。×

093 苬芝○釋曰　注疏本删。×

094 筍竹萌○釋曰　注疏本删。×

095 簜竹○釋曰　注疏本删。×

096 郭氏即云竹別名　元本「即」字闕。閩本改「曰」，監本、毛本承之。

097 ○注儀禮至之屬○釋曰儀禮曰者　注疏本删上八字。×

098 其南鍾其南鎛　注疏本脱下三字。元本、閩本、監本、毛本「鍾」改「鐘」。

099 莪蘿○釋曰　注疏本删。×

100 苨菧苨　唐石經、單疏本、雪牕本同。葉鈔釋文、五經文字「菧」作「菧」。❺

101 苨菧苨○釋曰　注疏本删。×

102 莕接余　唐石經、單疏本、雪牕本同。釋文：「莕，音杏，本亦作『荇』。詩云『參差荇菜』，説文作『荇』。」按，五經文字「莕」、「荇」二同，並音杏，見爾雅，則釋文當爲「本亦作荇」，故下引詩「參差荇菜」，説文作「荇」以證之，張參正本釋文云，然也。今説文「莕，菨餘也，从艸，杏聲。荇，『莕』或从行，同」，非陸氏所見之説文矣。

103 葉圓在莖端　單疏本、雪牕本同。按，「圓」當作「員」，雅注多用「員」字。

104 江東食之亦呼爲莕音杏　雪牕本同。注疏本脱「爲」，又删下二字。單疏本作「亦呼爲莕」。按，齊民要術卷九引作「江東菹食之」以證菹法，則「菹」字當有。

105 莕接余其葉苻○釋曰　注疏本删。×

106 徑寸餘　元本同。閩本、監本、毛本「徑」誤「莖」。×

107 脆美可案酒　元本「脆」字實闕，閩本、監本、毛本誤「肥」。

108 白華野菅○釋曰　注疏本删。×

109 柔忍宜爲索　元本同。閩本、監本、毛本「忍」改「韌」。按，毛詩將仲子傳「檀，彊韌之木」，釋文作「彊忍」，采薇箋云「堅忍」，白華箋云「柔忍」，知陸元恪亦用「忍」字。「韌」爲説文新附字。

110 菲芴○釋曰　注疏本刪。×

111 郭云即土瓜也　注疏本脱「即」。

112 滑美可作羹幽州人謂之芴　元本亦作「滑」，閩本、監本、毛本誤「甘」。注疏本脱「州」。

113 又是一物　注疏本「一」誤「二」。

114 五者一物也　注疏本脱「也」。

115 大葉白華　單疏本、閩本、監本、毛本同。雪牕本、元本作「菅華白葉」，誤。

116 葍藑○釋曰　注疏本刪。×

117 熒委萎　唐石經、單疏本、雪牕本同。釋文「委」作「萎」，云「謝於遠反，孫於爲反，郭女委反」，舊挍云「本今作『委』」。按，委、萎一字。唐石經今本作「委」，非，當從陸本作「萎」。玉篇「蘂，於營切。萎蕤也」，即此物，「萎萎」猶「萎蕤」也，邢疏引本草亦曰「萎蕤」。玉篇、廣韻以「萎」同「菨」，云「胡菨，香菜」。蓋此經之誤久矣。邢疏云「一名榮」，字從木，蓋誤。釋文：「熒，户坰反。」

118 長一二尺可啖　單疏本、監本、毛本同。雪牕本作「長二尺」，元本作「長三尺」，閩本作「長二尺」，又剜擠「一」字。

119 熒委萎○釋曰　注疏本刪。×

120 一名榮一名委萎　注疏本「榮」作「熒」。此誤。元本、閩本作「一名熒委」，非。監本、毛本脱「萎」字。×

121 好生道旁　單疏本、雪牕本、元本同。閩本、監本、毛本「旁」改「傍」。

122 竹萹蓄○釋曰　注疏本刪。×

123 綠竹猗猗　元本同。閩本、監本、毛本「綠」改「菉」。

124 葉華細綠　注疏本作「華葉」。

125 葴寒漿　唐石經、單疏本、雪牕本同。釋文：「⿱艹寒，何干反，本今作『寒』。」按，玉篇艸部「⿱艹寒，⿱艹寒蔣也」，廣韻二十五「寒」「⿱艹寒，⿱艹寒蔣草也」，與陸本合。

126 江東呼曰苦葴音針　雪牕本同。注疏本刪下二字。×

127 葴寒漿○釋曰　注疏本刪。×

128 薢茩芵茪　唐石經、單疏本、雪牕本同。釋文：「光，本或作『茪』。」按，當作「茪，本或作『光』」。此後人乙改，五經文字云「茪，音光。爾雅或作『光』」可證。○按，説文無「茪」，當是後人加艸爲之。

129 芵明也　雪牕本、注疏本同。邢疏云：「藥草芵明也，一名芵光，一名決明。」按，「芵明也」字當作「決」，蓋經作「芵茪」，注作「決明」。今本注作「芵」，爲依經所改。釋文音經「芵，本亦作『決』」，又依注改經也。

130 關西謂之薢茩音皆　陳本、郎本同。釋文「薢，郭音皆」。雪牕本、注疏本刪下二字，改爲小字音切。

131 薢茩芵茪○釋曰　注疏本刪。×

132 一名決明　注疏本「決」改「芵」。

133 葉如茳豆　元本同。閩本、監本、毛本作「茳芒」。

134 ○注或曰蔆也關西謂之薢茩○釋曰知者　注疏本刪，但存「或曰者」三字。×

135 莁荑⿱艹殺蘠○釋曰　注疏本刪。×

136 案本草蕪荑一名無姑　注疏本作「莁荑」，順爾雅改。按釋木疏云「本草無夷一名無姑」，蕪、無同字，與此合。

137 一名⿱艹殺⿱艹塘音殿唐　○注疏本改音於疏後，云「⿱艹殿音殿，⿱艹塘音唐」。

138 或者與草同氣乎 注疏本刪「乎」。

139 瓞瓝其紹瓞○釋曰 注疏本刪。 ×

140 故云其紹瓞 元本、閩本脫「云」。監本、毛本脫「其」。

141 生下田 雪牕本、注疏本同。單疏本作「生下田中」，後漢書劉玄傳注引此注同。按，下「購商蔞」注云「生下田」。

142 芍鳧茈○釋曰 注疏本刪。 ×

143 蘱薡蕫○釋曰 注疏本刪。 ×

144 亦可綯以爲索 注疏本「可」下衍「爲」。

145 蕛苵○釋曰 注疏本刪。 ×

146 莖頭有臺似薊 單疏本、閩本、監本、毛本同。釋文、雪牕本、元本「薊」作「⿱艹⿰角刂」。按，五經文字云「薊從角者訛」。

147 鉤芺○釋曰 注疏本刪。 ×

148 䪥鴻薈○釋曰 注疏本刪。 ×

149 蘇桂荏○釋曰 注疏本刪。 ×

150 故一名桂荏 注疏本脫「故」。

151 生池澤中者 注疏本脫「澤」。

152 薔虞蓼○釋曰 注疏本刪。 ×

153 虋赤苗 單疏本、雪牕本、唐石經「虋」亦作「⿱艹⿱𦥯分」。五經文字：「虋音門，見爾雅。」釋文：「虋，本亦作『⿱艹亹』。」按，詩「維糜維芑」，毛傳「穈，赤苗也。芑，白苗也」，正義曰「皆釋草文。唯彼糜作⿱艹亹，音同耳。釋文糜音門。爾雅作『⿱艹亹』，同」，據此知「虋」舊作「⿱艹亹」。説文：「虋，赤苗，嘉穀也，从艸，釁聲。」

154 此亦黑黍 雪牕本、注疏本同。詩生民正義引作「秠亦黑黍」，齊民要術卷二同。按，「秠亦黑黍」對上文「秬黑黍」言之，今本作「此」，非。

155 虋赤苗至二米○釋曰　注疏本刪。×

156 維糜維芑　元本同。閩本、監本、毛本「糜」誤「穈」，下同。

157 則一米亦可爲酒　元本同。閩本、監本、毛本「一」誤「二」。

158 稌稻○釋曰　注疏本刪。×

159 十月穫稻　注疏本「穫」誤「獲」。

160 按說文云　注疏本「按」改「案」。

161 江東呼稬乃亂切　○注疏本音切改大字。

162 葍藑茅　雪牕本、注疏本同。唐石經、單疏本「藑」作「藑」。按，「茅」疑衍文。注云葍華有赤者爲藑，藑、葍一種耳，不言茅。說文「藑，艸也，楚謂之葍，秦謂之藑，蔓地連華，象形」，亦不言茅，艸部云「藑，茅葍也，一名蕣」，此「茅」字蓋後人竄入。離騷「索藑茅以筳篿」，王逸注「藑茅，靈草也」，與爾雅異義，恐因此誤衍。○按，單呼曰「藑」，絫呼曰「藑茅」，未可疑說文艸部爲添字，則未可疑爾雅爲衍字。

163 亦猶菱苕　雪牕本同。單疏本、注疏本「菱」作「蔆」，從水。此非。

164 葍藑茅○釋曰　注疏本刪。×

165 臺夫須　唐石經、單疏本、雪牕本同。釋文「臺，字又作『臺』，同」，「蕦音須，本今作『須』」。按，詩都人士釋文云「臺如字。爾雅作『薹』」，則此釋文當作『薹』，字又作『臺』」，蓋爾雅經作「薹」，注引詩箋作「臺」。今衹以「臺」、「臺」爲異文，誤也。據釋文「須」作「蕦」，知「臺」亦作「薹」矣。

166 鄭箋詩云臺可以爲禦雨笠　雪牕本、注疏本同。單疏本標起止云「注鄭箋至雨笠」。按，詩都人士「臺笠緇撮」，毛傳「臺，所以禦暑。笠，所以禦雨也」，箋云「臺，夫須也，都人之士以臺皮爲笠」，此約傳、箋意合引之，非鄭箋本文。

167 臺夫須○釋曰　注疏本刪。 ×

168 可以爲蓑笠　元本同。閩本、監本、毛本「蓑」改「簑」。

169 ○注鄭箋至雨笠○釋曰箋者　注疏本刪上八字。閩本、監本、毛本「箋者」上增「按」。 ×

170 莔貝母　唐石經、單疏本、雪牕本同。釋文、五經文字亦作「莔」。注疏本作「茵」，訛。

171 員而白華葉似韭　單疏本、雪牕本、元本同。閩本、監本、毛本「員」改「圓」，下「苻鬼目」注、「濼貫衆」注同。

172 莔貝母○釋曰　注疏本刪。 ×

173 謝氏云小草多華少葉葉又翹起　雪牕本、注疏本同。邢疏亦與郭注連引之。邵晉涵正義曰：「此當是謝嶠，殆因詩疏與郭注連引，後人遂混入注中。太平御覽引郭注無謝氏說。按爾雅序疏云五經正義援引有某氏、謝氏、顧氏、邢氏，不云郭注引謝氏，而云五經正義引謝氏，則邢氏所據郭注本無謝氏說可知。」

174 荍蚍衃○釋曰　注疏本刪。 ×

175 艾冰臺○釋曰　注疏本刪。 ×

176 廣雅云音典　雪牕本同。注疏本刪下二字。

177 蕇亭厤○釋曰　注疏本刪。 ×

178 母則公薺　元本同，疑誤。閩本、監本、毛本作「狗薺」。

179 苻鬼目○釋曰　注疏本刪。 ×

180 莖似葛葉員而毛　注疏本「似」改「如」，「員」改「圓」。舊本作「似」。

181 蔜薐蔞　雪牕本、注疏本同。唐石經、單疏本「蔜」作「蔜」。釋文：「蔜，五高反，本今作『蔜』。」❻

182 蔜薐蔞○釋曰　注疏本刪。 ×

183 蘩蔓味辛　舊本同。閩本、監本、毛本「蔓」改「蘰」。

184 多生下濕坑渠之側　舊本、閩本、監本同。毛本「濕」改「溼」。

185 離南活莌　唐石經、單疏本、雪牕本同。釋文：「蘺，力知反，本今作『離』。」

186 零陵人祖日貫之爲樹　單疏本、雪牕本、注疏本同。釋文：「祖日，人一反。」段玉裁云當依山海經注作「零桂人植而日灌之以爲樹」。

187 離南活莌〇釋曰　注疏本刪。×

188 大葉似荷葉而肥　注疏本脱「似荷葉」。

189 〇注零陵人祖日貫之爲樹〇釋曰　注疏本「注」改「云」，「樹」下增「者」，刪「釋曰」。×

190 零桂人人且日貫之以爲樹　舊本同。閩本下「人」字剜改作「灌」，監本承之。毛本作「零桂人植而日灌之以爲樹」，毛本是也。

191 須葑蓯　唐石經、雪牕本同。釋文：「蕦，音須，本今作『須』。」

192 蒡隱荵〇釋曰　注疏本刪。×

193 藏以爲葅亦可瀹食　單疏本、雪牕本同。注疏本「食」下衍「也」。按，「葅」當作「菹」，釋文亦誤。

194 草生水中　陳本、正德本同。雪牕本、閩本、監本、毛本「草」作「多」。

195 江東呼莤音猶　雪牕本同。注疏本刪下二字。釋文云「莤，郭音由，又音酉」，此「猶」蓋本作「酉」，又猶、由字同。

196 莤蔓于〇釋曰　注疏本刪。×

197 作履苴草　單疏本、雪牕本同。按，此經作

「蔖」，注作「苴」。釋文「蔖」、「苴」皆有音。

198 菡蔖注作履苴草○釋曰　注疏本删。×

199 中作履底字苑云鞔苴履底　注疏本「底」作「底」，是也。

200 柱夫搖車　唐石經、單疏本、注疏本同。雪牕本「柱」作「拄」。釋文：「柱，本或作『拄』，同。」

201 柱夫搖車○釋曰　注疏本删。×

202 今江東啖之甜滑　單疏本、雪牕本同。釋文：「啖，大敢反。」按，齊民要術卷十引此「啖」作「噉」。

203 音氊氍毹　單疏本、雪牕本同。注疏本「氊」作「同」，係臆改。按，釋文：「氊，之延反，本亦作『旃』，同。毹，所俱反，本今作『毹』。」

204 出隧蘧蔬○釋曰　注疏本删。×

205 音氊氍毹者　元本同。閩本、監本、毛本「氊」改「同」。

206 蘄茝蘪蕪　唐石經、單疏本、雪牕本同。釋文：「麋，亡悲反，本今作『蘪』。」按，雪牕本注云「臭如麋蕪」，史記司馬相如列傳索隱引樊光注云「藁本一名麋蕪，根名蘄延」，「麋」字皆與釋文合。

207 山海經云　雪牕本同。單疏本、注疏本「云」作「曰」。

208 蘄茝蘪蕪○釋曰　注疏本删。×

209 言如萎蔫之狀也　元本同。閩本、監本、毛本「蔫」改「蕤」，大誤。按，「蔫」即「菸」字，與「萎」義同。

210 ○注淮南至蘪蕪○釋曰　注疏本删作「注淮南子云」。×

211 世人之所亂惑也　元本同。閩本、監本、毛本「人」改「主」。

212 衆人所眩燿也　注疏本「燿」改「耀」。

213 贛者類勇而非勇也　元本同。閩本、監本、毛本「贛」改「戇」。

214 其治病則不同力　注疏本「其」作「惟」。元本、閩本亦作「不同力」，監本、毛本倒作「力不同」。

215 浮山有草曰訓草　元本同。閩本、監本、毛本「訓」改「薰」。

216 名曰杜衡　注疏本脱「名」。

217 茨蒺蔾　唐石經、單疏本同。釋文「蔾」作「梨」。雪牕本、注疏本作「藜」，據説文改。五經文字云「蒺蔾，音梨，見爾雅」，玉篇云「梨蒺蔾藜蒿類」。❼

218 茨蒺蔾○釋曰　注疏本删。×

219 蔨䕯竊衣　唐石經、單疏本、雪牕本同。五經文字：「䕯，女居反。釋文作『蒘』。」按，今釋文作「䕯」，蓋淺人據石經改。

220 蔨䕯竊衣○釋曰　注疏本删。×

221 一名商蕀　單疏本、雪牕本、元本、閩本同。監本、毛本「蕀」改「棘」。

222 髦顛蕀○釋曰　注疏本删。×

223 一名商蕀　元本、閩本、監本同。毛本「蕀」改「棘」。×

224 郭云細葉有刺蔓生　注疏本「刺」改「棘」。

225 蘿芄蘭○釋曰　注疏本删。×

226 蘿一名芄蘭　注疏本「名」下衍「是」。

227 則似蘿芄一名蘭　注疏本「似」誤「以」。

228 或傳寫誤芄衍字　按，當作「誤衍芄字」。

229 蕁菧藩　單疏本、雪牕本、注疏本同。釋文、五經文字、唐石經「蕁」作「蕁」，下「蕁海藻」同。九經字樣云：「尋從口，從工，作尋者訛。」

230 一曰提母 單疏本、雪牎本、正德本同。閩本、監本、毛本「提」改「蝭」。葉鈔釋文引郭云「一名提母」，通志堂本作「蝭」，誤。按釋文下引本草「一名蚳母，一名蝭母」，淺人遂據此以改雅注耳。

231 蕁莐藩○釋曰 注疏本删。×

232 葉如韭一名提母 正德本同。監本、毛本改「葉似韭一名蝭母」，閩本亦作「似」。

233 形似昌蒲 注疏本「昌」改「菖」。

234 須燥乃止也 正德本同。閩本、監本、毛本「須」下有「枯」。按，此疏襲釋文，「枯」字當有。

235 今澤蔦 單疏本、雪牎本同。釋文音經「蔦」，本又作『舃』」，引郭云「今澤舃」。蓋經作「蔦」，注作「舃」，後人轉寫亂之。釋文又引本草「一名水舃」，陶注云「仙經服食用之，令人身輕能步行水上，此所以名澤舃水舃歟」。

236 蕍蔦○釋曰 注疏本删。×

237 蔨鹿藿 唐石經、單疏本、雪牎本同。釋文：「麃，力斛反，本今作『鹿』。」

238 蔨鹿藿其實莥○釋曰 注疏本删。×

239 藒侯莎其實媞○釋曰 注疏本删。×

240 ○注夏小至其實○釋曰夏小正者 注疏本删上八字。×

241 本夏后氏著 監本同。正德本、閩本、毛本「著」誤「者」。

242 先言媞而後言藒 此與傅崧卿本夏小正同。浦鏜據大戴禮記「藒」下增「者」，非。

243 莞苻蘺 唐石經、單疏本、雪牎本同。釋文：「莞，本或作『莀』。苻蘺，本或作『離』。」經義雜記曰：「説文『莞，艸也。莀，夫蘺也。藺，夫蘺上也』，則『莞』當作『蔇』，『莞』乃別一字。釋文云『本或作莧』，『莧』即『蔇』之訛。今本作『蘺』，與說文合。按玉篇『蔇』下引爾雅曰『蔇夫蘺其上蒚』，與說文同，知古本爾雅作『夫』，不作『苻』也。蓋經作『夫』，注作『苻』，故郭云『今江東謂之苻蘺』。釋文及今本經亦作『苻』，蓋誤。邢疏引本草『一名苻蘺』。」

244 **蒚謂其頭臺首也** 雪牎本、注疏本同。按，「頭」即「首」也，「首」字當衍，此本「首」字剜改。王宗炎云：廣韻二十一「麥」「蒚，蒲臺頭名」。

245 **用之爲席音羽翮** 雪牎本同。注疏本刪下三字。釋文：「蒚，郭音翮。」

246 **莞苻蘺其上蒚○釋曰** 注疏本刪。✕

247 **荷芙渠** 唐石經、單疏本、雪牎本同。石經考文提要引至善堂九經本亦作「芙渠」，注疏本「渠」改「蕖」。按，釋文「渠，本又作『蕖』」，今本蓋出此。說文亦作「蕖」。○按，芙，俗字也，古作「扶渠」。

248 **其葉蕸** 唐石經、雪牎本作「其荼蕸」。注疏本「荼」作「葉」，改唐諱也。釋文云：「其葉蕸，衆家並無此句，唯郭有。然就郭本中或復脱此句，亦並闕讀。」經義雜記曰：「說文『茄，芙蕖莖。荷，芙蕖葉。蔤，芙蕖本』，亦無『其葉蕸』句。荷爲芙蕖葉，則其葉名荷。高注淮南子說山篇云『其莖曰茄，其本曰蔤』，中無『其葉蕸』句，可證衆家本及郭本並無此句，其有者直係俗人妄加。」

249 **莖下白蒻在泥中者** 雪牎本、注疏本同。詩澤陂正義引釋草文及李巡注，又引郭氏曰「蔤，莖下白蒻在泥中者。今江東人呼荷華爲芙蓉，北方人便以藕爲荷，亦以蓮爲荷。蜀人以藕爲茄，或用其母爲華名，或用根子爲母號。此皆名相錯，習俗傳誤，失其正體者也」，共六十八字，審爲郭注，未詳何時脱落。邢疏襲用詩正義之文，絕不別言今注有無，是其踈也。初學記卷二十七引此注云「江東呼荷華爲芙蓉」，與孔氏所引合。

250 其華菡萏　唐石經、雪牕本同。釋文：「萏，字又作『藺』，徒感反，本今作『萏』。」按，五經文字「萏，道感反，見爾雅」。

251 荷芙渠至的中薏○釋曰　注疏本刪。×

252 皆分別蓮莖葉華實之名　注疏本「葉華」倒。❽

253 芙渠其揔名也　元本同。閩本、監本、毛本「渠」改「蕖」。

254 ○注見詩○釋曰詩陳風云　注疏本刪上五字。×

255 俗呼紅草爲蘢鼓　單疏本、雪牕本、注疏本同。按，「蘢鼓」當作「龍鼓」。釋文音經「蘢，力恭反」，音注「爲龍，如字」，此經注異文之明證。淺人援經改注，挍者因云「本今作蘢矣」。

256 紅蘢古其大者蘬○釋曰　注疏本刪。×

257 隰有游龍毛云龍紅草也　元本同。閩本、監本、毛本「龍」改「蘢」。

258 薺子名　雪牕本同。注疏本作「薺子味甘」，涉疏語誤改。

259 蒫薺實○釋曰　注疏本刪。×

260 蕡枲實　單疏本、雪牕本同。釋文亦作「蕡枲」，唐石經「枲」作「𣏌」。下「枲麻」準此。五經文字云：「枲，從台，從朩，朩音匹刃反。今唯枲字從朩，經典相承從木。」

261 蕡枲實○釋曰　注疏本刪。×

262 ○注禮記曰苴麻之有蕡○釋曰　注疏本「蕡」下增「者」，刪「釋曰」。×

263 枲麻○釋曰　注疏本刪。×

264 須葑蕪○釋曰　注疏本刪。又元本、閩

本此節疏後分八卷下。 ×

265 菲蒠菜　唐石經、雪牕本同。釋文：「蒠，本又作『息』。」按，單疏本「菲一名息菜」，與釋文又本合。

266 菲蒠菜○釋曰　注疏本刪。 ×

267 菲一名息菜　元本同。閩本、監本、毛本「息」改「蒠」。

268 菲芴也　注疏本脱「也」。

269 今之莧赤莖者　雪牕本同。元本、閩本作「赤莧一名蕢，今莧菜之赤莖者也」，監本、毛本無「也」字，係邢疏語誤爲郭注也。經義雜記曰：「易夬『莧陸夬夬』，正義引董遇云『莧，人莧也』，齊民要術卷十『人莧』下引爾雅并郭注云『今人莧赤莖者』，爾雅經注本作『今之莧赤莖者』，『之』即『人』字之訛。」

270 蕢赤莧○釋曰赤莧一名蕢今莧菜之赤莖者也　注疏本刪。

271 藬蘼虋冬　釋文、唐石經、單疏本、注疏本同。雪牕本「蘼」作「靡」。釋文：「蘼，又作『靡』，同。虋，音門，本皆作『門』。郭云『門』俗字，亦作『蘴』字。」按，説文「藬，藬蘼虋冬也」，字作「蘼」。山海經中山經「其草多芍藥蘴冬」，注「本草經曰蘴冬，一名滿冬，今作門，俗作耳」，此郭氏改「門」作「虋」之事，注仍依俗作「門」，爲經注異文之證。「虋」作「蘴」，與上「虋赤苗」作「蘴」正合。

272 藬蘼虋冬○釋曰　注疏本刪。 ×

273 ○注門冬一名滿冬本草云○釋曰案山海經云　注疏本刪上十二字。 ×

274 濼貫衆○釋曰　注疏本刪。 ×

275 一名伯蓱　注疏本「蓱」改「萍」。

276 廣雅云貫節　注疏本「云」改「名」。 ×

277 莙牛藻○釋曰　注疏本刪。 ×

278 楊州人饑荒可以當穀食　注疏本脱「人」，「食」下衍「也」。「楊」字閩本、監本同，毛本改「揚」，元本闕。

279 蓫薚馬尾　唐石經、單疏本、雪牕本同。釋文及注疏本「薚」作「蕩」，非。五經文字云：「薚，見爾雅。」

280 江東呼爲當陸　釋文、單疏本、雪牕本同。注疏本脱「呼」。

281 蓫薚馬尾○釋曰　注疏本删。×

282 馬尾蔏陸　注疏本「蔏」誤「薚」。

283 今關西亦呼爲薚江東呼爲當陸　注疏本脱「亦」及下「呼」。

284 一名蕩根　正德本「蕩」作「募」，閩本、監本、毛本誤「薚」。❾

285 萍蓱　雪牕本、注疏本同。正德本作「苹萍」，非。唐石經、單疏本作「苹蓱」，當據以訂正。釋文：「苹，音平。萍，本或作『蓱』，音瓶。」按，五經文字云「苹，音平。蓱，音瓶，釋文又作『萍』」，則張氏所據釋文當爲「蓱，音瓶，本又作萍」，今本非。

286 水中浮蓱江東謂之薸音瓢　雪牕本同。注疏本删下二字，「蓱」改「萍」。釋文「薸，郭音瓢」，單疏本亦作「水中浮蓱」。詩采蘋正義引此云「今水上浮蓱也，江東謂之薸，音瓢」，月令正義引此云「水中浮蓱也」，然則「也」字亦當有。

287 苹蓱其大者蘋○釋曰　注疏本删。×

288 苹一名蓱　正德本同。閩本、監本、毛本「苹」作「萍」，非。

289 今水上浮蓱是也　注疏本「蓱」誤「萍」。

290 可糝烝爲茹　正德本同。閩本、監本、毛本「烝」改「蒸」。

291 ○注詩曰于以采蘋○釋曰　注疏本

刪「釋曰」。正德本無「注」字。 ×

292 苕菟葵○釋曰　注疏本刪。 ×

293 頗似葵而小　注疏本脱「而」。

294 苗如石龍芮　正德本、閩本同。監本、毛本「芮」誤「苪」。

295 芹楚葵○釋曰　注疏本刪。 ×

296 其二月三月作英時　注疏本脱「其」。

297 可作菹及瀹食之　注疏本「菹」改「葅」，下同。

298 又有渣音樝芹　注疏本改大字，「渣音樝」移於後。

299 藬牛蘈　單疏本、雪牕本同。釋文：「藬，本又作『藬』，同，吐回反。蘈，大回反。」唐石經作「藬牛蘈」。按，「藬」當爲「蓫」。毛詩「我行其野，言采其蓫」，箋云「蓫，牛蘈也」本此，正義曰「釋草無文」，則孔所據本已誤爲「藬」矣。詩釋文「蓫，勑六反，本又作『蓄』」，又云「牛藬，本又作『蘈』，徒雷反」，則「藬」、「蘈」實一字也。

300 藬牛蘈○釋曰　注疏本刪。 ×

301 藚牛脣　唐石經、單疏本、雪牕本同。釋文：「⿱艹脣，音脣，本今作『脣』。」按，玉篇「⿱艹脣，牛⿱艹脣也」，與陸本合。

302 毛詩傳曰水蕮也　單疏本、雪牕本同。釋文：「蕮，音昔。」按，毛詩汾沮洳傳作「水舄」，正義引此注作「水蕮」，是毛傳本作「舄」，郭氏引之加艹頭耳。邢疏引毛傳、郭注皆從艹，非。説文「藚，水舄也」，與毛傳同。

303 如藚斷　雪牕本、注疏本同，誤也。單疏本作「續斷」，詩正義所引同，當據以訂正。此亦經注異文之證。

304 藚牛脣○釋曰　注疏本刪。 ×

305 郭氏所不取○注毛詩傳曰水蕮也

○釋曰　注疏本删下十字。×

306 蕢水蒚也是　注疏本「也是」倒。

307 苹蘋蕭○釋曰　注疏本删。×

308 莖似箸而輕肥　盧文弨曰御覽卷九百九十八引作「輕脆」，此誤。

309 又可烝食是也　注疏本脱「是」。「烝」字正德本同，閩本、監本、毛本改「蒸」。

310 連異翹○釋曰　注疏本删。×

311 其小翹生崗原之上葉花實皆似大翹　正德本同。閩本、監本、毛本「崗」作「岡」，「花」作「華」。×

312 澤烏蕵　雪牕本、正德本同。石經考文提要引至善堂九經本亦作「烏蕵」。閩本、監本、毛本「蕵」作「蘾」，因注云「即上蘾也」致誤。葉鈔釋文、唐石經、單疏本「蕵」作「蕵」，從夕。

313 澤烏蕵○釋曰　注疏本删。×

314 傅撗目　唐石經、單疏本、雪牕本同。釋文、注疏本「撗」作「横」，從木。按，五經文字云「横從手者，訛」。

315 一名結縷　單疏本、雪牕本、注疏本同。釋文「結，音姞，本今作『結』」，集韻十一「模」「結結縷草名」本此。按，當作「結縷」，俗謂之「鼓箏草」，語轉耳。一切經音義卷十四引孫炎注云「俗名句屢草」，句屢猶結縷也，皆一聲之轉。文選上林賦「布結縷」，郭注曰「結縷，蔓生如縷相結」，此「結縷」亦「結縷」之訛，結縷猶絬縷、苦蔞、括樓也。○按，「姞」與「結」雙聲。舊挍云上林賦「結」當爲「結」，非也。

316 傅撗木○釋曰　注疏本删。×

317 虌蔓華○釋曰　注疏本删。×

318 蔆蕨攈　唐石經、單疏本、注疏本同。雪牕本、此本「蔆」作「蔆」，訛，説文「蔆，从艸，淩聲」，今訂正。釋文：「蔆，字又作『菱』，力矜反，本今作『蔆』。攈，亡悲反，孫居郡反，又居羣反。」按，一切經音義卷十五引爾雅「菱蕨麇」字從禾，與孫音合。下「菭麇舌」，釋文「麇，俱綸反，本或作『麇』，音眉」，是麇、麇二字易相亂。錢大昕云：説文有「攈」無「攈」，當從孫叔然音作「攈」字，凡草木蟲鳥之名，多取雙聲疊韻，釋草如芺苋、薢茩、鼎蕫、逐葍、茥蕻、柀袶、邛鉅、銚芅之類，皆雙聲，蕨攈亦雙聲，攈字誤。⑩

319 蔆蕨攈○釋曰　注疏本删。×

320 楚人名蔆曰芰　釋文引字林同。注疏本「蔆」改「蔆」。

321 大菊蘧麥○釋曰　注疏本删。×

322 蕳山莓　唐石經、單疏本、雪牕本同。釋文：「蕳，子賤反。莓，音每，又音梅。」五經文字云：「蕳、蕳二同子賤反，又音前，山梅也。」爾雅用下字，蓋「莓」或作「梅」。⑪

323 蕳山莓○釋曰　注疏本删。×

324 蘦苦堇　唐石經、單疏本、注疏本同。釋文亦作「堇」，雪牕本作「菫」，注及下芨菫草同。按，「堇」字説文在艸部，然經典相承省作「堇」，毛詩「堇荼如飴」亦不從廿，獨雪牕本改「菫」，非也。

325 蘦苦堇○釋曰　注疏本删。×

326 俗謂之莖菜　正德本同。閩本、監本、毛本「謂之」倒。×

327 堇萓枌榆是也　注疏本「萓」誤「荳」。

328 水苔也　單疏本、雪牕本、注疏本同。釋文：「菭，徒來反。説文云『水青衣也』，本今作『苔』。」按，此草生水中，故字從廿，從水，台聲。今説文作「水衣，从艸，治聲」，非，當據此訂正。郭氏注本用「菭」字。廣雅云「水衣菭也」。

329 生水底　雪牕本、注疏本同。葉鈔釋文、單疏本「底」作「底」。

330 蘀石衣○釋曰　注疏本删。×

331 色類似苔而麤澁爲異　注疏本脱「似」。閩本、監本、毛本作「麄澀」。

332 以繩繫罥　舊本同。閩本、監本、毛本「罥」改「腰」。

333 咽没水下　注疏本「咽」誤「因」。

334 今之秋華菊　單疏本、雪牕本、注疏本同。釋文：「蘜，字或作『菊』。」按，説文「蘜，治蘠也，从艸，鞠聲」。此經作「蘜」，注作「菊」，須人易曉也。

335 蘜治蘠○釋曰　注疏本删。×

336 菊有黄華　舊本同。閩本、監本、毛本「華」改「花」。

337 一種莖青而大　注疏本脱「大」。

338 唐蒙女蘿　唐石經、單疏本、雪牕本同。釋文：「蓎，音唐，本今作『唐』。」按，「蒙王女」注「蒙即唐也」，釋文亦云「蓎音唐」，舊挍云「本今作唐」，知蓎蒙字舊皆從卄矣，今本據毛詩改之。玉篇：「蓎，蓎蒙女蘿。」

339 唐蒙女蘿女蘿菟絲○釋曰　注疏本删。×

340 下云蒙王女　舊本、閩本同。監本、毛本「王」誤「玉」，下同。×

341 ○注詩云爰采唐矣○釋曰　注疏本删「釋曰」。舊本無「注」字。×

342 茥蒛葐○釋曰　注疏本删。×

343 茥一名蒛葐　注疏本「葐」改「盆」，下「一名覆葐」同。

344 瘠地則子細而酸是也　注疏本「酸」下衍「者」。

345 江東呼爲堇音靳　單疏本、雪牕本同。注疏本删下二字，疏中引郭云有之。邢氏云「嫌讀爲堇荁之堇」，故音之。釋文：「堇，郭音靳，居覲反。」按，詩緜正義引此注云「江東人呼爲堇」，此脱「人」字。

346 茇堇草○釋曰　注疏本删。　×

347 孋姬將譖申生　元本、閩本、監本同。毛本「孋」改「驪」。

348 嫌讀爲堇荁之堇　注疏本「荁」誤「草」。

349 葥戎葵　唐石經、單疏本、雪牕本同。釋文：「茙，音戎，本今作『戎』。」按，文選西京賦「戎葵懷羊」，李善注「爾雅曰『葥茙葵』」。茙，音戎，與陸本合。玉篇：「茙，茙葵也。」

350 葥戎葵○釋曰　注疏本删。　×

351 蘩狗毒○釋曰　注疏本删。　×

352 旋蕧似菊　單疏本、注疏本同。雪牕本「蕧」作「覆」，非。釋文引郭云旋蕧也。

353 蕧盜庚○釋曰　注疏本删。　×

354 苧麻母　唐石經、單疏本、雪牕本同。石經考文提要引至善堂九經本亦作「苧」，注疏本「苧」訛「莩」。釋文：「苧，孫音嗣，本又作『字』。」

355 苧麻母○釋曰　注疏本删。按單疏本闕卷八之第十一自「一名苧」之「一」字起至「近道田野墟落間甚多」之「甚」字止，今據元本注疏挍補。其標經注起止元本亦無，無以補正云。

356 倚商活脱　唐石經、雪牕本同。釋文：「蔏，音商，本今作『商』。」

357 蘵黄蒢　唐石經、雪牕本同。釋文：「蘵，字又作『職』，諸弋反。」五經文字：「蘵，音職。釋文作『織』。」按，玉篇「蘵，諸翼切。蘵草，葉似酸漿。蘵，同上」，釋文當爲「織，字又作『蘵』」。夏小正作「識」。

358 華小而白　雪牕本、注疏本同。此本「華」字作「草」，非，今訂正。　×

359 江東以作葅食　雪牕本、閩本、監本、毛本同。元本「葅」作「菹」。釋文：「菹，側居反。」按說文：「菹，从艸，沮聲。」玉篇：「菹，淹菜爲菹也。葅，同上。」

360 **藒車芞輿** 釋文、唐石經、雪牕本同。釋文：「車，音居，本多無此字。」經義雜記曰：「說文：『藒，芞輿也。芞，芞輿也。』知古本爾雅作『藒芞輿』，不名『藒車』也。郭氏因離騷謂之『藒車』，故援以證之。後人輒倣注義增經字耳。離騷『畦留夷與揭車兮』，車即輿之駁文，猶曰藒輿云耳。王叔師云：『揭車，一名芞輿。』合之爾雅、說文少舛矣。」

361 **○離騷經云** 閩本、監本、毛本脱「經」字。此據元本，下準此。

362 **雜杜衡與芷** 閩本「與」下剜擠「芳」字，監本、毛本承之。

363 **葉似荍蓿** 雪牕本、元本同。閩本、監本、毛本「荍」誤「菽」，疏中同。釋文：「荍，音牧，本亦作『目』。」按，說文「芸，艸也，似目宿」。

364 **蔠葵蘩露** 唐石經、雪牕本、注疏本同。釋文：「終，本亦作『蔠』，同。」五經文字云：「蔠，釋文作『終』。」石經考文提要曰：周禮「終葵首」、左傳「終葵氏」俱作「終」，茲從經典釋文。今本非。

365 **華紫黄色** 雪牕本、閩本、監本、毛本同。元本「華」誤「葉」，疏中同。

366 **菋荎藸** 唐石經、雪牕本、注疏本同。釋文：「菋，音味，又亡戒反。藸，音除。」按，說文「菋，荎藸也」，「藸，荎藸也」，與此同。釋木作「菋荎著」，周禮韎師注杜子春讀韎爲味荎著之味。羣經音辨云「著，藥艸也。爾雅『菋荎著，五味也。又味荎著，藥艸也』，蓋賈氏所據釋草釋文亦作「著」。唐石經以下作「藸」，後人依說文改耳。⑫

367 **五味也** 雪牕本、注疏本同。按，此經作「菋」，注作「味」。

368 **子叢在莖頭** 閩本同。監本、毛本「在」誤「生」。

369 五味皮肉甘酸　此闕「酸」字，據閩本、監本、毛本補。

370 都有鹹味　此闕「鹹」字，據閩本、監本、毛本補。

371 蒤委葉　唐石經、雪牕本、注疏本同。釋文：「荼，字亦作『蒤』。」按，說文有「荼」無「蒤」，當從陸本。

372 以茠蒤蓼　雪牕本、注疏本同。釋文：「茠，本或作『薅』。」按，作「薅」者依毛詩改，非也。詩釋文曰「薅，說文云『或作茠』」，引此「以茠荼蓼」，與此注合。「蒤」亦當作「荼」，今說文蓐部作「既茠荼蓼」者，誤也，當據詩釋文及此注訂正。⓭

373 鉤藈姑　唐石經、閩本、監本、毛本同。雪牕本、元本「藈」作「藈」。釋文：「藈，本或作『睽』。菇，音姑，本今作『姑』。」按，「睽」字從目。作「藈」，訛。廣雅亦作菇，今本作姑，非。

374 鉤𤬪也　雪牕本、注疏本同，誤也。按，「鉤」當作「㼌」。釋文音經「鉤，古侯反」，音注「㼌𤬪，音鉤。字林云『㼌𤬪，王瓜也』」，此經注異文之明證。今本援經改「鉤」，非。廣雅「葵菇、㼌𤬪，王瓜也」，是㼌𤬪字皆從瓜。

375 一云鉤𤬪也　按，當作「郭云」。

376 葉似括樓圓　閩本、監本、毛本「括」作「栝」，是也。

377 困衱袶　唐石經、注疏本同。雪牕本、此本「袶」作「袶」，訛，今訂正。釋文：「袶，施音絳，孫蒲空反，本今作『絳』。」按，廣韻一「東」「袶」下引爾雅「困衱袶」，云「亦作『袶』，音降」，與釋文合。釋文「袶」字舊作「絳」，訛，兹改正。

378 攫烏階　唐石經、元本同。雪牕本「攫」音「钁」。閩本、監本、毛本作「欔」，訛。釋文「攫，沈居縛反」，葉鈔本如此，通志堂本誤作「欔」，雪牕本同。

379 攫一名烏階　閩本同。監本、毛本「攫」

誤「欔」。

380 杜土鹵　唐石經、雪牕本同。釋文：「蓾，本又作『鹵』。」按，玉篇「蓾，來伍切，杜蓾也。郭璞曰『杜衡也，似葵而香』」，知此經舊作「蓾」字矣。⓮

381 款涷也　單疏本、雪牕本同。元本「涷」誤「陳」，閩本、監本、毛本改「冬」，非。釋文引郭云「款涷也」。

382 菟奚顆涷○釋曰　注疏本删。×

383 紫赤華生水中　注疏本「華」誤「莖」。

384 案本草款涷一名橐吾一名顆東　元本同。閩本、監本、毛本「涷」改「冬」，「東」改「涷」。按，葉鈔釋文作「一名顆東」，與此合。釋文引陶注云「其冬月在冰下生，則應是『冬』，恐承音作字異耳」，據此知本草不作「款冬」，故陶注云「應是冬字」。今改釋文引本草作「冬」，非。

385 中馗菌　唐石經、單疏本、雪牕本同。釋文：「蔨，郭巨隕反，孫去貧反，本今作『菌』。」按，釋文知孫、郭本皆作「蔨」，今作「菌」非。

386 中馗菌小者菌○釋曰　注疏本删。×

387 蕈桑茰也　元本「茰」作「萸」。閩本、監本、毛本作「葽」，非。按，説文「蕈，桑萸」，「茰」即「萸」之訛。葉鈔釋文作「桑茰」。

388 菆小葉　雪牕本、元本、閩本、監本同。毛本「菆」改「䓀」。釋文：「䓀，豬葉反，又阻留反，字又作『菆』。」唐石經闕。五經文字「䓀，音輒，見爾雅」。廣韻二十九「葉」「䓀，陟葉切。爾雅釋草云『䓀小葉』」。按唐石經與五經文字多合，據五經文字作「䓀」，知唐石經亦作「䓀」也。

389 名亦不同音沛　雪牕本同。注疏本删下二字。釋文：「茇，郭音沛，補蓋反。」

390 苕陵苕黄華蔈白華茇○釋曰　注疏本删。×

391 别華色之名也　注疏本「華」改「花」。⓯

392 **有黃紫白紫爾** 元本同。注疏本「爾」改「耳」。

393 **蘪從水生** 唐石經、單疏本、雪牕本同。按，「生」字疑衍。此「蘪從水」與下「薇垂水」文一律，此注「生於水中」與下注「生於水邊」文亦一律，因經無「生」字，故注云「生於水中」。今本蓋因注誤衍，覺注爲贅矣。釋丘「谷者溦，故垂水名薇」。釋水「水草交曰蘪，故從水名蘪」。○按，此宜「蘪從」爲句，後人誤斷其句。若邢云「艸從水生者曰蘪」，非也。⑯

394 **蘪從水生○釋曰** 注疏本刪。×

395 **薇垂水○釋曰** 注疏本刪。×

396 **薜山麻○釋曰** 注疏本刪。×

397 **粼堅中** 唐石經、雪牕本、注疏本同。釋文亦作「粼」。此作「粼」，譌，今訂正。疏云「其中堅實者名鄰」，「鄰」亦當作「粼」。

398 **仲無笐** 唐石經、雪牕本、元本、閩本、毛本同。石經考文提要引至善堂九經本亦作「笐」。釋文：「笐，本又作『亢』，户剛反。」監本作「笎」，譌。⑰

399 **䈕箭萌** 唐石經、雪牕本同。釋文：「䈕，音箭，本今作『箭』。」

400 **䈕蒩鴈醢** 單疏本、雪牕本、注疏本同。毛本「鴈」改「雁」。釋文「蒩」作「菹」。此非。

401 **莽數節至篠箭○釋曰** 注疏本刪。×

402 **筡空也** 注疏本「也」誤「中」。

403 **○注今桃枝節間相去多四寸○釋曰** 注疏本「注」作「郭云」，「寸」下增「者」，刪「釋曰」。×

404 **枹霍首** 唐石經、雪牕本、元本、閩本、監本同。毛本「首」改「㫗」，絶無所本，惟釋器「㫗首謂之革」，釋文謂「本或作古㫗字」。⑱

405 今南方越人采以爲席　單疏本、雪牕本同。注疏本脱「方」字。

406 芏夫王○釋曰　注疏本删。×

407 似筦藺　注疏本「筦」作「莞」。

408 蘻月爾　唐石經、單疏本、雪牕本同。釋文：「基，郭音其，字亦作『蘻』。」説文云：「蘻，土夫也。」按，此則許氏讀爾雅「芏夫王蘻」爲句，與郭氏異讀。今本説文作「蘻月爾也」，係據郭本竄改，非許慎原文。⑲

409 蘻月爾○釋曰　注疏本删。×

410 葴馬藍○釋曰　注疏本删。×

411 姚莖涂薺　唐石經、雪牕本同。釋文：「蒤，音徒，本今作『涂』。」

412 江東呼芐音怙　陳本同。雪牕本「怙」改「户」。注疏本删下二字。釋文音經「芐，音户」，又於注「怙，音户」。單疏本作「江東人呼芐」，此脱「人」字。

413 芐地黄○釋曰　注疏本删。×

414 一名芭　注疏本「芭」作「芑」。

415 蒙王女　唐石經、單疏本、雪牕本、元本、閩本同。監本、毛本「王」誤「玉」。石經考文提要引至善堂九經本亦作「王女」。

416 拔蘢葛○釋曰　注疏本删。×

417 藗牡茅○釋曰　注疏本删。×

418 或曰苓耳　單疏本、雪牕本、元本、閩本、監本同。毛本「曰」改「云」。

419 菤耳苓耳○釋曰　注疏本删。×

420 幽州人謂之爵耳　注疏本脱「人」。

421 蕨虌　唐石經、單疏本、雪牕本、元本同。釋文：「虌，字亦作『鱉』。」閩本、監本、毛本「虌」改「鼈」，注及疏準此。

422 蕨虌○釋曰　注疏本删。✕

423 蕎邛鉅　唐石經、雪牕本、元本同。釋文、單疏本、閩本、監本、毛本「邛」作「卭」，誤。[20]

424 蕎卭鉅○釋曰　注疏本删。✕

425 繁由胡　唐石經、雪牕本、注疏本同。釋文：「蘩，音繁，本今作『繁』。」按，「繁」當作「蘩」，此「蘩由胡」與上「蘩皤蒿一也」字皆從艹。傅崧卿本夏小正「蘩由胡，由胡者，繁母也」，上「蘩」下「繁」，最有區別。春秋隱三年正義及邢疏「蘩皤蒿」皆引陸機疏曰「夏小正『蘩遊胡』」。今本夏小正亦作「繁」，皆俗寫流傳，失其本真，非古字通也。詩「采蘩」字亦從艹。

426 今莣草似茅　單疏本、雪牕本同。注疏本「莣」改「芒」。釋文音經「莣音亡，本亦作『芒』」。按廣韻十「陽」「莣」字下引爾雅「莣杜榮，郭云『今莣草似茅』」，據此知舊本注皆作「莣」，非由經注有異也。[21]

427 莣杜榮○釋曰　注疏本删。✕

428 莣草一名杜榮郭云今莣草似茅　注疏本「莣」皆作「芒」。

429 稂童粱○釋曰　注疏本删。✕

430 今江東呼爲藨莓子似覆葐而大　單疏本、雪牕本同。注疏本「葐」作「盆」，非。上「堇缺葐」注亦作「覆葐」。又疏引郭云「今江東」下有「人」字，此脱。

431 藨麃○釋曰　注疏本删。✕

432 子似覆葐而大赤　注疏本「葐」改「盆」，脱「赤」。

433 的薂　唐石經、單疏本、雪牕本同。釋文：「菂，丁歷反，本今作『的』。」按，上「的中薏」釋文云「的，丁歷反，或作菂，同」。

434 即蓮實也　雪牕本同。注疏本無「也」。

435 **的薂○釋曰**　注疏本刪。×

436 **購蔏蔞○釋曰**　注疏本刪。×

437 **菿勃菿○釋曰**　注疏本刪。×

438 **蔓繞蕀蒬**　唐石經、雪牕本、注疏本同。單疏本「蕀」作「棘」。釋文：「棘，字或作『蕀』，同。」按，説文「朿，象木芒之形。棘從並朿，不當更從艹」。説文「蒬，棘蒬也，从艸，宛聲」，亦止作『棘』。五經文字「蒬，見爾雅」，今本作「蒬」，非。㉒

439 **今遠志也**　注疏本同。單疏本、雪牕本作「遠葸」。釋文「遠志，字又作『遠葸』」，非」，今本蓋據釋文改。

440 **蔓繞棘蒬○釋曰**　注疏本刪。×

441 **一名棘蒬郭云今遠葸也**　元本同。閩本、監本、毛本「棘」改「蕀」，「葸」改「志」，下並同。㉓

442 **小草狀似麻黄而青**　注疏本「似」改「如」。

443 **茦刺**　釋文、雪牕本、元本同。單疏本、閩本、監本、毛本作「茦刺」，非。唐石經作「茦刺」。釋文：「刺，字又作『刾』，又作『莿』。」按，五經文字云「『刺』作『刾』，訛。『刾』當作『刺』」，隸釋載石經魯詩殘碑是以爲「刾」。説文「莿，茦也，从艸，刺聲」，與釋文又作字合。

444 **茦莿○釋曰**　注疏本刪。×

445 **或謂之劌**　注疏本「劌」誤「歲」。

446 **蕭萩**　唐石經、單疏本、雪牕本、元本同。石經考文提要引至善堂九經本亦作「萩」。閩本、監本、毛本「萩」誤「荻」。釋文：「萩，音秋。」按，説文「萩，蕭也，从艸，秋聲」。詩采葛正義引釋草，今亦誤爲「荻」。此「蕭萩」與藨麃、的薂、勃菿、蔓繞、茦刺皆所謂疊韻是也。

447 **蕭萩○釋曰**　注疏本刪。×

448 **薚海藻○釋曰**　注疏本刪。×

449 一名蕁　元本同。閩本、監本、毛本「蕁」改「藫」。

450 長楚銚芅　唐石經、單疏本、雪牕本同。五經文字：「芅，音翼，見爾雅。」釋文：「萇，且良反，本今作『長』。芅，音翼，字亦作『弋』。」按，詩隰有萇楚毛傳「萇楚，銚弋也」，説文「萇，萇楚跳弋，从艸，長聲」，字皆作「萇」。今本作「長」，非。

451 長楚銚芅○釋曰　注疏本删。

452 蘦大苦○釋曰　注疏本删。

453 芣苢馬舄馬舄車前　唐石經、單疏本、雪牕本同。釋文：「蕮，四夕反，本今作『舄』。」按，毛詩傳作「舄」，爾雅作「蕮」。

454 芣苢馬舄馬舄車前○釋曰　注疏本删。

455 其子治婦人難産　注疏本作「産難」。

456 王基駮云　元本、閩本、監本同。毛本「駮」改「駁」。

457 綸今有秩嗇夫所帶糾青絲綸　雪牕本、注疏本同。此本下「綸」字剜改。按疏云「綸是糾青絲繩也」，本注爲説，原刻「綸」當作「繩」。疏引張華云「綸如宛轉繩」，又釋言注云「綸者繩也」，皆可證。

458 彩理有象之者　雪牕本、注疏本同。按疏云「采理似之」，所據郭注「彩」當作「采」。

459 綸似綸至華山有之○釋曰　注疏本删。

460 采理似之　注疏本「采」改「文」。

461 ○注綸今有秩嗇夫所帶糾青絲綸○釋曰案漢書　注疏本删上十五字。

462 今江東呼爲鴈齒　雪牕本、注疏本同。單疏本「今江東」下有「人」字，此脱。

463 緜馬羊齒○釋曰　注疏本删。×

464 繅者以取繭緒□　注疏本「□」作「者」，此空闕一字。

465 繅繹繭爲絲也緒絲耑也　注疏本「繹」誤「澤」。「耑」字正德本同，閩本、監本、毛本改「端」。

466 萿蘪舌○釋曰　注疏本删。×

467 蘩之醜秋爲蒿○釋曰　注疏本删。×

468 此言蘩蕭蔚莪之類　注疏本脱「蔚」。

469 莕即其實音俘　雪牎本同。單疏本、注疏本「實」下有「也」，無「音俘」。釋文：「莕，香干、芳于二反，注音俘，同。」

470 芙薊其實莕○釋曰　注疏本删。×

471 猋藨芀　唐石經、單疏本、雪牎本同。釋文：「芀，字或作『苕』，下同。」按，單疏本經作「芀」，疏云「此辨苕、荼之別名也」，又「蔈也，莕也，其別名。荼即苕也」，又注云「皆苕、荼之別名」，是郭注用苕字，故邢疏據之。考説文「芀，葦葉也。苕，艸也」，毛詩鴟鴞傳「荼萑苕也」，是苕秀字經本作「芀」，毛公、郭氏轉用「苕」字。漢、晉通行，須人易曉故也。此經注異文之明證。陸氏不能區別，輒云某或作某矣。

472 蔈莕荼猋藨芀○釋曰　注疏本删。×

473 此辨苕荼之別名也　注疏本「苕」改「芀」。

474 荼即苕也苕又一名猋　元本亦作「苕」。閩本剜改「芀」，監本、毛本承之，下同。元本「猋」作「焱」。按釋文云「猋」字從三犬，俗從三火，非也。

475 葦醜芀○釋曰　注疏本删。×

476 葭華　唐石經、單疏本、雪牎本同。按，「華」當作「葦」，字之誤也。説文「葦，大葭也，葭葦之未秀者」可證。文選東京賦「外豐葭菼」，李善引爾雅曰「葭，葦也。茨，蓲也」，是唐初本不誤，今本承開成石經之訛耳。郭注「葭葦」云「即今蘆也」，注「葭蘆」云「葦也」，正彼此互證。

477 江東呼爲蒹藡音廉　單疏本作「江東呼爲薕藡」，雪牕本作「江東呼爲薕音廉」，注疏本「蒹」作「薕」，删下三字。釋文：「藡，徒的反。」史記索隱司馬相如列傳引此注作「江東人呼爲蒹蘞蘞音斂」。按，藡、蘞同字，「人」字亦當有。

478 江東呼爲烏蓲　單疏本同。雪牕本「蓲」誤「區」。注疏本「烏」誤「鳥」。釋文引説文云「烏，蓲草也」，引張揖云「未秀曰烏蓲」。今本説文脱「烏」字，而玉篇「蓲」字注云「烏蓲也」，當據以補正。史記索隱引作「江東人呼爲烏蓲」，此脱「人」字。

479 音丘　雪牕本同。注疏本删。釋文「蓲，郭音丘」，五經文字云「蓲，江東謂之蓲。蓲，音丘。見爾雅」，皆與此合。

480 今江東呼蘆笋爲虇　雪牕本、元本同。單疏本「今江東」下有「人」字。閩本、監本、毛本「笋」作「筍」。玉篇作「江東人呼蘆筍爲蘆虇」，亦有「人」字，當據補。五經文字云：「筍，俗作『笋』，訛。」

481 音繾綣　單疏本、閩本、監本、毛本同。元本删此三字。雪牕本改作「音丘阮」，因釋文云「虇，郭音綣，丘阮反」故也。

482 葭華至其萌虇○釋曰　注疏本删。×

483 江東呼爲薕藡　元本同。閩本、監本、毛本「藡」誤「適」。

484 ○注音繾綣○釋曰　注疏本「綣」下增「者」，删「釋曰」。×

485 音貐豬　雪牕本、注疏本同。單疏本作「音貐豬」。按釋文釋獸作「貐」，舊挍云「本今作『貐』」。㉔

486 蕍芛黃華榮○釋曰　注疏本删。×

487 蕫亦華也　元本「華」誤「單」，閩本、監本、毛本遂改作「蕫華單也」。

488 郭云釋言云華皇也今俗呼草木華初生者爲芛蘥猶敷蘥亦華之貌所未聞　注疏本删上二十七字。

489 ○注音[豕+育]豬○釋曰　注疏本「豬」下增「者」，删「釋曰」。×

490 卷施草　唐石經、單疏本、雪牕本同。釋文「施，或作『葹』，同」，石經考文提要引至善堂九經本亦作「施」。注疏本「施」誤「旆」。

491 卷施草拔心不死○釋曰　注疏本删。×

492 ○注宿莽也離騷云○釋曰離騷經云　注疏本删上九字，「離騷」上增「案」。×

493 夕擥洲之宿莽　正德本同。閩本、監本、毛本「洲」上衍「中」。

494 今江東呼藕紹緒如指空中可啖者爲茇茇即此類　單疏本、雪牕本同。注疏本「紹」作「經」，「爲茇」作「爲芨」，皆誤，疏中同。經義雜記曰：「疑衍一『茇』字。」○按，作「爲茇茇」是也。說文曰：「茇，草根也。」

495 葯茇○釋曰葯一名茇　注疏本删上四字，「名茇」誤「名茷」。×

496 荄根○釋曰　注疏本删。×

497 攫槖含　釋文、唐石經同。石經考文提要引至善堂九經本亦作「攫」。雪牕本作「攖槖」，監本作「欆槖」，毛本作「欆槖」，皆非，正德本、閩本亦誤。按，此「攫槖含」與上「攫烏階」一字也。陸此音俱縛反，與上「沈音居縛反」一音也。

498 今江東呼華爲荂音敷　雪牕本同。注疏本删下二字。

499 **不榮而實者謂之秀** 釋文、唐石經、雪牕本同。陸德明云：「衆家並無『不』字。」按，當從衆家無「不」字。詩生民「實發實秀」毛傳曰「榮而實曰秀」，正義本衍「不」字，因曲爲之説曰「彼是英秀對文，以英爲不實，故以秀爲不榮」，其實黍稷皆先榮後實。出車云「黍稷方華」，是嘉穀之秀，必有榮也。此傳因彼成文而引之耳。高誘注淮南子時則及本經篇皆引爾雅「榮而實曰秀」，俗本亦增「不」字。

500 **榮而不實者謂之英** 按西山經云「黑華而不實名曰菁蓉」，郭傳曰「榮而不實謂之英菁。音骨」。今本山海經奪「英」字耳，非有異文也。

501 **華荂也至謂之英○釋曰** 注疏本刪「又」。元本、閩本此節疏全闕。×

502 **華與荂又一名榮** 監本、毛本脱上三字。

503 **散文則草亦名華** 監本、毛本「散」誤「故」。

504 **實發實秀** 監本、毛本「發」、「秀」倒。

505 **徒有其榮而不實者曰英** 監本、毛本脱「徒」。

爾雅疏卷第八 ×

506 **爾雅疏卷第九** 名銜後一行標目「釋木第十四」、「釋蟲第十五」，另行標「釋魚第十六」。注疏本「釋木」、「釋蟲」卷第九，「釋魚」以下卷第十。㉕

釋木第十四

507 **釋木第十四○釋曰** 注疏本刪。×

508 **槄山榎○釋曰** 注疏本刪。×

509 **詩秦風云** 注疏本脱「詩」。×

510 **宜陽共北山多有之** 舊本、閩本同。毛本脱「共」。監本下衍「也」。

511 **亦類漆樹** 雪牕本、注疏本同。單疏本「漆」

作「漆」。釋文：「桼，字又作『漆』。」按，説文「桼，木汁」，水名字作「漆」。此當從陸本。又詩山有樞正義引此注下有「俗語曰櫄樗栲漆相似如一」十一字，釋文「俗語」作「方志」，櫄音勑倫反。

512 栲山樗○釋曰　注疏本删。　×

513 陸機疏云　舊本疏下剜擠「語」字，閩本、監本、毛本排入。

514 許慎正以栲讀爲糗　元本同。閩本、監本、毛本「糗」作「稬」，非。説文米部「糗，从米，臭聲」，禾部無「稬」字。古音考讀若臭，「讀爲」當作「讀若」。今説文「㭉，山榑也，从木，尻聲」，以「樗」爲「樓」之正，無「栲讀爲糗」語。玉篇以「㭉」爲「栲」之重文。據陸疏則説文當以「栲」爲正字，「㭉」爲重文，於「栲」下云「讀若糗」。

515 失其聲耳　舊本同。閩本、監本、毛本「耳」改「矣」。

516 鬯臼以椈　單疏本、雪牕本同。注疏本脱「臼」。釋文：「鬯臼，其久反。」此本「椈」從手，譌，今訂正。

517 柏椈○釋曰　注疏本删。　×

518 ○注禮記曰鬯臼以椈○釋曰　注疏本脱「臼」，「椈」下增「者」，删「釋曰」。　×

519 椵柂　雪牕本、注疏本同。釋文、單疏本「椵」作「椴」，唐石經作「椴」。此與下「櫠椵之椵」相涉亂耳，徒亂反。

520 椵柂○釋曰　注疏本删。　×

521 柂棺一鄭注云　注疏本「棺」誤「根」，脱「一」。

522 梅柟○釋曰　注疏本删。　×

523 柀煔○釋曰　注疏本删。　×

524 櫠椵○釋曰　注疏本删。　×

525 郭云柚屬也子大如盂皮厚二三寸　注疏本刪下十六字。

中似枳食之少味

526 可飼牛　單疏本、雪牕本、注疏本同。釋文：「飤，囚志反。字林云『糧也』。經典並止作『食』字，借作飼音。本又作『飯』，扶晚反。本今作『飼』。」五經文字云：「飤，經典通以『食』字爲之。」按，説文「飤，糧也，从人、食」，無「飼」字，知郭注本用「飤」字。

527 材中車輞　單疏本、雪牕本、注疏本「輞」作「輞」。釋文「輞，音罔，下同」，與此合，下準此。

528 杻檍○釋曰　注疏本刪。

529 二月中葉疏　注疏本「疏」改「踈」。

530 今官園種之　注疏本「官」誤「宮」。

531 共汲山下人　閩本、監本同。元本、毛本「共」誤「其」。

532 楙木瓜○釋曰　注疏本刪。

533 詩衛風云　注疏本脱「云」。

534 椋即來　唐石經、單疏本、雪牕本同。釋文：「棶，力臺反。埤蒼、字林並作『棶』，云『椋也』，本今作『棶』。」按，玉篇「棶，椋也」，説文「椋即來也」，無「棶」字。

535 椋即來○釋曰　注疏本刪。

536 栭栭　唐石經、單疏本、雪牕本同。釋文：「檽，字又作『栭』，音而。」按，後漢書王苻傳注引作「檽」，與陸本合。「檽」葢「檽」之訛，即「栭」之俗體。玉篇「檽，乃豆切，木名，皮可染」，别一字也。[26]

537 今江東亦呼爲栭栗　單疏本、雪牕本同。按，「亦」字當衍，或爲「人」字之訛。詩皇矣正義、廣韻十七「薛」並引此云「今江東呼爲栭栗」，無「亦」字。

538 栭栭○釋曰　注疏本刪。

539 芝栭䔖椇　元本同。閩本、監本、毛本「䔖」改「蔆」。椇，監本、毛本改「棋」。

540 檴落　唐石經、單疏本、雪牕本、閩本、監本、毛本同。元本作「穫落」，穫音鑊。疏云「穫，一名落」。按，詩大東「無浸穫薪」，毛傳「穫，艾也」，箋云「穫，落木名也」，釋文云「穫，鄭木名」，字則宜從木旁，是爾雅經「檴」字本從木，不與毛詩同。據唐石經、單疏本知元本非也。

541 可以爲杯器素　單疏本、雪牕本同。詩正義引此上有「檴音穫」三字。釋文：「桮，必同反，本今作『杯』。」按，説文「桮，𩰫也。𩰫，小桮也」，詩正義引某氏曰「可作杯圈」，郭氏曰「可爲杯器素也」，「杯」即「桮」之省，「素」當爲「索」字之誤也。陸元恪云：其皮堅韌，剝之長數尺，可爲絙索，其材可爲杯器。注本此。邢氏作疏時已誤作「素」，故云「素謂樸也」。按釋草「望乘車」注云「可以爲索，長丈餘」，「菋杜榮」注云「皮可以爲繩索」，可與此注互證也。㉗

542 檴落〇釋曰　注疏本刪。×

543 無浸穫薪鄭箋云穫落木名　元本同。閩本、監本、毛本「穫」改「檴」，非。

544 今榔榆也　元本同，誤也。閩本、監本、毛本「榔」作「㮾」，與詩正義作「㮾」合。〇按，左傳莊四年正義曰「木有似榆者，俗呼爲朗榆」，集韻「㮾，木名」，廣韻「㮾，木名」，皆是此字，而从阝者誤。此疏「榔」字亦當作「㮾」，非榔子木也，作「榔」者非是。草木蟲魚疏作「榔榆」，其誤久矣，榔不得連「榆」成文。

545 柚條〇釋曰　注疏本刪。×

546 時英梅〇釋曰　注疏本刪。×

547 楥柜桏　唐石經、雪牕本同。單疏本、注疏本「桏」誤「枊」。五經文字「桏，音邛，見爾雅」。葉鈔釋文云「郭音邛」，今本誤作「卭」。㉘

548 或曰桏當爲柳柜桏似柳　單疏本、雪牕

本同。盧文弨曰：上言「桏當爲柳」，則下自當云「柜柳」矣，此仍作「枊」，誤。㉙

549 皮可以煑作飲　陳本同。單疏本、雪牕本、注疏本皆無「以」字。×

550 楥柜枊○釋曰　注疏本刪。×

551 栩杼○釋曰　注疏本刪。×

552 今京洛及河内言杼斗　正德本同。閩本、監本、毛本「斗」誤「汁」。

553 味莖著　唐石經、雪牕本、正德本同。閩本、監本、毛本「味」改「菋」。釋文「菋，音味，又亡戒反，本今作『味』」，知從艹者據釋文改也。

554 櫙莖　釋文、唐石經、單疏本同。玉篇木部「櫙，木名，爾雅云『櫙莖』」，廣韻十九「侯」同，字皆從木，從蓲。唐石經作「廿」下「樞」，非。釋文：「櫙，烏侯反。詩云『山有樞』是也，本或作『蓲』，同。」太平御覽卷九百五十六載郭注引詩曰「山有蓲」。考説文艸部有「蓲」，木部有「樞」，皆區聲，而無「蘁」、「櫙」字。毛詩山有樞用木部户樞字，魯詩山有蓲用艸部烏蓲字，據郭注引詩作「蓲」，釋文引詩作「樞」，知爾雅本與詩同。今作「櫙」、「蘁」兩體，及并合艸部、木部字爲之，複沓難以下筆，俗作也。近戴震讀樞爲昌朱切，讀櫙爲烏侯切，謂詩字必當從爾雅作蘁，今作樞，訛，豈未審。「蓲」、「樞」同一區聲，皆可讀作「歐」。爾雅本與詩同。作「蘁」者爲俗字乎。

555 蘁莖○釋曰　注疏本刪。×

556 藲爲茹　正德本同。閩本、監本、毛本「藲」改「蘦」。

557 美滑於白榆也　注疏本脱「也」。監本、毛本「於」誤「如」。

558 榆之類有十種　注疏本脱「榆」。

559 皮及木理異耳　正德本同。閩本、監本、毛本「耳」改「矣」。

560 杜甘棠○釋曰　注疏本删。×

561 其赤者爲杜爲甘棠爲赤棠　正德本同。閩本「杜」下擠「棠」，「甘棠」下擠「杜」，監本、毛本承之。

562 小雅云有杕之杜傳云杜赤棠是也　元本同。閩本、監本、毛本改作「唐風云」。按，小雅杕杜篇無傳。㉚

563 狄臧槔　唐石經同。石經考文提要引至善堂九經本亦作「臧」。釋文：「臧，孫子郎反。」雪牕本、注疏本作「藏」，誤。

564 似小㮏可食　單疏本、雪牕本、正德本同。閩本、監本、毛本「㮏」改「柰」，疏中同。按，廣韻十八「尤」「朹」字下引注作「㮏」，玉篇「㮏」同「柰」。

565 朹繫梅○釋曰　注疏本删。×

566 朻者聊　唐石經、雪牕本同。注疏本「科」誤「朻」。釋文云「郭音糾」，而字亦誤「科」。此「朻」與「聊」爲叠韻。

567 今江東多有之　單疏本、雪牕本同。注疏本「江」改「河」，非，疏中同。

568 魄榽橀○釋曰　注疏本删。×

569 今南人呼桂厚皮者爲木桂　單疏本、注疏本同。雪牕本「南人」作「江東」，非，桂生南方。

570 梫木桂○釋曰　注疏本删。×

571 棆無疵○釋曰　注疏本删。×

572 棆美木也　注疏本脱「美」。

573 椐樻○釋曰　注疏本删。×

574 節中腫以扶老　舊本同。閩本、監本、毛本「以」作「似」。○按，「節中腫似扶老」語本陸機詩疏，扶老木可作杖，陶淵明「策扶老以流憩」，詳困學紀聞，作「似」者是也。又按靈壽木作杖，一名扶老杖，見孔光傳。邛竹亦名扶老竹，見中山經。

575 恒農郡北山甚有之　舊本同。閩本、監本、毛本「恒」作「宏」，「郡」作「共」。

576 檉河柳○釋曰　注疏本刪。×

577 枝葉似松　注疏本「似」改「如」。×

578 旄澤柳○釋曰　注疏本刪。×

579 楊蒲柳○釋曰　注疏本刪。×

580 ○注左傳所謂董澤之蒲○釋曰　注疏本「注」下增「云」，「蒲」下增「者」，刪「釋曰」。×

581 董澤澤名　注疏本「澤名」誤「之蒲」。

582 杜赤棠白者棠○釋曰　注疏本刪。×

583 諸慮山櫐　唐石經、單疏本、雪牕本同。釋文：「慮，字又作『攄』，力余反。」按，「攄」當作「櫖」。五經文字：「櫖，丑餘反，見爾雅。」玉篇：「櫖，山櫐也，似葛而麤大。」

584 諸慮山櫐○釋曰　注疏本刪。×

585 今江東呼爲櫼欇音涉　雪牕本同，是也。注疏本刪下二字。釋文：「欇，郭音涉。」按，單疏本引郭注「今江東呼爲櫼」止，齊民要術卷十四載郭注亦「呼爲櫼」止，「欇音涉」三字別爲小字音切。今本刪「音涉」二字，而誤存「欇」字，皆非也。

586 欇虎櫐○釋曰　注疏本刪。×

587 莢有毛刺　注疏本脱「毛」。

588 杞枸檵○釋曰　注疏本刪。×

589 春生羹茹微苦　舊本同。閩本「生」下擠「作」。監本、毛本排入。

590 杬魚毒　唐石經、單疏本、雪牕本同。注疏本「杬」誤「杭」。釋文：「杬，音元，又作『芫』。」盧文弨曰：説文艸部「芫，魚毒也，从艸，元聲」，木部無「杬」字。顔師古注急就章云「芫華，一名魚毒，漁者煮之以投水中，魚則死而浮出，故以爲名，其華可以爲藥，『芫』字或作『杬』」。郭景純説誤，其生南方用藏卵果者，自別一杬木，乃左思吴都賦所云『緜杬杶櫨』者耳，非毒魚之杬也」，據此蓋本釋草文，因「芫」或作「杬」，遂誤入釋木耳。上文「菋荎著」，郭注亦以爲釋草文之誤重者。

591 中藏夘果　雪牕本、正德本同。釋文亦作「夘」，單疏本作「卵」，閩本誤「卯」，監本、毛本作「卵」，俗字。

592 杬魚毒○釋曰杬一名魚毒郭云杬大木子似栗生南方皮厚汁赤中藏夘果　注疏本刪，但有「杬一名魚毒」五字。×

593 椵大椒○釋曰　注疏本刪。×

594 大椒之別名也　注疏本脱「名」。

595 椒樹似茱萸　舊本同。閩本、監本、毛本「似」改「如」。×

596 又用烝雞豚　舊本同。閩本、監本「烝」改「蒸」。毛本「雞」改「鷄」。×

597 最佳香　閩本、監本同。舊本、毛本「香」誤「者」。×

598 楰鼠梓○釋曰李巡云　注疏本刪上五字，「云」改「曰」。×

599 葉員而岐　正德本同。雪牕本作「葉員而歧」，釋文「歧，音祈」。單疏本、注疏本「員」作「圓」，下「無姑」注同。

600 楓欇欇○釋曰　注疏本刪。×

601 寓木宛童○釋曰　注疏本刪。×

602 赤黑恬美　舊本同。閩本、監本、毛本「恬」作「甜」。

603 無姑　唐石經、單疏本、雪牕本、注疏本同。此本舊作「无姑」，王氏急就篇補注引經注同，係俗省，今訂正，下「無實李」同。

604 **生山中葉圓而厚剝取皮合漬之其味辛香** 單疏本、注疏本同。段玉裁云：顏師古注急就篇曰「生於山中，其莢圓厚，剝取樹皮合漬而乾之，成其辛味也」，係用郭語，「葉」作「莢」爲長。

605 **所謂無夷** 單疏本、雪牕本、正德本同。閩本、監本、毛本改「蕪荑」，疏中準此。

606 **無姑其實夷○釋曰** 注疏本刪。×

607 **所謂無夷云所謂者** 元本無「者」字，注疏本同，「無」改「蕪」。

608 **有捄彙自裹** 單疏本、雪牕本、注疏本「捄」作「梂」。葉鈔釋文正作「梂」。注引舍人、孫炎説作「捄」，字皆從手。按説文木部「梂，櫟實，从木，求聲」，則從手者訛。詩椒聊箋亦俗從手。×

609 **櫟其實梂○釋曰** 注疏本刪。×

610 **櫟實橡也** 正德本、閩本同。監本、毛本「橡」誤「豫」。×

611 **檖羅** 唐石經、單疏本、雪牕本同。注疏本「羅」改「蘿」。按，毛詩晨風傳「檖，赤羅也」，正義曰「釋木云檖，赤羅」，是古本有「赤」字。

612 **實似梨而小** 雪牕本同。單疏本、注疏本「梨」作「棃」，玉篇「梨」同「棃」。

613 **檖羅○釋曰檖一名羅** 注疏本刪上四字，「羅」改「蘿」，下同。×

614 **實如桃而小** 單疏本、雪牕本同。文選閒居賦注引作「實似桃而小」，此作「如」，非。㉛

615 **楔荆桃至山桃○釋曰** 注疏本刪。×

616 **痤椄慮李** 唐石經、單疏本同。雪牕本「痤」改「桗」。正德本「椄」誤「接」。閩本、監本、毛本誤「座接」，疏中準此。釋文「痤，徂禾反」，石經考文提要引至善堂九經本亦作「痤」。按，玉篇木部云「椌，亦作『榁』」，廣韻「榁」下引爾雅「痤棱慮李」，云「或從木」，雪牕本蓋據此。

617 休無至赤李○釋曰　注疏本刪。×

618 棗壺棗　唐石經「棗」作「棗」，凡從棘朿字皆作朿，與束縛字不同。注疏本作「棗」，非「壺」字。石經闕。單疏本、雪牕本、正德本作「壺」。㉜

619 子細䙅　單疏本、正德本同。雪牕本、閩本、監本、毛本「䙅」作「要」。按，釋文「要，一遙反，注同」，是陸本作「要」。

620 子白熟　雪牕本、正德本同。閩本「白」下剜擠「乃」字，監本、毛本排入。按疏云「棗子白熟者名擠」，是邢本無「乃」字。

621 養其樲棗　單疏本、雪牕本、正德本同。閩本、監本、毛本「棗」改「棘」，俗本孟子同。按，此疏引孟子及趙岐注作「樲棗」，玉篇木部「樲，酸棗。孟子云『樲棗』是也」，皆與此合。

622 實小而員　單疏本、雪牕本、正德本同。閩本、監本、毛本「員」改「圓」，下「楰赤楝」注同。初學記卷二十八引此作「員」。

623 洗大棗　唐石經、雪牕本、注疏本同。釋文：洗，屑典反。段玉裁云：集韻二十七「銑」引爾雅「桄大棗，出河東猗氏縣」，廣韻亦云「桄，棗木」，然則爾雅固有從木作「桄」者。白氏六帖棗類云「遵羊、洗犬，並棗名，出爾雅」，以羊犬相儷，蓋唐人本作「犬棗」。注「今河東猗氏縣出大棗」，疑注亦本作犬。盧文弨曰：梁文帝碑中用「河東洗犬，隴右蹲鴟」，仁和丁希曾嘗舉以挍爾雅。○案，詳注意當是「大」字。六朝辭章多不足據，存以俟攷。

624 蹶洩苦棗　唐石經、雪牕本、注疏本同。釋文、單疏本「洩」作「泄」。

625 皙無實棗　單疏本、注疏本同。雪牕本、此本「皙」作「晳」，訛，今訂正。唐石經作「皙」字，從白。

五經文字白部：「晳，思歷反，人色白，亦如上字。相承多從曰，非。」

626 還味棯棗　單疏本、雪牕本、注疏本同。唐石經闕。釋文：「棯，又作『荵』，同。」按，説文、玉篇皆於「檈」下云「檈味稔棗」，初學記引爾雅亦作「稔，稔熟也，棗過熟者，味短也，故名還味」，説文木部無「棯」字，玉篇、廣韻於「棯」下引爾雅，非。

627 還味短味　單疏本、雪牕本、注疏本同。此本舊作「短苦」，「苦」字剜改，今訂正。

628 棗壺棗至棯棗○釋曰　注疏本删。×

629 邊大而䙤細者　元本同。閩本、監本、毛本「䙤」改「要」，下同。㉝

630 子如鷄卵　注疏本「鷄」作「雞」。×

631 蹶泄者　元本同。閩本、監本、毛本「泄」改「洩」。

632 ○注孟子曰養其樲棗○釋曰　注疏本「棗」下增「者」，删「釋曰」。閩本、監本、毛本「棗」改「棘」，下並同。×

633 趙岐注云樲棗小棗　注疏本脱「小棗」。

634 ○注孟子曰曾晳嗜羊棗○釋曰　注疏本「注」改「一云」，「棗」下增「者」，删「釋曰」。×

635 諱名不諱姓姓所同也名所獨也是其事　注疏本删上十三字。

636 櫬梧○釋曰　注疏本删。×

637 樸枹者○釋曰　注疏本删。×

638 樸屬枹綴　元本「綴」作「緻」。閩本、監本、毛本改「櫟」。

639 ○注詩所謂棫樸枹櫟○釋曰棫樸者　注疏本「注」改「云」，删上九字。×

640 謂欟采薪采薪即薪○釋曰　注疏本刪。×

641 皆謂取草木爲薪也　注疏本脱「木」。

642 棪實似柰赤可食　單疏本、雪牕本、注疏本同。按，「柰」當作「榛」。釋文引「山海經『堂庭之山多棪木』，注云『子似榛而赤，可食』」可證。邢疏引山海經注「榛」亦改作「柰」矣。○按，「柰」正字，「榛」俗字耳，舊挍非。

643 棪樕其○釋曰　注疏本刪。×

644 出交趾　單疏本、雪牕本、注疏本同。釋文：「阯，音止，本今作『趾』。」按，釋獸注「交趾」，釋文、雪牕本、此本皆作「交阯」，此注亦當從陸作「阯」。○按，古書多作「交止」，亦作「交阯」。

645 劉劉杙○釋曰　注疏本刪。×

646 懷槐大葉而黑○釋曰　注疏本刪。×

647 槐葉晝日聶合而夜炕布者　單疏本、雪牕本、注疏本同。釋文音經「炕樊，本作『抗』」。按郭注炕布字當作「抗」。

648 守宮槐葉晝聶宵炕○釋曰　注疏本刪。×

649 大而皵楸　唐石經、雪牕本同。釋文：「皵，字或作『橵』，下同，本今作『皵』。」

650 老乃皮麤皵者爲楸　單疏本同。雪牕本、元本「麤」作「麄」。閩本、監本、毛本作「粗」，疏中同，下準此。

651 槐小至皵榎○釋曰　注疏本刪。×

652 別楸榎之異也　注疏本「異」改「名」。×

653 皵措皮也　閩本、監本、毛本「措」誤「豬」，正德本誤「猪」。

654 ○注左傳曰使擇美榎○釋曰　注疏本「榎」下增「者」，刪「釋曰」。×

655 椅梓○釋曰　注疏本删。×

656 梀赤楝白者楝　單疏本、雪牕本、正德本同。閩本、監本、毛本「楝」作「楝」，非。五經文字、唐石經作「楝」。「朿」，音七賜反。○按，唐人作「七賜反」之「朿」字略同「束」，書玉反」之字，而短其末一横。轉寫刊版勢難不誤，不如一作「朿」，一作「束」爲明析。

657 中爲車輞　釋文「輞，音罔，今本作『輞』」，與此合。單疏本、雪牕本、注疏本皆作「輞」，蓋據釋文改，與舊挍不符矣。

658 梀赤楝白者楝○釋曰　注疏本删。×

659 白楝葉員而岐　正德本同。閩本、監本、毛本「員」作「圓」。

660 㮛有杞夷　正德本同。閩本、監本、毛本「夷」改「桋」，下「一名夷」同。按，詩釋文云「桋，本亦作『荑』，音夷」。

661 終牛棘○釋曰　注疏本删。×

662 終一名牛棘郭云即馬棘也其刺麤而長謂棘之針刺麤長者　注疏本删作「終一名牛棘之針刺粗長者」。

663 因名牛棘馬棘也　正德本同。閩本、監本、毛本誤作「馬刺」。

664 灌木叢木　唐石經、單疏本、雪牕本同。釋文：「樌，古亂反，字又作『灌』，音同。」按，下「木族生爲灌」，釋文「樌，古半反，或作『灌』」。玉篇「樌，木叢生也，今作『灌』」，文在釋文，當從陸本作「樌」。毛詩作「灌」，假借字，蓋今本所據改。或郭氏引詩作「灌」，後人援注改之。

665 集於灌木　陳本同。雪牕本、注疏本「於」改「于」。單疏本不載注，其疏中別引詩云「集于灌木」，蓋淺人據此改。

666 灌木叢木○釋曰　注疏本删。×

667 瘣木苻婁○釋曰　注疏本刪。×

668 舍人苻婁屬下句　「舍人」下舊𠜾擠「曰」字，今刪正，注疏本及詩正義俱衍。×

669 蕡藹○釋曰　注疏本刪。×

670 盤結磈磊　單疏本、雪牕本同。釋文：「磈磊，本或作『傀儡』。」按，玉篇「枹」字下亦引作「磈磊」。×

671 枹遒木魁瘣○釋曰　注疏本刪。×

672 木叢攢迫而生者　注疏本誤作「欑道」，元本「攢」字不誤。按，釋文云「謂叢攢迫而生」。

673 棫白桵　唐石經、單疏本、雪牕本同。五經文字：「桵，人佳反，見爾雅。」釋文：「桵，本或作『捼』。字林人佳反。」按，說文無「妥」字。今說文作「桵」，從妥者，誤也。字林作「捼」，當本之。說文此宜作「捼」。凡從委字多有改作妥者，如「餧」作「餒」，「捼」作「挼」之類可證。

674 紫赤可啖　單疏本、雪牕本同。詩緜正義、齊民要術卷十、一切經音義卷十四皆引作「紫赤可食」。

675 棫白桵○釋曰　注疏本刪。×

676 三蒼說　注疏本「三」誤「王」。

677 棃山樆　唐石經、單疏本、注疏本同。雪牕本「棃」作「梨」。五經文字云：「樆，山棃也，見爾雅。」釋文：「棃，字亦作『梨』。樆，音離，本亦作『離』，非。」按，史記司馬相如列傳「欒離朱楊」，集解引漢書音義曰「離，山梨」，文選子虛賦注「張揖曰『離，山梨也』」，顏師古注漢書同，則爾雅古本作「離山梨」。「樆」字說文無。釋文原本當上「樆」下「梨」，張參所據尚未誤。玉篇、廣韻皆云「樆山梨」。

678 棃山樆○釋曰　注疏本刪。×

679 桑辨有葚梔　唐石經、單疏本、雪牕本、元本同。閩本、監本、毛本「辨」改「辦」，俗字，疏中準此。葉鈔釋文作「辨」，通志堂本改「辦」。按，此注云「辨，半也」，釋器「革中絶謂之辨」，釋文引孫云「辨，半分也」，「革中辨謂之韏」，郭注云「復，分半也」，是「辨」爲「半」也。

680 桑辨有葚梔〇釋曰　注疏本删。　×

681 女桑桋桑　唐石經、單疏本、注疏本同。雪牕本「桋」改「姨」，陋甚。釋文：「桋，或作『夷』。」按，「夷」當作「荑」，毛詩傳「女桑荑桑也」可證。

682 女桑桋桑〇釋曰　注疏本删。　×

683 葉却著莢　單疏本、雪牕本、注疏本同。釋文：「卻，去略反。」按，詩東門之枌正義引此注「却」作「卻」。此作「却」，俗字。

684 榆白枌〇釋曰榆之皮色白者名枌　×　注疏本删上五字，脱「者」。

685 似白楊　單疏本、雪牕本、元本、監本、毛本同。詩「何彼襛矣」釋文、正義引此注上有「今白楊也」四字，閩本擠入。

686 江東呼夫移　單疏本、雪牕本、注疏本同。釋文「夫移，音苻」，此本舊作「大移」，誤，今訂正。

687 唐棣移〇釋曰　注疏本删。　×

688 今山中有棣樹子如櫻桃可食　單疏本、雪牕本、元本同。監本、毛本「山中」作「關西」，閩本此二字空闕。按，春秋僖二十四年正義引此注云「今關西山中有棣樹，子似櫻桃可啖」，當據以補正。陸機疏亦云「自關西、天水、隴西多有之」，猶釋獸「魋如小熊」注云「今建平山中有此獸」，「鼷鼠」注云「今江東山中有鼷鼠」，文正相類。今本單言「關西」及「山中」，非也。「子如櫻桃可食」亦當作「子似櫻桃可啖」，因郭注多言「似」、言「啖」也。

689 常棣棣〇釋曰　注疏本删。　×

690 郭云今山中有棣樹　正德本同。閩本

「山中」剜改作「關西」，監本、毛本承之。

691 常棣之華　注疏本「常」改「棠」。

692 子如櫻桃正白今官園種之　注疏本脱「子」，「官」誤「宮」。

693 樹小似梔子　單疏本、雪牕本同。注疏本「似」改「如」。按，正德本疏中作「似」，玉篇艸部「荼」下引此注作「似」。

694 檟苦荼○釋曰　注疏本删。

695 晚取者爲茗　注疏本「取」作「采」。

696 樕樸心　單疏本、注疏本同。唐石經、雪牕本皆「樕」字在上，「樸」字闕。釋文：「檏，音卜，本今作『樸』。」按，玉篇「檏，檏樕，小木也。亦作『樸』」。按，毛詩野有死麕作「樸樕」，爾雅當作「檏樕」，詩正義引釋草文及孫炎、某氏注皆「樕」字在下，今本蓋誤倒。㉞

697 樕樸心○釋曰孫炎曰樸樕一名心　注疏本删上八字。

698 詩召南云　正德本、閩本、監本同。毛本「召南」下增「野有死麕」四字。

699 文雖倒　注疏本「倒」改「别」。

700 榮桐木○釋曰　注疏本删。

701 棧木干木　唐石經、單疏本、雪牕本同。注疏本「干」誤「于」。按，「棧」與「干」爲叠韻。釋文：「干木，古丹反。樊本作杆，同。」○按，「干」即乾濕字，俗字也。

702 檀木也　單疏本、注疏本同。雪牕本「橿」字闕。釋文：「殭，字書云『死而不朽』，本或作『僵』，又作『橿』。」按，死而不朽字當從陸本作「殭」，宋鄭樵注本作「僵」。今本從木，非。

703 棧木干木○釋曰　注疏本删。

704 似桑材中作弓及車轅　單疏本、雪牕本、注疏本同。詩皇矣正義引此注云「檿桑柘屬材中爲

弓」，書禹貢正義引此云「柘屬也」，今本脱「柘屬」二字。齊民要術卷五亦引作「材中爲弓」。×

705 檿桑山桑〇釋曰　注疏本删。×

706 冬官考工記云　毛本「工」誤「功」。×

707 立死椔　雪牕本、注疏本同。唐石經「椔」字闕。五經文字云「椔，壯利反，立死也，見爾雅」，單疏本亦作「椔」。按，釋文云「菑，字林作『椔』」，是爾雅不作「椔」也。詩皇矣「其菑其翳」，毛傳「木立死曰菑」，正義引釋木云「立死菑，李巡曰『以當死害生曰菑』」，釋文「菑，本又作『甾』」，然則毛詩亦作「甾」，不作「椔」也。今本從木，蓋因字林增加。

708 不獘頓　雪牕本同。注疏本「頓」下衍「椔」字。按，雪牕本「不獘頓」下連「椔側吏反」之音。俗本删之未盡，遂誤留「椔」字，而强以「側吏反」加之下文「翳」字矣。釋文：「甾，側吏反。」

709 樹蔭翳覆地者　雪牕本、注疏本同。按，此注當作「樹蔭翳相覆蔽」，今本作「覆地」，因詩正義之文相涉致誤。釋文音經「蔽，必世反，注同」，是注中有「蔽」字也。詩釋文引爾雅「蔽者翳，郭云相覆蔽」，此其證。詩正義引郭氏曰「翳樹蔭翳覆地者也」，又云「自斃者生木自倒枝葉覆地爲蔭翳故曰翳也」，此因毛傳「蔽者」作「自斃」，遂爲覆地之説，以順改郭注耳。郭不言「覆地」也。

710 梢梢櫂　單疏本、注疏本同。唐石經闕。雪牕本「櫂」作「擢」。釋文「擢，直角反，方言云『拔也』，蒼頡篇云『抽也』，小爾雅云『拔根曰擢』」，字皆從手。邢疏釋經云「此別死頓相磨皮甲抽擢之異名也」，又下「無枝爲檄」疏云「此即上文梢梢擢也」，然則邢本「擢」亦從手。今經作木旁，誤。嚴元照云：上文「木相磨槸棤皵，謂樹枝相切磨者爲槸，木皮甲錯者爲皵」，此云「梢擢謂梢者爲擢」，當衍一「梢」字，唐石經以字數計之，此行亦多一字。〇按，謂衍一「梢」字，非也。方言曰「杪，梢也。梢也，梢尾也」，説文曰「擢，引也」。梢擢者，謂木杪引而愈長，愈長則愈細，因此目之曰梢也。單言「擢」則文不完。㉟

711 梢櫂長而殺者　注疏本同。雪牕本「櫂」作「擢」。按，一切經音義卷十五引此注云「梢擢長而殺者也」。

712 木自獘至梢梢櫂○釋曰　注疏本删。×

713 此别死頓相磨皮甲抽擢之異名也　注疏本「抽擢」誤「棤櫂」。

714 木兩枝相切磨者　注疏本脱「者」。

715 ○注詩云其椔其翳○釋曰　注疏本删「云」、「釋曰」，「翳」下增「者」。×

716 自斃爲翳　注疏本「斃」改「獘」。

717 以死害生曰菑　「以」下舊擠「當」字，今删正。正德本「死」誤「當」。閩本「死」上剜擠「當」字，監本、毛本排入。

718 妨佗木生長　正德本同。閩本、監本、毛本「佗」改「他」。×

719 枝葉覆地爲陰翳　按，「陰」當作「蔭」。詩皇矣正義作「蔭」。×

720 樅松至松身○釋曰　注疏本删。×

721 ○注今大至美樅○釋曰云今大廟梁材　注疏本删上八字，作「郭云」。×

722 云尸子所謂已下者　正德本同。閩本、監本、毛本「云」改「注」。×

723 ○注詩曰檜楫松舟○釋曰詩鄘風竹竿篇文也　注疏本「注」改「云」，「舟」下增「者」，删「釋曰詩」。×

724 楸樹性上竦　單疏本、監本、毛本同。正德本「性」下衍「具」，閩本亦衍，後剜去。雪牕本「上」作「甚」，此本作「其」，皆誤，今訂正。×

725 言亦扶踈茂盛　雪牕本同。注疏本無

「亦」。按，「亦」無所承，當衍。

726 句如至如槐曰茂○釋曰 注疏本删。

727 詩周南云南有樛木是也 正德本同。閩本、監本脱「南」。毛本脱「云」。

728 草木漸包是也 注疏本「包」作「苞」，單疏本此頁係補刻，因誤改「包」。

729 祝州木 雪牕本、正德本、閩本同。監本、毛本「祝」改「柷」。釋文：「柷，章六反，本今作『祝』。」按，監、毛本據釋文改，與舊挍不符矣。宋翔鳳云：「柷，蓋謂木之中空者也。」正德本、閩本此下分九卷下。

730 阿那垂條 單疏本、注疏本同。釋文「那」作「邦」，雪牕本作「郍」，即「邦」之訛。

731 椒樧醜莍 唐石經、雪牕本同。釋文：「莍，音焦，本今作『椒』。」

732 莍茰子聚生成房貌今江東亦呼莍 單疏本、正德本同。雪牕本、閩本、監本、毛本「茰」誤「萸」。按，釋文「茰，所留反」，與下「萸，以朱反」字兩列。又注疏本「呼莍」下衍一「莍」，單疏本、雪牕本皆無。

733 子中有核人 單疏本、雪牕本、注疏本同。鍾本、郎本「人」作「仁」。按，古書核中人無作「仁」者，明人始全改本艸作「仁」，非也。

734 槐棘至醜核○釋曰 注疏本删。

735 李巡曰樧茱萸也 注疏本脱下四字。

736 樧似茱萸而小 注疏本「樧」誤「椒」。

737 棗李曰疐之 正德本同。唐石經、單疏本作「疐之」。此訛。閩本、監本、毛本作「疐」，釋文作「疐」。[36]

738 樝似梨而酢澁 單疏本、雪牕本、正德本同。閩本、監本、毛本「澁」改「澀」。釋文：「澁，字又作『澀』。」

739 瓜曰至鑽之○釋曰　注疏本删。 ×

740 謂苦桃有苦如膽者　注疏本誤「杏桃」。

741 ○注皆啖至禮記○釋曰云樝似梨而酢澁者案鄭注禮記内則云　注疏本删上十六字。監本、毛本「鄭注」下衍「云」。 ×

742 柤梨之不臧者　正德本、閩本「臧」誤「藏」，監本、毛本脱「之」。 ×

743 云見禮記者　注疏本「云」上衍「注」。 ×

744 謂細枝皆翹繚上句者名爲喬木　注疏本同。雪牕本作「上向」，非。經云「上句曰喬」。 ×

745 小枝上繚爲喬○釋曰　注疏本删。 ×

746 檄櫂直上　雪牕本、注疏本同。單疏本「櫂」作「擢」。釋文云「擢，直角反字從手」，不誤。

747 無枝爲檄○釋曰　注疏本删。 ×

748 檄即櫂也　注疏本作「櫂即身櫂也」，誤。㊲

749 木族生爲灌○釋曰　注疏本删。 ×

釋蟲第十五

750 釋蟲第十五○釋曰　注疏本删。 ×

751 裸毛羽鱗介之摠稱　正德本「裸」誤「課」，閩本、監本、毛本改「蜾」。

752 螜天螻注螻蛄也夏小正曰螜則鳴○釋曰螜一名天螻　注疏本删上十六字。 ×

753 螜天螻是也　注疏本「天」誤「大」。

754 蜚即負盤臭蟲　單疏本、雪牕本同。春秋隱元年左傳「有蜚不爲災」，正義曰「釋蟲云『蜚蠦蜰』，舍人、李巡皆云『蜚蠦，一名蜰』，郭氏云『蜚即負盤臭蟲』。洪範五行傳云『蜚，負蠜』。本草曰『蜚，厲蟲也』。經傳皆云有『蜚』，則此蟲直名『蜚』耳，不名『蜚蠦』。說爾雅者言『蜚蠦，一名蜰』，非也」，然則郭讀爾雅「蜚，一名蠦蜰」，不與舍人、李巡同。邢疏襲用春秋正義，而郭注仍作「蜰」，誤甚。今邵晉涵正義改作「蜚」。嚴元照云：山海經中山經「有鳥如雉，恒食蜚」，注云「蜚，負盤也，音蜚」，可與雅注相證。

755 蜚蠦蜰注蜰即負盤臭蟲○釋曰案洪範五行傳云　注疏本删上十二字。 ×

756 南方滛氣之所生也　注疏本「滛」作「淫」。

757 害人之物　注疏本「之」誤「衣」。

758 螾衘入耳　唐石經、單疏本、雪牕本同。釋文：「衘，本又作『蜑』。」經義雜記曰：「考工記梓人『爲筍虡』注『卻行螾衍之屬』，釋文『螾衍，下如字』。爾雅云『螾衍入耳』。劉云『或作蚓衍』。賈疏引釋蟲亦作『螾衍』。今爾雅作『衘』，陸云『本又作蜑』，『蜑』當爲『衍』。按，方言云『蚰蜑自關而東謂之螾蜑，或謂之入耳』，字作『蜑』。」

759 螾衘入耳○注蚰蜒○釋曰　注疏本删。 ×

760 此蟲象吴公　正德本同。閩本、監本、毛本改「蜈蚣」，非。按，廣雅「蝍蛆，吴公也」，本不加虫旁。

761 案方言云蚰蜑由延二音或謂之蝭蠬音麗或謂之蚨虷扶于二音北燕謂之蚎蚭蚎奴六切蚭音尼江東人呼蛩音鞏　○注疏本改音切爲大字，揔移於下，云「蚰，音由。蜑，音延。蠬，音麗。蚨，音扶。虷，音于。蚎，奴六切。蚭，音尼。蛩，音鞏」。

762 蛩入人耳者也　注疏本脱「人」。「蛩」

字正德本同，閩本、監本、毛本改「喜」。

763 江南謂之螗蛥音荑　釋文「蛥，郭音荑，徒低反」，單疏本標起止云「注夏小正至音荑」，皆與此合。雪牕本作「蛦音夷」，注疏本亦作「蛦」，又删下二字。

764 鳴蚻虎懸　雪牕本、注疏本同。單疏本標起止云「注如蟬至虎縣」。釋文：「縣，音玄。」按，夏小正作「鳴札札者寧縣也」。

765 蠽茅蜩　唐石經、單疏本、雪牕本同。釋文作「蠽」，舊挍云「本今作『蠽』」。五經文字亦作「蠽」。按，說文「蠽，小蟬蜩也，从䖵，截聲」，蓋今本所從出。據注云「江東呼爲茅截」，蓋經作「蠽」，注作「截」也。

766 似蟬而小青赤　單疏本、雪牕本同。注疏本「赤」作「色」，此涉上「蠽茅蜩」注「似蟬而小青色」致誤。按，詩七月正義、禮記月令正義皆引作「青赤」，初學記卷三十引「青而赤」。

767 蜩蜋蜩至螇螰○釋曰　注疏本删。×

768 俗呼胡蟬　注疏本「胡」誤「曰」。

769 一名馬蟬蟬中最大者也　注疏本脱上四字，「中」誤「之」。

770 ○注夏小至彩具○釋曰　注疏本删作「云夏小正者」。×

771 ○注夏小至音荑○釋曰云螗蜩者蝘者　注疏本删上八字。×

772 字林蛁或作嘹也　浦鏜云「蟟」誤「嘹」。按，詩蕩正義作「蟟」。×

773 ○注如蟬至虎縣○釋曰舍人曰小蟬也　注疏本删上八字，「舍人」上增「蚻」。×

774 有文者謂之螓是也　注疏本同。此本「螓」字剜擠作「蜻」，「蜻」係據方言改，今訂正。

775 詩碩人云螓首蛾眉鄭云　注疏本「詩」下衍「人」，「鄭云」誤「鄭玄」。

776 虎縣也鳴而後知之　注疏本「縣」改「懸」，脱「之」。

777 ○注月令曰寒蟬鳴○釋曰　注疏本删「注」、「釋曰」，「鳴」下增「者」。×

778 謂蜺也是　注疏本「也是」倒。

779 ○注即蝭至螇螰○釋曰案方言云蛥蚗音折決　○注疏本删上九字，「蛥蚗」改「蝬蛛」，作大字，移於後。

780 或謂之蛉蛄音零　謂之蛚蟧貂料二音　或謂之蝭蟧音帝　○注疏本音切上增一「木」字，彙於後，加圈以間之。

781 蛣蜣蜣蜋　唐石經、單疏本、雪牕本同。注疏本及此本「蜣」作「蛲」，訛，今訂正。釋文「蜣」。

782 蛣蜣蜣蜋○釋曰　注疏本删。×

783 莊子曰　注疏本脱「曰」。

784 木中蠹蟲　雪牕本、注疏本同。釋文、單疏本「蠹」作「蠧」，此本「蛣蟹強蛘」注亦作「蠧」。此從土，訛。×

785 蝎蛣蝠○釋曰　注疏本删。×

786 喜蠿桑樹　單疏本、注疏本同。雪牕本「喜」作「憙」。按，釋文「喜，虚記反，下同」，「喜」當作「憙」，下「蜆縊女」注，釋文「憙，許記反，校者云本今作喜」可證。説文：「憙，悦也，从心，从喜，喜亦聲。」×

787 蠰蠿桑○釋曰　注疏本删。×

788 身狹而長　雪牕本、注疏本同。釋文「狹」作「陜」，舊挍云「本今作『狹』」。○按，作「陿」者，説文體也。省作「陜」，非。

789 豬好啖之　單疏本、雪牕本同。詩蜉蝣正義引此「啖」作「噉」。按，上注「噉糞土」亦用「噉」字。

790 蜉蝣渠略○釋曰　注疏本刪。×

791 梁宋之間曰渠略　按，此下當有「郭云」。

792 黃色叢生糞土中　詩正義作「黃黑色聚生糞土中」。按，「聚」當作「藂」。此脱「黑」字。邢疏襲用詩正義。×

793 夏小正曰　浦鏜云：詩正義上有「孫炎曰」，此脱。

794 朝生而莫死　注疏本「莫」改「暮」。

795 今江東呼黃蛢音瓶　雪牕本同。注疏本刪下二字。釋文：蛢，郭音瓶。經義雜記曰：「考工記梓人『爲筍虡』疏引此注云『今江東呼爲黃蛢』。按，一切經音義卷十五引此注云『江南呼爲黃瓦』，亦有『爲』字。『瓦』即『瓶』之訛。」

796 蛂蟥蛢○釋曰　注疏本刪。×

797 喜食瓜葉　單疏本、雪牕本同。按，上「蠰齧桑」釋文云「憙，虛記反，下同」，則此「喜」亦當作「憙」。×

798 蠸輿父守瓜○釋曰　注疏本刪。×

799 蝚蛖螻　釋文、唐石經、單疏本、注疏本同。雪牕本「蛖」作「蚢」，俗，字書所無。

800 蝚蛖螻注蛖螻螻蛄類○釋曰　注疏本刪。×

801 案方言蛄詣謂之杜蛒音格螻蛭謂之螻蛄音室或謂之蟓蛉象鈴二音　○注疏本「言」下增「云」，「詣」誤「者」，「蛒」誤「略」，「蛭」誤「蛙」，刪音切，彙於後。毛本亦作「蛒」，「蛭」作「螲」。㊳

802 不蜩王蚥　唐石經、雪牕本、舊本、閩本、毛本同。監本「蚁」改「父」。石經考文提要引至善堂九經本亦作「蚁」。按上「蠸輿父」釋文云「父，音甫，下同」，則陸本於此作「父」。唐石經加虫旁，非。

803 **蛄䗐強蛘** 單疏本、雪牎本同。唐石經「蛄」作「姑」。按，說文「䗐姑䗐强芊也」，字亦作「姑」。今本作虫旁，非。

804 **今米穀中蠹小黑蟲是也** 雪牎本同。注疏本「蠹」作「蠧」，非。按，疏云「今米穀中小黑蠹蟲也」，此作「蠹小黑蟲」，誤倒。

805 **建平人呼爲蛘子音芊姓** 雪牎本同。注疏本刪下三字。釋文「蛘，郭音芊」，疏云「音楚姓芊之芊」。㊴

806 **蛄䗐強蛘○釋曰** 注疏本刪。×

807 **江東謂之蛪**音加**建平人呼蛘子音楚姓芊之芊** 注疏本「音加」改大字。下六字舊本同，閩本、監本、毛本改「音芊楚姓芊」。

808 **螗蜋別名** 雪牎本、注疏本同。單疏本作「螳蜋」，釋文「螳，音唐，本今作『螗』」，此當從陸本。

809 **一名蚹蟭** 單疏本、舊本同。雪牎本、閩本、監本、毛本「蚹」誤「蚹」。按，釋文「蚹，普莫反，又補莫反」。

810 **不過蟷蠰其子蜱蛸○釋曰** 注疏本刪。×

811 **一名螳蜋螵蛸母也** 注疏本脫「螵蛸」。螳，舊本作「唐」，閩本、監本、毛本誤「蟷」。

812 **方言云譚魯以南謂之蟷蠰** 注疏本「譚」改「潭」。盧文弨曰：藝文類聚稱此爲鄭志，月令正義誤引爲方言，此承其誤。

813 **謂之螳蜋** 舊本作「堂蜋」，下引月令同，閩本、監本、毛本改「螳螂」。

814 謂之馬縠　注疏本「縠」改「谷」。

815 蒺蔾蝍蛆　唐石經、單疏本、雪牕本、舊本、閩本、監本同。毛本「蔾」改「藜」。

816 蒺蔾蝍蛆○釋曰　注疏本刪。×

817 蟲舍蚳蟓　單疏本、雪牕本、注疏本同。此本「蚳」作「蚔」，誤。按，玉篇別爲一字，非。釋文「蚳，直其反」，説文从虫，氐聲。

818 蟓蝮蜪○釋曰　注疏本刪。×

819 ○注外傳曰蟲舍蚳蟓○釋曰　注疏本「蟓」下增「者」，刪「釋曰」。舊本無「注」字。×

820 亦名青蛪　單疏本、雪牕本同。釋文：「蜻蛚，子盈反。廣雅云『蜻蛚，促織也』。舊挍云『本今作青蛪』。」按，禮記月令正義引孫炎作「蜻蛚」，説文亦作「蜻蛚」，詩蟋蟀正義引李巡、陸機作「蜻蛪」，凡蜻蛚字皆不作「青」，此當從陸本。㊵

821 蟋蟀蛬○釋曰　注疏本刪。×

822 一名蜓蛪　注疏本作「青蛪」。按，「蜓」當作「蜻」，字之誤也。詩正義作「蜻蛪」可證。

823 幽州人謂之趨織　元本、閩本、監本同。毛本「趨」改「趣」，下同。×

824 螫蟆注蛙類○釋曰　注疏本刪。×

825 馬蠲蚐俗呼馬𧒂　單疏本、雪牕本、元本同。釋文「蚐，音匀」，閩本、監本、毛本「蚐」誤「蚐」。玉篇、廣韻無「蚐」。集韻十八「諄」「蚐，蟲名，馬䗃也」，本釋文。太平御覽蟲部引此注云「馬蠲蚐也」。○按，「蠲」、「蚐」聯綿字也。

826 蛝馬䗃○釋曰　注疏本刪。×

827 馬蚿音弦北燕謂之蛆蟝音子余切其大者謂之馬柚音逐　○注疏本音切作大字，移於後，「柚」改「蚰」，今本方言同。

828 詩曰趯趯阜螽　雪牎本同。注疏本亦作「詩曰」。單疏本「曰」作「云」，非。注疏本「阜」作「蛗」。按，單疏本釋經引詩「趯趯蛗螽」，又標注「詩云喓喓草蟲，趯趯阜螽」，曰召南草蟲篇文也。阜字蓋順毛詩改，注引詩當作蛗。

829 草螽負蠜　唐石經、雪牎本同。釋文：「蝜，音負，字或作『負』。」

830 蜙蝬也　雪牎本、注疏本同。疏云「一名蜙蝬」，釋文「蚣，本亦作『螉』，同，烏公反。字林云『蟲在牛馬皮者』」。按，說文「螉，蟲在牛馬皮者，从虫，翁聲，烏紅切。蝬，螉蝬也，又蜙，蜙蝑以股鳴者，从虫，松聲，息恭切。蚣、蜙或省」，此經作蜙蝑字，注作螉蝬字。淺人據說文「蚣」、「蜙」爲一字，因改「蚣」爲「蜙」，而不知此「蚣」爲「螉」之省，而非蜙蝑字也。

831 俗呼蟠蟓　雪牎本、注疏本同。疏云「一名蟠蟓」，釋文「春黍，本或作『蟠蟓』」。按，詩螽斯正義云「舍人曰『今所謂春黍也』。陸機疏云『幽州人謂之春箕』。春箕即春黍」，釋文曰「楊雄、許慎皆云『春黍』」，然則「春黍」二字本無虫旁，當從陸本。

832 蟿螽蜤蚸　單疏本、雪牎本同。五經文字：「蚸，他各反，又音麻，見爾雅。」唐石經作「蚸」，非。○按依說文「斥」作「厈」，則唐石經是。

833 蛗螽至蠰谿○釋曰　注疏本删。×

834 幽州人謂之春箕春箕即春黍　元本同。閩本、監本、毛本「春」字、「黍」字並加虫旁，非。

835 或謂似蝗而小班黑　元本同。閩本、監本、毛本「班」改「斑」。

836 其股似瑇瑁又　按，「又」當爲「叉」字之誤也。元本「瑇瑁」省作「毒冒」，爲合古。㊶

837 又名蚝蜢　注疏本改「蚱蜢」。按，釋文「蝶，字又作『蚝』，竹宅反。詁幼云『蚝蚝蜢也』」。㊷

838 形似蝗而小　注疏本脱「形」，「而」誤「細」。

839 ○注詩云喓喓草蟲趯趯阜螽○釋曰召南草蟲篇文也　注疏本删「釋曰」，脱「也」。元本無「注」字，「阜」字同，閩本、監本、毛本改「阜」。　×

840 螼蚓蜸蚕　唐石經、單疏本、雪牕本、注疏本同。毛本「蚕」改「蠶」，蓋因「蠶」字俗省作「蚕」，因誤改此「蚕」爲「蠶」也。釋文：「蚕，他典反。」嚴杰云：陸佃新義亦誤爲「蠶」，且云「蚕老而後眠」。

841 江東呼寒蚓　單疏本、雪牕本同。釋文：「蜸，音寒，字亦作『寒』。」一切經音義卷十三云「今江東呼爲寒蚓」，當本此注。

842 螼蚓蜸蚕○釋曰　注疏本删。　×

843 莫貈蟷蜋蛑　雪牕本、注疏本同，誤也。釋文、唐石經、單疏本「蟷」作「螳」，當據以訂正。説文作「堂蜋」。

844 螗蜋有斧蟲　雪牕本、元本同。閩本、監本、毛本「螗」作「蟷」，非。「螗」依經作「螳」。

845 江東呼石蜋　陳本同。單疏本、雪牕本、注疏本作「江東呼爲石蜋」，此脱「爲」字。

846 莫貈螳蜋蛑○釋曰　注疏本删。　×

847 ○注孫叔然以方言説此義亦不了○釋曰方言云　注疏本下五字作「案方言曰」，元本無「案」字。　×

848 虰蛵負勞　唐石經、單疏本、雪牕本同。釋文：「蟧，力刀反，本今作『勞』。」

849 即蜻蛉也　雪牕本、注疏本同。釋文：「青，本今作『蜻』。」按，郭注當本作「青蛉」，高誘注淮南子齊俗篇云「蝍，青蛉也」。

850 虰蛵負勞○釋曰　注疏本删。　×

851 蜻蛉謂之蝍蛉淮南人又呼蝷蛜音康伊 ○注疏本删小注。元本「蝍」字闕，閩本、監本、毛本誤「蜻」。

852 ○注或曰至未聞○釋曰云所未聞者 注疏本删上八字，「云」上增「郭」。 ×

853 蛒毛蠹 唐石經、單疏本、雪牕本「蠹」作「蠧」。注疏本及此本上從士，非。

854 蛒毛蠹○釋曰 注疏本删。 ×

855 八角螫蟲 單疏本、雪牕本同。釋文「螫」作「蝵」，釋獸「鼶鼠」注同。五經文字亦作「螫」，玉篇「螫，同螫」。

856 蟔蛅蟴○釋曰 注疏本删。 ×

857 ○注孫叔然云八角螫蟲失之○釋曰 注疏本「之」下增「者」，删「釋曰」。 ×

858 蟠鼠負○釋曰 注疏本删。 ×

859 然與鼠婦及鼠婦 元本同。閩本、監本剜改「與」作「爲」，毛本承之。

860 伊威在室 閩本同。元本、監本、毛本「伊」改「蛜」。 ×

861 蟫白魚○釋曰 注疏本删。 ×

862 蠶蛩 元本、閩本、監本同。雪牕本、毛本「蠶」作「蚕」，誤。釋文「蠶，徂南反，下同」，疏云「此即蠶蛹所變者也」。按，下「蟓桑繭」注及疏同。

863 蛩羅○釋曰 注疏本删。 ×

864 此即蠶蛹所變者也 毛本「蠶」誤「蚕」，下「螅蛹」疏同。 ×

865 說文云蛩羅也是 注疏本「也是」倒。

866 螒天雞 唐石經、單疏本、雪牕本同。釋文：「螒，胡旦反，字林作『螒』，同。」按，文選江賦注引作「翰天雞」，與陸本合。釋蟲「螒天雞」，釋鳥「鶾天雞」，字皆作「翰」。唐石經作「螒」，爲依字林所改，非也。釋鳥釋文「鶾，本又作『榦』，胡旦反」，「榦」即「翰」之訛。説文「翰，天雞，赤羽也，从羽，倝聲。逸周書曰『文翰若翬雉』」，此其證。釋文當云「翰，本又作鶾」。今本出後人乙改，因文在釋蟲，故從虫，文在釋鳥，故從鳥也。

867 螒天雞○釋曰　注疏本刪。×

868 此黑身赤頭小蟲也　閩本、監本同。元本、毛本「蟲」作「虫」。×

869 又曰樗雞　元本、閩本、監本同。毛本「又」改「一」。×

870 如蝗而班色　元本同。監本、閩本、毛本「班」改「斑」。

871 强蚚○釋曰　注疏本刪。×

872 蚵螭何　毛本同。雪牕本、元本、閩本、監本「螭」訛「螭」。唐石經闕。釋文：「螭，失羊反，字林之亦反。」五經文字云：「螭，失羊反，又之亦反。」按，失羊反字作「螭」，之亦反字作「螭」。説文「蚵，商何也」，無「螭」、「螭」二字。

873 螝蛹○釋曰　注疏本刪。×

874 又名蛹也　注疏本脱「也」。×

875 蜆縊女　唐石經、單疏本、雪牕本同。釋文：「蜆，孫音俔。」按，此孫讀「蜆」爲「俔」，「俔」與「磬」聲相轉。毛詩「俔天之妹」，韓詩作「磬」。説文「磬，象懸虡之形」，禮記文王世子注云「縣縊殺之曰磬。磬者，經死之，即縣虛之義」，此縊女之所以名蜆也。

876 喜自經死　單疏本、雪牕本同。釋文：「憙，許記反，本今作『喜』。」×

877 蜆縊女○釋曰　注疏本刪。×

878 説文云蛻爲蝶是也　今説文「蜆縊女也」下無此語，又説文有「蜨」無「蝶」，此蓋誤引。

879 ○注自經死○釋曰經即縊也　注疏本删上六字。×

880 縊于新城　注疏本「于」作「於」。×

881 齊人呼蠛蠛蛘　陳本同。雪牕本、元本作「齊人呼蠛爲蛘」，閩本、監本、毛本改「齊人呼螘爲蛘」。按，當作「齊人呼蠛蛘」。疏云「小者即名螘，齊人呼蠛蛘。方言云『燕謂之蛾蛘』」，郭彼注云蠛，養二音，邢疏正本注云然也。釋文「蛘，以丈反，郭云『齊人呼蠛也』。字林云『北燕人謂蚍蜉曰蠛蛘』」，與疏合。釋文音經「螘，俗作蠛字，音同」，蓋注用俗字以曉人也。○按，「呼蠛蠛蛘」者，呼蠛爲蠛蛘也。此本方言。有改下一「蠛」字作「爲」者，非是。

882 䘈飛螘　唐石經、單疏本、雪牕本同。釋文：「螱，於貴反。說文、字林從蛐。」五經文字：「䘈，於貴反。爾雅又作『螱』。」按，釋文「蛐」爲「䖵」之訛，謂說文、字林皆從「䖵」作「䘈」，爾雅則從虫作「螱」也。唐石經今本依字書改「䘈」，非。今說文無「䘈」、「螱」字。玉篇：「䘈，飛螘也。」

883 蚍蜉至子蚳○釋曰　注疏本删。×

884 齊人呼蠛蛘　注疏本「蠛」改「螘」。×

885 謂之蚼蟓 駒養二音　○注疏本「蟓」誤「蠓」。注改大字，移於後，云「蚼音駒。蠓音蒙」，下準此。

886 燕謂之蛾蛘 蠛養二音　○注疏本移音於下。

887 ○注周禮曰蜃蚳醬○釋曰案周禮醢人職　注疏本删上九字。×

888 次蟗　按，經文「蟗」字於六書皆不合，出非諧聲也。以諧聲求之，當是作「蟗」，从䖵，棗聲，與說文蚍蟗同字。「次蟗」在說文則作「蠿蟊」，古音相同也。次，古音讀如「桼」。

889 今江東呼蝃蝥音掇　陳本同。雪牕本

「掇」誤「蝃」。注疏本删下二字。釋文：「椶，章悅反，本或作掇拾字，非。」○按，當云「椶音掇」，寫者省椶字耳。

890 次畫至草鼅鼄○釋曰　注疏本删。×

891 及在土在草之名也次畫　注疏本脱下「在」及「次」字。×

892 説文謂之鼅蟊作罔鼄鼅也　注疏本「鼅蟊」改「鼄蝥」，「罔」作「網」，正德本作「罔」、作「蟊」，下同。

893 謂之鼄蝥　閩本、監本、毛本「蝥」作「蝥」。

894 或謂之蠾蝓 蠋臾二音　○正德本亦作「蠾」，閩本、監本、毛本作「蠾」。

895 謂之蝳蜍 毒餘二音　○注疏本改大字，每字分音彙於後。

896 土蠭　唐石經、單疏本、注疏本同，下「木蠭」同。釋文：「蠭，字又作『蜂』。」按，此經作「蠭」，注作「蜂」。雪牕本注中五「蠭」字皆作「蜂」，是也。

897 今江東呼大蠭在地中作房者爲土蠭　雪牕本同，「蠭」作「蜂」。注疏本脱「呼」字。

898 今荊巴間呼爲蟺音憚　雪牕本「憚」誤「蟬」。注疏本删下二字。釋文：「蟺，郭音憚，徒旦反。」

899 土蠭木蠭○釋曰　注疏本删。×

900 此辨蠭在土在木之異也　注疏本脱下「在」。

901 ○注音憚○釋曰嫌讀爲蛩蟺之蟺　注疏本删上六字，「蟺」誤「亶」，「讀」上增「蟺」。

902 蟦蠐螬蝤蠐蝎○釋曰　注疏本删。×

903 其在糞土中者名蟦蠐　浦鏜云「蠐」字衍。

904 以在木中白而長　注疏本「中」下衍「者」。

905 蛜威委黍　唐石經同。五經文字「蛜，見爾雅」，詩風作「伊」。雪牕本「蛜，音伊，經作伊威」，非。釋文「蛜，音伊，本今作『伊』」，當爲「蛜，音伊，本今作蛜」。注疏本作「蛜威」。「蟠鼠負」疏引此經同，乃并合詩、爾雅字爲之，非也。説文：「蛜，蛜威委黍，从虫，伊省聲。」

906 蟰蛸長踦　唐石經、單疏本、正德本同。石經考文提要引至善堂九經本亦作「蟰」。雪牕本、閩本、監本、毛本「蟰」改「蠨」。按，釋文云「蟰」，詩作「蠨」，明爾雅不作「蠨」也。

907 蟰蛸長踦○釋曰　注疏本删。×

908 一名蟰蛸　正德本同。閩本、監本、毛本「蟰」改「蠨」。

909 蟰蛸在户　正德本訛「肅肖」。閩本、監本、毛本「蟰」改「蠨」。按，廣韻一「屋」、一切經音義卷二十五引詩皆作「蟰」。

910 爲羅罔居之　正德本同。閩本、監本、毛本「罔」改「網」。

911 國貉蟲蠁○釋曰　注疏本删。×

912 蠖蚇蠖○釋曰　注疏本删。×

913 蠀⿰虫就謂之蚇蠖音即蹴　○注疏本「蠀」改「蝤」，分音於後。

914 易繫辭云　注疏本「繫」改「係」。×

915 果蠃蒲盧　唐石經、單疏本、正德本同。石經考文提要引至善堂九經本亦作「蠃」。雪牕本、閩本、監本、毛本「蠃」改「蠃」。按，説文「蠃，蜾蠃也，从虫，𣎆聲」，作「蠃」爲俗字。五經文字「蠃，魯果反，見爾雅」，爲勝於開成石經，當本之釋文。今釋文亦改「蠃」矣。詩小宛作「蜾蠃」，説文於艸部作「果蓏」，於虫部作「蜾蠃」，爾雅當與説文同。

916 即細⿱罒胥蠭也　單疏本、正德本同。雪牕本、閩本、監本、毛本「署」作「腰」。釋文：「細要，一遙反，本今作『署』。」

917 亦曰戎女 雪牕本、注疏本同。詩小宛正義引作「亦呼爲戎女」。

918 果蠃蒲盧螟蛉桑蟲○釋曰 注疏本删。 ×

919 蜾蠃負之 注疏本「蜾」作「果」。釋文音經「果，本又作『蜾』」。大玄親「次三」「蜾蠃負之」。宋司馬君實注引詩作「蜾」。

920 即細署蠭也 注疏本「署」改「腰」，「蠭」誤「蟲」。 ×

921 細要純雄無子 注疏本作「小腰」。 ×

922 蜾蠃土蠭也 注疏本「蜾」改「果」，下引法言同，「蠭」誤「蟲」。 ×

923 負之於木空中 注疏本「負」誤「附」。

924 蝎桑蠹 唐石經、雪牕本同。注疏本「蠹」作「蠧」，非。

925 熒火即炤○釋曰 注疏本删。 ×

926 本草又名夜光 注疏本「又」作「一」。此本「又」下剜擠「一」字，今删正。

927 蚅烏蠋 唐石經、單疏本、雪牕本同。釋文：「螐，音烏，本又作『烏』。」按，玉篇虫部「螐，螐蠋也」。

928 蚅烏蠋○釋曰 注疏本删。 ×

929 形似蠶而大如指 注疏本「蠶」誤「蚕」，下並同。 ×

930 厄烏蠋是也○注似蠶見韓子○釋曰 注疏本改作「厄烏蠋大如指似蠶注見韓子」。 ×

931 鱣似蛇 正德本「鱣」誤「亶」，閩本、監本、 ×

毛本改「蟺」，下同。

932 則忘其所惡　閩本、監本、毛本「忘」誤「亡」，正德本誤「无」。

933 小蟲似蚋喜亂飛　雪牕本、閩本、監本、毛本同。單疏本「蚋」作「蜹」，正德本作「芮」，即「蜹」之訛，疏中準此。釋文：「蜹，又作『蚋』。」按，説文「秦晉謂之蜹，楚謂之蚊，从虫，芮聲」，一切經音義卷八引此注作「蜹」。今本作「蚋」，非。「喜」亦當作「憙」。

934 蠓蠛蠓○釋曰　注疏本删。×

935 因雨而生　注疏本「而」誤「布」。

936 即蛭蟷　雪牕本、注疏本同。釋文「蟷，丁郎反」，此本作「蝠」，訛。「蛭蟷」之爲「蛈蝪」，語轉耳。

937 王蛈蝪○釋曰　注疏本删。×

938 穴居布罔　舊本同。閩本、監本、毛本「罔」改「網」。

939 雔由樗繭　唐石經、雪牕本同。釋文：「雔，市由反，本今作『雔』。」×

940 食蕭葉者　雪牕本同。注疏本脱「者」。按，廣韻十一「唐」「蚢」字下引此注有「者」。

941 蟓桑至蕭繭○釋曰　注疏本删。×

942 因所食葉異　注疏本脱「異」。

943 食樗葉棘葉欒葉者名雔由　浦鏜云下脱「棘欒」二字。

944 食蕭葉作繭者名蚢　注疏本下衍「也」。×

945 翥醜鏬　正德本同。雪牕本、閩本、監本、毛本「鏬」作「罅」，唐石經作「罅」。釋文：「䖘，呼暇反，本今作『鏬』。」段玉裁云：後人訛寫從金也，釋文當是「本作罅」。○按，廣韻九「御」引爾雅「蠚醜罅」，字不作「翥」。

946 翥醜至醜扇○釋曰　注疏本刪。×

947 此辨蟲類所生　注疏本「類」作「屬」。×

948 皆剖坼母背　監本、毛本同。舊本、閩本脫「背」。

949 强圻之類　注疏本「强蚚」改「螽斯」。

950 好垂其腴以休息　注疏本「休」誤「伏」。

951 食葉蟘　注疏本同。唐石經、單疏本、雪牎本「蟘」作「蟘」。按，釋文「蚮，字又作『蟘』」，今本作「蟘」，非。

952 食節賊　唐石經、雪牎本同。釋文：「蠈，音賊，本今作『賊』。」按，玉篇「蠈，音賊，食禾節蟲」，與陸本合。今本蓋據毛詩改。

953 分別蟲啖食禾所在之名耳　雪牎本、注疏本同。按，詩大田正義引郭云「分別蟲啖禾所在之名耳」，郭注多言啖，蓋詩正義引作「啖」。注疏本作「食」。今本誤并爲一。

954 食苗至根蟊○釋曰　注疏本刪。×

955 此分別蟲啖食禾所在之名也　注疏本「蟲」下增「所」。×

956 李巡云　注疏本「云」改「曰」。×

957 故曰蟘也　舊本同。閩本、監本、毛本「蟘」改「蟘」，下同。

958 螟似子方而頭不赤　注疏本「子方」作「虸蚄」，廣韻「虸蚄，蟲名」。按，詩正義作「子方」，與此合。

959 賊似桃李中蠹蟲　注疏本脫「似」。

960 蟊螻蛄也　注疏本脫「也」。×

961 吏抵冒取民財　舊本同。閩本、監本、毛本「抵」誤「秖」。

962 故分別釋之　元本同。閩本、監本、毛本

脱「别」。✕

963

○注皆見詩○釋曰詩小雅大田云

元本、閩本、監本删上六字，毛本并删下「詩」字。✕

964

有足謂之蟲無足謂之豸○釋曰

注疏本删。✕

965

散文則無足亦曰蟲　注疏本「文」作「言」。✕

03a—966

月令春日其蟲鱗　注疏本同。此本擠作「月令季春日其蟲鱗」，今删正。✕

校記

❶南昌本出文改作「爾雅疏卷第八」，上提二格。校語「唐石經」上有「注疏本同」，「雪牕本」上有「吴本」，無「毛本」，「同」作「題爾雅卷下」。

❷南昌本「釋文」下「䨜」作「雗」。

❸南昌本出文「皂」作「阜」。

❹南昌本校語「木蘭」誤「本蘭」。

❺南昌本校語「作蓛」作「作蓛」。

❻南昌本出文「蔜」作「蔜」，校語「蔜」作「蔜」。

❼南昌本「作藜」作「作蔾」，「蒺蔾藜蒿」作「蒺蔾藜蒿」。

❽南昌本出文「蓮」作「連」。

❾南昌本「葛」作「葛」。

❿南昌本「作蔆」作「作蔆」，「倶綸」下「反」字作「五」。

⓫南昌本出文「莓」作「每」。

⓬南昌本「音辨」作「云辨」，二「藥艸」作「藥草」。

⓭南昌本「或作蕮」作「或作嫎」。

⓮南昌本「薗，來伍切」作「菌，來伍切」。

⓯南昌本校語無「華」。

⓰南昌本「薇垂水」作「薇乘水」。

⓱南昌本「監本作笎」作「監本作笎」。

⓲南昌本校語二「㫺」字均作「㫺」。

⓳南昌本校語「土」、「芏」字互易。

⓴南昌本出文「邛」作「卬」。

㉑南昌本「音亡」作「音毛」。

㉒南昌本校語「菟，棘菟」作「莬，莬棘」。

㉓南昌本出文「菟」作「莬」。

㉔南昌本校語「音猜」作「音猜」。

㉕南昌本上提二格。

㉖南昌本出文「栭」作「檽」。

㉗南昌本「必同反」作「必回反」。

㉘南昌本「郭音邛」作「郭音卭」。

㉙南昌本出文「栁」作「柳」。

㉚南昌本校語「杕」作「杖」。

㉛南昌本「問居賦」作「間居賦」。

㉜南昌本「作棗」作「作棗」，二「朿」字均作「束」。

㉝南昌本出文「大」作「太」。

㉞南昌本「橾字在上」作「橾字在上」。

㉟南昌本「梢也梢也」作「梢也」。

㊱南昌本校語「蹇」作「蹇」，無「此訛」，「作蹇」作「作重蹇」。

㊲南昌本校語無「即」。

㊳南昌本小字音切「音窒」作「音蛭」。

㊴南昌本校語二「芊」字均作「芊」。

㊵南昌本「子盈反」作「于盈反」，「當從」下無「陸本」二字。

㊶南昌本出文「琩」作「瑁」。

㊷南昌本「竹宅反」作「作宅反」。

爾雅注疏校勘記卷下之下

釋魚第十六

03b—001 釋魚第十六○釋曰　注疏本刪。

002 是以不盡載魚名　元本闕。「載」閩本、監本剜改作「釋」，毛本承之。

003 鯉○釋曰今赤鯉魚也　注疏本刪「釋曰今」三字，脱「也」。

004 鱣○釋曰郭義具注　注疏本刪「釋曰」。

005 石磧上鈎取之　元本同。閩本、監本、毛本「鈎」改「鉤」。

006 今鰋額白魚　單疏本、雪牕本同。詩魚麗釋文引此注「鰋」作「偃」，當據以訂正。釋文：「鰋，音偃。額，魚格反，本今作『額』。」

007 鰋○釋曰注云今鰋額白魚　注疏本刪上五字。

008 郭以目驗言之也詩頌云　元本同。閩本、監本、毛本「郭」下增「氏」，「詩」下增「周」。

009 鮎○釋曰郭氏云　注疏本刪上三字。

010 又以今語驗之　元本闕。今，閩本、監本、毛本改「時」。

011 則鯉鮪鱣鮥　注疏本「鮥」改「鮎」。

012 鱧注鮦也○釋曰今鱯魚也　注疏本刪「注鮦也」、「釋曰」五字。此本「鱯」誤「鯉」，今訂正。

013 詩小雅云　注疏本「詩」上衍「又」。×

014 今鯶魚似鱒而大　單疏本、雪牕本同。釋文「鯶，胡本反」，此本「鯶」訛「鱓」，今訂正。按，此云「鯶魚似鱒」，下「鮅鱒」注云「似鯶子」，可互證。

015 鯇注今鯶魚似鱒而大〇釋曰舍人云　注疏本删上十一字。×

016 體員而有點文　雪牕本、元本同。閩本、監本、毛本「員」改「圓」，下「魁陸」注同。按，「點文」當作「文點」，下言見注云「白爲文點，黄爲文點，黑爲文點」，此作「點文」，非。

017 鯊鮀〇釋曰　注疏本删。×

018 鮂黑鰦〇釋曰　注疏本删。×

019 鰼鰌〇釋曰　注疏本删。×

020 鰹大鮦小者鮵〇釋曰　注疏本删。×

021 此即上文鱧也　元本同。閩本、監本、毛本「文」改「云」。

022 魾大鱯小者鮡〇釋曰　注疏本删。×

023 鱯魚名似鮎而大　注疏本同。此本「鱯」字剜改作「鮡」，今訂正。

024 今青州呼鰕魚爲鰝音鄗部　雪牕本同。注疏本删下三字。釋文：「鰝，郭音部，戶老反。鄗，芳弓反。」

025 鰝大鰕〇釋曰　注疏本删。×

026 鯤魚子〇釋曰　注疏本删。×

027 魚禁鯤鱬　詩敝笱正義、宋本同。注疏本「鱬」作「鮞」。按，「鱬」當作「⿰魚⿱𠕁而」，即「鮞」字之變體，淺人改「鱬」，别爲一字矣。

028 健啖細魚　雪牕本、注疏本同。釋文「啖」作「噉」，大敢反。

029 注鱀䱜至有之○釋曰鱀一名是鱁　注疏本删上八字。

030 鱏長𪖐魚也　注疏本「𪖐」作「鼻」，下並同。

031 鮈魚出江東　注疏本脱「出」。

032 今江東亦呼魚子未成者爲鱦音繩　雪牕本同。注疏本删下二字。釋文：「鱦，郭音繩。」

033 注家語曰其小者鱦魚也○釋曰案家語　注疏本删上十二字。

034 見魰者得魚　注疏本脱「者」。

035 名爲鱄鱨　注疏本「鱨」誤「鱄」。

036 其小者名爲鱦　注疏本脱「爲」。

037 鮥鮛鮪　唐石經、單疏本、雪牕本同。五經文字：「鮛，音叔。」按，釋文云「叔，字林作『鮛』」，是爾雅不作「鮛」也。詩潛釋文引爾雅云「鮥叔鮪」可證，然則五經文字、唐石經作「鮛」，非。又按説文「鮪，鮥也」、「鮥，鮪也」互訓。今本「鮪」下衍「叔」字。鄭箋詩碩人及潛皆云「鮪，鮥也」。蓋散文則鮪、鮥不別，對文則大者名鮪，小者名鮥。

038 大者名王鮪小者名鮛鮪　雪牕本、注疏本同。按，「鮛」當作「叔」。文選江賦「魚則江豚、海狶、叔鮪、王鱣」，李善引爾雅「鮥鮛鮪，郭注曰大者王鮪，小者叔鮪」，又詩碩人釋文曰「大者曰王鮪，小者曰叔鮪」，可與經互證。

039 即此魚也音洛　雪牕本同。注疏本删下二字。釋文：「鮥，郭音洛。」

040 鮥鮛鮪○釋曰　注疏本删。

041 崖上山腹有穴　注疏本「上」誤「二」。

042 天官䲣人春獻王鮪　注疏本「䲣」改「漁」。元本闕。「獻」，閩本、監本、毛本改「薦」。

043 長三尺者爲當魱音胡　雪牕本同。注疏本删下二字。釋文「魱，郭音胡」。單疏本有此二字。

044 鮥當魱○釋曰　注疏本删。

045 海魚也○注海魚至音胡○釋曰　注疏本删下八字。

046 脥細而長　注疏本「脥」誤「腹」。

047 時驗而知也　元本同。閩本「時」上剜擠「以」字，監本、毛本排入。

048 鮤鱴刀　唐石經、雪牕本、注疏本同。單疏本「鱴」作「蠛」。釋文：「鱴，亡節反。」按，玉篇「鱴與鮇同，海中魚，似鮑也」。義别「魛」字，注引此作「蔑刀」。周禮鼈人注「貍物亦謂鱴刀、含漿之類」，釋文「鱴」字無音。

049 亦呼爲魛魚　單疏本、雪牕本、注疏本同。毛本「魛」誤「魴」，疏同。按，此經作「刀」，注作「魛」。釋文音經「刀，亦作『魛』」，非。❶

050 鮤蠛刀○釋曰鮤一名蠛刀　注疏本删上五字，脱「一」，「蠛」作「鱴」。

051 一名鮤一名蠛刀一名魛魚　注疏本「鮤」下衍「魚」，「蠛」作「鱴」，「魛」誤「魴」。

052 鱊鮬鱖鯞○釋曰　注疏本删。

053 故云似鮒子　注疏本脱「似」。

054 鮻魚出樂浪潘國　注疏本「出」誤「也」。❷

055 强大多力　注疏本同。雪牕本脱「强大」二字。

056 魚有力者徽○釋曰　注疏本删。

057 出穢邪頭國　○按，釋文「魵，郭云小鰕别名」，集韵亦引郭同「小鰕」，云「小鰕者，謂今蝦之小者，對上文『鰝大蝦』而言」，郭注蓋並載二説，而今本有脱也。

058 魵鰕○釋曰　注疏本删。

059 魾鱒○釋曰　注疏本删。

060 江東呼魴魚爲鯿　雪牕本、注疏本同。詩九罭正義引此注云「江東人呼魴魚爲鯿」。按，「人」字當有。

061 一名魾音毗　雪牕本同。注疏本删下二字。釋文：「魾，音丕，又音毗，又音即，郭音也。」❸

062 魴魾○釋曰　注疏本删。

063 肥恬而少肉細鱗　元本同。閩本、監本、毛本「少肉」作「小力」。

064 一名孑孓　單疏本、雪牕本同。注疏本及此本作「孑孑」，非，疏中同，今訂正。釋文：「孑，紀列反，字林云『無右臂』。孓，九月反，字林云『無左臂』。」

065 蜎蠉○釋曰　監本、毛本删。元本、閩本此節疏全脱。

066 又名蛣蟩　監本、毛本「又」作「一」。

067 今江東呼水中蛭蟲入人肉者爲蟣　雪牕本、注疏本同。按，疏云「此水中蛭蟲，憙入人肉者。江東呼爲蟣」，本注爲説。「入人肉者」上當脱「憙」字，「蜆縊女」注云「憙自經死」可證。

068 蛭蟣○釋曰　注疏本删。

069 憙入人肉者　注疏本「憙」改「喜」。

070 即楚王食寒菹　注疏本脱「楚」，「菹」改「葅」。

071 蝦蟆子　單疏本、雪牕本同。釋文：「蟇，字又作『蟆』。」按，一切經音義卷四引此云「蝦蟇子也」，與陸本合。

072 科斗活東○釋曰　注疏本删。

073 外有理縱橫　雪牕本、注疏本同。釋文：

「從，子容反，本今作『縱』。」

074 魁陸○釋曰　注疏本刪。

075 見本草○注本草至蚶也○釋曰　注疏本刪下八字。

076 形似紡軖音狂　○注疏本刪「音狂」。

077 云即今之蚶也者　注疏本脱「云」。

078 鼁䵹蟾諸　唐石經、單疏本、雪牕本同。釋文：「鼁，起據反。⿰齒黽，音秋。蠩，音諸，本今作『諸』。」戴震曰：鼁，説文作「鼁」，今爾雅轉寫訛。按，「䵹」當爲「⿰爾黽」。説文「鼁」、「䵹」同字，非誤，其引詩得此。䵹鼀，今毛詩作戚施，䵹與戚、鼀與施皆聲相近，斯其證矣。釋文「⿰齒黽」爲「⿰爾黽」之訛。一切經音義卷十引爾雅作「蟾蠩」，與陸本合，今本作「諸」。

079 似蝦蟆居陸地淮南謂之去蚥　單疏本同。一切經音義卷上引作「似蝦蟇」，與上陸本合。釋文「蚥，音甫」，雪牕本、注疏本及此本作「蚊」，訛，今訂正，疏中同。

080 鼁䵹蟾諸在水者黽○釋曰　注疏本刪。

081 但相似耳　注疏本「但」誤「俱」。

082 蟾諸頭生角者　注疏本脱「頭」。

083 蜌螷　唐石經、單疏本、雪牕本同。釋文「蠯，字林作『⿸广蜱』」，挍者云「本今作螷」。

084 今江東呼蚌長而狹者爲螷　單疏本、雪牕本同。釋文「狹」作「陜」，舊挍云「本今作『狹』」。

085 蜌螷○釋曰　注疏本刪。

086 掌饋食之豆云脾析蠯醢　注疏本「掌」改「職」，「蠯」改「螷」。

087 蚌含漿○釋曰　注疏本刪。

088 大苦山多三足龜　單疏本、雪牕本、元本同。閩本「苦」剜改「若」，監本、毛本承之，此本剜改作「若」，今訂正。

089 今吴興郡陽羨縣　雪牕本同。注疏本脱「今」。按，文選江賦注引此注有「今」。

090 鼈三足能龜三足賁○釋曰　注疏本删。×

091 ○注山海至六眼龜○釋曰案中山經云　注疏本「注」改「一」，删「山海」以下八字。×

092 遊戲山東南二十里　元本同。閩本「二十」剜擠作「三十五」，監本、毛本承之。

093 食之無蟲疾　元本同。閩本剜改「蟲疾」爲「蠱疫」，監本、毛本承之。

094 曰大苦山　元本同。閩本剜改「苦」作「菩」，監本、毛本承之。

095 蚹蠃螔蝓○釋曰　注疏本删。×

096 形似蛞蝓　注疏本「蛞」誤「蛣」。

097 葵菹蠃醢　注疏本「葵」誤「羹」。

098 螺大者如斗　雪牕本、注疏本同。按，此經作「蠃」，注作「螺」。釋文上云「蠃，力禾反，下同。注作『螺』字，亦同」可證。

099 蠃小者蜬○釋曰　注疏本删。×

100 即彭螖也　單疏本、雪牕本同。注疏本「彭」改「蟚」。釋文：「蟚，音彭，本今作『彭』。」按，今本據釋文改，與舊挍不符矣。

101 似蟹而小音滑　雪牕本同。注疏本删下二字。

102 螖蠌小者蟧○釋曰　注疏本删。×

103 螖即彭螖也　元本同。閩本、監本、毛本「彭」改「蟚」。

104 案埤蒼即云螺屬　元本亦作「即云」，

下二字闕。閩本剜改作「云即蚻蜻」，監本、毛本承之。

105 蜃小者珧○釋曰　注疏本删。　×

106 月令孟冬之月云　注疏本「云」倒「月令」下。

107 可飾佩刀削　元本同。閩本「削」剜改「鞘」，監本、毛本承之。

108 東注激女水　注疏本「女」作「汝」，依今本山海經改。按，釋文引東山經作「激女之水」，與此合。

109 仰者謝　唐石經、雪牕本同。釋文：「謝，如字，衆家本作『射』。」按，禮記玉藻注云「謂靈射之屬所當用者」，是鄭氏所據本亦作「射」。龜人「地龜曰繹屬」，注云「仰者繹」，此順周禮經字以「繹」爲「射」也。周禮古文故作「繹」，爾雅今文故作「射」。郭本作「謝」，非。

110 行頭左庳　雪牕本、注疏本同。釋文「俾，普計反，下同，本今作『庳』」，疏云「謂行時頭左邊庳下者」。按，説文「俾，俾門侍人倪俾也」。一切經音義卷十云：「説文『顊，傾頭也』，蒼頡篇『顊，不正也』。」經文作「俾」，是「俾」、「顊」字通。左右俾者，行時頭俾倚於左右，少袤傾也。釋文音經「倪，亦作睨」，文選思元賦注引「爾雅『左睨不類』，郭注曰『行頭左睥也』。周禮龜人疏云『頭向左右睥睨』」，然考説文有「俾」無「睥」，睨爲邪視，其義非也。此當從陸本作「俾」，邢疏作庳高字，誤甚。

111 龜俯至不若○釋曰　注疏本删。　×

112 龜俯者靈　注疏本脱「龜」。

113 ○注行頭至卜審○釋曰案賈公彦説　注疏本删上八字。　×

114 車渠謂車輞　釋文「車輞，音罔」，雪牕本、注疏本作「輞」。按，疏云「考工記謂車輞爲渠，故云渠謂車輞」，然則上「車」字衍文，因上引書大傳致誤。

115 小者鰿　唐石經、雪牕本同。釋文：「鰿，字又作『鰿』。」

116 餘貾黄白文　唐石經、雪牕本同。釋文：「蚳，字或作『貾』，同。」按，五經文字「貾，丈尸反，見爾雅」。

117 今之紫貝　雪牕本同。注疏本無「之」。

118 謂汚薄　雪牕本、注疏本同。釋文「汚」作「汙」。

119 蟦小而檐　唐石經、雪牕本、注疏本同。釋文：「蟦，本或作『鰿』。」按，注云「即上小貝」，則當同上作「鰿」。石經上「鰿」下「蟦」，非。釋文當爲「鰿，本或作『蟦』」。邢疏釋此經曰「小而狹長者名鰿」，又釋注曰「云即上貝知者以其同名鰿也」，則邢本上下皆作「鰿」字。

120 檐謂狹而長　單疏本、雪牕本同。釋文「狹」作「陜」。

121 貝居至而檐○釋曰　注疏本删。×

122 貝海介蟲也　注疏本「海」誤「爲」。

123 周而有泉　注疏本改「周有泉貝」。

124 大而汙薄者名蜬　注疏本脱「者」。

125 ○注書大至航屬○釋曰案大傳云　注疏本删「大至」以下七字。×

126 西伯既戡耆　注疏本「耆」改「黎」。按，書釋文曰「黎，尚書大傳作『耆』」，書正義曰「書傳云『文王受命，五年伐耆』」，詩文王正義曰「殷傳云西伯得四友獻寶，免於虎口，而克耆」，此皆大傳作「耆」之證。

127 紂囚之牖里　注疏本「牖」改「羑」。

128 以備其辜　注疏本作「以贖其辜」。按，此作「備」，誤。釋詁：「辜，辠也。」

129 ○注以白至文點○釋曰舍人云　注疏本删上八字。×

130 其文采之異大小之殊甚衆　注疏本脱「之異」，「大小」倒。

131 以黄爲文　注疏本脱「以」。

132 其白質如玉　注疏本脱「其」。

133 今九真交趾以爲杯盤　注疏本「今」上衍「皆」，「杯」作「柸」。

134 ○注即上至形容○釋曰云即上小貝　注疏本删上八字，又上文「皆謂此餘貾餘泉也」，正德本、閩本作「皆謂此餘貾餘泉中小貝」，無此「云即上」三字。×

135 以其同名鰿也　正德本同。閩本、監本、毛本「鰿」誤「蟦」。

136 嶞山喬嶽　注疏本「嶞」作「墮」，非。

137 其循幾何　浦鏜云楚辭「循」作「衍」。按，此蓋「脩」字之訛。

138 蠑螈至守宫也○釋曰　注疏本删。×

139 詩小雅正月云　注疏本脱「云」。×

140 或謂之蠦蠝盧壘兩音或謂之刺易南陽人呼蝘蜓其在澤中者謂之易蜥　注疏本「刺易」、「易蜥」皆改「蜥蜴」，「盧壘」改「蠦蠝」，脱「人」字、「者」字，音切俱作大字。

141 或謂之蠑螈　注疏本此下誤空一字。

142 則是在草澤中者名蠑螈蜥蜴在辟者名蝘蜓守宫也　注疏本脱「是」及下「者」。

143 擣萬杵　正德本、閩本同。監本、毛本「擣」改「搗」。

144 今淮南人呼蚃子音惡　雪牕本同。注疏本刪下二字。

145 趺蝁○釋曰　注疏本刪。

146 螣螣蛇　唐石經、雪牕本同。單疏本、注疏本作「螣螣蛇」。釋文：「螣，直錦反，字又作『朕』。螣，字又作『騰』，徒登反。」按，「螣」、「螣」雖兩體，實一字也。據釋文知本作「螣騰蛇」。注云「能興雲霧，而遊其中，即騰之謂也」。唐石經作「螣螣」，誤。文選思元賦注、藝文類聚卷九十六皆引爾雅作「騰蛇」，與釋文合。

147 淮南云蟒蛇　單疏本、雪牕本同。疏云：「蟒當爲奔。淮南子覽冥篇『後奔蛇』，許慎云『奔蛇，馳蛇』是也。或曰淮南人呼此螣爲蟒蛇，義亦通。」按，注引淮南子「奔蛇」以證經之「騰蛇」，奔、騰一義也，故許注又轉爲馳蛇。「馳」亦奔騰之意也，因字形相涉，「奔」誤爲「莽」，又因下有「蟒王蛇」，遂改「莽」作「蟒」。此當從邢叔明義，或説非也。

148 螣螣蛇○釋曰　注疏本刪。　×

149 ○注淮南云蟒蛇○釋曰蟒當爲奔　注疏本刪上八字，「奔」誤「莽」。　×

150 雲黄璐　注疏本「璐」誤「路」。按，依淮南子當作「璐雲黄」。

151 淮南人呼此螣爲蟒蛇　正德本誤「蟒螣」。閩本、監本、毛本誤「蟒蟒」。

152 蟒蛇最大者故曰王蛇　雪牕本、注疏本同。按，一切經音義卷六引此注云「虵之最大者，故曰王」，是訓「莽」爲大也。邢疏亦云「此蛇之最大者也」。今本作「蟒蛇最大者」，非。孫星衍云：蟒義當用莽，小爾雅「莽，大也」。○按，「蟒」逗，「蛇最大者」句。

153 蟒王蛇○釋曰　注疏本刪。　×

154 蝮虺　唐石經、單疏本、雪牕本同。釋文：「蝮，字亦作『蝮』。虫，即虺字也。説文云『虫，一名蝮，博三寸，首大如擘』，字林同。郭云『別自一種蛇，名

蝮虺」，本今作『虺』。」按，此爲經作「虫」，注作「虺」之明證，唐石經以下諸本俱係後人援注所改。❹

155 蝮虺至如擘○釋曰　注疏本删。×

156 ○注身廣至蝮虺○釋曰案郭注三蒼云　注疏本删上八字。×

157 鄭注儀禮以爲手大指然則手足大指皆得名擘　注疏本脱上十五字。×

158 又名拇　注疏本「拇」下衍「指」。

159 郭璞曰　注疏本脱「璞」。

160 文間有毛似豬鬛　注疏本「豬」作「猪」。

161 大者長八九尺　雪牕本同。注疏本此下有「别名鰕」三字，係疏語竄入。

162 鯢大者謂之鰕○釋曰　注疏本删。×

163 魚枕至之丙○釋曰　注疏本删。×

164 ○注禮記曰魚去乙○釋曰　注疏本删「釋曰」。×

165 涪陵郡出大龜甲可以卜緣中文似瑇瑁俗呼爲靈龜　雪牕本、注疏本同。段玉裁云：「『文』當作『爻』，『靈龜』當作『靈爻』。『爻』、『釵』古今字，依蜀都賦注、華陽國志訂正。毒冒即龜之至大者，其甲可爲釵。❺

166 見龜策傳　單疏本、雪牕本同。釋文：「筴，初革反，本今作『策』。」

167 一曰至火龜○釋曰　注疏本删。×

168 背上有盤法丘山　注疏本脱「有」。

169 公羊傳曰　注疏本「曰」作「云」。

170 言世世保用之辭　舊本、閩本同。監本、毛本「保」改「寶」。

171 ○注書曰遺我大寶龜○釋曰　注

疏本删「釋曰」，不分節，下同。

172 ○注河圖至青文○釋曰引此以證龜甲有文彩也　注疏本删「釋曰」，「此」誤「之」。✕

173 其實河圖説靈龜也　元本、閩本、監本同。毛本「實」誤「寶」。✕

174 ○注常在至策傳○釋曰　注疏本作「注云常在至龜策傳者」。✕

175 上有擣蓍　索隱云：「擣，古稠字。」元本「擣」誤「儔」，閩本、監本、毛本作「壽」。今史記作「下有擣蓍」，「下」當從此作「上」。○按，「擣」當从木。

176 ○注火龜猶火鼠耳○釋曰　注疏本「注」下增「云」，「耳」下增「者」，删「釋曰」。✕

177 今去天南東萬里　元本同。閩本剜改「天」爲「扶」，監本、毛本承之。

178 名之火澣布是也　浦鏜云「今」誤「名」。

爾雅疏卷第九

179 爾雅疏卷第十　名銜後標目釋鳥第十七，釋獸第十八，另行標釋畜第十九。注疏本分釋獸以下卷第十一。❻

釋鳥第十七

180 釋鳥第十七○釋曰　注疏本删。✕

181 隹其鳺鴀○釋曰　注疏本删。✕

182 鵻一名夫不　元本同。閩本、監本、毛本「夫不」改「鳺鴀」，下同。

183 夫不孝　注疏本「孝」誤「者」。

184 則此是謹慤孝順之鳥也　注疏本脱「則」。

185 或謂之鴟鴞　元本亦作「鴟」。閩本「鴞」作「鴟」。監本、毛本「鴟鴞」作「鶹鴟」。

186 鶌鳩鶻鵃○釋曰　注疏本删。×

187 鶻鳩鶻鵰也　注疏本「鵰」誤「鵃」。

188 春來秋去　浦鏜云「冬」誤「秋」。

189 今之班鳩　注疏本「班」改「斑」，下同。

190 鶻鳩一名鳴鳩　元本、閩本、監本「鳴」誤「鶻」，毛本改「鶻鵃」。浦鏜云「鶻鳩」當作「鶻鵃」。

191 鳲鳩鴶鵴○釋曰　注疏本删。×

192 埤蒼云鴶鵴　注疏本「倉」作「蒼」。

193 一名繫穀　注疏本「繫」作「擊」。

194 鷑鳩鵧鷑　唐石經、單疏本、雪牕本同。釋文：「鵧，謝苻悲反，郭力買反，又苻尸反，字林父隹反。」惠棟云：「鵧鷑」當作「裨笠」，亦名「雝禮」，見淮南子。王宗炎云：淮南說林篇「烏力勝日而服於雝禮」，高誘注云「雝禮，爾雅謂裨笠，秦人謂之祀祝」。此經「鵧」當作「鵯」。釋文所載四音其字皆從卑。苻悲反，讀爲卑；力買反，讀爲捭。釋文、唐石經作「鵧」，訛。○按，此古支清合音之理，戴震已詳言之。❼

195 江東名爲烏鵙　注疏本同。單疏本作「鴡」，雪牕本作「鵙」，皆「鵖」之訛，疏中準此。釋文：「臼，如字，本或作『鵖』。」

196 鷑鳩鵧鷑○釋曰　注疏本删。×

197 好在江渚山邊食魚　單疏本、雪牕本同。詩關雎正義引作「好在江邊沚中亦食魚」。按，雎鳩，水鳥，不當言在山邊，據詩正義則此注當作「好在江中渚邊」。沚、渚義通，「山」爲「中」字之誤。

198 鳥摯而有別　單疏本、注疏本同。雪牕本「摯」作「鷙」，釋文「鷙，本又作『摯』」，文選高唐賦注引此作「鳥鷙而有別者」。按，左傳昭十七年「鴡鳩氏司馬也」，杜注「鴡鳩，王鴡也。鷙而有别，故爲司馬，主法制」。鄭康成説鷙從鳥，摯省聲也。月令「鷹隼蚤鷙」，夏小正作「鷹始摯」，是古文「鷙」字多作「摯」。「常武如飛如翰」傳曰「疾如飛，摯如翰」，亦以「摯」爲「鷙」，可證。杜、郭皆以今字讀之，故云「鷙而有別」。詩箋云「摯之言至」，非毛義也。陸於爾雅、左傳從鷙，於毛詩從摯，最是。單疏本此作「摯」。

199 鵙鳩王鵙○釋曰　注疏本删。×

200 幽州人謂之鷲　注疏本脱「人」，「鷲」誤「鷙」。

201 ○注毛詩傳曰鳥摯而有別○釋曰　注疏本脱「詩」，「摯」作「鷙」，删「釋曰」。×

202 鵅鵋鶀　唐石經、單疏本、雪牕本同。釋文：「鵋，本亦作『忌』。䳢，本亦作『欺』，下欺老同。本今作『鶀』。」按，「䳢」字從欺，故通作「欺」。今作「鶀」，非也。據釋文則下「鶨鶀老」本作「䳢老」，亦作「欺老」。説文「鶨，欺老也」可證。今亦作「鶀」，非。一切經音義卷十、卷十七、卷二十四三引皆作「鵅忌欺」。嚴元照云：説文隹部「雒，忌欺也」，鳥部「鵅，烏鸔也」，二字音同文異。廣韻十九「鐸」「雒」、「鵅」同紐，義與説文同。釋文、唐石經前後皆作「鵅」，非。玉篇隹部云「雒，鵋鶀鳥」，與説文合，然鳥部云「鵅鵋鶀也」，又「烏鸔也」，蓋爲宋人所亂耳。

203 今江東呼鵂鶹爲鵋鶀亦謂之鴝鵅　單疏本、注疏本同。雪牕本「鵋」作「忌」。釋文：「鉤，古侯反，本今作『鴝』。」按，一切經音義卷十七「鉤鵅」下引「爾雅『怪鴟，犍爲舍人曰謂鵂鶹也，南陽名鉤鵅』」，又引「郭氏曰『今江東呼鵂鶹爲忌欺，亦謂之鉤鵅』」。論文作鴝，與鸜同，音具榆反。鴝鵅鳥也，鴝非字義」，足以證陸本之是，訂今本之訛。「鵋鶀」亦當作「忌欺」也。

204 音格　雪牕本同。注疏本删此二字。按，一切經音義卷十、卷二十四兩引皆有之。

205 鵅鵋鶀○釋曰　注疏本删。×

206 鴗天狗○釋曰鴗一名天狗郭云小鳥也青似翠食魚江東呼爲水狗

注疏本删，但存「鳸一名天狗」五字。

207 今江東名之天鸋 雪牕本、元本同。閩本、監本、毛本「名之」下有「曰」。

208 鷚天鸙○釋曰 注疏本删。

209 鵱鷜鵝 毛本同。唐石經、單疏本、雪牕本、元本、閩本、監本「鵝」作「鵞」，下「舒鴈鵝」及注同。釋文：「鵝，字亦作『鵞』。」五經文字：「鵞，或作鵝，見爾雅。」

210 鵱鷜鵞○釋曰 注疏本删。

211 鶬麋鴰○釋曰 注疏本删。

212 江東呼烏鸔音駁 雪牕本同。注疏本删下二字。釋文：「鸔，郭音駁，駁，布角反。」

213 鴰烏鸔○釋曰鴰一名烏鸔 注疏本删上五字，脱下「烏」。

214 今江東呼鴚音加 雪牕本同。注疏本删下二字。釋文：「鴚，郭音加。」

215 舒鴈鵞○釋曰 注疏本删。

216 ○注禮記曰出如舒鴈○釋曰聘禮記文也 注疏本删「釋曰」。元本「聘」字實闕，閩本、監本、毛本改「引」。❽

217 鴨也 雪牕本、注疏本同。釋文：「鳬，字又作『鴨』。」

218 舒鳬鶩○釋曰 注疏本删。

219 鳽鵁鶄○釋曰鵁鶄一名鳽郭云似鳬脚高毛冠江東人家養之以厭火災 注疏本删，但存「鵁鶄一名鳽」五字。

220 輿鵛鶋 唐石經、注疏本同。雪牕本「輿」作「與」。釋文：「與，音餘，樊、孫本作『鸒』。」按，「與」即「鸒」之省，當從釋文。唐石經作「輿」，非。

221 沈水食魚故名洿澤 單疏本、雪牕本同。

釋文音經「鴂鶌」云「毛詩傳作『洿澤』」，此經注異文之明證。

222 鶨鵊鶌○釋曰　注疏本刪。×

223 俗呼之爲淘河　注疏本脱「爲」。

224 鴗下胡大如數斗囊　注疏本「斗」作「升」。

225 鶾天鷄　唐石經、單疏本、雪牕本、注疏本皆作「雞」，注中同。

226 鶾天雞○釋曰　注疏本刪。×

227 ○注逸周書至獻之○釋曰云逸周書曰者　注疏本刪上九字。×

228 文鶾者若翬雉　浦鏜云周書「翬雉」作「皋雞」。按，經義雜記曰：「說文引逸周書『文翰若翬雉』，是許氏所見周書本作『翬雉』，不作『皋雞』也。此所引與說文合。今本作『皋雞』，非。」又元本、閩本此節疏後分十卷下。

229 鷽山鵲　唐石經、單疏本、雪牕本同。釋文：「鷽，本亦作『鵲』。」

230 觜脚赤　單疏本、注疏本同。雪牕本「觜」作「鮆」，釋文「鴜，字或作『觜』」，廣雅云「口也」，葉鈔本「鴜」作「柴」。按，廣雅「柴、噣、喙，口也」，從鳥，從魚皆誤。一切經音義卷五引下「鶖[illegible]」注云「柴頭曲如鉤」。今釋文及諸本皆作「觜」。

231 鷽山鵲○釋曰山鵲一名鷽郭云似鵲而有文彩長尾觜脚赤　注疏本刪，但存「山鵲一名鷽」五字。×

232 江南呼之爲鷽　單疏本、雪牕本同。注疏本「南」改「東」。

233 因名云音淫　雪牕本同。注疏本刪下二字。

234 鷽負雀○釋曰鷽一名負雀郭云鷽

鷚也江南呼之爲鷃善捉雀因名云　注疏本删，但存「鷃一名負雀」五字。×

235 鷚鹵艾　唐石經、雪牕本同。嚴元照云：鹵，亦當作鷚，鳥名「鷚艾」，猶蟲名「鷚桑」。其説非也。

236 鴩鵃也　單疏本、雪牕本、元本同。閩本、監本、毛本「鴩」誤「鴩」。按，釋文「鴩，巨炎反」。

237 鶨鵙老○釋曰　注疏本删。×

238 鶨一名鵙老郭云鴩鶨俗呼爲癡鳥　注疏本删下九字。×

239 鳸鴳○釋曰　注疏本删。×

240 鴳一名鳸鳸雀也　元本同。閩本剜改作「鳸一名鴳鴳雀也」，監本、毛本承之。

241 桑鳸竊脂　唐石經、雪牕本、注疏本同。單疏本「鳸」改「扈」。按，上「鳸鴳」釋文云「鳸，左傳、詩並作扈」，是爾雅不作「扈」也。

242 桑扈竊脂○釋曰　注疏本删。×

243 皆謂盜人脂膏　注疏本脱「人」。

244 竊藍淺青也　注疏本脱「淺」。

245 而待後人剥正也　元本同。閩本、監本、毛本「剥」改「駁」。

246 青班長尾　單疏本、雪牕本、元本同。閩本、監本、毛本「班」改「斑」，疏中準此。

247 鳭鷯剖葦○釋曰　注疏本删。×

248 鷦鷯桃雀也　單疏本、雪牕本、元本同。閩本、監本、毛本「鷯」作「鷯」，非。釋文亦作「鷯」，疏中準此。×

249 桃蟲鷦其雌鴱○釋曰　注疏本删。×

250 肇允彼桃蟲　注疏本「肇」改「肇」。按，唐石經、毛詩作「肇」。❾

251 此鷯鷲小鳥而生鵰鶚者也　按，「鶚」當作「鴞」。

252 或曰鴞　注疏本「鴞」誤「鶚」。

253 或謂之過羸　元本「羸」字闕，閩本、監本、毛本改「羸」。

254 自關而東謂之鸋鴂　元本「鴂」作「鳺」，餘同。閩本、監本、毛本改「幽人或謂之鸋鴂」。

255 或謂之巇爵　元本作「韈爵」，閩本、監本、毛本改「韈雀」。○按，本作「懱」字，心懱猶細也。

256 五彩色其高六尺許　陳本同。單疏本、雪牕本、注疏本及釋文引郭云皆無「其」字，此蓋衍。

257 鷗鳳其雌皇○釋曰　注疏本删。×

258 翱翔四海之外　注疏本「外」作「内」，此剜改。

259 其狀如鶴　浦鏜云「雞」誤「鶴」。

260 鵙鴒䳠渠　唐石經、單疏本、雪牕本同。釋文：「鵙，詩作『脊』，本今作『鵙』。」

261 鵙鴒䳠渠○釋曰　注疏本删。×

262 背上青灰色　注疏本「灰」作「赤」，此剜改。

263 鸒斯鵯鶋　唐石經、單疏本、雪牕本同。釋文：「斯，本多無此字。鶋，本或作『居』。」詩「弁彼鸒斯」，毛傳「鸒，卑居」，正義曰「鸒卑居，釋鳥文」。按，水經「㶟水」注引爾雅「鸒斯卑居」，亦衍「斯」字，而「卑居」字不從鳥，與毛傳及釋文合。×

264 江東亦呼爲鵯烏音匹　雪牕本同。注疏本删下二字。詩小弁正義引此無「亦」，單疏本同衍。

265 鸒斯鵯鶋○釋曰　注疏本删。×

266 謂之雅烏 元本、閩本同。監本、毛本「雅」改「鴉」。此本「烏」誤「鳥」，今訂正。

267 燕白脰烏 唐石經、單疏本、雪牕本、毛本同，石經考文提要引至善堂九經本亦作「烏」。元本、閩本、監本「烏」作「鳥」，誤。

268 燕白脰烏○釋曰脰頸也頸項也 注疏本刪，但存「脰項也」三字。

269 鴽鴾毋 單疏本、雪牕本、元本、閩本同。唐石經、監本、毛本「毋」作「母」，疏中同。按，釋文「毋，如字，李音無，舍人本作『無』」，則石經作「母」非。禮記月令注「鴽母無」，釋文「母音牟」，正義曰「母當作牟，聲轉字誤，牟字作母」。儀禮公食大夫禮注「鴽無母」誤倒，當依月令注作「母無」，其「母」字作「無」，與舍人本合。説文：「雓，牟母也，从隹，奴聲。雓或从鳥。」

270 青州呼鴾毋 單疏本、雪牕本同。按，公食大夫禮疏引作「青州人呼曰鴾母」，禮記內則正義引作「青州呼爲鴾母」，下字作父母字，非也。

271 鴽鴾毋○釋曰 注疏本刪。 ×

272 密肌繫英 唐石經、雪牕本同。釋文：「䳴，音密，本今作『密』。鶧，音英，本今作『英』。」

273 釋蟲以有此名 陳本、元本同。雪牕本、閩本、監本、毛本「以」作「已」。古「已」、「以」通。

274 巂周○釋曰 注疏本刪。 ×

275 燕燕鳦○釋曰 注疏本刪。 ×

276 爲一物三名 注疏本「爲」誤「鳥」。

277 ○注詩云至呼鳦○釋曰詩云 注疏本刪下七字。 ×

278 以其色元 注疏本「元」誤「云」。 ×

279 見元鳥隋其卵 注疏本脱「見」，「隋」改「墮」，非。

280 鴟鴞鸋鴂○釋曰　注疏本删。×

281 詩豳風云鴟鴞鴟鴞　注疏本脱一「鴟鴞」。

282 取茅秀爲窠　元本同。閩本、監本、毛本「秀」作「莠」。

283 幽州人謂之鸋鴂　注疏本脱「州」，「人」下衍「或」。×

284 關東謂之工雀或謂之過羸　注疏本脱「工雀或謂之」五字，此本「工」誤「上」，今訂正。

285 今䳒鴟也　單疏本、雪牕本同。注疏本「䳒」訛「鵤」。釋文：「䳒，字又作『䳒』，亡項反。」

286 狂茅鴟怪鴟梟鴟○釋曰　注疏本删。×

287 鶚大如班鳩　元本同。閩本、監本、毛本「班」改「斑」。

288 鳥子須母食之　雪牕本、注疏本同。釋文：「母食，本或作『飤』，同，音嗣。」按，華嚴經音義卷上引此注曰「鷇謂鳥子須母飤者。鶵謂能自食者也」，是飤養與自食字不同。一切經音義卷十引爾雅「生哺鷇」，郭氏曰「謂須母飤也」，亦作「飤」。郭氏當本用「飤」字，「杻檍」注「可飤牛」可證。○按，說文本無「飤」字，後人分别爲之。

289 生哺鷇生噣雛○釋曰　注疏本删。×

290 鳥子生須母哺而食者　注疏本脱「者」。×

291 鳥子生而能自啄食者　注疏本「子生」倒，「啄」作「噣」。

292 爰居雜縣○釋曰　注疏本删。×

293 ○注國語至爰居○釋曰云國語曰　注疏本删上九字。×

294 春扈鴳鴳　唐石經、雪牕本同，單疏本亦作「春鳸」。釋文「扈，音户」，蓋誤。⑩

295 春鳸至嘖嘖○釋曰　注疏本删。×

296 春鳸分循　注疏本「分循」改「鳻鶞」，「扈」改「鳸」，下並同。

297 鵙鴳猶鵖鴗　單疏本同。注疏本「鵖」作「鵖」，雪牕本作「鵙」，皆誤。釋文：「鵖，皮逼反。」

298 鵙鴳戴鵀○釋曰　注疏本删。×

299 謂之鶝鶝　注疏本「鶝」作「鵖」。×

300 東齊吴楊之間謂之鵀　注疏本「鵀」改「鵙鴳」。舊本、閩本「揚」作「楊」。

301 鴐澤虞○釋曰　注疏本删。×

302 鶿鷧○釋曰　注疏本删。×

303 似鴉而黑　注疏本「鴉」改「鶡」。

304 牝痺　注疏本同，誤也。釋文、唐石經、單疏本、雪牕本皆作「庳」，當據以訂正，疏中同。

305 鷯鶉其雄鶛牝庳○釋曰　注疏本删。×

306 舊説云蝦蟆所化者也　注疏本脱「説」。「蟆」字舊本闕，閩本、監本、毛本作「蟇」。×

307 今江東亦呼爲鶝音施　雪牕本同。注疏本删下二字。釋文：「鶝，郭音施。」

308 鶝沈鳧○釋曰　注疏本删。×

309 鴝頭鵁○釋曰　注疏本删。×

310 岐尾　單疏本、閩本、監本、毛本同。釋文、雪牕本、正德本「岐」作「歧」。

311 鵽鳩寇雉○釋曰　注疏本删。×

312 萑老鵂○釋曰　注疏本删。×

313 鷄鴐鳥　唐石經、雪牕本、注疏本同。單疏本「鴐」作「鶘」，非。釋文：「胡，字或作『鴐』。」

314 鷄鶘鳥○釋曰　注疏本删。　×

315 狂㝱鳥　唐石經、單疏本、雪牕本同。釋文：「鵟，音狂，本今作『狂』。」

316 狂㝱鳥○釋曰　注疏本删。　×

317 五采之鳥也　舊本同。閩本、監本、毛本「采」改「彩」，下同。

318 ○注狂鳥五色有冠見山海經○釋曰　注疏本删，但有「山海經者」四字。　×

319 皇黃鳥○釋曰　注疏本删。　×

320 皇名黃鳥　按，「皇」下脱「一」。

321 齊人謂之摶黍　注疏本「摶」作「搏」。段玉裁云：搏，非也。摶，是也。摶黍者，謂其摶取黍而食之，與儀禮「摶黍」迥别。

322 看我麥黃葚熟　詩葛覃正義「熟」下有「不」字，此脱「不」。否，平聲。

323 翠鷸○釋曰　注疏本删。

324 尉他獻文帝翠鳥毛　注疏本「他」改「佗」，非。

325 鸀山烏　唐石經、雪牕本、注疏本同，釋文亦作「鸀」。單疏本作「鸀」，非，疏中仍作「鸀」。

326 鸀山烏○釋曰山烏一名鸀郭云似烏而小赤觜穴乳出西方　注疏本但有「山烏名鸀」四字。　×

327 蝙蝠服翼○釋曰　注疏本删。　×

328 謂之服翼或謂之䙴鼠　閩本、毛本「䙴」改「僊」。

329 晨風鸇○釋曰　注疏本删。　×

330 一名鸇鸇摯鳥也　舊本同。閩本、監本本、毛本脱一「鸝」。

331 青黄色　注疏本脱「青」。

332 嚮風摇翅　舊本同。閩本、監本、毛本「翅」改「翮」。

333 ○注詩曰鴪彼晨風○釋曰　注疏本删「詩曰」、「釋曰」。×

334 鸉白鷢　唐石經、單疏本同，石經考文提要引至善堂九經本亦作「鸉」，釋文「鸉，音楊」，雪牕本、注疏本誤分楊、鳥二字。

335 鸉白鷢○釋曰鸉一名白鷢　注疏本删上五字，下「鸉」誤分楊、鳥。×

336 今江東呼爲蚊母　單疏本、雪牕本同。釋文音經：「蟁，本或作『䲸』，郭云皆古蚊字。」按，説文云「俗蟁从虫，从文」，此經作古字，注作今字之證。

337 故以名云　陳本同。單疏本、雪牕本、注疏本「故」皆作「因」。

338 鷏蟁母○釋曰鷏一名蟁母郭云似烏鸔而大黄白雜文鳴如鴿聲今江東呼爲蚊母俗説此鳥常吐蚊因以名云　注疏本删，但存「鷏一名蚊母」五字。×

339 鷉鷿鷉　單疏本、雪牕本同。釋文：「鸊，蒲歷反，本今作『鷿』。」

340 膏中瑩刀　單疏本、雪牕本同。釋文：「鎣，烏瞑反，本今作『瑩』。」按，磨鎣字當從金，今本作「瑩」，非。

341 鷉須鸁○釋曰　注疏本删。×

342 鼯鼠夷由○釋曰鼯鼠一名夷由郭云狀如小狐似蝙蝠肉翅翅尾項脅毛紫赤色背上蒼艾色腹下黄喙頷雜白脚短爪長尾三尺許飛且乳亦

謂之飛生聲如人呼食火烟能從高赴下不能從下上高　注疏本刪，但存「鼯鼠一名夷由」六字。　×

343 **鳺餔枝**　唐石經、雪牕本同。釋文：「鴃，本今作『鳺』。餔，音步，字或作『鵏』。豉，如字，本今作『枝』。」按，説文「鴃，餔豉也」，玉篇同。一切經音義卷八、卷十一引爾雅作「鳺餔豉」，與陸本合。唐石經作「鳺枝」，非。又廣韻十一「暮」「鵏，鵏豉鳥」，蓋「鵏」字從鳥，甫聲，即「餔」之俗體。釋文云「字或作鵏」，是今本作「鵏」，訛。

344 **鷹鶆鳩**　唐石經、單疏本、雪牕本同。釋文：「來鳩，『來』字或作『爽』，郭讀作爽，衆家並依字林作『鶆』字，音來，云『鶆鳩鷹也』。又音注爽鳩，本或作『鷞』。」按，春秋昭十七年正義引「釋鳥『鷹鶆鳩』，樊光曰『來鳩，爽鳩也』，春秋曰『爽鳩氏』」，又引「郭注曰『鶆當爲爽字之誤耳』」，左傳作爽鳩是也。蓋爾雅經作「來鳩」，注作「爽鳩」。字林始加鳥旁，唐石經今本因之。

345 **鷹鶆鳩○釋曰**　注疏本刪。　×

346 **來鳩爽鳩也春秋曰爽鳩氏司寇**　注疏本「來」改「鶆」，「爽」改「鷞」，元本作「來」。

347 **左傳作鷞鳩**　注疏本「作」改「曰」。　×

348 **爽鳩氏司寇也**　元本同。閩本、監本、毛本「爽」改「鷞」，下引杜注同。

349 **鶼鶼比翼○釋曰**　注疏本刪。　×

350 **鴷斲木○釋曰**　注疏本刪。　×

351 **似烏蒼白色**　單疏本、雪牕本同。廣韻三十「嘯」引作「似烏而蒼白色」。按，「而」字當有。

352 **鶩鶶鷵○釋曰**　注疏本刪。　×

353 **鷺舂鉏**　唐石經、單疏本、雪牕本同。釋文：鋤，字又作鉏。按，文選西都賦注引作「鷺舂鋤」，與陸本合。

354 今江東人取以爲睫攡　單疏本、雪牕本同。釋文、注疏本「攡」作「⿰木離」。按，廣韻十一「暮」亦引作手旁。

355 鷺舂鉏○釋曰　注疏本刪。×

356 白鷺也頭翅背上皆有長翰毛今江東人取以爲睫攡名之曰白鷺縗　注疏本刪下二十四字。×

357 青質五彩　雪牕本、閩本、監本、毛本同。單疏本、元本「彩」作「采」，當據以訂正。

358 長尾者　雪牕本、注疏本同。單疏本作「尾長者」，此誤倒。×

359 今白鵫也　單疏本、雪牕本同。釋文：「⿰白鳥，音白，本今作『白』。」按，注當本用「⿰白鳥」字，今本蓋因下文「白鵫白雉」誤改。

360 素質五采皆備成章曰翬　唐石經、單疏本、雪牕本同，石經考文提要引至善堂九經本亦作「采」。注疏本「采」改「彩」，下同。元本下作「采」，疏中同。

361 言其毛色光鮮　雪牕本、注疏本同。邵晉涵正義曰：「邢疏引郭注此下有『王后之服以爲飾』七字，撿諸本俱無。」按，邢疏有引周禮申釋之辭，則爲郭注無疑。

362 即鷂雉也　雪牕本、注疏本同。按，邢疏引郭注此下有「亦王后之服以爲飾」八字，下引周禮申釋之。

363 鷂雉至西方曰鷷○釋曰　注疏本刪。×

364 鷮微小於翟也　元本同。閩本、監本、毛本「翟」改「鸐」，非。

365 山海經女几山　元本「女几」作「友凡」，閩本、監本、毛本改「文凡」。○案，作「女几」與山海經中山經合。⑪

366 杜預取此四方之雉　注疏本脫

「此」。

367 無所馮據　元本同。閩本、監本、毛本「馮」改「憑」。

368 穴入地三四尺　單疏本、雪牕本、注疏本同。此本舊脱「穴」，今補。按，續漢郡國志注引作「穴地入三四尺」。

369 共爲雄雌　注疏本同。單疏本、雪牕本作「雌雄」。按，疏中作「雌雄」。

370 鳥鼠同穴其鳥爲鵌其鼠爲鼵○釋曰　注疏本删。

371 天性然也郭云鼵如人家鼠而短尾鵌似鵽而小黄黑色穴入地三四尺鼠在内鳥在外今在隴西首陽縣鳥鼠同穴山中　注疏本删下四十三字。

372 鸛鷒鶝鶔如鵲短尾射之銜矢射人○釋曰　注疏本删。

373 㝯古以爲懈惰字　元本同。閩本、監本、毛本「懈」改「解」，下同。

374 鵲鵙醜其飛也翪　單疏本、雪牕本同。唐石經「鵙」作「鶪」。此誤。釋文亦作「鶪」。

375 鵲鵙醜其飛也翪○釋曰　注疏本删。

376 鳶烏醜　唐石經、單疏本、雪牕本、元本、閩本、毛本同，石經考文提要引至善堂九經本亦作「鳶烏」。監本作「鳥」，誤。

377 鳶烏醜其飛也翔○釋曰　注疏本删。

378 鷹隼醜其飛也翬○釋曰　注疏本删。

379 齊人謂之擊征　注疏本同。此本「征」字剜改，當本作「正」。

380 其足蹼　單疏本、雪牕本同。唐石經闕下二字。釋文：「蹼，本又作『蹼』。」

381 鳧鴈醜其足蹼其踵企○釋曰　注疏本删。×

382 烏鵲醜　唐石經、單疏本、雪牕本、元本同，石經考文提要引至善堂九經本亦作「烏鵲」。閩本、監本、毛本作「鳥」，誤。

383 烏鵲醜其掌縮○釋曰　注疏本删。×

384 亢鳥嚨其粻嗉○釋曰　注疏本删。×

385 別鷂鶉雛之名　雪牕本、元本同。單疏本、閩本、監本、毛本「雛」作「鶵」。按，釋文作「雛」。

386 鶉子鳼鴽子鸋○釋曰　注疏本删。×

387 雉之暮子爲鷚○釋曰　注疏本删。×

388 鷚是雉晚生之子名也郭云晚生者今呼少鷄爲鷚　注疏本脱「郭云」以上八字，「雉」誤「雞」，「鷄」作「雞」。

389 鳥之雌雄不可別者以翼右掩左雄左掩右雌○釋曰　注疏本删。×

390 鳥少美長醜爲鶹鷅○釋曰　注疏本删。×

391 鳥之少爲子而美　注疏本「而」誤「者」。×

392 詩所謂留離之子者　注疏本脱「詩所」、「留離」四字。

393 流離梟也　注疏本「梟」誤「尾」。

394 二足而羽謂之禽四足而毛謂之獸○釋曰　注疏本删。×

395 鳥不可曰獸　注疏本「不」改「亦」。

396 以禽作六贄　注疏本脱「以」。

397 似鶚鶡而大　雪牕本、注疏本同。單疏本

「鶌」作「鷗」。按，釋文作「鶌」，元本疏中亦作「鷗」。

398 **左傳曰伯趙是**　雪牕本、元本同。閩本、監本、毛本「是」改「氏」。按，單疏本標起止作「是」。

399 **鵙伯勞也○釋曰**　注疏本刪。×

400 **陳思王惡鳥論云伯勞以五月鳴**　此本「以」字剜擠，注疏本排入，「云」作「曰」。

401 **陽氣爲仁養**　注疏本作「陽爲生仁養」。

402 **○注似鶌至趙是○釋曰云似鶌鶌而大者**　注疏本刪上八字，「云」上增「郭」，「鶌」作「鷗」。×

403 **云左傳伯趙是者**　元本同。閩本、監本、毛本「云」改「注」，「是」改「氏」。

404 **倉庚黧黃也**　唐石經、單疏本、雪牕本同。釋文：「鵹，力兮反。」按，文選東京賦注引作「鶬鶊鵹黃也」，「鵹」字與陸本合。上「皇黃鳥」疏云「自此以下諸言倉庚、商庚、鵹黃、楚雀」，「倉庚」、「鵹黃」之文與此一也，則邢本與釋文同作「鵹」。今單疏本於此作「黧」，非。按上「鵹黃」與此「黧黃」爲一，不當殊文，或因注云「其色黧黑而黃」，因以改經矣。五經文字云「鵹，鵹黃也，爾雅作『黧』」，又云「黧，黑也，見爾雅」，所據與唐石經、今本同。

405 **倉庚黧黃也○釋曰**　注疏本刪。×

406 **即上黃鳥也**　注疏本「黃鳥」改「黧黃」。

釋獸第十八

407 **釋獸第十八○釋曰釋鳥云**　注疏本刪上七字，「云」改「曰」。×

408 **麋牡至力狄○釋曰**　注疏本刪。×

409 **○注國語曰獸長麛麌○釋曰**　注疏本「麌」下增「者」，刪「釋曰」。×

410 **魯宣公夏濫於淵**　注疏本作「泗淵」。此本剜擠「公」字，脱「泗」。⑫

411 **鳥翼鷇卵** 元本同。閩本、監本、毛本「卵」誤「殼」。

412 **貪無藝也** 注疏本「藝」作「蓺」。

413 **其跡速** 唐石經、單疏本、雪牎本同。釋文：「䴟，素卜反，本又作『速』。」按，「速」當作「速」。段玉裁云：說文「速」爲籀文「迹」。廣雅「躔踈解亢迹也」，四字正釋爾雅。曹憲音踈爲匹迹，速與踈同字。石鼓詩亦當讀麀鹿速速。⑬

414 **鹿牡至力麛○釋曰** 注疏本删。×

415 **麀鹿麌麌** 單疏本、雪牎本同。按，「麌麌」當作「噳噳」。釋文音經「麌，一作『麌』」，「麌」即「噳」之訛，爲經注異文之證，陸所見本已溷混矣。詩吉日「麀鹿麌麌」，本作「噳噳」，正義曰「噳噳，衆多，與韓奕同」，則傳本作「噳」字。下箋云「祁當作麎」，此「噳」不破字，則鄭本亦作「噳」也，是正義本作「噳」明甚。韓奕「麀鹿噳噳」，說文「噳」下引詩同，云「麋鹿羣口相聚貌」，無「麌」字。

416 **即謂此也** 雪牎本、注疏本同。按，「即」字疑衍，或當作「謂即」。邢疏有「即謂此也」之言，或因此誤衍。

417 **麢牡麌至力豣○釋曰此辨麢之種類也** 注疏本删，但存「辨麢類」三字。×

418 **○注詩曰至言耳○釋曰詩小雅吉日篇文也** 注疏本「詩曰」下增「者」，删「至言耳」、「釋曰詩」六字。×

419 **狼牡至力迅○釋曰** 注疏本删。×

420 **其皮可爲裘** 注疏本無「其」，此剜擠。×

421 **兔子嬎** 唐石經、單疏本、雪牎本同。釋文：「嬎，本或作『嬔』。」

422 **兔子嬎至力欣○釋曰** 注疏本删。×

423 **兔舐豪而孕** 注疏本「豪」作「毫」。×

424 **江東呼豨**　單疏本同。雪牕本、注疏本「豨」誤「豨」。按，初學記卷二十九、太平御覽卷九百三皆引作「江東呼爲豨」，此脱「爲」字。

425 **所寢橧**　唐石經、單疏本、雪牕本同。釋文：「橧，舊本多作繒帛字，非。方言作木旁。」詩「漸漸之石」，箋云「離其繒牧之處」，釋文「爾雅豕所寢曰繒，方言作橧，從木」，正義引爾雅作「橧」，云「繒與橧音義同」。按，舊本作繒帛字，與詩釋文所引合。鄭據爾雅亦作糸旁，蓋「繒」、「橧」古今字，亦正俗字。陸必欲從橧，非也。⑭

426 **四豴皆白豥**　唐石經、單疏本、雪牕本同。五經文字豕部：「豴，豨也，見爾雅。」按，釋文「蹢，蹄也，本今作『豴』」，詩「有豕白蹢」，傳「蹢，蹄也」，注本此，則郭本必作「蹢」字，當從釋文。自五經文字誤作豕旁，而開成石經因之。

427 **一發五豝**　單疏本、雪牕本同。注疏本「一」作「壹」，蓋據毛詩改。按，説文引詩「一發五豝」，與此合。×

428 **豕子至牝豝○釋曰**　注疏本删。×

429 **大者謂之豣**　注疏本「豣」改「豝」。

430 **或謂之豯**音奚　○注疏本删「音奚」。

431 **豶謂犍豬也**　注疏本「豶」謂「倒」。×

432 **○注詩云有豕白蹢○釋曰**　注疏本删「詩」、「釋曰」，「蹢」下增「者」。×

433 **詩中言豕白蹢**　注疏本脱「言」。×

434 **駭者躁疾之言也**　注疏本同。此本「駭」字剜改作「豥」，今訂正。

435 **○注詩云一發五豝○釋曰**　注疏本改作「詩云壹發五豝者」。×

436 **戰禽獸之命也**　監本「戰」誤「載」，「也」字同。元本、閩本、毛本「也」改「必」，今詩箋同。按，詩正義曰「故云戰禽獸之命也」，而必云戰之者，則箋文有「也」無「必」。

437 虎竊毛謂之虦貓○釋曰　注疏本删。

438 ○注詩曰有貓有虎○釋曰　注疏本「虎」下增「者」，删「詩曰」、「釋曰」。

439 黑白駁　雪牕本、注疏本同。單疏本「駁」作「駮」。按，釋文作「駮」。

440 能舐食銅鐵及竹骨節强直　陳本同。雪牕本、注疏本「骨」字複，單疏本亦複「骨」字，而上文「竹」字剜擠。

441 皮辟濕　單疏本、元本、閩本、監本同。雪牕本、毛本「濕」改「溼」。按，釋文作「辟濕」。

442 貘白豹○釋曰　注疏本删。

443 一曰白豹郭云似熊小頭庳腳黑白駮能舐食銅鐵及竹骨骨節强直中實少髓皮辟濕或曰豹白色者别名貘　注疏本「郭云」以下删。

444 甝白虎○釋曰白虎一名甝漢宣帝時南郡獲白虎獻其皮骨爪牙　注疏本删，但存「白虎一名甝」五字。

445 虪黑虎　唐石經、單疏本、雪牕本同。釋文：「儵，式六反，本今作『虪』。」

446 毛深者爲斑　雪牕本、注疏本同。單疏本「斑」作「班」，是也。按，此文當有脱誤。

447 幽都山多元虎元豹　陳本同。雪牕本、注疏本「豹」下衍「也」。

448 虪黑虎○釋曰黑虎一名虪郭云晉永嘉四年建平秭歸縣檻得之狀如小虎而黑毛深者爲班　注疏本删，但存「黑虎一名虪」五字。

449 晉大康七年　單疏本同。雪牕本、注疏本

「大」作「太」，非。×

450 有角兩脚　單疏本同。雪牕本「脚」訛「腮」，注疏本改「足」。按，太平御覽卷九百十二引此注作「脚」。×

451 無前兩足　單疏本、雪牕本同。注疏本作「前無兩足」，誤倒。元本「無前」二字實闕。

452 貀無前足○釋曰　注疏本删。×

453 似虎而黑者名貀郭云晉大康七年召陵扶夷縣檻得一獸似狗豹文有角兩脚即此種類也或説貀似虎而黑無前兩足　注疏本「郭云」以下删。×

454 鼳鼠身　唐石經、單疏本同。雪牕本「鼳」作「䴉」，注疏本作「鼰」，皆訛，下「鼳鼠」同。

455 鼳鼠身長須而賊秦人謂之小驢○釋曰　注疏本删。×

456 秦人呼爲小驢郭云鼳似鼠而馬蹄一歲千斤爲物殘賊　注疏本「郭云」以下删。×

457 熊虎醜至力𪊨○釋曰　注疏本删。×

458 貍子隸○釋曰　注疏本删。×

459 其雌者名㺎　注疏本「㺎」作「𤡶」，單疏本作「猏」，釋文作「㺎」。按，集韻三十二「晧」則「𤡶」當作「㺎」，「𤡶」當作「猏」。雪牕本「㺎」誤「貍」。

460 貈子貆○釋曰　注疏本删。×

461 貒子貗○釋曰　注疏本删。×

462 其子名貗郭云貒豚也一名貛　注疏本「郭云」以下删。×

463 貔白狐其子豰○釋曰　注疏本删。×

464 麔父麠足　唐石經、單疏本、雪牕本同。釋文：

「麇，本或作『麕』。」

465 ⿸鹿壽父麕足○釋曰　注疏本刪。×

466 故云麕足郭云脚似麕有香　注疏本「郭云」以下刪。×

467 豺狗足○釋曰　注疏本刪。×

468 今山民呼貙虎之大者爲貙豻音岸　雪牕本同。注疏本刪下二字。釋文：「豻，郭音岸。」

469 貙獌似貍○釋曰　注疏本刪。×

470 似熊而長頭　單疏本、雪牕本同。詩斯干正義、一切經音義卷二十四皆引作「似熊而長頸」。此作「頭」，誤。又一切經音義卷二、卷二十四引此下有「似馬有髦」四字，今諸本無。

471 羆如熊黃白文○釋曰　注疏本刪。×

472 角員銳　單疏本、雪牕本、元本同。閩本、監本、毛本「員」改「圓」。

473 麢大羊○釋曰　注疏本刪。×

474 麠大麃牛尾一角○釋曰　注疏本刪。×

475 漢書郊祀志文也麃即麠也　注疏本刪下四字。

476 旄毛⿰犭農長　注疏本同。雪牕本「⿰犭農」作「濃」，此本作「穠」，皆誤，今訂正。五經文字犬部：「⿰犭農，犬多毛，見爾雅。」釋文：「⿰犭農，字林云『多毛犬也』。」疏云：「旄毛⿰犭農長毛也。」×

477 ⿸鹿晉大麕旄毛狗足○釋曰　注疏本刪。×

478 大麠毛長狗足者　注疏本脱「者」。

479 俗呼爲赤熊即魋也　單疏本、雪牕本同。注疏本刪下三字。

480 魋如小熊竊毛而黄○釋曰　注疏本刪。×

481 淺毛而黄者名魋郭云今建平山中有此獸狀如熊而小毛麤淺赤黄色俗呼爲赤熊即魋也　注疏本「郭云」以下刪。×

482 貗貐類貙　唐石經、單疏本、雪牕本同。釋文：「貗，字亦作『猰』，或作『窫』。貐，字或作『窳』。」按，山海經北山經注引作「窫窳似貙」，太平御覽卷九百八引作「猰窳類貙」，皆與陸氏所見本合。

483 貗貐類貙虎爪食人迅走○釋曰　注疏本刪。×

484 名曰窫窳　注疏本作「窫寙」。

485 其狀與此錯　注疏本「錯」作「異」。

486 即師子也　單疏本、雪牕本、元本同。閩本、監本、毛本「師」改「獅」，俗字，下及疏中同。

487 狻猊日走五百里　單疏本、雪牕本同。釋文音經「麑，字又作猊」。按，此經作「麑」，注作「猊」。

488 狻麑如虦貓食虎豹○釋曰　注疏本刪。×

489 善走者也○注漢順帝至百里○釋曰　注疏本刪下八字，「注」改「郭」。×

490 陽嘉三年　浦鏜云「二」誤「三」。

491 踈勒王盤　注疏本脱「盤」。

492 封牛其領上肉隆起　元本同。閩本、監本、毛本「封」改「犎」。

493 此即鸓也　單疏本、雪牕本同。按，「此即」當作「即此」，「貀無前足」注云「即此種類也」可證。×

494 驨如馬一角不角者騏○釋曰　注疏本刪。　×

495 不角者名騏郭云元康八年九真郡獵得一獸大如馬一角角如鹿茸此即驨也今深山中人時或見之亦有無角者　注疏本「郭云」以下刪。　×

496 角橢出西方　單疏本、雪牕本同。釋文：「橢，字或作『隋』，他果反，下同。」按，郭注當本用「隋」字。

497 貘如羊○釋曰　注疏本刪。　×

498 橢謂狹而長也　注疏本脱「也」。　×

499 麐麕身　唐石經、單疏本、雪牕本同。釋文：「麐，本又作『麟』，牝麒也。」五經文字云：「麐，牝騏也。經典皆作『麟』，唯爾雅作此『麐』字。」按，説文「麒，仁獸也。麐，牝麒也。麟，大牝鹿也」，是麒麟字作「麐」。今毛詩、春秋、禮記作「麟」者，同聲假借也，惟爾雅作「麐」爲正。

500 麐麕身牛尾一角○釋曰　注疏本刪。　×

501 非瑞應麟也　注疏本脱「應」。

502 ○注公羊傳曰有麕而角○釋曰　注疏本刪下六字，「傳曰」改「傳者」。　×

503 猶如麂善登木○釋曰　注疏本刪。　×

504 貄脩毫　唐石經、單疏本、雪牕本、閩本、監本同。元本「脩」字闕，毛本改「修」。按，釋文作「脩」，説文作「㣇」。⑮

505 貄脩毫○釋曰　注疏本刪。　×

506 貙似貍○釋曰貙獸其文似貍郭云今貙虎也大如狗文如貍　注疏本刪，但存「貙獸其文如貍」六字。　×

507 兕似牛○釋曰　注疏本刪。　×

508 犀似豕○釋曰郭云形似水牛豬頭大腹庳脚脚有三蹄黑色三角一在頂上一在額上一在鼻上鼻上者即食角也小而不橢音墮好食棘亦有一角者劉欣期交州記曰　注疏本「劉欣期」以上删。×

509 武陵阮南縣　元本、閩本同。監本、毛本「阮」改「沅」，是也。

510 今蝟狀似鼠　雪牕本、注疏本同。單疏本「似」作「如」，非。釋文音經「彙，又作『蝟』」。按，此經作「彙」，注作「蝟」。

511 彙毛刺○釋曰　注疏本删。×

512 其毛如針郭云今蝟狀如鼠　注疏本「郭云」以下删。×

513 梟羊也　按，此作「梟羊」字，説文作「梟陽」，或有改此「羊」爲「陽」者，非也。

514 狒狒如人被髮迅走食人○釋曰　注疏本删。×

515 又謂之贛音感臣人　注疏本移「音感」於後，脱「臣人」。○按，山海經「臣」作「巨」，此「臣」字蓋誤。

516 郭云梟羊也山海經曰其狀如人面長脣黑身有毛反踵見人則笑交廣及南康郡山中亦有此物大者長丈許俗呼之曰山都云山海經曰者　注疏本「郭云」至「山都」删。「曰者」元本、閩本、監本同，毛本改「云者」。

517 梟羊在北朐之西　注疏本「朐」誤「煦」。×「北」字此本誤「此」，今訂正。

518 笑則脣蔽其面　元本同。閩本、監本、毛本「面」改「目」。

519 狒狒怪萌　元本同。閩本剜改「萌」作

「獸」，監本、毛本承之。

520 其跡厹　雪牕本、注疏本同。釋文、唐石經、單疏本「厹」作「丸」。按，説文「丸」九聲。

521 貍狐貒貈醜其足蹯其跡丸〇釋曰　注疏本刪。

522 宣二年左傳云　元本同。閩本、監本、毛本「二」誤「三」。

523 蒙頌猱狀〇釋曰　注疏本刪。

524 故曰猱狀郭云即蒙貴也狀如蜼而小紫黑色可畜健捕鼠勝於猫九真日南皆出之猱亦獮猴之類　注疏本「郭云」以下刪。今本注中「猫」作「貓」，「獮」作「獼」。

525 猱蝯善援　唐石經、單疏本、雪牕本同。釋文：「猨，音爰，本今作『蝯』。」五經文字云：「蝯作猨，訛。」按，釋文知此經舊作「猨」，從犬。説文虫部云「蝯，善援」，故五經文字、唐石經皆定作「蝯」。

526 猱蝯善援〇釋曰　注疏本刪。

527 能玃持人　單疏本、注疏本同。説文引爾雅云「玃父善顧攫持人也」，此「玃持」爲「攫持」之訛。雪牕本作「矍」，蓋本從手旁，誤剜改。注以「攫」釋「玃」，本説文。

528 好顧盻　單疏本、注疏本同。毛本「盻」誤「盼」。「盻」，釋文「眄，亡見反」。按，説文「眄，邪視也，莫甸切」，當用此字。「盻，恨視也，胡計切」，「盼，詩『美目盼兮』，匹莧切」，皆非此義。雪牕本此字脱。

529 玃父善顧〇釋曰大蝯也　注疏本刪上六字，「蝯」作「猨」。

530 因名云郭云貑玃也似獮猴而大色蒼黑能玃持人好顧盻　注疏本「郭云」以下刪。

531 威夷長脊而泥○釋曰　注疏本刪。×

532 麔麚短脰○釋曰　注疏本刪。×

533 贙有力○釋曰贙似犬之獸名也郭云出西海大秦國有養者似狗多力獷惡　注疏本刪，但存「贙似犬之獸名也」七字。×

534 豦迅頭○釋曰豦似猴之獸也好奮迅其頭故曰迅頭郭云今建平山中有豦大如狗似獼猴黄黑色多口鬍鬣奮迅其頭能舉石擿人玃類也　注疏本刪。×

535 蜼卭鼻而長尾　唐石經、單疏本作「卬鼻」，雪牕本作「卬鼻」，注疏本作「卬鼻」。釋文：「卬，五剛反，又魚兩反。」按，注云「鼻露向上」，則「卬」爲古「仰」字，魚兩反。今作「卭」，非。

536 尾末有岐　單疏本、注疏本同。雪牕本、元本「岐」作「歧」。釋文：「歧，音祁。」

537 爲物捷健　雪牕本、注疏本同。單疏本作「健捷」。

538 蜼卬鼻而長尾○釋曰　注疏本刪。×

539 卬鼻而尾長大郭云蜼似獼猴而大黄黑色尾長數尺似獺尾末有岐鼻露向上雨即自縣於樹以尾塞鼻或以兩指江東人亦取養之爲物健捷　注疏本「卬鼻」倒，「郭云」以下刪。×

540 好登山峯　單疏本、雪牕本、元本、閩本同。監本、毛本「峯」改「峰」。按，釋文作「峰」，舊挍云「本今作『峯』」。×

541 時善椉領○釋曰好登山峯之獸也　注疏本刪上六字，「之」下衍「一」。×

542 猩猩小而好啼　雪牕本、注疏本同。按，「猩猩」當作「狌狌」。釋文「猩，音生」，當本是「狌音生」。唐石經兩字犬旁清楚，星星模糊，蓋本作「狌狌」，後剜改。邢疏引周書「王會都郭狌狌」，又引曲禮「猩猩能言」。按，禮記釋文云「狌狌，音生，本又作『猩』」，知禮記本作「狌狌」。山海經海内經作「狌狌」，郭注云「或作猩猩」，可證此注引山海經亦當作「狌狌」。釋文：「嗁，作啼，同。」⑯

543 **今交阯封谿縣出猩猩**　雪牕本、元本同。單疏本、閩本、監本、毛本「阯」改「趾」。按，釋文「阯，音止。磎，音溪，本今作『谿』」。

544 **狀貛㹠**　單疏本、雪牕本同。釋文：「豚，字亦作『肫』。」⑰

545 **猩猩小而好啼○釋曰**　注疏本刪。×

546 **都郭狌狌欺羽**　今周書「狌狌」作「生生」，非。○按，都，山海經注作「鄭」。

547 **郭云山海經曰人面豕身能言語今交趾封谿縣出猩猩狀如貛㹠聲似小兒啼山海經者**　注疏本「郭」改「注」，「山海經曰」以下二十九字刪。×

548 **闕洩多狃**　唐石經、雪牕本、注疏本同。釋文、單疏本「洩」作「泄」，是。×

549 **闕泄多狃○釋曰**　注疏本刪。×

550 **寓屬**　唐石經、單疏本、雪牕本同。釋文：「寓屬，舍人本作『麌』。」按，說文「蝯善援禺屬」，周禮司尊彝注「蜼禺屬卬鼻而長尾」，是許叔重、鄭康成所據爾雅皆作「禺」。說文「禺，母猴屬，殆目蒙頌猱狀以下言之」，今本作「寓屬」。邢疏以寄寓木上釋之，非。○按寓屬對釋嘼言之。嘼者，人所養也。寓屬者，皆寄居於野者也，自「麌」以下至末皆是也。若說文、周禮注之「禺屬」單謂母猴類，與此「寓屬」絶不相涉，舊校非也。

551 **寓屬○釋曰**　注疏本刪。×

552 **以頰裹藏食**　雪牕本、注疏本同。釋文引郭云「以頰内藏食也」。此本「裹」作「裏」，訛，今訂正，下「寓鼠曰嗛」注同。

553 **江東呼爲鼪音牲** 雪牕本同。注疏本删下二字。釋文：「鼪，郭音生。」

554 **鼣鼠** 單疏本、雪牕本同。唐石經犬旁損闕。段玉裁云「鼣」當作「鼥」。按，釋文「鼣，字或作『⿰鼠發』，苻廢反，舍人云『其鳴如犬也』」，集韻二十「廢」「鼥⿰鼠發，鼠名，其鳴如犬吠，或從發」，是丁度等所據釋文本作「鼥」。「舍人云其鳴如犬」，「犬」下脱一「吠」字，廣韻亦云「如犬吠」。藝文類聚卷九十五引爾雅作「鼥鼠音吠」，犮發聲相近。今本從犬，訛。⑱

555 **關西呼爲鼩鼠見廣雅音瞿** 雪牕本同。注疏本删下二字。釋文作「關西呼爲⿰鼠勺鼠，見廣雅」，又云「⿰鼠勺，郭音雀，將略反」。郭注本「雀」字，或誤爲「瞿」字，瞿音劬。疏云：「⿰鼠勺音雀，今本作『鼩』，誤也。」

556 **狀如鼠而大蒼色在樹木上** 單疏本、雪牕本同。段玉裁云：初學記引作「江東呼鼰鼠者似鼠，大而食鳥，在樹木上」，又以食鳥、毁牛爲事對，「蒼色」蓋「食鳥」形近之訛。

557 **鼢鼠至鼰鼠○釋曰** 注疏本删。 ×

558 **⿰鼠叟鼠也方言名犂鼠** 注疏本「⿰鼠叟」改「⿰鼠叟」，「方言」下增「云」。

559 **云鼶鼠者似鼬之鼠也** 注疏本「鼶」誤「鼷」。

560 **本云一名鼷鼠** 釋文引李云。此誤。

561 **關西呼爲⿰鼠勺鼠見廣雅⿰鼠勺音雀** ○注疏本作「鼩音瞿」，小注改大字，元本同。

562 **○注山海經説鼣云狀如鼣者○釋曰** 注疏本「注」改「云」，「鼣」誤「鼰」，「鼠」下增「者」，删「釋曰」。 ×

563 **有鼣焉** 注疏本「焉」誤「爲」。 ×

564 **鼠屬○釋曰** 注疏本删。 ×

565 **故略言之** 舊本、閩本、監本同。毛本

「故」下增「又」。×

566 牛曰齝　唐石經、單疏本、雪牎本同。釋文「齝，郭音笞」，一切經音義卷一、卷七皆引爾雅「牛曰齝」。按，下注「齝」字釋文作「齝」，是「齝」、「齝」同字。然郭氏音笞，則此經郭本作「齝」也。

567 食之已久復出嚼之　單疏本、雪牎本同。按詩無羊釋文引郭注爾雅云「食已復出嚼之也」，又一切經音義卷九引此云「食之已復出嚼之也」。今本衍「之」、「久」，脱「也」。

568 羊曰齥　唐石經、雪牎本、注疏本同。釋文、單疏本「齥」作「齛」，疏中同。〇按，當作「齛」。注「洩當作泄」，皆唐人避諱改也。説文「齛羊粻也」。

569 今江東呼齝爲齥音漏洩　雪牎本同。注疏本删下三字。釋文：「齛，郭音泄，息列反。齝，丑之、初其二反。字書以爲古『齝』字。」×

570 牛曰齝羊曰齛〇釋曰　注疏本删。按，此當作「牛曰齝至鼠曰嗛」。×

571 自奮讆　雪牎本同。注疏本作「自奮迅動作」，係依疏語删改。元本「讆」字以下實闕。

572 鼓鰓須息　注疏本「鰓」作「顋」，雪牎本、元本作「腮」。釋文「鰓，西才反」，此舊作「䚡」，訛，今據釋文訂正。「顋」與「腮」同字，玉篇「顋頰腮鰓，魚頰也」。

573 鳥曰狊　唐石經、單疏本、雪牎本同。注疏本「狊」誤「臭」，釋文「狊，古闃」。[19]

574 張兩翅　單疏本、雪牎本同。釋文：「狓，本或作『翅』，又作『翨』，同。」

575 獸曰讆至鳥曰狊〇釋曰　注疏本删。×

576 魚之鼓動兩頰　元本同。閩本、監本、毛本「頰」改「腮」。

釋畜第十九

577 釋畜第十九〇釋曰案字林畜作嘼

注疏本删上七字，「曐」誤「獸」。×

578 色青　單疏本、雪牕本同。按，釋文曰「山海經云『有獸狀如馬，名騊駼，青色』，本注云然也」，又疏云「青色二字，郭氏語也」，又史記索隱匈奴列傳曰「郭注爾雅云『騊駼，馬青色』，音淘塗」，然則此注「色青」本作「青色」矣。

579 騊駼馬○釋曰　注疏本删。×

580 幽隱之獸也　注疏本脱「也」。

581 ○注山海至色青○釋曰　注疏本删作「注山海經者」。×

582 青色二字　元本同。閩本、監本、毛本「青色」倒。×

583 野馬○釋曰如馬而小出塞外　注疏本删上四字，「外」下增「者」。×

584 駮如馬倨牙食虎豹○釋曰　注疏本删。×

585 ○注山海至虎豹○釋曰　注疏本删作「注云山海經者」。×

586 而身黑三尾　注疏本「三」作「二」。浦鏜云山海經作「白身黑尾」。

587 蹄如趼而健上山　單疏本、雪牕本同。釋文引郭云「蹄如研而健上山」。此作「趼」，訛。釋文引「舍人云『研，平也，謂蹄平正』。李云『其蹄正堅而平，似研也』」。釋文音經「趼，本或作『研』」。段玉裁曰：如淳百官公卿表注作「昆蹄研」，師古曰「蹄研者，謂其蹄下平也」，作研爲是，作趼者，淺人所改。

588 𨂂蹄趼善陞甗○釋曰　注疏本删。×

589 舍人云騉蹄者　注疏本「騉」誤「𨂂」。

590 騉駼枝蹄趼善陞甗○釋曰　注疏本删。×

591 盜驪綠耳　單疏本、雪牕本同。釋文：「綠耳，本或作『騄駬』，同。」按，五經文字馬部「騄，音緑，騄耳見爾雅」。史記秦本紀「造父以善御，幸於周繆王，得盗温驪、驊騮、騄耳之駟」，集解引郭氏曰「紀年『北唐之君來見，以一驪馬，是生緑耳』。八駿皆因其毛色以爲名號」，索隱引穆王傳曰「赤驥、盗驪、白義、渠黄、驊騮、騟䮾、騄耳、山子」，是紀年作「緑耳」，穆傳作「騄耳」。此注引穆傳，字當作「騄」矣。釋文當是「騄駬，本或作緑耳」，今本後人竄改，張參所見本蓋作「騄」。

592 **千里馬領頸**　雪牕本同。注疏本删下二字。單疏本云「注穆天」至「領頸」，太平御覽卷九百十三引此注亦有「領頸」。

593 **小領盗驪○釋曰**　注疏本删。×

594 **○注穆天至領頸○釋曰案穆天子傳云**　注疏本「注」改「云」，「至領頸」改「子傳者」，删「釋曰」。×

595 **受敕憲**　元本同。閩本、監本、毛本「敕」改「勅」，穆傳同。按，廣韻「敕，誡也，恥力切，今相承用勅。勅，本音賚」，説文「勑，勞也」。

596 **華騮緑耳**　元本同。閩本、監本、毛本「華」改「驊」。

597 **魏時西卑獻千里馬**　浦鏜改「西卑」作「鮮卑」，云「西」字誤。按，西、鮮聲相近，今穆傳注作「鮮」。

598 **右服盗驪而左緑耳**　浦鏜云「盗驪」當爲「驊騮」。穆傳作「䮳騮」，注云「疑驊騮字」。按此注引穆傳之「右服盗驪」以證爾雅之「小領盗驪」，且自釋之曰「盗驪，千里馬」，然則穆傳必本作「盗驪」。今本作「驊騮」，淺人所改，當據此訂正。

599 **即馬高八尺**　單疏本、雪牕本同。按，「八尺」下當有「者」字。疏曰「郭云即馬高八尺者，即下文馬八尺爲駥者也」，是邢本原有「者」字。釋獸「絶有力狣」，注云「即豕高五尺者」可證。

600 絶有力駥○釋曰　注疏本删。 ×

601 四蹢皆白首　唐石經、單疏本、注疏本同。雪牕本「首」改「騚」。按，玉篇「騚，才田切，馬四蹄白」，廣韻一「先」「騚，馬四蹄皆白也」。考初學記卷二十九、藝文類聚卷九十三引爾雅皆作「首」，與唐石經合。今邵晉涵正義改作「四蹢皆白前」，云「爾雅舊本作『前』，後人加馬旁作『騚』。因字形相涉，『前』誤爲『首』。」

602 尾白駺　唐石經、雪牕本同。釋文：「駺，本多作『狼』，同，音郎。」按，藝文類聚引爾雅作「尾白狼」。盧文弨曰：説文有「狼」無「駺」，知此經本用「狼」字。

603 馰顙白顛　唐石經、雪牕本、注疏本同。單疏本「馰」作「的」，引易震「爲的顙」。按，釋文云「的，字林作『馰』」，是爾雅不作「馰」也。初學記引爾雅作「的顙」，與釋文、邢本合。又易釋文作「的」，云「説文作『馰』」。○按，説文引周易「爲馰顙」，又日部「旳」下引易「爲旳顙」。「旳」本从日，俗从白作「的」。⑳

604 白達素縣　單疏本、雪牕本、注疏本同。釋文「縣，音玄」，唐石經「縣」作「懸」。㉑

605 素皐莖也　單疏本同。雪牕本、注疏本「皐」作「鼻」。

606 膝上至惟駹○釋曰　注疏本删。 ×

607 四膝下皆白名驓　注疏本「名」誤「色」。

608 後兩足皆白名狗　注疏本「兩」改「二」。

609 謂馬之白尻者名驠　元本、閩本同。監本、毛本「驠」下衍「也」。

610 的顙者　元本同。閩本、監本、毛本「的」改「馰」，下引易同。

611 ○注左傳曰啟服○釋曰　注疏本「注」下增「云」，「服」下增「者」，删「釋曰」。 ×

612 ○注易曰震爲馵足○釋曰　注疏本删「注」、「釋曰」。 ×

613 回毛在膺宜乘　唐石經、雪牕本同。釋文：「椉，字又作『乘』。」按，爾雅「乘」字多作「椉」，石經此作「乘」，非。

614 回毛至閡廣〇釋曰　注疏本删。×

615 旋毛在背者名閡廣郭云皆别旋毛所在之名也　注疏本「郭云」以下删。×

616 逆毛居馻〇釋曰　注疏本删。×

617 馬逆毛也郭云馬毛逆刺　注疏本「郭云」以下删。×

618 騋牝驪牡　唐石經、注疏本同。單疏本描改不可據。雪牕本作「騋牝驪牝」。經義雜記曰：「鄭康成、孫叔然本作『騋牝驪牡玄』，郭景純本作『騋牝驪牝』。騋，古讀若驪，故爾雅以『驪牝』釋詩『騋牝』。釋文『騋牝，頻忍反，下同』，指下『驪牝』之『牝』也。今本作『驪牡』，係妄改。陸云孫注改上『騋牝』爲『牡』，讀與郭異。因下作『驪牝』，故言上『騋牝』别之，且以明下『驪牝』爲孫、郭同也。」

619 馬七尺已上爲騋　雪牕本同。注疏本「已」作「以」。

620 騋牝驪牡注詩云至見周禮〇釋曰　注疏本删。×

621 云詩云騋牝三千者　元本同。閩本、監本、毛本「云」改「注」。

622 云七尺已上爲騋　元本同。閩本、監本、毛本「已」改「以」。

623 元駒褭驂〇釋曰　注疏本删。×

624 今江東呼駁馬爲騭音質　雪牕本同。注疏本删下二字。釋文：「父，本或作『駁』，俗字。」按，單疏本、注疏本作「駁」，雪牕本誤「駮」，此當從陸本。

625 牡曰騭牝曰騇〇釋曰　注疏本删。×

626 今之鐵驄 單疏本、雪牕本、元本同。閩本、監本、毛本「驄」改「驄」，釋文亦作「驄」。

627 青驪驎驒 唐石經、單疏本、雪牕本同。五經文字云：「驎與鄰同，今之連錢驄也。」釋文：「鄰，本或作『驎』，郭云斑剥隱粼也，孫云似魚鱗也。」按，説文無「驎」字。「驒」下云「一曰青驪白鱗，文如鼉魚」，與孫説合，是古借用魚鱗字，或用隱粼字。今本作「驎」，非。

628 色有深淺班駁隱粼 閩本、監本、毛本同。元本「粼」作「粼」，單疏本、雪牕本作「鄰」。釋文引「郭云斑剥隱粼也，或音鄰」，詩駉釋文正義皆引作「班駁隱粼」。按，説文巜部「粼，水生厓石間粼粼也」，今從巛，訛作「鄰」，爲同聲借用字。

629 驪白雜毛駂 注疏本同。釋文、五經文字、唐石經、單疏本「駂」作「鴇」。毛詩大叔于田傳「驪白雜毛曰鴇」，釋文云「鴇，依字作『駂』」。

630 今之烏驄 雪牕本、注疏本同。疏云「今謂之烏驄」，詩大叔于田正義引作「今呼之爲烏驄」。今本脱「呼」、「爲」二字。

631 陰淺黑今之泥驄 雪牕本、注疏本同。詩駉正義引此注下有「或云目下白或云白陰皆非也」十二字，正義有申釋之辭。

632 詩曰有騅有駓 單疏本、雪牕本同。詩駉正義引郭注曰「即今騅馬也」，與今本異。

633 即今之赭白馬彤赤 雪牕本、注疏本同。按，此注誤倒。詩正義引郭云「彤赤也，即今赭白馬是也」，猶「陰白雜毛駰」注先言陰淺黑，訓陰爲淺黑，後云今之泥驄，舉時驗以證之。㉒

634 今之淺黄色者爲騧馬 單疏本、雪牕本同。釋文引郭云「今以淺黄色爲騧馬」。按，今本「之」字蓋涉上注誤，當從釋文作「以」。

635 一目白瞯二目白魚 唐石經、單疏本、雪牕本同。釋文：「瞯，音閑，本又作『瞷』。魚，本又作『䲨』。」按，釋文當作「瞷，音閑，本又作瞯。䲨，本又作魚」。葉鈔本云「本又作『瞯』」，則正當作「瞯」。詩釋文引爾雅云「一目白瞯二目白魚」可證。說文：「瞯，戴目也，从目，閒聲。」

636 駵白駁至白魚○釋曰　注疏本刪。×

637 色青之間　元本同。閩本「青」下擠「黑」，監本、毛本排入。

638 青驪驎驒　注疏本「驒」誤「驛」。

639 色有深淺班駁隱鄰名驒　元本同。閩本、監本、毛本「班」改「斑」，「鄰」誤「鄰」。

640 文似鰕魚也　元本、閩本脱此句，監本、毛本作「似鰕文也」。

641 ○注詩曰騜駁其馬○釋曰　注疏本刪「詩」、「釋曰」，「馬」下增「者」。×

642 ○注禮記至髦鬣○釋曰云周人黃馬繁鬣者　注疏本刪「注」、「至髦鬣」、「釋曰云」七字。×

643 分其髦鬣　注疏本「髦」改「毛」。×

644 ○注詩曰有騅有駓又詩曰有驒有魚○釋曰　注疏本「注」改「又」，刪「釋曰」。×

645 ○注禮記曰夏后氏駱馬黑鬣○釋曰　注疏本「注」改「又」，刪「釋曰」。×

646 既差至齊足○釋曰　注疏本刪。×

647 詁差爲揀擇之義也　注疏本「詁」改「訓」。

648 某氏曰　注疏本「某氏」誤「其次」。

649 田獵取牲於苑囿之中　元本、閩本、監本同。毛本「囿」改「圃」。

650 故以此記之也　注疏本脱「此」。×

651 領上肉爆肤起　單疏本、雪牕本同。釋文：

「𦢊，音與上『犦』字同，本亦作『犦』。」按，𦢊胅字當從肉，鄭注考工記云「𦢊謂墳起」，郭注以「𦢊」訓「㩧」。此當從釋文，然陸氏所見本已有援經改注者矣。元本、閩本、監本、毛本「胅」作「昳」。

652 **狀如橐駝**　單疏本、雪牕本同。注疏本「駝」改「駞」。五經文字作「馲駝」，云「馲音洛，又他各反，見爾雅」。釋文「橐，字又作『馲』」，引字林云「馲駝似鹿而大」，然則爾雅注本作「橐駝」，呂氏字林作「馲駝」，淺人據以改之。

653 **今之㹀牛也**　單疏本、雪牕本同。注疏本「㹀」訛「犪」，五經文字「㹀，子力反，見爾雅」，釋文「㹀，子息反，本或作『稷』」。

654 **魏牛**　唐石經、單疏本、雪牕本、注疏本皆作「犩牛」，釋文亦作「犩」。此作「魏」，蓋非。盧文弨曰：山海經中山經「夔牛」，郭傳云「即爾雅所謂魏」，「夔」、「魏」兩字俱無牛旁，與此合。按，五經文字牛部載爾雅牛屬字無「犤」、「犩」二字，蓋張參所據本亦作「魏」。

655 **犣牛**　唐石經、單疏本、雪牕本同。五經文字：「犣，力涉反，見爾雅。」釋文：「犣，字林云『牛名也』，本多作『鬣』字。此牛多毛鬣。」按，注云「旄牛也，髀膝尾皆有長毛」，釋文「旄」作「髦」，郭氏以「髦」訓「鬣」，則經必作「鬣」字。今本後人援字林所改。說文無「犣」。

656 **今無角牛**　雪牕本同。元本、閩本、監本無「牛」。毛本無「今」。疏云：「犝牛者，無角牛名也。」

657 **犑牛**　釋文、五經文字、唐石經同。雪牕本、注疏本「犑」誤「㹜」。

658 **牛角低仰**　雪牕本、注疏本同。釋文：「低卬，五剛反，又魚丈反。」按，「仰」當作「卬」，注以「低卬」釋經之「俯仰」，今本訛。

659 **體長牬**　注疏本同。釋文、單疏本、雪牕本「牬」作「犻」，皆誤。按，五經文字引爾雅作「犻，布大反」，玉篇「牬，布外反，牛體長」，當據以訂正。釋文

「博蓋反」，雪牕本音貝。則字本作「芾」也。○按，以「艸木木然」之「木」爲聲。

660 絶有力欣犌 雪牕本、注疏本同。單疏本摽經起止云「犘牛至欣犌」，唐石經損闕，然「欣」之偏旁欠字尚可考。邵晉涵正義曰：「玉篇云『犌牛有力』，廣韻云『犌牛絶有力』，『欣』字疑衍。」按，邵説是也。釋鳥「雉絶有力，奮」，釋獸「麋絶有力，狄。鹿絶有力，麛。麕絶有力，豣。狼絶有力，迅。兔絶有力，欣。豕絶有力，豟。熊絶有力，麙」，釋畜「馬絶有力，駥。羊絶有力，奮。犬絶有力，狣。雞絶有力，奮」，是凡鳥獸之絶有力者皆單字，無兼名者。自唐石經誤衍「欣」字，而今本因之。○按，單字、雙字隨方俗語言爲之，舊挍誤引邵説。

661 犘牛至欣犌○釋曰 注疏本删。 ×

662 號山獸多橐駝 元本同。閩本「號」誤「虢」，監本、毛本誤「虢」。

663 今交州合浦徐間縣 元本、閩本同。監本剜改「間」作「聞」，爲是。 ×

664 人弩射殺得之 元本同。閩本、監本、毛本「得之」倒。

665 犝牛者 注疏本脱「者」。

666 言傾欺也 浦鏜云「攲」誤「欺」。

667 ○注毛詩至脣牛○釋曰詩小雅無羊篇云 注疏本删上八字。 ×

668 謂吴羊白羝 雪牕本、元本同。閩本、監本、毛本「羝」誤「羒」。釋文：「羝，丁兮反。」

669 牡羭牝羖 唐石經、單疏本、雪牕本同。程瑤田謂當作「牡羖牝羭」，説詳通藝録。

670 觠角三匝 雪牕本、注疏本同。釋文、單疏本「匝」作「迊」，廣韻三十三「線」引作「帀」。

671 俗呼五月羔爲羜 單疏本、注疏本同。詩伐木正義引此注「俗呼」上有「今」字，此脱。

672 羊牪羒至力奮○釋曰　注疏本删。×

673 即白羝也　監本、毛本脱「也」。元本、閩本誤作「即助斌也」。

674 ○注詩云牂羊墳首○釋曰　注疏本「首」下增「者」，删「釋曰」。×

675 ○注歸藏曰兩壺兩羭○釋曰　注疏本「注」改「云」，「羭」下增「者」，删「釋曰」。×

676 齊毋經瞿有之文也　元本、閩本、監本同。毛本「毋」作「母」。

677 然后鯀士有澤　注疏本「后」改「後」。

678 短喙猲獢　唐石經、單疏本、雪牎本同。釋文：「獥，許謁反，字林作『猲』。」按，玉篇「𤢁，許謁切。𤢁獢，犬短喙也」，亦作「猲」。文選西京賦載「獫𤢁、獢獥爲狼子」。釋文胡狄、古狄、工弔三反，非犬名也。陸氏既云字林作「猲」，知爾雅不作「猲」矣。釋文作「獥」者，「𤢁」之訛。今本作「猲」者，據字林所改。毛詩作「歇驕」者，爲通借字。説文亦作「猲」。

679 犬生至狗也○釋曰　注疏本删。×

680 毫是乾毛也　注疏本「也」誤「子」。

681 叩气吠以守也　元本、閩本、監本同。毛本「气」誤「乞」。㉓

682 ○注此與至出入○釋曰云此與豬生子義同者　注疏本删上八字，「云」上增「郭」。×

683 云名亦相出入者　注疏本「名」誤「義」。×

684 與彼豵師特　注疏本「豵」誤「二」。

685 ○注詩曰載獫猲獢○釋曰　注疏本「獢」下增「者」，删「釋曰」。×

686 秦風駟鐵篇文也　浦鏜云鐵誤從金旁作。按，詩正義本作「駟鐵」，云「言其色黑如鐵」，俗本改作馬旁。

687 ○注詩曰無使尨也吠○釋曰　注疏本「注」改「云」，「吠」下增「者」，刪「釋曰」。×

688 雛子名　單疏本、雪牕本同。注疏本「雛」誤「雞」，釋文「雛，本或作『鶵』」。

689 今江東呼雞少者曰健音練　雪牕本同。單疏本、注疏本無「音練」字。今釋文：「健，郭音練。」×

690 雞大至力奮○釋曰　注疏本刪。×

691 周禮云馬八尺已上爲駥　雪牕本、注疏本「云」作「曰」。釋文「已」作「以」。單疏本、元本「駥」作「龍」，此經注異字之證。閩本、監本、毛本、雪牕本皆作「駥」，非，後漢書注引亦誤作「駥」。

692 牛七尺爲犉　唐石經、雪牕本同，單疏本亦作「犉」。釋文：「犉，字亦作『犉』。」按，爾雅釋文本多用古字。

693 今漁陽呼猪大者爲豝　雪牕本同。注疏本「猪」作「豬」，疏云「豬高五尺者名豝」。

694 靈公有害狗謂之獒也　雪牕本、監本同，單疏本亦作「害」。元本、閩本、毛本作「善狗」，係臆改。按，何氏公羊傳本作「周狗」，「害」恐「周」之誤字也，字形相似。

695 尚書孔氏傳曰犬高四尺曰獒即此義　雪牕本、注疏本同。段玉裁云：此非郭注，後人所附益。按，單疏本摽起止云「注公羊至之獒」，是邢氏所據郭注無此一十五字。

696 馬八尺至爲䮴○釋曰　注疏本刪。×

697 牛高七尺者名犉羊高六尺者名羬　注疏本脱二「者」，「羬」下衍「者」。

698 其狀如羊而馬尾名羬　注疏本「名」作「曰」。

699 今大月氏國　元本同。閩本、監本「氏」

改「氏」。

700 豬高五尺者名⿰犭厄　注疏本「名」誤「爲」，「⿰犭厄」作「豟」。

701 ○注周禮至爲龍○釋曰夏官庾人職文也　注疏本「周禮」下增「者」，刪「至爲龍」、「釋曰」、「也」六字。 ×

702 ○注詩曰至尺子○釋曰　注疏本刪作「云詩曰者」。 ×

703 此牛七尺爲犉　注疏本「此」誤「云」。

704 ○注公羊至之獒○釋曰　注疏本刪作「注公羊傳曰者」。 ×

705 晉靈公將殺趙盾趙盾躇階而走　注疏本脱一「趙盾」。

706 今此周作害　注疏本「害」改「善」，大誤。

707 六畜　雪牕本同，有此題，唐石經、單疏本、注疏本皆無。石經考文提要云：至善堂九經本亦有此二字。按，春秋桓六年正義曰「爾雅釋畜於馬牛羊豕狗雞之下題曰六畜」，又昭二十五年正義曰「釋畜之末別釋馬、牛、羊、豕、犬、雞六者之名，其下題曰六畜」，然則唐初本爾雅舊有此題，特開成石經偶脱耳。㉔

爾雅疏卷第十 ×

03b—708 爾雅卷下　唐石經、雪牕本同。單疏本、注疏本無此題。此本下記經三千一百一十三字，注七千八百九十字。㉕

校記

❶南昌本「疏同」作「疏中」。

❷南昌本出文「潘」作「潘」。

❸南昌本校語「魱」作「鮪」，「即」作「郎」。

❹南昌本校語「蝮」作「蝮」。

❺南昌本二「叉」字均作「叉」。

❻南昌本上提二格。「名銜」上有「單疏本」。

❼南昌本「當作裨笠」作「當作裨生」。

❽南昌本上提一格。出文及校語因更换底本文字略改，按例不詳注。

❾南昌本此條移於 251 條後。

❿南昌本無「蓋誤」。

⓫南昌本校語「女儿」作「女几」。

⓬南昌本校語下有「字〇今補」。

⓭南昌本校語五「速」字均作「速」，三「踈」字均作「踈」。

⓮南昌本無「鄭據」至「非也」。

⓯南昌本「脩」上無「作」。

⓰南昌本「當本作狌」作「當本作牲」。

⓱南昌本出文「狀」下增「如」。

⓲南昌本「鼥鼣」作「鼤鼣」。

⓳南昌本「釋文」下「臭」字作「臭」。

⑳南昌本「昀，本从日」作「的，本从日」。

㉑南昌本無「釋文：『縣，音元。』」

㉒南昌本「時驗」作「其驗」。

㉓南昌本「監」、「毛」字互易。

㉔南昌本此條移於 695 條後。

㉕南昌本出文改作「爾雅疏卷第十」。校語「同」下有「題『爾雅卷十』」，「無此題」作「删」。

爾雅釋文校勘記卷上

f01—001 爾雅音義上 ○葉本此下有「上中二卷」四小字。

爾雅序

002 鍵 廣雅云鍵牡也小爾雅云鍵謂之鑰 ○葉本「牡」作「壯」，誤。盧本删「爾」字。考證曰：舊作「小爾雅」，今從宋本。

003 少而 詩照反 ○葉本「詩」作「燒」，同母字。

004 註 唐石經、宋本同。或改作「注」，非。

005 會 本又作檜廣雅云檜收也 ○葉本同。盧本「檜」皆作「擒」。考證曰：案廣雅從手，今定爲「擒」字。

006 剟 說文云利也 ○今說文作「刊也」，盧本據改。

007 礫 說文云小礓石 ○今說文無「礓」字。

008 搴 字又作攓 ○「攓」爲「攐」之訛，盧本已改正。

009 稂 稂重粱 ○葉本「粱」作「梁」。按，釋草文宋本亦有誤從木者。

010 篲 似稅反 ○葉本「稅」作「說」。

011 躅 躅迹也 ○按，當作「躅迹也」，方與下韋昭注同。

釋詁

012 肧 ○徐本作「胚」，從丕，後改從不，然小注猶皆從丕也，盧本則改作「肧」矣。

013 丕 字又作平 ○葉本作「字又作丕」，則正文當作「平」。

014 艘 郭音届 ○五經文字「艘，爾雅或作『屆』」，此作「艘」作「届」，訛，盧本已改正。

015 格 字或作佫 ○此「佫」字剜改，疑本作「假」。方言「假」、「洛」皆訓至。

016 **鮮** 案字書誓先奚反　○葉本「案」皆作「按」。

017 **遹** 讀聿一音餘橘反　○葉本作「讀者亦尹□反」，「尹」下空缺一字。徐本蓋係臆改。盧本作「讀聿亦音橘」，云據宋本，未詳。

018 **漠** 舍人云心之謨也　○詩正義、邢疏作「心之謀也」，盧本同。然唐石經「謨」字原刻作「謀」，則下詁當作「謨」也。陸引蓋未誤。

019 **辠** 改從四非　○按，「罪」字上從罒，此作四，誤，盧本已改正。

020 **盇** 胡獵反　○雪牕本同。盧本「獵」改「臘」。

021 **謚**　○唐石經、葉本皆作「謚」，從益。此作「謚」，非，盧本已改正。

022 **頠** 孫郭五鬼反　○葉本「鬼」作「果」，盧本亦同。按，作「果」是也。集韻三十四「果」本此。

023 **摽**　○盧本同○葉本作「標」，從木。

024 **某** 音畝　○葉本作「音母」。

025 **陽** 音暘又如字本或作暘　○葉本作「音暘，本或作暘」，盧本據以改正。

026 **餤** 郭持鹽反　○段玉裁云：持字誤，佩觿曰郭景純翻餤爲羽鹽。

027 **掔** 郭音義才與慳惜物同　○盧本改作「摼揩」，説詳考證。

028 **褘**　○葉本作「禕」，從衣非。

029 **勰** 本又作協　○葉本「協」作「恊」。

030 **蕪** 古本作隸　○段玉裁云「隸」盖「蕀」之訛。

031 **裒** 字本或作桴　○盧本「桴」作「捊」。此誤。

032 **寁** 本或作疌同　○盧本「疌」改「崨」，非。

033 **肅亟** 字又作急　○葉本「急」作「茍」。按，「茍」从芉省，从勹、口，與从艸之「苟」不同。

034 **穦** ○葉本作「頻」。

035 **疷** 本作疲字書云疲病也 ○按，「疲」皆「疺」之訛。「疺」從支，故音支聲。以「疺」爲「疷」字。支、氏音同，字同。

036 **痗** 一音脢 ○盧本改「一音晦」，是也。

037 **勩** 字或作勃 ○盧本改「字或作勃」，云據宋本。

038 **卭** ○葉本「卭」作「邛」，盧本同。此誤。

039 **敇** 本又作飭束旁作文是始 ○盧本「飭」改「飭」，是也。葉本「文」作「攵」，「是始」二字當有脱誤。按，説文、廣韻「敇，誡也」。

040 **衹** ○葉本作「衹」，盧本同。此誤。

041 **底** 或作底非也底音丁禮反 ○葉本「底」皆作「底」，下同。

042 **治** 施直吏反 ○葉本「直」作「宜」，非也。

043 **埤** 又音椑 ○葉本「椑」字空缺，盧本改作「婢」。

044 **袄** 本又作妖同 ○葉本「妖」作「沃」字。按，作「沃」非也，今爾雅注作「妖」。

045 **厎** ○盧本同，誤也。葉本「厎」作「底」，當據正。

046 **諂** 沈勑檢反 ○盧文弨曰：「沈」上當云「又或作謟」，方與音合。

047 **忕** 狃忕過度 ○盧本「忕」作「忕」。此誤，下同。葉本「狃」作「伍」，蓋「忸」字之訛。

048 **遲** ○葉本作「遟」，盧本同。

049 **觙** ○葉本作「觙」，雪牕本同。

050 **契** 左傳云盡借邑人之車契其軸是也 ○左氏音義「契」作「鍥」。此作「契」，古字。

051 **秭** ○葉本作「秭」。

052 **墜也** 直類反 ○按，陸氏當本「隊也」，故爲作音，後人加土耳。

053 儴引論語其父攘羊釋之　○按，當作「儴羊」。下「作『攘』，注云因來而盜曰攘」十字，此後人挍釋文語誤入，非陸氏本文。

054 枏又作木　○「木」爲「不」之訛，下同，盧本已改正。

055 貉亡白反　○按，施胡各反，則字作「貉」。陸亡白反，字當作「貊」。詩皇矣「貊其德音」正義引此文作「貊」，是也。邢疏云「貉」、「貊」音義同。

釋言

056 稺也又音稚　○盧本同，誤也。葉本作「又作稚」，當據正。

057 悈本或作極又作亟同　○按，「極」當作「㥛」。

058 遾嘗例反　○葉本「嘗」作「甞」，下並同。

059 饙說文作餴云脩飯也　○盧本「餴」作「饙」，「脩」作「滫」，依本書改正，下「餴」字同。

060 餈蒼頡篇云餈饋也　○段玉裁云「饋」爲「饙」之訛。

061 飰字又作餅　○盧本作「字又作餠」。此誤。

062 粦本今作憐同　○按，「今」當爲「又」字之訛，臧琳說，凡經典釋文注云本今作某者，皆非陸氏語，係宋人舊挍語，故凡云本今作某者，皆不言同，此言同，則陸氏語，不當言「本今」也。

063 邑　○盧文弨曰：邢本作「唈」，此作「邑」，寫者變體，詩桑柔仍作「唈」。

064 淩郭注意當作陵埤蒼云淩慄也　○葉本注中「陵」、「淩」字皆作「倰」。此誤，盧本已據改。

065 稱尺證反　○葉本「尺」作「赤」，同母字。

066 底　○葉本作「底」。

067 窕　○葉本作「窕」。此從穴，誤，詳見注疏挍勘記，盧本未改正。

068 痤或作陸同　○盧本改作「陸」。

069 烓字林口穎反　○盧文弨曰：詩釋文作口熲反，此作「穎」，蓋誤。

070 粻字林又文庚反　○葉本、盧本「文」作「丈」。此誤。

071 篿　○葉本「篿」作「篿」，下「筏」字注引方言同，盧本未改正。

072 洵注同　○按，注云「謂調均」，無「洵」字，當作「下同」。

073 龕本今作龕　○此當作「龕，本今作龕」。盧本改「龕，本今作龕」，非。陸氏不當誤用「龕」字，今本正誤從合耳。

074 囂丘刀反　○葉本「丘」作「五」。此誤，盧本已改正。

075 肯或作古胃字　○盧本「胃」改「冐」。段玉裁云當作「冐」。

076 飧字林云水澆飯也　○葉本「飧」作「飡」。此誤，盧本已改正。按，字林云「水澆飯者，字作湌，從水，從食」，字林云「吞食者，從夕，從食」，此類陸氏每渾舉之，不加區别。

077 疐　○葉本作「疐」。按，説文作「疐」。

078 跲廣雅云跲我也　○盧本「我」作「代」，云據宋本正之。按，廣雅作「代」。

079 薵本今作薵　○葉本「薵」作「儒」，誤。

080 窈　○葉本、盧本作「窈」。此從幻，非。

081 獘　○盧本作「獘」，從犬。此從大，訛。

082 豽字又作貀　○按，「貀」爲「貀」之訛。單疏本「貀」字作「貀」，當據正。葉本仍作「豽」，盧本改作「貀」，皆訛。

083 愧慙方言云悔慉赧慙也又云㥦恧慙也　○單疏

本引方言作「梅慖赧愧也」，「惧恧慙也」，與方言正合。但方言「梅」作「悔」耳。此誤，盧本皆依方言改正，葉本缺此一頁。

084 殛紀力反　○此當本作「極」。

085 燬李尋云　○盧本改「李巡」。此誤。

086 糜也粥之稠者曰麋　○按，「麋」當作「糜」。

087 姡郭注言黠也　○盧本據方言注「黠」下補「姡」字。

088 翿　○葉本作「翢」。盧本未改正，説詳注疏挍勘記。

089 纛字又作翳　○盧本同。葉本作「字又作纛」。正文「纛」字當作「纛」，唐石經作「纛」可證。此作「翳」，當是淺人妄改。「翳」與「翿」同，不與「纛」同也。

090 辟一音壁　○葉本「壁」作「辟」。

091 皇胡光反　○此音注中「葟華榮」之「葟」，陸本注當作「皇」。釋草云：「葟，本亦作皇。」

釋訓

092 繩繩本或作憴同　○葉本「憴」作「僶」，非。按，集韻十六「蒸」引爾雅「憴憴戒也」，蓋本此。

093 業業魚法反　○盧本「法」作「怯」。此誤。

094 洸洸舍人本作僙音同　○按，「僙」當作「潢」。鹽鐵論繇役篇引詩「武夫潢潢」，與舍人本爾雅合。

095 洋洋音羊　○此似當音「養」。邢疏引詩「中心養養」云「洋」、「養」音義同。

096 萌萌施云朋反　○盧本「云」作「亡」。此誤。

097 洄洄本或作幗　○按，「幗」當作「慖」，盧本改作「襢」，亦非，説詳注疏挍勘記，不贅出。

098 傲本或作慠同　○盧本同，「慠」作「傲」，則正文當作「敖」。

099 瑣瑣　○葉本作「瑣瑣」。

100 瘐瘐本今作庾庾　○按，「瘐」、「庾」字當互易。葉本正文作「庾庾」，是也。

101 慱慱施逋莫反　○按，施音則字當作「慱」，非也。

102 昀昀本或作眴　○按，「眴」疑作「徇」，或作「均」，下云「郭音巡」，又引字林云「均均田也」可證。釋言「徇，偏也」，樊本作「㣘」，郭音巡，詩信南山「昀昀原隰」正義曰「釋訓云『昀昀田也』，注引此『昀昀原隰』，與匀音同也」，是爾雅當不同毛詩。作「昀」，又「眴」，蓋俗字。

103 韹韹字書鍠鍠樂之聲也又作鍠　○葉本作「字書云鍠」，當互脱一字。「鍠鍠」當作「韹韹」，故下云「又作鍠」。

104 盡力苦忍反　○盧本同，誤也。葉本「苦」作「咨」，當據正。

105 契契詩云契契字又作苦計反　○按，楚辭章句十六引詩「挈挈寤歎」，此詩云「契契」，下脱「寤歎」。「字又作」下脱「挈」。盧本「作」下空缺一字，說詳考證。

106 竭本又作口　○邵本、盧本作「本又作渴」。按，葉本作「本又作竭」，則正文當作古「渴」字。釋詁「歇，涸竭也」，釋文作「渴」，云「本或作竭」可證。於此既據小注改正文，因空缺注中「竭」字耳。

107 思郭音如字　○葉本作「郭意」。此誤。

108 儵儵攸攸我思　○葉本「思」作「里」。此誤，盧本已據改。

109 刺字又作誺同七賜反　○按，「誺」當作「誎」，字之誤也。玉篇「誎，七賜切，數誎也」。盧本已改正。

110 灌灌本又作懽　○按，「懽」疑當作「悺」，說詳注疏校勘記。

111 愮愮又作佻　○葉本、盧本「佻」作「恌」。此誤。

112 秩直乙反　○葉本誤倒在「泠」字音下，此本移正。

113 琢本或作琢　○盧本改「本或作瑑」，疑當作「雕」。

114 敏舍人本作「畞」　○葉本「畞」作「畒」，下並同。按，舍人本「拇」作「畒」耳，「舍人本」云云以下當皆在「拇」字下。若「敏」已作「畞」，則下文「敏拇也」文不可通矣。

115 馮河依字當作口　○葉本、盧本「口」作「淜」字。按，淜，正字。馮，假借字。

116 矜几陵反　○單疏本引詩「爰及矜人」，據陸音几陵反，則字本從令也。

117 殿屎或作歛吹郭上音香惟反又音丁念反　○盧本移「上」於「又」字之下。按，段玉裁挍本「吹」作「欣」。

釋親第四

118 少姑證照反　○盧本「證」改「詩」。此誤。

釋宮第五

119 釋宮第五尚書云王徂同宮此文云或謂之室　○盧本「同」改「桐」，「或」改「宮」。

120 窔烏叫反字林同郭又音杳本或作窅又作窔同　○盧本同。葉本「窔」作「突」。此誤。盧文弨曰：說文「窅，冥也，窅戶樞聲室之東南隅」，則此當作窅，從穴誤。按莊子徐无鬼音義於「宎」字又作「窔」，「烏弔反」，字則穴下犬。司馬云東北隅也，一云東南隅。郭徒忽反。此云「又作『突』」，則正文「窔」當作「宎」，漢書叙傳注應劭引作「東南隅謂之宎」是也。字從穴下犬，則作「突」。蕭該漢書音義云「宎奧，郭璞曰宎音突」，與此音杳異。按，西南隅謂之奧，深奧也。東南隅謂之突，突出也。今本作「窔」，郭云亦隱闇，蓋非。

121 楣說文云秦名屋櫋聯也　○盧本云下增楣字，依段玉裁挍本也。葉本「聯」作「聮」字，從絲。此從丱，誤。

122 㕓廣雅云兩砌也　○段玉裁云「兩」爲「㔶」之訛。

123 垝本又作度同　○邵本、盧本作「本又作庋」。此誤。

124 栱又音卬　○葉本、盧本「卬」作「邛」。

125 閣徐持遮反　○葉本「持」作「特」。

126 樀郭又也赤反　○段玉裁云「也」當作「池」。盧挍從邵本改「他」。

127 簃文知反　○盧本「文」作「丈」。此誤。

128 所以止扉謂之閎音宏本亦作閣音各郭注本無此字　○按，陸德明不知郭氏於「衖門謂之閎」下引左傳「盟諸僖閎」，於此句下引左傳「高其閈閎」。郭作注時「閎」絶未誤爲「閣」，注亦絶無誤，不得云無此字也。聞諸段玉裁云。

129 閈汝南平輿里門曰閈　○葉本「輿」作「與」。

130 壼郭吕並立屯反　○按，「壼」當作「亶」。葉本「立」作「丘」。

131 徑　○葉本「徑」作「俓」。

132 歧旁樊本作技　○葉本「技」作「技」，「技」蓋「枝」之誤。

133 走徂口反　○葉本「徂」作「阻」。

134 彴廣雅云步橋也　○盧本據本書改作「獨梁也」，云此涉上誤。

135 陜今人以陜宏農縣字書陜之字　○盧本「以陜」改「以陝」。

釋器第六

136 登本又作鐙　○盧本「登」改「豋」，「鐙」改「鐙」，非。

137 斪　○五經文字云：「斪，釋文從斤，此從刂，失其舊。」

138 罺　○葉本「罺」作「窠」，下「罩」、「罝」等字同，盧校從之。

139 槮山泌反　○「泌」爲「沁」之訛，盧本已改正。

140 尊案曹獻、文字指歸　○按，「獻」當作「憲」。

141 縷又作樓　○盧本「樓」作「褸」。此誤。

142 襮音搏　○葉本作「音捕」，誤。

143 捐呂沈因絹反　○葉本「因」作「囙」。

144 餘許穢反 ○葉本「穢」作「穢」，凡「歲」字皆作「歲」。

145 餧 ○當作「餧」，説詳注疏挍勘記。

146 鰭子虛賦云揵鰭掉尾是也 ○按，子虛賦無，見上林賦，又江賦「揵」作「揚」。

147 㲉古學反 ○葉本作「古尊反」，非是。按，「㲉」當作「㲉」。

148 公食又作飤 ○按，華嚴經音義引作「公飤大夫禮」。

149 蔌維筍及蒲 ○葉本「筍」作「荀」。

150 鏐方幽其幽力幼三反 ○葉本作「力幽」，是也。

151 靳 ○盧本同，誤也。葉本作「䩞」，與唐石經合，當據正。

152 切本又作𠛎 ○臧琳云「𠛎，正字。切，假借字」，説詳經義雜記。

153 點孫本作坫 ○盧本同，誤也。葉本「坫」作「玷」，當據正。

154 蚌本作蜯又蒲項反 ○葉本「又」在「本」字下，此誤倒，盧本同。

155 纁詩云反 ○盧本改「許云反」。此誤。

156 第側子反 ○葉本作「第，側士反」。此作「子」，誤，盧本已改正。

157 釋樂第七象鼓鞞之形 ○葉本「象」作「像」。

158 簴世本云蘇成公所作 ○葉本「成」作「辛」字。按，疏引世本正作「辛」。

159 棧東晉興元年 ○盧本「興」上補「太」字。

160 併步項反又并之去聲 ○盧文弨曰：下五字與陸所音殊，必後人竄入。按，釋言「併，步項反，字又作並」，此下五字當亦云「又作並」。

161 咢字林或作㖾 ○按，「林」字疑衍。

釋天第八

162 羸本或作羸　○盧本作「本或作羸」，是也。

163 强本或作彊字　○按，彊圉猶彊禦也，字當作「彊」。

164 閼李云土也　○盧本「土」作「上」，説詳考證。此誤。

165 噩韋昭音折愕　○按，「折愕」當是「圻堮」之誤，盧本依國語音改正。

166 閹漢書作掩　○葉本「掩」下有「同」字，此脱，盧本已據補。

167 颽口海反　○葉本「海」誤「故」。

168 猋字林作飆　○按，飆乃「飊」之誤。

169 雺或作霧字同　○盧本據説文「霧」改「霚」。

170 雩音于句反　○葉本「句」作「付」。

171 虹陳國武古巷反　○釋獸「豻」下引「陳國武音子虛賦苦姦反」，解云「胡地野犬似狐，黑喙」。蕭該漢書音義引「陳武陆音古業反」。「陳武」即「陳國武」。

172 涷　○葉本同。盧本改作「涷」，是也。

173 霽一音祖細反　○盧本「祖」改「徂」。按，「徂」非同位字。

174 耗　○葉本作「秏」。

175 頲本或非定同　○盧本云「非」或作「定」。此誤。

176 辟今案此星有人居之角象　○段玉裁云「角」衍字。

177 昴本或作鼎同　○盧本「鼎」改「昴」。此誤。

178 篲又似酢似鋭二反　○盧本「酢」改「醉」。此誤。

179 繹字書爲⿰飠睪鐸二字同　○盧文弨曰：「鐸」字疑訛，詩絲衣釋文云「繹，字書作『釋』」。

釋地第九

180 兩河間曰冀州　○葉本「冀」作「兾」，下並同。

181 河西曰雝州周禮云正西曰雍州　○按此下當脱所引書名，或人姓氏。

182 斥　○葉本作「厈」。

183 珣周書所謂美玉　○葉本作「夷玉」。此誤，盧本已改正。

184 華户花反　○葉本「户」作「乎」，盧本同。按，「户」、「乎」同母同等字。

185 礝本或作碝同如兖反　○按，如兖反則字當作「碝」，從需者誤改。

186 卭卭本或作鳶鳶　○葉本作「邛邛」，注作「鳶鳶」。此誤，盧本已改正，下並同。

187 驉許伯反　○盧本「伯」改「倶」。此誤。

188 牧田敕也　○盧本「敕」改「𠸄」。此誤，下同。

189 陂者郭音普何反　○葉本「音」作「皆」，盧本從之。

190 邠本或作豳字同説文作汾字　○葉本「豳」作「𡸫」，唐人如此作也。「汾」爲「汃」之訛，盧本已改正。

釋丘第十

191 敦丘讀注並如後二音　○盧本同。葉本「並」作「豆」。段玉裁云「豆」爲「宜」字之訛。

192 泥又作埿　○按，「埿」當作「屔」。

193 不了或作僚　○按，「僚」爲「憭」之訛，爾雅序「了，本亦作憭」可證。

194 隩本或作澳　○葉本「澳」作「隩」，則正文「隩」當爲「奥」。按，詩公劉箋云「水之内曰隩」，葉本云「澳，字或作奥」，此其證。

195 隈字林一由反　○按，「由」爲「冉」字之訛，盧本已改正。

196 鞫 字林作垠云限厓外也　○按，「限」字疑衍。

釋山第十一

197 狹　○按，當作「陜」。

198 㕒 口閤反　○葉本「閤」作「閣」，雪牕本同。按，「閣」是也。

199 臨河 河或作魚依反　○盧文弨曰：「或作」下疑有脱文，以魚依之音考之，或是「崎」字。

200 釋水第十二 尸癸反　○癸，舊作「癸」，訛，今據葉本、盧本訂正。

201 仄 本亦作側仄同　○盧本作「側汄」。此誤。

202 瀵 義或方問反　○按，「義」字疑誤。

203 魁　○葉本作「魁」，從斗，即省厶，此鬼部字之舊式也。此不省，非，盧本同。

204 潁 水出陽成乾山　○盧本「成」下有「陽」字。考證曰：「陽成，漢志作『陽城』，古『成』、『城』通。陽乾山，舊無『陽』字，今據漢志補。」

205 湄 本或作瀥濇瀓瀿四字同　○葉本「瀿」作「瀿」。按，當作「瀿」。

206 造 或作皁　○葉本作「或音皁」。此誤，盧本同。

207 河 出崑崙山　○葉本「崑崙」作「崐崘」，「色白」注引孫云同。

208 色白 闃徒偏反　○葉本「偏」作「徧」，是也。

209 汨 流冰也　○葉本「冰」作「水」，盧本同。此誤。

210 潄　○葉本、盧本作「漱」，從欠。此非。

211 狹 胡夾反　○按，胡夾反當作「陜」，見釋蟲、釋魚篇。

f01—212 九河 胡蘇在東莞縣　○按，疏云「定本注作『東莞』」，「莞」當作「光」，字之誤也。

爾雅釋文校勘記卷下

爾雅音義下

釋草第十三

f02—001 葥 ○葉本作「前」，蓋誤。

002 埽 ○案，「埽」當在「帚」下，此誤倒。

003 录力辱反 ○按，五經文字艸部「菉，力辱反，見爾雅」，本釋文。此作「录」，誤也。

004 彫一遼反 ○盧本「一」改「丁」。此誤。

005 蔦孫李本作蘮 ○葉本「蘮」作「蔦」，疑「藨」字之誤，故沈璇音平兆反，下藨麃之「藨」字林工兆反，顧野王平表反可證。

006 樓一名地樓 ○葉本「地」作「他」，非。

007 萑音佳 ○葉本、盧本「佳」作「隹」。此誤。

008 稷詩黍稷稻粱 ○葉本「粱」作「梁」，下並同。凡宋本書稻粱字，每從木。

009 蔍 ○此與唐石經同，雪牕本載音切亦作「蔍」，今毛本注疏及玉篇、廣韻作「藨」。

010 菧 ○葉本作「菧」。

011 葍秦謂之蔓 ○盧本「蔓」作「蕧」，依說文改正。

012 光本或作茪 ○據五經文字當以「茪」爲正。

013 瓝字林作㼐云小瓜也 ○按，說文「㼐，小瓜也」，「瓞，㼐也」，無「瓝」字，是許叔重所據爾雅作「瓞」、「㼐」，不作「瓞」、「瓝」也。字林本之說文。

014 萮 ○雪牕本同。此唐人俗字，見五經文字。今本注作「蕍」，改從正字。

015 虋 詩作穈 ○盧本「穈」改「糜」。此誤。

016 稌稻 稻米糠白如霜 但江東人呼爲稬字林曰稬乃亂反字亦作穤 ○盧本「糠」作「糖」。此誤。又「稬」改「稬」。按，從火者俗作耳。凡「耎」字俗作「耎」者甚多，不妨仍其舊。乃亂反字當作「稬」，若作「穤」，從需，失其正矣。

017 臺 ○據詩釋文當作「薹」。

018 蘺 本草呼爲蘩蔞 ○葉本「蔞」作「蔞」。按，唐石經今本經作「蔌蘺蔞」。釋文於「蔌蘺」下無「蔞」字，云「本草呼爲蘩蔞」，於郭注「今蘩蔞也」始出「蔞」字音，則今本經中「蔞」字當衍，說本盧文弨考證。

019 苴 字苑云鞔苴履底 ○盧本「鞔」作「鞔」。考證云當作「鞔」。按，邢疏引字苑作「鞔苴」。

020 蘩 女居反 ○按，女居反字當作「蘩」，說詳注疏挍勘記。

021 藩 郭云一名蝭母 ○葉本「蝭」作「提」。此誤，盧本已改正。

022 蒚 一名及瀉 ○盧本「瀉」作「寫」，云據宋本改。

023 蔏 弋垂徂規二反廣雅云蔏也 ○盧本「弋」作「戈」，「蔏」作「蔕」，云據本書改。按，「弋」字是。

024 莞 本或作莀 ○臧琳云「說文『蔙，夫蘺也』，作『蔙』，訛」，盧本據以改正。

025 蓞 字又作薗本今作萏 ○按，五經文字「萏，道感反，見爾雅」，與此異。

026 藕 字亦作蒟 ○按，「蒟」當作「蕅」字之誤也。說文：「蕅，芙渠根，从艸、水，禺聲。」

027 莧 閑辦反 ○盧本「辦」改「辨」。

028 蓫 他六反 ○段玉裁云：當作「池」，下他羊反，同。

029 藻 廣雅云藻荓也 ○按，「藻」蓋「藻」之訛，盧本依本書改作「瓢」。

030 蕵　○葉本、盧本作「蕵」字，從夕。

031 蔆本今作菱　○葉本、盧本「蔆」作「菱」，是也。

032 藨又皮末反　○盧本「末」改「表」。此形近之訛。

033 蘵字又作職　○按五經文字「蘵，音職，釋文作『織』」。此作「職」，誤。又疑「織」當作「識」，夏小正作「識」字。

034 委字或作萎同　○盧本「萎」改「萎」。此誤。

035 莃説文莃或作蒔字音了　○按，詩釋文作「蒔，或作莃」，與今本説文合，此誤倒。音了係「蓼」字之音，此脱「蓼」大字，音誤附此，盧本别爲補正。

036 袶本今作綘　○葉本「綘」作「袶」。此誤，盧本未改正。

037 欋　○葉本作「攫」字，從手。此誤，盧本未改正。

038 牀一名棗棘　○葉本「棗」作「束」。按，疏引作「棗棘」。

039 湅款冬一名橐吾一名顆湅　○葉本「顆湅」作「顆東」。此誤。按，單疏本引本草「款冬」作「款湅」，「顆湅」作「顆東」，當據以訂正。

040 蔨　○盧本改作「蔨」。

041 蕈亂荏反　○盧本「亂」改「辭」，又下引葛洪字苑「苑」誤「茹」，盧本亦已改正。

042 芨草之白華爲芨　○葉本脱「白」字，「華」誤「草」。

043 𥱊字或作蔥　○葉本「蔥」作「𥱊」。此誤，盧本未及改正。

044 藄藄土夫也　○葉本「土」作「士」，非也。

045 卭巨恭反　○盧本作「邛」。此誤，葉本同。

046 蘩字今作繁　○按，當作「本今作繁」。

047 葧蒲没反　○盧本「葧」改小字，附上「葧勃葧」注，未疑上但標「葧葧」二字，「葧」字當衍，此仍出「葧」字作音，釋文中間有此例。

048 **莒**茾莒馬扁也　○盧本改「馬舄」。此誤。

049 **薖**徒的反本今作萑音桓字林作藋　○葉本、盧本同。按，史記索隱引此注云「江東人呼爲蒹薖。薖，音敵」。今單疏本「薖」作「薖」，郎本又誤作「適」。此當作「薖，徒的反，本今作薖」。下「萑」字當大書，「音桓，字林作藋」另爲一條，在「薖」字之上。此注「似萑」而細書音義也。今本合併脱誤，又失其次。

050 **茇**字又作茭　○段玉裁云：「茭」當作「蔽」，廣雅「蔽茇荄，根也」，廣韻「蔽，草根，或作『茇』」，可證。

051 **釋木第十四**之卜反　○盧本改「亡卜反」，是也。

052 **稻**地刀反　○盧本作「他刀反」。

053 **柀**音披　○葉本同。盧本改「音彼」。

054 **檍**字又作億説文云檍梓屬也　○按，億、檍皆「橿」字之誤。

055 **皮厚**尸豆反　○盧本「尸」改「户」。此誤。

056 **飢**一曰餅也　○盧本「餅」作「餎」。此誤。

057 **棶**埤蒼字林並作棶云椋也　○葉本云「並作林」，「林」當爲「來」之誤。按，説文「椋」即「來」也，無「棶」字，埤蒼、字林本之。

058 **柳**郭音卯　○葉本「卬」作「邛」。此誤，盧本未改正。

059 **枓**郭音糾　○盧本「枓」改「朻」。此誤。

060 **榽**兮計反又音奚　○盧文弨曰似當作「計兮反」也。按，盧云非也。兮計反見集韻十二「霽」，又音奚，見十二「齊」，即本於此。

061 **棆**又致的反　○盧本「的」作「均」。此誤。

062 **梗**櫬木似豫章　○盧本改「梗木」。此誤。

063 **諸慮**施力積反字又作攄　○按，「攄」爲「櫖」之訛，詳注疏挍勘記。盧本「積」改「據」。

064 **櫐**力水反　○葉本「水」誤「永」。此本「水」字剜改，蓋本作「永」。

065 楓說文云本厚葉弱枝善搖　○按，「本」當作「木」。

066 宛於院反　○盧本「院」改「阮」。

067 梂櫟實名梂也　○葉本「名梂」作「捄」，下「有梂」同。

068 櫻乞耕反　○盧本「乞」改「乙」。按，盧改是也。

069 旄字林作楙　○按，「楙」當作「楸」。

070 徹　○葉本作「僘」。

071 猗又於奇反　○葉本「奇」作「寄」，盧本未改正。

072 蹶本亦作躛　○廣韻十三「祭」「躛」，爾雅云躛洩苦棗，亦作蹶」。

073 榎古雅反及下同　○葉本「及」作「反」，亦誤，此字當衍。

074 ⿰木皵字或作橵　○盧本「⿰木皵」作「橵」，字從昔，從皮。此誤，下同。葉本「橵」作「橵」，則正文當不作「⿰木皵」字。

075 叢木本或作藂　○葉本「藂」作「最」。按，說文曰部「最，犯而取也，俗作『冣』」，「冖部『冣，積也』」，即叢木之古字，因與「冣」相近，故誤作「最」。顏氏家訓所謂「古『叢』字似『冣』，近世儒生因改爲『冣』」是也。此改爲「藂」，俗「叢」字。

076 辨　○葉本作「辨」，盧本同。此當是後人所改。

077 荼音真加反　○葉本「真」作「直」。此誤，盧本已改正。

078 華謂中裂不四析也　○盧本同，誤也。葉本「析」作「柝」，當據正。

釋蟲第十五

079 蜓音延方言云　○此下盧本依方言補「自關而東謂之螾蜑，或謂之入耳，趙魏之間或謂蚨虷，北燕謂之蛆蚭」二十七字，似非。下引字林「北燕人謂蚰蜒爲蛆蚭」，葉本作「蛆蚭」。此誤，盧本已改正。

080 蟧又力公反　○盧本「公」改「幺」，是也。

081 渠畧　○葉本、盧本作「渠略」，注同。

082 蛚廣雅云蜻蛚促織也　○今廣雅作「起織蜻蛪也」。

083 蚣字林云蟲在牛皮者說文云蚣或蜙字　○葉本「者」作「坤」，蓋「中」字之誤，或「中」、「者」二字當並有，又「說文」下無「云」字，「蚣」下有「爲」字。今本誤，當據正。盧本依字林考逸「牛」下補「馬」字。

084 蠰字又作蠰誤　○葉本「蠰」作「蠰」，與正文同，當有一誤者。盧本刪「誤」字。

085 螳蜋說文云名斫父　○葉本同。盧本依今說文改「蚚父」。

086 鼠負本亦作蟠則似乖理　○盧本「蟠」改「蝜」，云「蟠」與下「亦作蟠」複。則，葉本誤「如」。

087 螒字林作螒同　○此本「林」字剜改，當本作「字亦作翰」，如釋鳥「鶾本亦作翰」可證。

088 樗廣雅云樗鳴樗雞也　○盧本據廣雅改作「樗鳩」。此作「鳴」，誤。

089 螱說文字林從蚰　○按，「蚰」爲「蚍」之訛，說詳注疏挍勘記。

090 掇本或作掇拾字非　○按，正文「掇」字當從木作「棳」。陸以從手爲掇拾之「掇」者，非。

091 蛜本今作伊　○此當作「蛜，本今作蛜」。葉本「伊」誤「尹」。

092 蠁司馬相如作幽字　○「幽」爲「蚼」字之訛，盧本已據說文改正。

093 蚇易云尺蠖之屈　○引易亦當作「蚇蠖」。

094 蝠立勿反　○盧本「立」改「丘」，是也。

095 螢户扁反本今作熒　○唐石經今本皆作「熒火」，此音户扁反，陸當本作「熒」字，蓋後人誤改爲「螢」，因復記云「本今作熒也」。如有「熒」、「螢」二本，陸必無不以「熒」爲正者。此亦「本今作某」爲後人所增之一證。

096 蝱字又作蟦　○葉本「蟦」作「蝱」。下引說文「蟲，食草葉者」，「草」爲「苗」之誤。

097 豸欲有所伺殺也　○說文「伺」作「司」，古字。

釋魚第十六

098 鱏長鼻魚也　○葉本「鼻」作「鼻」。

099 鯶一本作故本反　○此六字亦後人挍語。

100 鯛一曰出江　○盧本據說文，「江」下補「東」字。

101 鮥字林作鮥　○葉本「鮥」作「鮥」，誤。字林「鮥」、「鮥」與爾雅互易。此「鮥鯀鮪」作「鮥」，下「鮥當䱙」作「鮥」。

102 鯿腴細而長　○葉本「腴」作「腴」。

103 鮒符付反　○葉本「符」作「苻」，下「魵」字注同。

104 蜎又一兖反　○葉本「兖」作「兗」。

105 蛭本草謂之水蛭　○葉本作「水蛙」，誤，下「寒蒩誤食植蛭蝚」誤「姪婇」。

106 活東舍人本作顆東　○「顆」疑「顆」字，形近之訛。盧本依音改作「顧東」。

107 蟇字又作蟆音麻　○盧本改「音麻」。此誤。葉本「蟆」誤「蟤」。

108 魁一名復絫　○葉本「魁」作「魁」，注中並同，「絫」作「累」。

109 䵹音秋　○盧本「䵹」改「鼀」。此誤從酋，故音秋。

110 鼁字又作𪓰　○盧本「𪓰」作「鼁」，依說文改正。

111 螺力禾反　○按，上「蠃」字下云「力禾反，下同。注作螺字，亦同」，依例此不當複出。

112 玭多蜃玭唯杜可食耳　○葉本「蜃玭」誤作「蜃玼」。盧本「杜」改「柱」。此誤。

113 貽本又作眙　○葉本「眙」作「貽」，二者當一有誤。

114 汙　○當本作「污」。

115 螣　○盧本作「螣」，依唐石經改。

116 螣愼子云螣蛇遊□□　○盧本補作「螣蛇遊霧」。

117 螾鼻上有針　○葉本「鼻」作「皐」。

118 蟕大龜似蝟也　○盧本依羣經音辨説改作「大龜以胃鳴」。

119 叢説文云草衆生也　○説文「叢」作「藂」。

釋鳥第十七

120 鶌辰勿反　○盧本「辰」改「居」，是也。

121 鳩郭力買反　○盧文弨曰下當脱一字。

122 鴼音洛　○葉本「洛」作「浴」，誤。

123 鶾本又作榦　○按，「榦」當作「翰」字之誤。

124 鶨　○葉本作「椠」，是也，説詳注疏挍勘記。

125 鳸説文作雇籀文也　○盧本「雇」下補「鳸」字。此脱。

126 鳳五彩色飲砥柱　○葉本「色」誤「免」，「砥」作「祗」，又下「背負仁義」「負」誤「角」，「五則没身居」之「没」誤「爲」，盧本俱已改正。

127 鸒小爾雅云　○盧本作「小雅言」，據宋本。

128 毋　○盧本改「母」，此誤，説詳考證。按，唐石經本作「母」。

129 劉字或作留　○盧文弨曰「劉」疑當爲「鸖」。

130 鷇又古豆反　○葉本「豆」作「互」，是也。

131 邪似差反　○盧本「差」作「嗟」。此誤。葉本「似」作「以」。

132 鳸　○按，唐石經、單疏本皆作「春鳸」。此作「鳸」，誤也。上「雇鴳」下云「左傳、詩並作『鳸』」，明爾雅不作「扈」。

133 婟一本作詃　○盧本「詃」改「詎」。此誤。

134 脚近　○葉本「脚近」在「箭」下，誤倒。

135 倉庚商庚本或作皆加鳥　○葉本作「本或旁皆加鳥」。此誤。

136 鴷其色黎黑而黄也文釋云　○段玉裁挍本「也」下有「又作離」三字。盧本「文」改「又」。此誤。

137 寸所主反　○葉本「寸」上空一字。盧本補作「數寸」，是也。

138 射之食亦反注同　○按，今本注無「射」字。陸氏下言「古之善射者」云云，蓋本注説，而今本脱耳。

139 玃　○盧本改「玃」。

140 鳶字亦作鳶　○葉本「鳶」作「截」，疑皆誤，當作「雀」。此但言有從隹、從鳥之異耳，其從弋則無不同也。

141 鷹字或作應　○按，「應」字當誤。

142 蹼屬　○葉本「蹼」作「蹼」，盧本從之。

143 企字或作跂　○葉本「跂」作「跛」。

144 咽説文云嗌也　○葉本「嗌」作「益」字。按，説文：「嗌，咽也，从口，益聲。」

145 鷚説文作鸐云鳥大雛也一曰雉之暮子也　○葉本「大」作「天」，無「之」字。按，「雛」當作「鷁」。説文云「鷚，天鷁也」，與上文同，「一曰」以下説始與此同。今本誤。

釋獸第十八

146 麔字林上刃反　○葉本「刃」作「尸」，盧本從之。

147 麌一作麌　○按，「麌」當作「噳」，説詳注疏挍勘記及盧文弨考證。

148 娩　○葉本作「娩」，盧本同，此誤。

149 迒諸詮之法　○盧本「諸」改「褚」，下並同。

150 豨一曰豕足也 ○段玉裁云「足」當作「走」。

151 釶本今作舐 ○盧本「釶」改「䑛」。此誤。按，玉篇「舓，説文云以舌取物也」，「舐」、「䑛」並上同。

152 玃字又作貜同 ○葉本「貜」作「貜」，與集韻同，當據正。

153 貔毛詩草本疏云似虎或曰似熊 ○盧本「草本」作「草木」，是也。「似熊」改「似羆」。

154 狐死則丘首 ○盧本同。葉本作「首丘」，此誤倒。

155 獌或亡羊反 ○葉本「羊」作「半」。此誤，盧本已改正。

156 犀俗作犀非 ○盧本「犀」改「犀」。

157 狒狒或作𢀳同 ○葉本「𢀳」作「禺」。

158 蹯古文作𠦒 ○盧本「𠦒」作「𤰕」，依説文改正。

159 厹獸足蹂地也 ○葉本「蹂」作「迹」。

160 猩音生 ○此當作「狌，音生」，説詳注疏挍勘記。

161 磎音溪 ○按，此條依次當在「阯」下。

162 豚説文作豚又云籀文也 ○段玉裁云：玉篇豚部曰「豚，籀文」，此當云「説文作豖，又云豚，籀文也」，二家所見説文與今本異。

163 鼢廣雅云鼹鼠也 ○葉本「鼹」作「鼹」。盧本同。

164 鼸鼸者頰裏也 ○葉本「裏」作「裏」，誤。

165 鼷或謂之耳鼠 ○葉本「耳」作「甘」。此誤，盧本同。甘鼠者，猶云甜口鼠也。

釋畜第十九

166 趼本或作研 ○段玉裁挍本「趼」、「研」互易。

167 騉駼枝蹄趼善陞甗騉駼其迹枝平似趼 ○盧本改「似研」。此誤。

168 驪 ○臧琳云：郭本爾雅作「駥牝驪牝」，今本釋文誤。按，雪牕本正作「騋牝驪牝」，説詳注疏挍勘記。

169 騕烏了反　○盧本「鳥」改「烏」。此誤。

170 草馬教民畜牸牛騲馬是也　○葉本「牸」作「牸」。此誤，盧本已據改。

171 駓字林音丕　○五經文字：「駓、駍二同音丕。」此似當作「駍」。

172 騅音佳　○葉本作「音隹」。此誤，盧本已據改。

173 騢乎加反　○盧本同。葉本「乎」作「下」，同母字。

174 瞯本又作瞷　○葉本「瞷」作「瞯」，正文當作「瞷」。

175 犚字林生畏反　○按，「生」乃「牛」字之誤。

176 犪顧如小如照二反　○葉本「照」作「昭」。

177 犆本或作褏　○盧本「褏」改「褎」，此誤，説詳考證。

178 羒字林云牂羊　○盧本改「羝羊」。

179 壺　○盧本同。葉本作「壷」，當據正。

180 獫謝許簡反　○葉本「簡」作「檢」。此誤，盧本未及改正。

181 獥大遏反　○按，「獥」當作「獗」，此誤，説詳注疏挍勘記。段玉裁云「大」爲「火」之訛。

182 鴜直列反　○葉本「列」作「例」。此誤，盧本已改正。

183 豜豕之大者謂之豣豜　○按，單疏本釋獸引小爾雅無「豣」下「豜」字，此誤衍。

184 獒孔傳云大犬也　○葉本作「人犬也」，與下引説文犬知人心可知者説合。今本孔傳亦作「大」，蓋誤。

185 經典釋文卷第三十　○葉本下有「終」字，盧本據補。又此本卷末有乾德、開寶間詳勘職名，葉本在毛詩音義末，於此無之，後人取以殿此卷之末，非也，段玉裁曾辨正之。

附次第及注解傳述人

186 爾雅周公　○盧文弨云：案，下脱所作二字。

187 張楫論之詳矣　○葉本、盧本「楫」作「揖」，是也。

f02—188 犍爲文學注三卷　○葉本「三」作「二」。

孟子注疏校勘記

〔清〕阮元 總纂
李銳 分校
王耐剛 整理

目録

整理説明

孟子注疏校勘記（以下簡稱校勘記）十四卷，卷分上下，又附孟子音義校勘記二卷。校勘記的初校工作由李鋭完成。李鋭（一七六九—一八一七），字尚之，江蘇元和（今蘇州）人，曾受業於錢大昕。李鋭長於天文、曆算和經學，著有李氏遺書十一種十八卷。除參與修纂十三經注疏校勘記外，李鋭還是疇人傳的主要編寫者之一。清史列傳卷六九儒林、清史稿卷二九四疇人俱有傳。

一、孟子版本源流述略

校勘記的校勘對象是孟子本文、趙岐章句和託名孫奭的疏，亦即經、注和疏三個部分。因此，在討論版本源流時，我們主要討論的是上述系統的情況。

（一）經注本

六朝以降，經注本成爲經典本身最爲主要的流傳方式，經典本身的白文本則居於次要地位。孟子的情況亦是如此。王應麟玉海卷四三「景德校諸子」云：

> 祥符四年三月，校列子。五年四月，上新印列子。十月，校孟子。孫奭等言孟子有張鎰、丁公著二家撰録，今采衆家之長，爲音義二卷。七年正月，上新印孟子及音義。

宋會要輯稿崇儒四之四亦云：

> 五年十月，詔國子監校勘孟子，直講馬龜符、馮元，説書吴易直同校

勘，判國子監、龍圖閣待制吴奭，都虞員外郎王勉覆校，内侍劉崇超領其事。奭等言：孟子舊有張鎰、丁公著二家撰録，文理舛互，今采衆家之善，削去異端，仍依經典釋文，刊音義二卷。是年四月以進，詔兩制與丁謂看詳，乞送本監鏤板。

這是孟子的第一次刊刻。校勘開始的時間是宋真宗大中祥符五年（一〇一二）十月。刻板完成的時間是七年正月。至於校勘結束和開始刊刻的時間，玉海與宋會要輯稿皆云「是年四月」，但這顯然不可能是大中祥符五年的四月，而只能是六年四月。孟子音義中有解釋和校勘趙岐注的内容，因此我們可以推知，這是一個經注本。南宋尤袤遂初堂書目「經總類」著録「舊監本孟子」，未知是否爲這個版本。這個版本並未流傳至今。然其作爲國子監刻本曾頒行全國，在南宋初年覆刻北宋監本的過程中，又曾經加以覆刻。元西湖書院重整書目著録孟子古注，王國維認爲：「此即南宋監本趙岐章句十四卷，明初板亡。」

今存四部叢刊及續古逸叢書影印本孟子章句，每半頁八行，行十六字，注文雙行，行二十一字。其行款版式，與宋監本同，王國維由此推測此本即是南宋監本。但從字體上看，此本與日本静嘉堂文庫所藏周禮，遼寧圖書館藏禮記，上海圖書館藏春秋經傳集解相同，學者多以之爲南宋孝宗時期四川刻本。所以綜合上述兩種觀點，我們認爲此本乃是南宋孝宗時期四川翻刻之本。

（二）經注附釋音本

上述所言經注本，雖有音義，但音義單行。此所謂經注附釋音本，是指將音義逐條散入相應文段之後。岳氏刊正九經三傳沿革例云：「唐石本、晉銅版本、舊新監本，蜀諸本與他善本止刊古注，若音釋則自爲一書，難檢尋而易差誤。」故而在南宋初出現了將釋文或音義附入經注的經注附釋音本。

孟子的這類版本何者最早，今難以考知。建安余仁仲萬卷堂所刊九經三傳爲經注附釋音本，今所存者僅有禮記、左傳、公羊、穀梁四種，據張麗娟宋代經書注疏刊刻研究，余氏所刊九經三傳之書目爲易、書、詩、周禮、禮記、左傳、公羊傳、穀梁傳、論語、孝經、孟子十一種，即岳氏刊正九經三傳沿革例所謂「建本十一經」。如果這一結論可信，那麼余仁仲萬卷堂本孟子的版式應該與現存四種一致，皆半頁十一行，行十八、十九字不等，注文小字雙行，行二十七字，左右雙邊。

余仁仲萬卷堂刊本之外，經注附釋音本孟子尚有南宋時廖瑩中世綵堂刊本。周密癸辛雜識後集云：

> 廖群玉諸書，則始開景福華編，備載江上之功，事雖誇而文可采。江子遠、李祥父諸公皆有跋。九經本最佳，以數十種比校，百餘人校正而後成。以撫州萆抄紙、油烟墨印造，其裝褫至以泥金爲籤。然或者惜其删落諸經注爲可惜耳，反不若韓、柳文爲精妙。

周密志雅堂雜鈔也有類似的記載。

廖瑩中刊刻九經具體書目，據張政烺先生讀相臺書塾刊正九經三傳沿革例考證，有周易王弼、韓康伯注，尚書僞孔傳，毛詩傳箋，周禮鄭注，禮記鄭注，杜預春秋經傳集解，孝經唐玄宗注，何晏論語集解，趙岐孟子章句九種。也就是説廖氏所刊九經與我們所常説的九經並不相合，但是卻也於古有徵。王應麟玉海藝文云：「至唐貞觀中，答那律淹貫群書，褚遂良稱爲『九經庫』，九經之名又昉乎此。其後明經取士以禮記、春秋左傳爲大經，詩、周禮、儀禮爲中經，易、尚書、春秋公、穀爲小經，所謂九經也。國朝方以三傳合爲一，又舍儀禮而以易、詩、書、周禮、禮記、春秋爲六經，又以孟子升經，論語、孝經爲三小經，今所謂九經也。」可見在宋代曾以易、書、詩、周禮、禮記、春秋、論語、孝經、孟子爲九經。

廖瑩中所刊九經世無傳本。岳氏刊正九經三傳沿革例謂：廖氏所刻九經，「板行之初，天下寶之，流布未久，元板散落不復存。嘗博求諸藏書之家，凡聚數帙，僅成全書」。可見在元時，廖氏九經書版已經毀亡，其印本亦不常見，所以岳氏需盡力搜求才成完帙。

儘管廖氏所刊孟子章句原本今不復存，但是其版刻風貌賴翻刻本以傳。國家圖書館所藏岳氏刊本孟子及臺北故宫博物院所藏元盱郡重刊廖氏本孟子都是出自廖瑩中刻本。其中前者爲季振宜、徐乾學舊藏，後者爲毛氏汲古閣舊藏。二者行款、版式、字體完全相同，皆半頁八行，行十七字，注文雙行小字亦行十七字，細黑口，四周雙邊，皆有書耳。又天禄琳瑯書目後編卷八「影宋鈔諸部」著録孟子一函七册，云：「趙岐注，同前，每卷末亦有『盱郡重刊廖氏善本』各種印。琴川毛氏影鈔，商丘宋氏藏。」是汲古閣除藏有盱郡原本外，尚有影鈔本。天禄琳瑯書目後編誤以之爲影宋鈔，傅增湘先生藏園群書經眼録抄録何焯跋語云：「辛卯春日，汲古毛氏以影寫元盱郡重刊廖氏善本質錢於志雅齋，因假其第三、第四卷、第十一、十二卷，盡爲校正。」由是可知，此影鈔本從毛氏汲古閣流出，賣於志雅齋，又由商丘宋筠收藏，其後則流入内府。

（三）重言重意纂圖互注本

葉德輝書林清話云：「宋刻經子，有『纂圖互注重言重意』標題者，大都出於坊刻，以供士人帖括之用。」如葉氏所云，此種版本多是出於便於閲讀，通貫經典之需要，以供士子科舉備考之用。故而科舉不涉及的經典少有此種版本，葉德輝又云：「儀禮、孟子非場屋所用，故置之。」實際上，孟子也有此類版本。

日本有音注孟子，是本每半頁十一行，行十九、二十字不等，小字雙行，行二十七字，左右雙邊，細黑口。所謂音注，是指附有音義，音義後有摘他篇中文句類似者相附。此即島田翰古文舊書考著録音注孟子十四卷。云：「音注孟子十四卷，貞和以前覆宋槧本。其曰『音注』者，即趙氏章句、孫奭音義並載，故有『音注』之名也。是書……板小刻精，桓、恒、徵等字缺末筆，而相其字樣體貌，確乎宋末刻本。秘府及予家各藏一通。予所藏者有『貞和乙酉冬十一月讀過』之記，其爲貞和以前刻可知也。」島田氏從避諱字和版刻風格推測，音注孟子的底本是宋本，至於刻板時間，島田氏則據收藏印記推斷其在貞和以前。貞和乙酉即日本光明院天皇貞和元年，當元至正五年（一三四五）。民國時羅振玉吉石盦叢書所影印者即出自德富蘇峰和内藤湖南所藏音注孟子。又日本宫内廳書陵部亦藏有此本，圖書寮漢籍善本書目卷一著録此本爲「室町時代覆宋刊本」。

音注孟子在日本的影響很大。很多日本的古鈔本多出自這一系統。今可見者如斯道文庫藏室町時代初期寫本，東洋文庫藏室町時代後期鈔本，龍谷大學藏室町中期寫本等。又臺北故宫博物院有楊守敬觀海堂舊藏室町時代寫本，僅存卷一至卷四。楊守敬跋語云：「右孟子趙注殘本四卷，蓋從南宋重言重意本出也。光緒辛巳借之向山黄村，校於足利活字版上。守敬記。」這大概也是音注孟子一系的寫本。

另外，日本有兩種活字刊本，一爲七行行十七字，一爲八行行十七字，二者時代皆爲日本後陽成天皇慶長年間（一五九六—一六一五）印本。這兩種版本的文字與音注孟子十分接近，而與國内的孟子章句的版本有相當差異。（詳參拙文孟子趙注流衍研究第一章第五節，北京大學二〇一四年博士學位論文。）

又有所謂纂圖互注本。日本大東急記念文庫藏有室町時代寫本，每卷皆題「纂圖互注孟子卷第幾」，且有孫奭音義，有重言、重意、互注等條目。此寫本大概出自國内亡佚的纂圖互注本孟子。又日本身延山久遠寺身延文庫藏有室町後期寫本，此寫本附有時日支干五行旺相孤虚圖，這可能就是「纂圖」之「圖」。

（四）注疏本

諸經義疏本與經注別行，自爲義疏，即所謂單疏本。張金吾愛日精廬藏書志云：「疏與經注，北宋猶各自爲書。如崇文總目所載周易正義十四卷、尚書正義二十卷、毛詩正義四十卷、周禮疏五十卷、儀禮疏五十卷、禮記正義七十卷、春秋正義三十六卷、穀梁疏三十卷、公羊疏三十卷、孝經正義三卷、論語正義十卷、爾雅正義十卷，皆單疏本也。南宋合注疏爲一，而單疏本遂晦。」是則諸經皆有單疏，惟孟子單疏本久已亡佚，或疑孟子本無單疏本。增訂四庫簡明目録標注云：「蟫隱庵羅子經處曾收明鈔本孟子單疏，首數葉爲吴匏庵手寫，即錢遵王所藏，後不知歸何許。」邵章續録提及孟子單疏本，但此說並不可信。此本爲錢曾舊藏，考讀書敏求記卷一上著録叢書堂鈔本孟子注疏十四卷，並未言此爲單疏本。黄丕烈亦曾於學餘書肆中購得此本，其跋語亦未言此本爲單疏本。傅增湘批注讀書敏求記校證云：「叢書堂鈔本，十餘年前曾見於羅子經蟫隱廬，坊中索價九百金。余議價不諧，後爲上海某君收之。」邵章與傅增湘皆言此書爲羅子經舊藏。羅子經即羅振常，羅氏善本書所見録卷一著録叢書堂鈔本孟子注疏解經十四卷，並非單疏本。又傅氏言此鈔本爲上海某君購去，此人可能是蔣汝藻。王國維爲蔣氏所編寫的傳書堂藏善本書志著録此鈔本。此本現藏國家圖書館，確非孟子單疏本。

又澁江全善、森立之所撰經籍訪古志著録孟子注疏解經，並云「舊鈔單疏本」，惜二人並未經見，但從書名可知其絶非單疏本，或者是自注疏合刻本抄出。

孟子的注疏合刻本最早者爲兩浙東路茶鹽司所刻，即世所謂八行本。是本每半頁八行，行十六字，小字雙行，行二十二字。其避諱至「擴」、「廓」字止，則其刊刻時代不能早於寧宗朝。日本學者阿部隆一增訂中國訪書志認爲八行本孟子注疏解經的刻板時代爲南宋寧宗至理宗前期。今傳世者僅臺北故宮博物院有完帙，是經過元、明兩代修補者。

而後在建陽地區又出現了將經、注、疏、釋文彙於一編的文本形態，即刊正九經三傳沿革例所謂「建本有音釋注疏者」，是即宋刊十行本。今傳世之十行本孟子乃是元泰定前後翻刻，迭經明正德、嘉靖修補者。是本每半頁十行，行十八字，小

字雙行，行二十三字。這也是孟子注疏校勘記所據之本。清人大多以元刊十行本爲宋槧，如阮元即稱其爲宋十行本。

關於八行本和十行本之關係，經過比勘，我們認爲二者並無直接源流關係。我們認爲二本疏文的差異雖多，但並無實質性差異，當屬同源。注文則差異較多，八行本的注文來源應是介於經注本與十行本注文來源之間的一個版本。（八行本與十行本之差別，詳參拙文試論八行本孟子注疏解經的校勘價值，載版本目録學研究第四輯，北京大學出版社，二〇一三年。）

源出元刊十行本的版本有嘉靖時閩中李元陽刻九行本，世所謂閩本。萬曆中，北京國子監又依閩本重刊，是爲監本。崇禎時，毛晉汲古閣又依萬曆監本校刊，是爲毛本。三本皆每半頁九行，經文單行

大字，注文單行中字，疏文則雙行小字，皆爲二十一字。乾隆初，又依北監本重加讎校，注疏句下加圈，是爲殿本。殿本半頁十行，經文單行大字，注文單行中字，音義及疏文則小字雙行，皆行二十一字。這裏有以下幾點需要説明。第一，十行本諸經注疏雖稱注疏附釋音本，但孟子實未附以音義，僅有經、注、疏。第二，殿本雖出監本，但卻將孟子音義逐條附入每篇注文之後，是孟子的第一個經注附音義本。四庫全書及四庫全書薈要中的孟子注疏皆出自殿本。

（五）其他版本

這裏所説的其他版本，主要是以下幾種：一是明永懷堂所刊十三經古注之孟子。一是乾隆三十八年（一七七三）曲阜孔繼涵微波榭叢書本孟子趙注及乾隆四十六年安邱韓岱雲刊本孟子趙注。

永懷堂本孟子是崇禎前後由金蟠（一名沈雲翔，字千仞）和葛鼒（字靖調）主持刊刻的，故十三經注疏校勘記或稱爲永懷堂本，或稱爲葛本。是本半頁九行，行二十五字，小字雙行同。此本雖爲經注本，實際上是源自注疏合刻本系統的經注本，與我們上文所討論的經注本不同。據清代學者考證，永懷堂本孟子出自閩本孟子注疏。

孔繼涵刻本即校勘記所謂孔本，韓岱雲刻本即校勘記所謂韓本。二者皆出自戴震，因而在行款、版式上幾乎相同。二本皆半頁十一行，行二十一字，經文頂格，注文低一格。據戴震孟子趙注跋，戴氏校本來源有三，一是毛扆的校本，一是何煌的校本，二者皆是朱奂所藏，一是毛扆影鈔李開先所藏音義。經過比勘，我們認爲除了上述版本之外，戴氏或者刻書之人（孔繼涵、韓岱雲）還用了注疏合刻本來校勘，因此在文字上，孔本、韓本有與注疏諸本同而與經注本相異者。因此在上文介紹經注本時，並没有談及這兩個版本。孔本、韓本流傳並不廣泛，葉德輝郋園讀書志云：「但據安邱韓氏跋，竟不知孔氏已刻於前。以同鄉共里之人，事止越十年之久，而竟茫然不知，何也？尤奇者，歷城馬國翰玉函山房輯佚書中列趙岐孟子章指二卷，謂本之毛鈔，亦竟不知鄉先輩有孔、韓二氏刻本者，豈當時兩刻本流傳甚稀耶？」

二、校勘記的基本内容

（一）校勘記引據版本簡述

校勘記卷首有引據各本目録，結合

校勘記中所使用之校本，我們可以將校勘記使用的校本分爲以下幾類，並概述如下：

第一，白文本，即校勘記所云「單經本」。這類主要有宋石經，即世所稱臨安石經。宋九經本，目録中未及，但在校勘記中有引用，天禄琳瑯書目後編卷三著録，知是白文本。傅增湘藏園群書題記言乃是明本，非宋本。今傳世有宋版八經，蓋其源也。

第二，經注本。這裏所説的經注本，是從廣義上來説的，包括我們在上文所討論的經注本、經注附釋音本、纂圖互注重言重意本。北宋蜀大字本，目録中雖有提及，然校勘記中並未羅列其異文。此本即四部叢刊本之底本，與宋監本關係密切，刊於宋孝宗時。宋本，乃是據何焯所校宋巾箱本，考何焯義門先生集，知此本乃何焯得自錢曾子錢沅，爲建陽刻巾箱本。疑此本乃是坊刻重言重意之本。岳本、元盱郡重刊廖本，二本皆出廖瑩中世綵堂本九經，乃是經注附釋音本。孔本、韓本，出自戴震，乃是匯校衆本之新本。古本及足利本，二本皆據山井鼎等所撰七經孟子考文補遺，與我們在上文所討論的音注本關係密切，又足利本乃是我們在上文所提到的慶長時活字八行本。

第三，注疏合刻本。主要是十行本、閩本、監本和毛本。四者同出一源，其中十行本是李鋭校勘的工作底本。

第四，朱熹四書章句集注系統本，即校勘記所謂「咸淳衢州本」。考天禄琳瑯書目卷一宋版經部著録四書五函，二十七册，咸淳九年（一二七三）衢州郡守趙淇所刊，是朱注四書系統，故校勘記中只有校經文時，方引此本。

（二）校勘記的主要内容

校勘記文選樓本校勘條目共計 2021 條（又有音義校記六三條，合計 2084 條）。其中涉及正義序和題辭解異文15條，各卷題名異文 9 條，經文異文 201 條，注文異文 1280 條，輯校章指 261 條，疏文異文 255 條。這些校記的主要内容，括而言之，有以下幾點：

第一，羅列各本異文。這是校勘記最主要的内容。校勘記除記録上述引據各本的文字異同之外，對於孟子音義中所記録的經注異文亦加引用。羅列異文而外，校勘記還通過分析緣由、引據資料等方式按斷是非，但由於孟子文本並不複雜，因此這樣的内容不多。

第二，説明版刻格式，分析版本源流。在校記中記録各本行款格式，具體闕葉、補刻狀況，在後世不易見到宋元舊本古槧的情況下，對於人們直接了解舊本狀況，版刻流變具有重要作用。

第三，輯校趙岐章指。錢大昕十駕齋養新録云：「趙岐注孟子，每章之末，括其大旨，間作韻語，謂之章指。」但是孟子注疏將其從注文中删去，而疏文之首所載「此章言」云云，皆抄撮章指之文。清人於趙氏章指已不多見，故有輯校者，如余蕭客、周廣業等。因此，校勘記據廖本備載章指，並詳録各本異文，以復趙注之舊。又校勘記序云：「章指、篇敘既學者所罕見，則備載之。」但校勘記中並未録趙氏篇敘。

三、校勘記之特點與局限

（一）校勘記的特點

校勘記在充分繼承前人如山井鼎、物觀七經孟子考文補遺，浦鏜十三經注疏正字和盧文弨等人的校勘成果的基礎上，呈現出以下特點

第一，校勘理念科學。這是乾嘉校勘學者取得巨大成就的重要原因，十三經注疏校勘記正是在這一理念下修撰完成的。盧文弨曾批評浦鏜正字一書，云：「其書微不足者，不盡知釋文之本與義疏之本元不相同，後人欲其劃一，兩失本真，此書亦未能盡正也。」即浦鏜對於古書的層次構成缺乏基本區分。盧文弨所云即段玉裁所謂「以賈還賈，以孔還孔，以陸還陸，以杜還杜，以鄭還鄭」。正是在這種觀念的指

導下，校勘記在以注校經、以疏校經注的同時，不妄改文字，充分考慮並區分文本的歷史層次。

第二，版本搜羅廣泛，且具有一定的代表性。校勘記序云：「日本孟子考文所據僅足利本、古本二種，今則所據差廣，考孟子者，殆莫能舍是矣。」這裏指出七經孟子考文補遺所用校本過少的缺陷。因此，校勘記要在前人基礎上更加廣泛地搜羅版本。校勘記共使用了十四種版本。這些不同的版本可分爲白文、經注、注疏和朱子四書本四個類型，可謂皆具有一定的代表性。這十四種版本中，經注本最多，共七種，因此校勘記所反映孟子文本差異，亦以趙注爲主。在全部 2021 條異文中，其中涉及趙注、章指和卷首題辭的條目共計 1545 條，占全部條目的百分之七十六點四，接近八成。

第三，校勘方法全面。盧文弨於十三經注疏正字跋中指出，七經孟子考文補遺雖載舊本文字，「然特就本對校而已，其誤處相同者，雖間亦獻疑，然漏者正多矣」。也就是説山井鼎等人過分依賴對校，對於諸本皆誤的情況少有按斷。校勘記在這方面彌補了考文的缺陷。就校勘方法而言，校勘記亦以對校爲主，這類校記占六成左右。同時，校勘記還注重以注校經，以疏校經注，及注文前後互校，並考證他書如文選李善注等引孟子經注者，使用本校和他校。校勘記亦有使用理校之處，對於各本皆誤，且無他書可證者，則引證資料或據注疏體例等，加以考證。

（二）校勘記的局限

校勘記雖在前人基礎上後出轉精，但

也有一些局限。這些局限，主要表現在版本搜羅、使用和成果的引用上。

第一，在版本搜羅和鑒定上，校勘記雖較前人爲多爲全爲確，但不免疏誤遺漏。如校勘記引用宋九經本，實爲明代翻刻，而於真正的宋版八經卻未得經見。又如，校勘記所據底本爲十行本，實是元翻刻宋十行本，並不是所謂「宋十行本」。孟子注疏有八行本，校勘記亦未加使用。但是，這與時代有關，因此於古人不可求全責備。

第二，在版本使用上，以間接利用爲主，目驗不多。校勘記使用了十四種版本，但是直接目驗者僅有七種，另外的七種則或據前人校勘學著作，或據他人校本。其中宋本、岳本據何焯校本，廖本據何煌校本，古本及足利本據七經孟子考文補遺，九經本和咸淳衢州本雖未明言，但其他十二部校勘記中皆未提及二本，因此我們推測這兩種版本也可能轉録自他人校本。這些校本爲校勘記提供異文的數量和準確度取決於原校者的負責程度和學術水平，而且我們也不能肯定校勘記所據校本是原校本抑或是後人過録之本。如所謂廖本，經過比勘我們發現，校勘記中所載廖本文字不確者，或是遺漏其異文者皆有，岳本亦如是。這便是由於未經目驗所造成的後果。

第三，校勘記所反映疏文差異不全面。這一點也和校勘記的版本使用有關。我們在上文業已指出，十行本、閩本、監本、毛本同出一源，文字也較爲接近，因此四者所反映的疏文差異僅 255 條，孟子共 261 章，章均不足一條。我們使用北京大學圖書館藏宋八行本孟子注疏解經殘卷卷三、四，卷十三、十四和十行本進行對勘，校勘記卷三上所録疏文異文僅18條，而八行本和十行本卷三上疏文異文有61條。校勘記全部疏文有255條，而八行本和十行本上述四卷的疏文異文有253條，校勘記上述四卷疏文異文條目僅爲88條，即八行本僅四卷所揭示的疏文差異幾乎與校勘記全部疏文異文條目相等，因此一個十行本之外的注疏本的價值不言而喻。

第四，在成果利用上也存在一些問題。校勘記所利用清人成果較少，主要有以下幾家：浦鏜孟子注疏正字八次；臧琳經義雜記一次；盧文弨抱經堂文集二次；段玉裁六次，其中古文尚書撰異三次；孫志祖讀書脞録一次；戴震東原集一次。其中亦有未署名而與段玉裁説文解字注相合者。從整體上考量，校勘記引用清人成果數量與當時考據學尤其是小學的發達程度是不平衡的。有些條目清人已經有較爲可信的考證，但是校勘記並未加以引用。在校勘記利用的成果中，如七經孟子考文補遺，也有漏引和誤引的情況。（限於篇幅，對於校勘記之局限我們只能簡要論述，詳參拙文試論孟子注疏校勘記的不足，載藝衡第七輯，北京：中國文聯出版社，二〇一二年。）

四、校勘記的主要版本

校勘記的版本主要是文選樓刊本（我們這次整理的底本）和南昌府學十三經注疏所附盧宣旬摘録本（即南昌本）。就孟子注疏校勘記而言，這兩個版本的校勘記差別不大。南昌本校勘記，共有2003條，其中新增者61條，與文選樓本文字有異者56條。南昌本刪去文選樓本79條。

南昌本所刪79條校記，主要是以下幾種情形，一是虚字有無或不同者，一是十行本不誤而他本誤者，一是前後重出者，一是標明疏文起訖者。南昌本所增之61條，主要是據監本、毛本等補充一些校勘記漏校的異文，或是據監、毛本校改十行本之處。至於二者歧異的條目，主要是增加一些説明性的文字，以説明南昌府學所刻孟子注疏對於各本異文的依從。

以上兩本而外，校勘記尚有學海堂所刻清經解本（以下稱爲「學海堂本」）。但是此本源出文選樓本。就孟子注疏校勘記而言，此本與文選樓本基本一致，故用以參校。又學海堂本有道光初刻本與咸豐補刊本之別，故兩本文字一致時，統稱爲「學海堂本」，若遇兩本文字歧異處，則以「道光初刻本」與「咸豐補刊本」別之。

最後我們説明一下對校勘記中所録孟子章指的處理。此次整理十三經注疏校勘記，出文部分我們一般不作標點，但鑒於孟子章指較爲特殊，與一般作爲校勘對象的出文不同，所以我們對於章指也作了標點。

孟子注疏校勘記是清代孟子校勘的集大成之作，至今仍無出其右者。它也是乾嘉時期孟子學研究的重要成果，反映了乾嘉考據學對於孟子研究的影響，至今仍具有重要參考價值。這正如焦循在雕菰樓集讀書三十二贊中對於十三經注疏校勘記所作出的評價：「群經之刻，譌缺不明。校以衆本，審訂獨精。於説經者，饋以法程。」

王耐剛

孟子注疏校勘記序

漢人孟子注存於今者，惟趙岐一家。趙岐之學，以較馬、鄭、許、服諸儒稍爲固陋，然屬書離辭，指事類情，於詁訓無所戾，七篇之微言大義，藉是可推，且章别爲指，令學者可分章尋求，於漢傳注别開一例，功亦勤矣。唐之張鎰、丁公著始爲之音，宋孫奭采二家之善，補其闕遺，成音義二卷，本未嘗作正義也。未詳何人，擬他經爲正義十四卷，於注義多所未解，而妄説之處全抄孫奭音義，略加數語，署曰「孫奭疏」。朱子所云「邵武一士人爲之」者是也。又盡删章指矣，而疏内又往往詮釋其所削。於十三卷自偁其例曰：「凡於趙注有所要者，雖於文段不録，然於事未嘗敢弃之而不明。」其可議有如此者。自明以來，學官所貯，注疏本而已。疏之悠繆不待言，而經注之譌舛闕逸，莫能諟正。吴中舊有北宋蜀大字本，宋劉氏丹桂堂巾箱本，相州岳氏本，盱郡重刊廖瑩中世綵堂本，皆經注善本也，賴吴寬、毛扆、何焯、何煌、朱奂、余蕭客先後傳挍，迄休寧戴震授曲阜孔繼涵、安邱韓岱雲鋟版，於是經注譌可正，闕可補。而注疏本有十行者，亦較它注疏本爲善。今屬元和生員李鋭合諸本，臚其同異，臣爲辨其是非，以經注本正注疏本，以注疏十行本正明之閩本、北監本、汲古閣本，爲挍勘記十四卷。章指及篇敘既學者所罕見，則備載之。音義亦挍訂附後，俾爲趙氏之學者得有所參考折衷。日本孟子考文所據僅足利本、古本二種，今則所據差廣，考孟子者殆莫能捨是矣。臣阮元恭記。

引據各本目録

單經本

宋石經殘本　高宗御書，行書，每行字數參差不齊，今止存十一碑，見在杭州府學。

經注本

北宋蜀大字本　章邱李氏所藏，今據何焯校本。

宋本　劉氏丹桂堂巾箱本，鄭師山所藏，闕公孫丑、告子二册。今據何焯校本。

岳本　亦據何焯校本。

廖本　廖瑩中世綵堂本，元盱郡重刊。今據何煌校本。

孔本　乾隆壬辰曲阜孔繼涵微波榭刊，凡十四卷，末附音義，韓本同。

韓本　乾隆辛丑安邱韓岱雲刊。

日本國古本　已下二本據七經孟子考文補遺。

足利本

注疏本

宋十行本　凡十四卷，卷分上下，閩、監、毛三本同。又此本及閩本無題辭，監、毛本有。

閩本

監本

毛本

孟子注疏校勘記卷一上

01a—001 朝散大夫尚書兵部郎中充龍圖閣待制知通進銀臺司兼門下封駁事兼判國子監上護軍賜紫金魚袋臣孫奭撰　按，此銜名十行本作兩行，上空一字，與音義序題銜合，閩、監、毛三本改爲一行擠寫。又音義銜「龍圖」下無「閣」字，「撰」下有「進」字。

002 夫揔群聖之道者　按，自此至篇末十行本行行頂格，亦與音義序合，閩、監、毛三本首行頂格，次行以下並上空一格。○又記中凡摘經、注、疏句有不盡采全者，倣經典釋文例。

003 爲之音　閩、監、毛三本同。音義序此下有「者」字，是也。

004 而共宗趙氏　按，此下音義序有「今既奉勑校定，仍據趙注爲本」十二字，僞疏删。

005 惟是音釋　按，此下音義序有「宜在討論臣今詳」七字。

006 漏落頗多　閩、監、毛三本同。音義序「落」作「略」。

007 若非再加刊正　按，音義序無「再加」二字。

008 臣奭前奉勑與同判國子監王旭國子監直講馬龜符國子學説書吴易直馮元等　按，音義序此文作「謹與尚書虞部員外郎同判國子監臣王旭，諸王府侍講太常博士國子監直講臣馬龜符，鎮寧軍節度推官國子學説書臣吴易直，前江陰軍江陰縣尉國子學説書臣馮元等」，僞疏删去寄禄官及「臣」字，非也。

009 作音義二卷已經進呈今輒罄淺聞隨趙氏所説仰効先儒釋經爲之正義凡理有

所滯事有所遺質諸經訓與之增明　按，音義序無此文，而有「推究本文，參考舊注，采諸儒之善，削異説之煩，證以字書，質諸經訓，疏其疑滯，備其闕遺，集成音義二卷」一段文，蓋僞疏竄改。又上文「勑」字及此「進呈」字，十行本提行頂格，閩、監、毛三本並接寫，不提行。

010 孟子注疏題辭解　按，十行本、閩本無此篇，監、毛本有。山井鼎考文所謂「孟子題辭，注疏本或無之者」是也。又按，音義孟子題辭張鎰云「即序也」，不云「題辭解」，疑此「解」字是僞疏增。又音義孟子題辭下出「趙氏」字，今本無之，蓋失其舊。

011 孟子至表也　監本此下有圈，毛本無，以下並同。

012 值炎劉之末奮　毛本同。音義出「值炎」，云：「丁作『直』。」

013 繫周易　毛本同。音義：「繫，本亦作『系』。」

014 孔子稱天生德於予　毛本「予」誤「子」。×

015 爲正　毛本同。浦鏜正誤云：「『政』誤『正』。」按，周禮小宰職「聽政役以比居」，注：「或作『正』。」是正、政古通用，浦説非也。❶

016 孟子註疏解經卷第一上　監、毛本同。閩本誤脱「上」字。

017 梁惠王章句上　凡七章。按，宋高宗御書孟子石經殘本篇題並頂格，不空字，十行本正與之合，蓋猶是舊款。閩、監、毛三本並低一字，非。又篇題下近孔繼涵、韓岱雲所刻經注本及考文古本無「凡幾章」字，音義及足利本有。

018 趙氏註　孫奭疏　十行本「孫奭疏」三字在弟二行篇題下，「趙氏註」三字在弟三行上低一字，下接注文。閩、監、毛三本並作「漢趙氏註，宋孫奭疏」，在篇題之前，其注移在「凡幾章」之下。考文古本注在「趙氏註」下，與十行本合。足利本注及題名在篇題後，其題名作「後漢太常趙岐邠卿註」，與各本皆不合，非也。廖瑩中經注本「趙氏」作「趙歧」，亦非。按，音義題辭下出「趙氏」字，然則舊本題名不作「趙歧」，并無「注」字也。

019 梁惠王者　自此至「一例者也」，岳本、廖本無。又按，十行本注文皆雙行細字，閩、監、毛三本以注文改爲單行，上冠「註」字，非復十行本舊式矣。

020 皆僭號者　閩、監、毛三本同。宋本、孔本、韓本、考文古本、足利本下有「也」字。

021 皆專事焉　閩、監、毛三本同。宋本、孔本、韓本、考文古本「專」作「尊」。〇按，「尊」是也。

022 爲諸侯師　閩、監、毛三本同。宋本、孔本、韓本、考文古本「師」上有「所」字。

023 以公孫丑等而爲之一例者也　閩、監、毛三本同。宋本、考文古本、孔本「以」作「與」，無「而」、「之」、「者」三字。韓本與宋本同，有「者」字。

024 梁惠王章句上　十行本標起止下每作一圈，以別正義，閩、監本同。毛本去圈，正義接標起止下，以後放此。

025 長老之稱　閩、監、毛三本同。廖本、孔本、韓本、考文古本下有「也」字。

026 王尊禮之　閩、監、毛三本同。廖本、孔本、韓本、考文古本上有「故」字。

027 而來此　閩、監、毛三本同。宋本、孔本、韓本、考文古本「此」上有「至」字。

028 亦將有以爲寡人興利除害者乎　閩、監、毛三本同。宋本、孔本「有」下有「可」字，無「者」字。廖本無「者」字。韓本、足利本「有」下有「可」字。考文古本「有」下有「可」字，「者乎」作「也」。

029 故曰王何以利爲名乎　閩、監、毛三本同。孔本、韓本、考文古本「何」下有「必」字。足利本「王何」作「可必」。

030 亦有仁義之道　閩、監、毛三本同。宋本「亦」下有「惟」字。廖本、岳本下有「者」字。孔本、韓本、考文古本作「亦惟有仁義之道者」。

031 則國危矣　閩、監、毛三本同。廖本、孔本、韓本、考文古本「危」下有「亡」字。

032 是以千乘取其萬乘者也　閩、監、毛三本同。宋本、廖本、孔本、韓本、考文古本無「其」字、「者」字。岳本無「者」字。

033 亦皆弒君　閩、監、毛三本同。廖本、孔本、韓本、考文古本、足利本「君」上有「其」字。

034 上下乘當言國　閩、監、毛三本同。孔本、韓本、考文古本「下」作「千」，是也。

035 亦多故不爲不多矣　閩、監、毛三本同。廖本、孔本、韓本、考文古本「故」作「矣」。○按，作「故」是。

036 不足自饜飽其欲矣　閩、監、毛三本，孔本同。宋本、廖本、韓本、考文古本無「矣」字。

037 而遺棄其親也　閩、監、毛三本同。廖本、孔本、韓本、考文古本無「也」字。

038 而忽後其君長　閩、監、毛三本同。宋本、廖本、孔本、韓本、考文古本「長」作「者」。

039 重歎其禍也　閩、監、毛三本同。宋本、孔本、韓本、考文古本作「重嗟歎其禍」。音義出「重嗟」，則亦有「嗟」字。

040 章指言：孔本、韓本作「曰」，下同。治國之道，明當以仁義爲名，然後上下和親，君臣集穆，足利本「集」作「輯」。天經地義，不易之道，故以建篇立始也。凡章指十行本以下注疏本無，今據廖本載全文于每章後，各本異同即注于下，以補注疏本之缺，全書同此。

041 此章言治國之道當以仁義爲名也

案，每章疏首數句乃僞疏竊取趙氏章指之文，而又不全載，謬甚。

042 孔曰放依也　閩、監、毛三本「孔」下並衍「子」字。

043 萬乘至萬乘也　閩、監、毛三本「也」上有「者」字。

044 又襄二十六年　閩本同。監、毛本「襄」下有「公」字。

045 乃顧視禽獸之衆多　閩、監、毛三本同。宋本、孔本、韓本、考文古本無「乃」字。

046 其心以爲娛樂　閩、監、毛三本同。宋本、廖本、孔本、韓本、考文古本無「其」字。

047 誇咤孟子　閩、監、毛三本同。宋本、廖本、孔本、韓本、考文古本「誇」作「夸」。音義出「夸咤」，丁云：「誇也。」按此則作「誇」非也。❷

048 亦爲人所奪　閩、監、毛三本同。宋本、孔本、韓本、考文古本「亦」作「當」。

049 而不與之相期日限自來成之　閩、監、毛三本同。宋本無「而」、「之相」三字，「日」作「曰」。廖本無「相」、「限」二字，下有「也」字。孔本下有「也」字。韓本、考文古本無「而」、「相」、「限」三字，下有「也」字。

050 不督促使之　閩、監、毛三本，孔本、韓本同。音義出「不督」云：「丁作『踧』。」○按，「踧」疑「裻」之誤，古「裻」與「督」義同、音同。

051 爲父使之也　閩、監、毛三本同。宋本、廖本、孔本、韓本、考文古本無「之」字。

052 牝鹿也　閩、監、毛三本同。廖本、孔本、韓本「牝」作「牸」，牸與牝義同。考文古本「牝」作「牸」，「牸」即「牸」之譌也。俗刊之書多此誤字。

053 言文王在囿中　閩、監、毛三本同。岳本、廖本、孔本、韓本、考文古本「囿」上有「此」字。

054 麀鹿懷妊　閩、監、毛三本同。宋本、廖本、孔本、韓本「妊」作「任」。

055 則鶴鶴而澤好而已　閩、監、毛三本同。宋本、廖本、孔本、韓本、考文古本無「而已」二字。

056 於牣魚躍　閩、監、毛三本、孔本、韓本同。音義出「於牣」云：「丁本作『仞』。」

057 而民歡樂之　各本同。音義出「歡樂」云：「本亦作『勸樂』。」臧琳曰：「案，左傳昭九年注『衆民自以子義來勸樂爲之』，正義曰『衆民自以子成父事而來勸樂而早成之耳』。知晉、唐時本皆作『勸樂』。」

058 孟子謂王誦此詩　閩本同。廖本、孔本、韓本、監、毛本「謂」作「爲」，是也。❸

059 民由歡樂之　宋本、孔本、韓本、考文古本、足利本同。閩、監、毛三本「由」作「猶」。按，由、猶古今字。

060 言古賢之君　閩、監、毛三本同。廖本、孔本、韓本、足利本「賢之」作「之賢」。

061 與民同樂　閩、監、毛三本同。廖本作「與民共同其樂」。宋本、孔本、韓本作「與民共同其所樂」。考文古本作「與民同其所樂」。

062 故能得其樂　閩、監、毛三本同。廖本、孔本、韓本、考文古本作「故能樂之」。

063 予及女皆亡　孔本、韓本同。閩、監、毛三本「皆」作「偕」。

064 日乙卯日也　閩、監、毛三本、韓本同。宋本、孔本上「日」作「時」。○按，宋本、孔本非，當作「是日乙卯日也」。

065 湯臨士衆誓　閩、監、毛三本同。廖本、孔本、韓本作「湯臨士衆而誓之」，考文古本下有

「之」字。

066 言民欲與湯共亡桀　閩、監、毛三本同。宋本、孔本、韓本「民」下有「皆」字。

067 何能獨樂之哉　閩、監、毛三本同。宋本、孔本、韓本、考文古本「能」下有「復」字。

068 章指言：聖王之德，與民共樂，恩及鳥獸，則忻戴其上，大平化興。無道之君，衆怨神怒，則國滅祀絶，不得保守其所樂也。

069 以奉養文王也已　閩、監、毛三本「已」作「此」，非。

070 註言文王至使也　閩本同。監本、毛本「使」下有「之」字，非。

071 毛氏註云　閩、監、毛三本「氏」作「詩」。○案，「註」當作「傳」。

072 足以笑百步者否　閩、監、毛三本同。廖本「步」下有「止」字。宋本「否」作「不」。孔本、韓本、考文古本作「足以笑百步止者不」。足利本作「是以笑百步止者不」。音義出「者不」。

073 王雖有移民轉粟之善政　閩、監、毛三本同。宋本、孔本、韓本、考文古本、足利本「粟」作「穀」。

074 而獨望民之多　閩、監、毛三本，孔本、韓本、足利本同。考文古本「獨」作「猶」。

075 何異於五十步笑百步者乎　閩、監、毛三本，韓本同。廖本、孔本、考文古本「於」下有「以」字。

076 所以捕小魚鼈也　閩、監、毛三本同。廖本、孔本、韓本、考文古本「也」上有「者」字。

077 各入保城二畝半　閩、監、毛三本，足利本同。宋本、孔本、韓本「各」作「冬」，是。考文古本

「城」作「域」，非。○按，據公羊傳宣十四年注及漢地理志則作「冬」是也。公羊注同，「春夏出田，秋冬入保城郭」，今各本或作「保城」，或作「城保」，若依公羊，則「保城」爲長。

078 **可以無饑矣** 監本、毛本同。宋本、岳本、咸淳衢州本、孔本、韓本、閩本「饑」作「飢」。按，飢餓之字當作飢，饑乃饑饉字，此經當以「飢」爲正。

079 **頭半白班班者也** 閩、監、毛三本同。宋本「白」下有「曰」字。岳本、廖本、韓本「者」上並有「然」字。孔本作「頭半白曰頒斑斑然者也」。按，以「班」爲「斑」，古字假借。毛本、孔本、韓本「班」作「斑」，非也。足利本作「頭半白日頒班班者也」，山井鼎云「日，當作『曰』」，是。○按，「頒白」字説文作「⿱須卑」，从須卑聲。

080 **故頒白者不負戴也** 閩、監、毛三本同。孔本、足利本「故」下有「曰」字，「戴」下有「於道路」三字。韓本與孔本同，無「曰」字。

081 **黎民不饑不寒** 監本同。韓本、閩本、毛本「饑」作「飢」。

082 **言人君但養犬彘** 廖本、孔本、韓本、考文古本、足利本同。閩、監、毛三本「犬」作「狗」。

083 **不知以法度檢斂也** 閩、監、毛三本同。毛本「檢」作「撿」，避所諱。宋本、孔本、韓本「不」上有「而」字。

084 **詩曰莩有梅** 宋本、孔本、韓本同。閩、監、毛三本「曰」作「云」。

085 **道路之旁有餓死者** 韓本、閩、監、毛三本同。宋本、孔本「旁」作「傍」。

086 **以用賑救之也** 廖本、考文古本、足利本同。宋本、孔本、韓本「賑」作「振」。閩、監、毛三本「用」作「周」。按，「振」即古之「賑」字，作「賑」者非。

087 **章指言：王化之本，在於**孔本「於」作「乎」。**使民養生喪死之用備足，然後**

導之以禮義，責己矜窮，則斯民集矣。

088 在於使民養生喪死之用足備也　閩、監、毛三本「喪」作「送」，誤。

089 可以着其絹帛　閩本同。監本、毛本「着」作「箸」。

090 背陣曰戰　閩本同。按，「背」當作「皆」，監本、毛本改作「皆」，是也。

091 周禮內人職云　閩、監、毛三本同。盧文弨云「內」當作「均」，是也。

092 殺人以挺與刃　閩本同。宋本、廖本、岳本、孔本、韓本、監、毛本「挺」作「梃」。按，音義云「從木」，則此本及閩本誤也。此本注俱作「梃」，閩本經、注並作「挺」。

093 梃刃殺人　閩、監、毛三本同。孔本、韓本、考文古本「梃」作「杖」。

094 曰無以異也　各本同。孔本「以」、「異」誤倒。

095 梃刃殺人與政殺人　閩、監、毛三本，廖本、岳本同。宋本、孔本、韓本無「梃刃殺人與」五字。

096 無異也　閩、監、毛三本同。廖本、岳本、孔本、韓本、考文古本「無」下有「以」字。

097 率率獸而食人也　閩、監、毛三本上「率」字作「是」。廖本作「是率禽獸以食人也」。宋本、孔本、韓本、考文古本作「爲率禽獸以食人也」。足利本與古本同，但「人」下有「者」字。

098 虎狼食禽獸人猶尚惡視之牧民爲政乃率禽獸食人安在其爲民父母之道也　各本並同。足利本作「古者虎狼之中能常食於禽獸，是人所惡，今人猶尚惡視之，牧民爲政乃率禽獸食人，安在其爲民父母之道也已」。

099 惡其始造　閩、監、毛三本同。廖本、孔本、韓本「惡」上有「夫」字。音義出「夫惡」。山井鼎考文云：「古本『本由有作俑者也』下有『夫』字。」以「夫」字屬上讀，非也。

100 如之何其使斯民飢而死也　閩、監、毛三本同。廖本、孔本、韓本、考文古本「斯」作「此」，「也」作「邪」。岳本「斯」作「此」。音義出「死邪」。

101 以教王愛其民也　閩、監、毛三本同。廖本無「也」字。宋本、孔本、韓本、考文古本無「其」字、「也」字。

102 章指言：王者爲政之道，生民爲首，以政殺人，人君之咎，猶以白刃，疾之甚也。

103 故惠王言晉國天下之强焉　閩、監、毛三本「之」作「莫」。廖本無「之」字。宋本、孔本、韓本、考文古本無「之」、「焉」二字。

104 壹洒之　孔本、韓本、考文古本同。閩、監、毛三本「壹」作「一」。

105 深耕易耨　音義出「易耨」云：「下奴豆切，字亦作『蓐』。」

106 而爲王之敵乎　閩、監、毛三本同。宋本、孔本、韓本、足利本無「而」、「之」二字。廖本無「而」字。考文古本作「於王敵乎」。

107 章指言：以百里行仁，天下歸之。以政傷民，民樂其亡。以梃服强，仁與不仁也。足利本「也」上有「者」字。

108 願比死者壹洒之　閩、監、毛三本「壹」作「一」。

109 今願近死不惜命者一洗除之　閩本同。監、毛本「近」作「爲」。

110 皆離背散各　「各」字誤。閩、監、毛三本並作「亡」。

01a—111 韓魏趙至强也　閩本同。監、毛本「也」改「爲」。

校記

❶ 非也，南昌本作「是也」。按，校勘記引周禮小宰鄭注，證正、政二字古通，以駁浦鏜「政誤正」之説，南昌本所改非。

❷ 夸詫，南昌本作「誇詫」。據孟子音義及校記，作「誇」是。

❸ 閩本同，南昌本作「閩、監同」。校記下文云「監、毛本『謂』作『爲』」，則南昌本誤。

孟子注疏校勘記卷一下

01b—111 梁惠王章句上　趙氏註　孫奭疏　十行本各上篇下及下篇上下卷題名如此。

002 魏之嗣王也　閩、監、毛三本同。廖本、孔本、韓本、足利本「魏」作「梁」。

003 操柄之威　閩、監、毛三本同。廖本、孔本、韓本「柄」作「秉」。○按，秉、柄古今字，古書「柄」多用「秉」者。

004 沛然下雨　音義出「沛」字云：「字亦作『霈』。」按，初學記引此文正作「霈」。

005 以苗生喻人歸也　閩、監、毛三本，岳本、孔本、韓本同。宋本、考文古本「歸」作「象」。

006 夏之五六月也　閩、監、毛三本，韓本同。廖本、孔本、考文古本無「也」字。

007 章指言：定天下者一道　韓本、足利本作「仁政」，孔本作「一道仁政而已」。而已，不貪殺人，人則歸之，是故文王視民如傷，此之謂也。

008 襄謚也至儀　閩本同。監、毛本「儀」上有「威」字。

009 齊不用乃適梁　閩、監、毛三本同。廖本、孔本、韓本、考文古本作「不用而去乃適於梁」。岳本、足利本無「齊」字。

010 欲以仁義爲首篇　閩、監、毛三本，孔本同。宋本、廖本、韓本無「爲」字。

011 然後道齊之事　閩、監、毛三本同。宋本、考文古本作「然後道齊也」。廖本、岳本、孔本、韓本、足利本「事」下有「也」字。

012 **頌述宓義**　「義」字誤。閩、監、毛三本作「羲」。廖本、孔本、韓本、考文古本、足利本作「戲」，音義出「宓戲」。

013 **不欲使王問霸者之事**　閩、監、毛三本同。宋本、廖本、孔本、韓本、考文古本作「不欲使王問霸事也」。

014 **而黎民懷之**　閩、監、毛三本同。宋本、廖本、孔本、韓本無「而」字。

015 **可以保民**　閩、監、毛三本同。廖本、孔本、韓本「保」作「安」。

016 **將以釁鍾**　宋九經本、咸淳衢州本、閩本同。孔本、韓本、監、毛本「鍾」作「鐘」，下及注同。音義出「鍾與」，知此經亦當作「鍾」。

017 **上春釁寶鍾**　閩本同。宋本、岳本、孔本、韓本、監、毛本作「鐘」。按，「鍾」當依周禮作「鎮」，形相涉而誤。

018 **不知誠充之否**　閩、監、毛三本同。廖本、孔本、韓本、考文古本「充」作「有」。

019 **不忍故易之也**　閩、監、毛三本，孔本、韓本、足利本同。考文古本無「也」字。

020 **無怪百姓謂王愛財也**　閩、監、毛三本同。廖本、孔本、韓本「謂」上有「之」字。

021 **無傷於仁**　各本同。考文古本「仁」作「牛」。

022 **是乃王爲仁之道也**　各本同。足利本無「之」字。

023 **時未見羊**　閩、監、毛三本同。廖本、孔本「時」上有「王」字。

024 **何能足以合於王也**　閩、監、毛三本同。宋本、廖本、孔本、韓本、考文古本無「合於」二字。

025 **挾太山以超北海**　各本同。音義出「以超」

云：「超，或作『趨』。」

026 少者恥見役　廖本、孔本、韓本、考文古本、足利本同。閩、監、毛三本改「見」爲「是」，非也。

027 敬我之老　廖本、孔本、韓本同。閩、監、毛三本「我」作「吾」，非。

028 言其易也　閩、監、毛三本同。宋本、廖本、孔本、韓本、考文古本無「其」字。

029 享也享天下國家之福　孔本、韓本、閩、毛本同。監本「享」作「亨」。浦鏜云誤。

030 但舉已心加於人而已　閩本同。監、毛本「心」作「以」，形近而誤。宋本、廖本、孔本、韓本、考文古本「而已」作「耳」。

031 丈尺也　閩、毛本同。監本「丈」作「文」，誤。✕

032 可以量長短　宋本、廖本、岳本、孔本、韓本同。閩、監、毛三本「量」作「度」。考文古本亦作「量」，「短」下有「也」字。按，音義云：「度之，待各切。注『稱度』、『度心』、『度物』皆同。」不云「度長短」，是音義本亦當作「量」，改爲「度」者，閩本之誤，監、毛二本因而不革也。

033 尤當爲之甚者也　閩、監、毛三本、孔本同。韓本、足利本無「當」字。

034 將欲以求吾心所大欲者耳　閩本、考文古本同。宋本、廖本、孔本、韓本「吾」作「我」。廖本、監、毛本「耳」作「矣」。

035 遂因而陳之　閩、監、毛三本同。宋本、廖本、孔本、韓本、考文古本「因而」作「緣以」。

036 故發異端以問之也　孔本、閩、監、毛三本同。韓本、考文古本無「之」字。山井鼎云：「古本『問』作『明』，恐非。」

037 臨莅中國　閩、監、毛三本，韓本同。岳本、廖本、孔本、考文古本、足利本作「莅臨」。

038 而安四夷者也　閩、監、毛三本，孔本同。韓本、考文古本無「者」字。

039 固不可以敵强大　閩、監、毛三本同。宋本、孔本、韓本、考文古本、足利本作「固不如强大」。

040 猶鄒欲敵楚也　閩、監、毛三本同。宋本、廖本、孔本、韓本、考文古本無「也」字。

041 蓋亦反其本矣　閩、監、毛三本，孔本同。韓本、足利本「蓋」作「盍」。周廣業孟子四考曰：「按，史記孔子世家『夫子蓋少貶焉』，檀弓『子蓋慎諸』，並以『盍』爲『蓋』。」

042 蓋當反王道之本耳　閩、監、毛三本同。宋本、廖本、孔本、考文古本無「耳」字。韓本無「當」字、「耳」字。韓本、考文古本「蓋」作「盍」。山井鼎云：「似非。」

043 誰能止之也　閩、監、毛三本同。宋本、廖本、孔本、韓本、考文古本「也」作「者」。

044 吾惛不能進於是矣　石經「惛」作「惽」。

045 無恒產而有恒心者　石經「恒」諱作「恒」，下同。

046 人常有善心也　閩、監、毛三本同。廖本、考文古本「有」下有「所」字。孔本、韓本「人」下有「所」字。

047 則不能守其常善之心也　閩、監、毛三本同。宋本、廖本、孔本、韓本、考文古本無「也」字。

048 放辟邪侈　侈，音義云：「丁作『移』。」案，考工記鳧氏「侈弇之所由興」注：「故書『侈』作『移』。」又儀禮少牢篇「移袂」，又禮記「衣服以移之」，是「移」爲「侈」之假借字。

049 是罔民也　各本同。音義：「罔民，丁作『司民』，下同。」按，丁本「司」當讀爲「伺」，司、伺古通用。○按，依趙注則是「罔」字，丁作「司」者，非趙本也。

050 何暇修禮行義乎　閩、監、毛三本同。宋本、孔本、韓本、考文古本「乎」作「也」。×

051 樹之以桑　石經「樹」諱作「植」。

052 章指言：典籍攸載，帝王道純，桓文之事，譎正相紛，撥亂反正，聖意弗珍，韓本、考文古本作「稱」。故曰後世無傳未聞。仁不施人，猶不成德，釁鍾易牲，考文古本「牲」誤「性」。民不被澤，王請嘗試，欲踐其跡，考文古本作「路」。荅以反本，惟是爲要。此蓋孟子不屈道之言也。

053 齊威公小白　閩、監本同。毛本「威」作「桓」。

054 通財鬻貨曰商　閩本同。監、毛本「財」作「利」。

055 莊公八年左傳王　閩本同。按，「王」當作「云」。監、毛本改作「云」，是也。

056 爲晉惠公　閩、毛本同。監本「惠」作「會」，非。×

01b—057 十四年　此文之下十行本有脱頁，閩本亦缺，閩本出於十行本，此其證也。

孟子注疏校勘記卷二上

02a—001 孟子注疏解經卷第二上　自此至「不如與衆共聽之樂」，十行本缺，今所出者據閩本。

002 梁惠王章句下　監、毛本此下有正義一段，閩本無。案，十行本缺一頁，計其篇幅當有正義，閩本無者，蓋李元陽所見十行本已有缺頁，别據經注本補足，故無僞疏也。又各卷卷上篇題下並有「凡幾章」字，閩、監、毛本此卷獨缺，蓋經注本本無也。又按，此下正義是監本所補，監本若别有注疏本可據，不應脱漏「凡幾章」字，然則十行本及閩本所缺之正義而監、毛本有者，疑是僞中之僞也。

003 有是語不　監、毛本、孔本、韓本、足利本同。考文古本「不」作「否」。○按，古「可否」字祇作「不」。

004 先聖王之樂也　監、毛本同。宋本、孔本、韓本、足利本無「聖」字。

005 由古之樂也　監、毛本、韓本同。石經、宋本、岳本、咸淳衢州本、孔本、考文古本「由」作「猶」。

006 王問古今同樂之意　孔本、韓本、考文古本、足利本同。監、毛本「樂」作「異」。❶

007 寧可得聞之與　監、毛本同。宋本、孔本、韓本、考文古本「之與」作「邪」。廖本「與」作「邪」。

008 與少人共聽樂　宋本、廖本、孔本、韓本、考文古本同。閩、監、毛三本「少」下有「之」字。案，十行本「少」下空一字，「之」字係閩本誤增，監、毛本仍其誤也。

009 衆人共聽樂樂也　廖本、閩、監、毛三本同。宋本、孔本、韓本「衆」上有「與」字。

010 與衆人共聽樂爲樂　閩、監、毛三本同。

宋本無「爲」字。廖本、考文古本下有「也」字。孔本、韓本「爲樂」作「樂也」。

011 與衆人樂樂狀　閩、監、毛三本同。宋本、岳本無下「樂」字。廖本、孔本、韓本、考文古本下「樂」字作「之」。

012 籥若笛短而有三孔　閩、監、毛三本，孔本、韓本同。考文古本「笛短」作「短笛」。足利本與古本同，「籥」作「籥」。

013 故使民愁也　閩、監、毛三本同。宋本、廖本、孔本、韓本、考文古本作「故使百姓愁」。

014 有憫民之心　閩、監、毛三本同。宋本、廖本、孔本、韓本「憫」作「愍」。

015 是以民悦之也　閩、監、毛三本同。廖本、孔本、韓本、考文古本無「之」字。

016 王之好樂也　閩、監、毛三本同。宋本、岳本、廖本、孔本、韓本無「之」字。

017 章指言：人君田獵以時，鐘鼓有節，發政行仁，民樂其事，則王道之階在於此矣。故曰天時不如地利，地利不如人和矣。考文古本「矣」作「也」。

018 其國及對齊王　自此至「則爲之王者矣」，監本脱一頁而板心數不缺，蓋承刊諸人之謬也。毛本據别本補足，故第四頁下有「又四」一頁。

019 言百姓皆欲之康强　毛本同。閩本「之」作「王」。

020 則聲音則一也　閩、監、毛三本無下「則」字。

* 其與雅樂同也　補，毛本同。明監本「其」作「不」，是也。

021 王怪其大　監本「怪」誤「惟」。×

022 文王在岐山之時　閩、監、毛三本同。岳本無「之」字。廖本、考文古本「山」作「豐」。宋本、孔本、韓本「岐山之時」作「岐豐時」。

023 而囿以大矣　閩本同。孔本、韓本、監、毛本「以」作「已」。○按，以、已古通用，此處自作「已」爲長。

024 寡人之囿爲大　閩、監、毛三本同。宋本、孔本、韓本無「之」字、「爲」字。廖本無「爲」字。

025 民言其大　閩、監、毛三本同。宋本、廖本、孔本、韓本、考文古本「言」作「苦」。

026 章指言：譏王廣囿專利，嚴刑陷民也。

027 古聖王之比也　閩、監、毛三本「比」作「交」，誤。宋本無「也」字。廖本「王」作「賢」。岳本、孔本、韓本、考文古本「王」作「賢」，無「也」字。

028 文王事昆夷　閩、監、毛三本同。音義、石經、廖本、孔本、韓本作「混夷」。按，詩緜「混夷兑矣」，皇矣箋「患夷即混夷」，與此經正合，作「昆」非也。

029 湯先助之祀　閩、監、毛三本，孔本、足利本同。韓本、考文古本「先」作「見」。按，「先」字是也。

030 故太王事獯鬻　閩、監、毛三本同。音義、石經、廖本、孔本、韓本「太」作「大」。音義云：「後『大師』、『大王』放此。」是經文皆作「大」，作「太」者非。

031 北狄强者　考文古本同。閩本、孔本、韓本作「彊」。監、毛本作「疆」。按，唐人「彊弱」字通用「彊」，强勉，「强」字作「强」，宋人避所諱，多作「彊」。監、毛作「疆」，乃「疆界」字，非也。

032 身自官事　閩、監、毛三本同。孔本、韓本、考文古本「官」作「臣」。

033 聖人樂行天道　閩、監、毛三本同。廖本、孔本、韓本「行天」作「天行」。

034 在於好勇　閩、監、毛三本同。宋本、廖本、考文古本「在」作「疾」。孔本、韓本、足利本「在於」作「疾在」。

035 此一匹夫之勇　閩、監、毛三本同。宋本、廖本、孔本、韓本、考文古本無「匹」字。足利本無「之」字。按，以「一夫」釋「匹夫」，不得云「一匹」。

036 無論匹夫之小勇而已　閩、監、毛三本同。宋本、廖本、孔本、韓本、考文古本無「而已」二字，無者是。

037 章指言：聖人樂天，賢者知時，仁必有勇，勇以討亂，而不爲暴，則百姓安之。

038 而比之之文也　閩、監、毛三本「之文」作「湯文」，是也。

039 葛伯不祀至小者也　閩本同。監、毛本「伯」下有「放而」二字。

×

040 變于西戎邑于西戎邑于豳　閩、監本同。毛本無「邑于西戎」四字，乃據漢書删，是也。

041 其後三百餘戎狄攻太王亶父　閩、監本同。毛本「百餘」作「百有餘歲」，亦據漢書改。

042 賢者亦有此之樂乎　閩、監、毛三本同。宋本「亦」下有「能」字。廖本無「之」字。孔本、韓本、考文古本作「賢者亦能有此樂乎」。

043 人有不得其志也　閩、監、毛三本同。宋本、廖本、孔本、韓本、考文古本無「其」字，「也」上有「者」字。足利本「也」作「者」。

044 適情從欲　閩、監、毛三本、孔本、韓本、足利本同。考文古本「從」作「縱」，音義出「從欲」云：「本亦作『縱』。」

045 君亦助之憂　閩、監、毛三本同。宋本、孔本、韓本、考文古本作「君助憂之」。廖本「之憂」作「憂之」。

046 放於琅邪　閩、監、毛三本同。石經、孔本、韓本「於」作「于」。

047 齊東境上邑也　閩、監、毛三本同。廖本、孔本、韓本「東」下有「南」字。按，疏引「境」作「南」字，朱子注同，是此注有脱也。

048 可以比先王之觀遊乎　閩、監、毛三本同。廖本、孔本、韓本「觀遊」作「遊觀」。

049 先聖王也　閩、監、毛三本同。宋本、廖本、孔本、韓本、考文古本「王」上有「之」字。

050 補耒耜之不足　閩、監、毛三本同。宋本、岳本、孔本、韓本「補」作「問」。

051 遊亦豫也　閩、監、毛三本同。宋本、岳本、廖本、孔本、韓本、考文古本無此四字。○按，無者是。

052 吾何以得見勞苦　閩、監、毛三本同。孔本、韓本、考文古本「吾」作「我」。

053 睊睊胥讒　音義出「睊睊」云：「字亦作『䛭』。」

054 行師興軍　閩、監、毛三本同。宋本、岳本、廖本、孔本、韓本、考文古本作「興師行軍」。

055 而食之　閩、監、毛三本，孔本同。韓本、足利本無「之」字。

056 有飢不得飽食者　閩、監、毛三本同。廖本、孔本、韓本無「者」字。

057 在位在職者　閩、監、毛三本同。宋本、孔本、韓本、考文古本無「在職」二字。

058 而作其慝惡也　閩、監、毛三本同。宋本、廖本、孔本、韓本、考文古本無「其」字。

059 方猶逆也　閩、監、毛三本同。廖本、孔本、韓本、考文古本「逆」作「放」。

060 逆先王之命　閩、監、毛三本同。宋本「先王」上有「不用」二字。廖本「逆」作「放棄」。孔本、韓本、考文古本作「放棄不用先王之命」。

061 惟君所行也　石經無「行」字。

062 連引也　閩、監、毛三本同。廖本、孔本、韓本、考文古本「連」下有「者」字。

063 是好無水而行舟　閩、監、毛三本同。宋本、廖本、岳本、孔本、韓本無「是好」二字。

064 豈不引舟於水上而行乎　閩、監、毛三本同。宋本、孔本、韓本、考文古本「上而」作「而上」。

065 以振貧困不足者也　閩、監、毛三本「振」作「賑」，非。宋本、廖本、孔本、韓本、考文古本「困」作「下」。

066 召太師曰　石經「太」作「大」。

067 謂之好　閩、監、毛三本同。宋本、岳本、孔本、韓本「好」下有「君」字。

068 導晏子景公之事者　閩、監、毛三本同。廖本、孔本、韓本「導」作「道」。○按，道、導古今字，古書多用「道」。

069 非其矜夸雪宫　宋本、廖本、孔本、韓本、考文古本同。閩、監、毛三本「夸」作「誇」，誤增言旁。

070 而欲以苦賢者　閩、監、毛三本，韓本同。廖本、孔本、考文古本「苦」作「若」，形相涉而誤也。

071 章指言：與天下同憂者，不爲慢遊之樂，不循四孔本、韓本作「肆」，是也。溢之行，是以文王不敢盤于遊田也。

072 天下之民同其憂　閩、監、毛三本「天」上有「與」字，是也。毛本「憂」誤作「一」。

073 而敢慢其事　閩、監、毛三本「敢」上有「不」字，是也。閩本「不敢」字擠，是閩本增也。

074 怒而殺人者　閩本同。監、毛本「者」作「之類也」。

075 是絶其世不得似　閩、監、毛三本「似」作「嗣」。❷

076 樂章也　閩本同。監、毛本作「至樂章名也」。

* 以其最清者也　明監、毛本同。按，「清」當作「濁」，今改正。

077 其事隳也　「隳」字模糊，閩、監、毛三本如此。

078 文王不敢盤于遊畋也　此章指末句，注無此文。

079 人勸齊宣王　閩、監、毛三本同。宋本、孔本、韓本、考文古本無「齊」字。

080 而文王常恤鰥寡　閩、監、毛三本同。宋本、廖本、孔本、韓本無「而」字。❸

081 但憐憫此煢獨　閩、監、毛三本同。宋本、廖本、孔本、韓本「憫」作「愍」。

082 行者有裹囊也　宋本、孔本同。石經、閩、監、毛三本，韓本「囊」作「糧」。案，鹽鐵論「公劉好貨，居者有積，行者有囊」，與「裹囊」合。

083 又以武備之曰方啓行道路　閩、監、毛三本同。宋本、廖本、孔本、韓本、考文古本「曰」作「四」，無「行」字。岳本無「行」字。足利本無「之」字，「曰」作「四」。

084 我有疾疾於好色　閩、監、毛三本同。宋本、岳本「疾」作「病」，無「於」字。孔本、韓本「於」作「在」。

085 古公亶父　閩、監、毛三本同。石經、宋本、岳本、咸淳衢州本、廖本、孔本、韓本、考文古本「父」作「甫」，注同。

086 非但與姜女俱行而已　閩、監、毛三本同。廖本、孔本、韓本、考文古本「而已」下有「也」字。

087 章指言：夫子恂恂然善誘人，誘人以進於善也。齊王好貨好色，孟子推以公劉、大王，所謂「責難於君謂之恭」者也。

088 齊宣問曰　閩、監、毛三本「宣」下有「王」字，是也。

089 詩云至於何有曰　閩、監本同。毛本「曰」作「者」，是也。

090 如有我用我者　上「我」字衍。閩本「有」下空一格，是亦以爲衍而剜去之也。監、毛本無上「我」字，不空格。

* 必先有事於郊宮　補案，明監、毛本並從禮記作「頖宮」。

02a—091 註云哿可也　此上脱「正義曰」三字，閩、監、毛本「註」字作陰文。監本「註」字上加圍，非也。

校記

❶ 出文「王問古今」，南昌本删「王」字。

❷ 「是」上，南昌本增「用」字。

❸ 無，南昌本誤作「何」。

孟子注疏校勘記卷二下

02b—001 章指言：君臣上下各勤其任，無墮其職，乃安其身也。

* 有士師卿士　補，明監本同，毛本同。案，「卿」當作「鄉」，今改正。

002 王無以名也　閩、監本同。廖本、孔本、韓本、考文古本「名」作「知」。毛本「王」作「我」，「也」作「之」，毛本誤也。

003 而詳審之　閩、監、毛三本同。宋本、廖本、孔本、韓本、考文古本無此四字。

004 疏戚相踰　閩、監、毛三本同。廖本、孔本、韓本、考文古本、足利本「疏戚」作「親疏」。

005 豈可不慎歟　閩、監、毛三本同。廖本、孔本、韓本、考文古本作「豈可不重慎之」。

006 謂選乃臣隣比周之譽　十行本「乃」字、「隣」字糢糊，閩、監、毛三本如此。廖本、孔本、韓本、考文古本「乃」作「大」，「隣」作「防」，音義出「防比」。

007 核其鄉原之徒　閩、監、毛三本「原」誤「愿」。廖本、孔本、韓本、考文古本無「其」字。

008 論曰　閩、監、毛三本同。孔本、韓本、考文古本作「論語曰」。

009 以毀忠正也　閩、監、毛三本同。宋本、岳本、廖本、孔本、韓本、足利本無「也」字。考文古本作「以毀忠臣」。

010 章指言：人君進賢退惡，翔而後集，有世賢臣，稱曰舊國，則四方瞻仰之，以爲則矣。

011 未聞弑君也　石經、孔本、韓本、閩、監、毛三本同。足利本「君」上有「其」字，非也。

012 不聞弑君也　閩、監、毛三本同。孔本、韓本、考文古本、足利本「君」上有「其」字。

013 章指言：孟子云孔本、韓本「云」作「言」。紂以崇惡失其尊名，不得以君臣論之，欲以深寤齊王，垂戒於後也。

* 主工匠之吏補，此本誤重「吏」字，明監本、毛本不誤。

014 將以比喻之也　閩、監、毛三本同。廖本、孔本、韓本、考文古本「比」作「此」。

015 先王之道　閩、監、毛三本同。廖本、孔本、韓本、考文古本「道」作「正法」。

016 此如何也　閩、監、毛三本同。廖本、孔本、韓本、考文古本作「此何如也」。

017 二十兩爲鎰　按，經注中「鎰」字皆俗字也，當依儀禮喪服作「溢」。溢之言滿也，滿於十六兩爲一斤之外也。鄭注二十兩爲溢，趙同，若國語注二十四兩爲鎰，此別一説，僞疏不了。

018 是爲教玉人治玉也　閩、監、毛三本，孔本、韓本同。足利本無「也」字。

019 則玉不得美好　閩、監、毛三本，孔本、韓本同。足利本「玉」下有「人」字，非也。

020 則何由能治乎　閩、監、毛三本同。廖本、孔本、韓本、考文古本「治」下有「者」字。

021 章指言：任賢使能，不違其學，則功成而不墮。屈人之是，從己之非，則人不成道，玉不成圭，善惡之致，孔本「致」下有「何」字，是也。可不七經孟子考文作「不可」，非。察哉。

* 以曰且舍汝所學　「以」字明監本作「而」，毛本作「則」，毛本是也。

022 朝一鎰米　閩本同。監、毛本「米」誤「朱」。按，儀禮「鎰」作「溢」。

023 樂師未奔　廖本、孔本、韓本、監本同。閩、毛二本「奔」作「犇」，下同。

024 故未取之也　閩、監、毛三本、孔本同。宋本、廖本、韓本、考文古本無「也」字。

025 奔走而去矣　閩、監、毛三本，足利本、孔本同。韓本、考文古本無「走」字。

026 殷民喜悦之則取之而已　閩、監、毛三本同。宋本「悦之」下有「時」字。廖本「則」下有「可」字，無「而已」二字。孔本、韓本、考文古本作「殷民喜悦之時則可取之」。

027 章指言：征伐之道，當順民心，民心悦則天意得，天意得考文古本不疊此三字。然後乃可以取人之國也。

028 司比干觀其心　閩、監、毛三本「司」作「刳」。按，「刳」字是。

029 救燕伐齊　閩、監、毛三本同。廖本、孔本、韓本、考文古本、足利本作「伐齊救燕」。

030 向也　閩、監、毛三本同。宋本、孔本、韓本、考文古本「向」作「嚮」，下同。　✕

031 東向征西夷怨王　閩本同。廖本、孔本、韓本、監、毛本「王」作「者」。考文云「古本『怨』下有『者』字」，則衍一「王」字矣，非也。

032 則我蘇息而已　閩、監、毛三本，足利本同。宋本、廖本、孔本、韓本、考文古本「而已」作「也」。

033 拯所也　宋本、廖本、孔本、韓本、考文古本「所」作「濟」。閩、監、毛三本「所」作「捄」。○按，「所」誤字。

034 老耄也　閩、監、毛三本，孔本、韓本同。廖本

「耄」作「旄」。

035 弱小倪倪者也　閩、監、毛三本同。孔本、韓本「倪倪」作「緊倪」。案，音義出「緊」字，「旄倪」下云：「詳注意，倪謂緊倪，小兒也。」與今孔、韓本合。○按，依説文、釋名作「緊婗」，禮記襍記注作「鷖彌」，此本作「倪倪」者，誤也。

036 而止之也　閩、監、毛三本，孔本、韓本同。廖本作「亡」，形近而僞。❶

037 章指言：伐惡養善，無貪其富，以小王大，考文古本「王」作「至」。足利本作「以大王小」。夫將何懼也。

038 至猶可及士也　士，「止」之誤，閩、監、毛三本不誤。

* 而望雲霓如霓　補，毛本「如霓」作「似多」。

039 如之何可也　閩本同。監、毛本「何」下有「其」字。

040 至蘇也　閩本同。監、毛本「也」改「息」。

041 軍帥也　音義本、廖本、孔本、韓本、閩本、考文古本、足利本「帥」作「率」。按，率、帥字通。監、毛二本作「師」則誤矣。

042 而問其罰當謂何則可也　閩、監、毛三本同。宋本、孔本、韓本、考文古本無「則可」二字。足利本無「則」、「也」二字。

043 章指言：上惜孔本、韓本、考文古本作「恤」。其下，下赴其難，惡出乎孔本、韓本、考文古本作「於」。己，害及其身，如影響自然也。

044 二國之間　閩、監、毛三本同。宋本、廖本、孔本、韓本、考文古本無「二國」二字。

045 皆不由禮義　閩、監、毛三本同。廖本、孔本、韓本、考文古本無「義」字。

046 則有一謀焉　閩、監、毛三本同。廖本、孔本、韓本無「則」字。

047 惟施德義以養民　廖本、孔本、韓本、考文古本同。閩、監、毛三本「惟」誤「雖」。

048 則是可以爲也　閩、監、毛三本同。宋本、孔本、韓本、考文古本作「則可爲矣」。廖本「也」作「矣」。足利本作「則可以爲矣」。

049 章指言：事無禮之國，不若得民心，與之守死善道也。

050 擇而居之焉　閩、監、毛三本同。廖本、孔本、韓本、考文古本無「焉」字。

051 困於强暴　閩、監、毛三本同。廖本、孔本、韓本「强」作「彊」。

052 後世乃有王者　閩、監、毛三本同。廖本、孔本、韓本、考文古本「乃」下有「可」字。

053 强爲善而已矣　宋本、岳本、廖本、孔本同。石經、閩、監、毛三本，韓本「强」作「彊」。

054 君子創業垂統　閩、監、毛三本同。宋本、孔本、韓本、考文古本「創」作「造」。

055 成功乃天助之也　閩、監、毛三本，孔本同。韓本、足利本無「之」字。

056 以遺後世而已矣　閩、監、毛三本同。廖本、孔本、韓本、考文古本「而已矣」作「也」。

057 章指言：君子之道，正己任天，考文古本作「在天」。强暴之來，非己所招，謂窮則獨善其身者也。

058 繒帛之貨也　閩、監、毛三本，孔本同。韓本、足利本無「也」字。

059 而去之矣　閩、監、毛三本同。宋本、廖本、孔本、韓本、考文古本無「矣」字。

060 若將有得也　閩、監、毛三本，孔本同。韓本作「若將有所得也」。考文古本作「若將有有得也」，複「有」字，非。

061 章指言：大王去邠，權也。效死而守業，義也。義權不並，故曰擇而處之也。

062 非己身所能爲專也　閩、監、毛三本「專」作「者」。按，注云「非己身所能專爲」，則「專」字是也。

063 樂正姓也　閩、監、毛三本同。宋本、岳本、廖本、孔本、韓本、考文古本無「也」字。

064 不便見孟軻也　閩、監、毛三本同。宋本、廖本、孔本、韓本、考文古本無「也」字。

065 前以士後以大夫禮　閩、監、毛三本同。廖本、孔本、韓本作「前者以士禮後者以大夫禮」。考文古本「士」下有「禮」字。

066 曰否　石經、閩、監、毛三本，孔本、韓本同。音義出「曰否」云：「本亦作『不』。」○按，古「不」、「否」不同字，後人一之。

067 嬖人有臧倉者沮君　石經，閩、監、毛三本，孔本、韓本同。音義出「沮」字云：「本亦作『阻』。」❷

068 止或尼之　石經、閩、監、毛三本，孔本、韓本同。音義出「尼之」云：「郭璞注爾雅引孟子作此字，丁本作『㞑』，云『居』字。」

069 非人所能也　閩、監、毛三本，孔本、韓本同。岳本「能」下有「爲」字。

070 臧氏小子　廖本、孔本、韓本、足利本作「臧倉小人」。閩、監、毛三本作「臧氏之子」。考文古本作「臧倉小子」。

071 章指言：讒邪構賢，賢者歸天不尤人也。

＊以先往見於一匹之夫夫　補案，下云「則一匹之賤夫」，此二「夫」字，上「夫」字當爲「賤」之譌。

＊案禮記有正子春　補案，「正」上當有「樂」字。

02b—072

凡衾皆五幅　閩、監二本同。毛本「五」作「三」。

校記

❶ 僞，南昌本作「譌」。

❷ 校記中「沮」字，南昌本作「但」。按，孟子音義出文作「沮」，則南昌本誤。

孟子注疏校勘記卷三上

03a—001 公孫丑者　自此至「故以題篇」，廖本無。閩、監、毛三本，孔本、韓本有。

002 謂不率齊桓公　閩、監、毛三本同。廖本、孔本、韓本、考文古本「率」作「帥」。按，音義出「不帥」，注云「音率」，則作「帥」是也。

003 恥見比之之甚也　閩、監、毛三本同。孔本、韓本無一「之」字。❶

004 尚不可以爲邪　閩、監、毛三本，孔本同。韓本、考文古本無「以」字。

005 何謂若易然也　閩、監、毛三本同。孔本「若」作「王」。韓本、考文古本「謂」下有「王」字。

006 聖賢之君六七興　閩、監、毛三本同。岳本、孔本、韓本「聖賢」作「賢聖」。

007 言其易也　閩、監、毛三本同。廖本、孔本、韓本、考文古本無「其」字。

008 相與輔相之　各本同。音義出「輔相」云：丁本作「押」，義與「夾」同。

009 雖有鎡基　音義出「鎡基」云：「或作『兹』。」

* 三豊時也　補案，明監本、毛本並作「三農」，是也。此本作「豊」，形近之譌。

010 今齊地士民以足矣　「士」當作「土」，閩、監、毛三本不誤。廖本、考文古本「民」下有「人」字。孔本、韓本與廖本同，「以」作「已」。❷

011 章指言：德流之速，過於置郵。君子得時，大行其道。是以呂望覲文王而陳王圖，管、晏足利本作「嬰」，非。雖勤，猶爲曾西所羞也。

012 猶爲魯西所羞也　閩、監、毛三本「魯」改「曾」，是。❸

013 指孫丑而云也　閩本同。監、毛本「孫」上有「公」字。按，此及下章疏稱公孫丑爲「孫丑」，不一而足，當是僞疏本文如此，非脱字也。監、毛本每加「公」字，非。❹

014 其王者不作　「其」當作「且」，閩、監、毛三本不誤。

015 註曾西曾子之孫及子路　此下脱一「○」。

016 雖用此臣位　各本並同。足利本「臣」作「巨」，非。❺

017 輔君行之　閩、監、毛三本同。岳本、廖本、孔本、韓本、考文古本上有「而」字。

018 人當畏懼之　孔本、韓本同。閩、監、毛三本「畏」作「恐」。

019 夫子志意堅勇　岳本、廖本、孔本、韓本、考文古本同。閩、監、毛三本「意」作「氣」。

020 丑問不動心之道云何　閩、監、毛三本，孔本、韓本、足利本同。考文古本無「心」字。

021 不膚橈　宋九經本、岳本、廖本、孔本、韓本同。閩、監、毛三本「橈」作「撓」。按，音義出「橈」字，作「撓」非也。

022 思以一豪挫於人　宋九經本、岳本、咸淳衢州本、孔本、韓本同。閩、監、毛三本「豪」作「毫」，非。

023 言所養育勇氣如是也　閩、監、毛三本同。廖本、孔本、韓本、考文古本無「也」字。

024 孟姓舍名　閩、監、毛三本同。廖本、孔本、韓本、考文古本下有「也」字。

025 舍豈能爲必勝哉　閩、監、毛三本同。廖本、孔本、韓本、考文古本無「舍」字。

026 要不恐懼而已也　閩、監、毛三本，孔本同。韓本、足利本「也」作「矣」。 ×

027 吾不惴焉　音義：「之睡切，丁本作『遄』，音揣。」

028 詩云惴惴其慄　閩、監、毛三本同。孔本、韓本、考文古本「慄」作「栗」。○按，說文無「慄」字，作「栗」是也。

029 不復取其心有善也　廖本、孔本、韓本、考文古本同。閩、監、毛三本「也」作「已」，非。

030 氣之帥也　音義出「之帥」云：「本亦作『師』。」○按，據干祿字書，唐人「帥」字多作「師」，乃俗字也，既又譌「師」。❻

031 氣爲其次焉　閩、監、毛三本同。廖本、孔本、韓本、考文古本無「焉」字。

032 故志氣顛倒　音義出「顛倒」云：「字或作『傎』。」

033 則志氣之相動也　閩、監、毛三本，孔本、韓本同。廖本、足利本無「也」字。

034 治於神明　閩、監、毛三本同。廖本、孔本、韓本、考文古本「治」作「洽」，是也。足利本作「合」。

* 布旅德教　監、毛本俱作「布施」。

035 道無形而生於有形　閩、監、毛三本同。廖本、孔本、考文古本「道」下有「謂陰陽大道」五字，無「於」字。韓本與廖本同，「大」作「天」。足利本亦與廖本同，「生有形」作「生於形」，非。○按，有「謂陰陽大道」五字，無「於」字者是也。漢人皆以陰陽五行爲天道，易曰「一陰一陽之謂道」，趙氏用此語，「以無形生有形」者也。

036 稟授群生者也　孔本、韓本、考文古本同。閩、監、毛三本「授」作「受」。○按，「授」是。

037 言能養道氣　閩、監、毛三本同。岳本、廖本、孔本、韓本、考文古本「道」上有「此」字。

038 若人之餒餓也　各本同。足利本「餓」作「饑」。

039 故爲義也　閩、監、毛三本同。岳本、廖本、孔本、韓本、考文古本「義」上有「仁」字。

040 而亦勿汲汲　閩、監、毛三本同。孔本、韓本、足利本無「而」字。

041 以喻人之情邀福者　閩、監、毛三本同。廖本「者」作「也」。孔本「之」作「助」，「者」作「也」。韓本、足利本「之」作「助」。

042 天下人行善者　閩、監、毛三本同。廖本、孔本、韓本、考文古本無「者」字。

043 其遲福欲急得之者　閩、監、毛三本同。廖本、孔本、韓本、考文古本「遲」作「邀」。○按，「遲」是也，讀如「遲客」之「遲」。

044 由此揠苗人也　閩、監、毛三本同。廖本、孔本、韓本、考文古本「人」上有「之」字。

045 乃反害之　閩、監、毛三本同。孔本、韓本「乃」作「而」。

046 常恐其行義　各本同。考文古本「行」作「作」。

047 急求其福　閩、監、毛三本同。岳本、孔本、韓本「急」下有「欲」字。

048 亦若此揠苗者矣　閩、監、毛三本同。孔本、韓本、考文古本無此七字。按，考文引「矣」作「也」，非。

049 丑問知言之意何謂　閩、監、毛三本同。孔本、韓本、考文古本「何謂」作「謂何」。

050 若賓孟言雄雞自斷其尾之事　閩、監、毛三本，孔本同。韓本、足利本無「之」字。又足利本「孟」下有「子」字，非。

051 若驪姬勸晉獻公與申生之事　閩、監、毛三本同。廖本、孔本、考文古本「驪」作「麗」，「之事」作「政」。韓本「驪」作「麗」。足利本「事」作「政」。按，音義出「麗姬」字，則宣公所見本亦作「麗」。

052 能知欲　閩、監、毛三本同。孔本、韓本、考文古本「欲」上有「其」字。×

053 勸仲壬賜環之事　閩、監本同。孔本、韓本、考文古本「壬」作「任」。毛本「勸」誤「觀」。

054 能知其所趨也　閩、監、毛三本同。廖本、孔本、韓本、考文古本「趨」下有「者」字。

055 必妨害仁政　監本「妨」誤「防」。×

056 辭言教命　閩、監、毛三本同。孔本作「言辭命教」。韓本作「言辭教命」。考文古本作「辭言命教」。

057 夫子既聖矣　各本同。足利本下有「乎」字，非。❼

058 曰伯夷伊尹何如　盧文弨抱經堂文集云：「依趙注，經文但云伯夷何如，無『伊尹』二字。」○按，此説極確，趙注本憭然。丑問伯夷一人，孟子乃及伊尹。

059 故謂之非其民也　閩、監、毛三本，孔本同。韓本、考文古本無「之」字。

060 要欲爲天理物　廖本、孔本、韓本、考文古本同。閩、監、毛三本「要」誤「更」。

061 冀得行道而已矣　各本同。考文古本「矣」作「也」。

062 亦不至阿其所好　各本同。考文古本「阿」誤「於」。

063 如使當堯舜之世觀於制度　閩、監、毛三本，足利本同。廖本、孔本、韓本、考文古本「世」作「處」，無「觀於制度」四字。○按，無者是。

064 未有能備若孔子也　閩、監、毛三本，孔本同。韓本、考文古本無「有」字。

065 泰山之於丘垤　咸淳衢州本「泰」作「太」。

066 未有盛於孔子也　各本同。閩本「也」上衍「者」字。

067 所以以異於伯夷伊尹也　閩本同。監、毛本少一「以」字。廖本上有「則」字。孔本、韓本、考文古本、足利本「所以以」作「則所以」。

068 但不以無爲有耳　閩、監、毛三本，孔本同。韓本、考文古本無「耳」字。

069 章指言：義以行勇，則不動心。養氣順道，無效宋人。聖人量時，賢者道偏，足利本作「徧」。是以孟子究言情理，而歸之學孔子也。

070 未有盛於孔子也　閩本同。監、毛本「也」上有「者」字，非。×

071 賢者道偏　閩、監本同。毛本「偏」作「徧」，非。

072 然則氣爲所適善惡之馬　閩、監、毛三本「馬」作「路」。

073 孫丑未曉孟子之言志氣　閩本同。監、毛本上有「公」字。×

074 孟子荅孫丑之問　閩本同。監、毛本上有「公」字。×

075 苗是種之義者　閩、監、毛三本「義」作「美」。

076 詖辭知其所陷　「陷」上脱「蔽淫辭知其所」六字，閩、監、毛三本不脱。

077 **此孟子又荅孫丑問知言之意也** 閩本同。監、毛本「孫」上有「公」字。 ×

078 **孟子非其所好之君** 「非」上脱「言」字，閩、監、毛三本不脱。

079 **是伊尹之如是也** 閩、監、毛三本「之」下有「行」字。案，閩本「行如是」三字擠，則「行」字是閩本增也。

080 **孟子言可以進而進而爲仕** 衍「進而」字，閩、監本同。毛本删去，是也。

081 **案帝王世説云** 閩、監、毛三本同。案，「説」當是「紀」之誤。

03a—082 **豎牛欲亂後** 閩本同。監、毛本「後」作「其室」。按，監本「其室」字擠，是監本據左傳改也。

* **而不見既自見矣** 明監、毛本同。案，「而」當「曰」譌，豎牛語也。

校記

❶ 無一，南昌本改作「不重」。

❷ 土，原作「上」。按，作「土」是。孟子經注各本及閩、監、毛本注疏注文皆作「土」。今據南昌本、學海堂本及孟子經注、注疏各本改正。

❸ 南昌本下增「今據改」三字。

❹ 校記後一「監毛本」，南昌本脱去「本」字。

❺ 校記中「巨」字，南昌本誤作「臣」。

❻ 干，南昌本誤作「千」。

❼ 南昌本出文末增「乎」字。又此條校記，南昌本改作：「各本無『乎』字。此本有『乎』字，非也，足利本同。」

孟子注疏校勘記卷三下

03b—001 足也　監本「足」誤「是」。

002 而往服就於人　閩、監、毛三本同。孔本、韓本、足利本「就」作「從」。

003 非心服者也　閩、監、毛三本同。廖本、孔本、韓本、考文古本無「者」字。

004 章指言：王者任德，霸者兼力。力服心服，優劣不同，故曰遠人不服，修文德以懷韓本、足利本作「來」。之。

005 譬猶惡濕而居卑下　音義本、廖本、考文古本「卑」作「埤」。閩、監、毛三本「猶」作「由」。孔本、韓本「猶」作「若」，「卑」作「埤」。

006 邠國鴟鴞之篇　孔本、韓本、考文古本同。閩、監、毛三本「國」改「風」，非。

007 猶尚知及天未陰雨　閩、監、毛三本同。廖本、孔本、韓本、考文古本無「猶」字。

008 人君能治國家　閩、監、毛三本同。孔本、韓本、考文古本「治」下有「其」字。

009 是爲不可活故若此之謂也　閩、監、毛三本同。廖本、孔本、韓本、考文古本無「故若此之謂」五字。○按，無者是。

010 章指言：國必修政，君必行仁，禍福由己，不專在天，言當防患於未亂也。

011 言國宓修政　宓，「必」之誤。閩、監、毛三本不誤。❶

012 詩邠國之篇　閩本同。監、毛本改爲「詩邠風鴟鴞之篇」，非。

013 殷王太甲至不可活也　閩本同。監、毛本無「也」字。×

014 放之於桐宮桐宮　閩本同。監、毛本删「桐宮」二字。

015 君有君人之言云　閩、監、毛三本「云」改「三」，是也。❷

016 萬人者稱傑　閩、監、毛三本，孔本、足利本同。韓本、考文古本上有「勝」字。

017 皆悦而願藏於其市矣　音義出「願藏」云：「或作『臧』，音藏。」

018 周禮載師　閩、監、毛三本，足利本「載」誤「戴」。孔本、韓本、考文古本不誤，下同。

019 七曰關市之征　閩、監、毛三本同。廖本、孔本、韓本、考文古本「征」作「賦」。❸

020 復古之征　閩、監、毛三本同。廖本、孔本、韓本、考文古本「之」作「去」。

021 不横税賦　各本同。考文古本「賦」作「則」，非也。

022 皆悦而願爲之氓矣　音義出「氓」字云：「或作『萌』，或作『甿』。」○按，作「萌」最古，漢人多用「萌」字，經典内「萌」多改「氓」、改「甿」，如説文引周禮「以興耡利萌」是也。

023 皆樂爲之氓矣　閩、監、毛三本同。孔本、韓本、考文古本「氓」作「民」。

024 氓者謂其民也　閩、監、毛三本同。廖本、孔本、韓本、考文古本無「者謂其」三字。○按，尋「謂」字，則經文當本作「萌」。

025 自生民以來　閩、監、毛三本，韓本同。孔本、考文古本「自」下有「有」字。按，石經此文漫漶，然細審之，此句是六字，當亦有「有」字也。

026 自生民以來　閩、監、毛三本同。孔本、韓本、考文古本無「自」字。

027 何能以此濟成其欲也　閩、監、毛三本同。廖本、孔本、韓本、考文古本「其」下有「所」字，「欲」下有「者」字。

028 天使之也　閩、監、毛三本同。廖本、孔本、韓本、考文古本無「之」字，是也。

029 章指言：修古之道，鄰國之民以爲父母；行今之政，自己之民不得而子。是故衆夫擾擾，非所常有，命曰天吏，明天所使也。

030 中有云此　閩本同。監本剜改「云此」作「此文」，毛本與監本同。

031 七曰關市之賦一曰邦中之賦　閩本同。監本於「關市之賦」下剜增「者太宰以九賦斂財賄」九字。毛本同監本。

032 非所以內交於孺子之父母也　音義出「內交」云：「本亦作『納』。」

033 未有知之小子　閩、監、毛三本同。廖本、孔本、韓本、考文古本無「之」字，下有「也」字。

034 暫見小孺子　閩、監、毛三本同。廖本、孔本、韓本、考文古本「小」下重「小」字。

035 情發於中　閩、監、毛三本同。廖本、孔本無「情」字。韓本、足利本「情」作「以」。

036 非爲人也　閩、監、毛三本同。岳本、廖本、孔本、韓本、考文古本「人」上有「其」字。

037 故爲之怵惕者而然也　閩、監、毛三本同。廖本、孔本、韓本、考文古本無「爲之」、「者而然」五字。足利本同古本，「也」上多一「矣」字。按，無五字者是。

038 無辭讓之心　石經下文「讓」諱作「遜」，此處模糊，亦似「遜」字。

039 演用　此云「演用」，下文注云「引用」，「引」即

「演」聲之誤也。說文曰：「演者，長流也。」

040 可引用之　閩、監、毛三本，孔本同。韓本、考文古本「之」作「也」。

041 謂君不能爲善　各本同。考文古本「君」作「其」，非。

042 知皆擴而充之矣　音義出「擴」云：「亦作『彉』。」

043 擴廓此　閩、監、毛三本同。廖本、孔本、韓本、考文古本「此」作「也」，是也，蓋形近之譌。

044 凡有四端　閩、監、毛三本，韓本同。岳本、廖本、孔本無「四」字。

045 若火泉之始微小　閩、監、毛三本同。廖本、孔本、韓本、考文古本、足利本「火泉」作「水火」。

046 章指言：人之行當內求諸己，以演大四端，充廣其道，上以匡君，下以榮身也。

047 所以非謂之非人也　上「非」字，閩、監、毛三本作「皆」，是。[4]

048 矢人惟恐不傷人　恐，閩本誤「豈」。

049 函甲也　閩、監、毛三本同。廖本、孔本、韓本「甲」作「鎧」，下作「甲」同。音義出「鎧」字。

050 作甲之人也　考文古本「甲」作「鎧」。

051 故治術　廖本、孔本、韓本、考文古本同。閩、監、毛三本「治」作「凡」，非。

052 又安得爲之智乎　閩、監、毛三本同。廖本、孔本、韓本、考文古本作「何得爲智乎」。

053 矢人而恥爲矢也　各本同。孔本上有「由」字。按，音義「由反手」下云：「下文『由弓人』、『由矢人』義同。」是音義本此文上有「由」字。

054 當反責己之仁恩有所未至也不怨勝己者　閩、監、毛三本同。廖本、孔本、韓本、考文古本作「當反責己仁恩之未至」。

055 章指言：各治其術，術有善惡，禍福之來，隨行而作，恥爲人役，不若居仁，治術之忌，足利本作「忘」，非。勿爲矢人也。足利本作「勿力矢也」，非。

056 禹拜善言　閩、監、毛三本同。音義本、廖本、孔本、韓本、考文古本「善」作「讜」，是也。○按，段玉裁曰：今文尚書「禹拜讜言」，古文尚書「禹拜昌言」。

057 虞帝也　閩、監、毛三本，孔本、韓本同。廖本、考文古本作「虞也」。按，當本作「虞舜也」，淺人或删「舜」，或改爲「帝」。❺

058 章指言：大聖之君，由采善於人，故曰計及下者無遺策，舉及衆者無廢功也。

059 舜從歷山及其陶漁者　閩本「從」下有「耕」字，無「者」字。監、毛本同閩本。

060 望望然　閩、監、毛三本同。廖本、孔本、韓本、足利本作「望望去之」。考文古本作「望望伐之」，後作「望望代之」，古本並非。

061 後乃歸於西伯也　閩、監、毛三本同。廖本、孔本、韓本、考文古本無「於」字。

062 遺佚而不怨　音義出「遺佚」云：「或作『迭』，或作『失』，皆音逸。」

063 阨窮而不憫　音義出「阨窮」云：「本亦作『厄』。」

064 雖袒裼裸裎於我側　音義：「裎」亦作「程」。○按，儀禮注作「程」。❻

065 憫懣云善己而已　閩、監、毛三本「云」作

「也」。廖本、孔本、韓本「懣」下有「也」字。考文稱古本「善己而已」，「善」上有「云」字，則與此本合。足利本作「其」，非。音義出「懣也」云：「本亦作『滿』。」

066 惡人何能污於我邪　閩、監、毛三本同。廖本、孔本、韓本、考文古本無「於」字，「邪」作「也」。

067 援而止之　音義云：「或作『正之』。」

068 由由浩浩之貌　閩、監、毛三本同。孔本、韓本、考文古本「浩浩」作「浩然」。

069 謂三黜　閩、監、毛三本同。廖本、孔本、韓本「黜」作「絀」，是。音義出「絀」字。

070 不慙去也　閩、監、毛三本同。孔本、韓本、考文古本無「也」字。

071 伯夷隘　音義：「或作『阸』，或作『阨』。」

072 無欲彈正之心　廖本、孔本、韓本、考文古本同。閩、監、毛三本「彈」誤「憚」。按，音義出「彈正」字。

073 孟子乃評之耳　閩、監、毛三本同。廖本、孔本、韓本無「耳」字。考文古本「評」作「平」，無「耳」字。

074 章指言：伯夷、柳下惠，古之大賢，猶有所闕，介者必偏，中和爲貴，純聖能然，君子所由，堯舜是尊。

075 孟子曰伯夷至君子不由也　閩本同。監、毛本「伯夷」下增「非其君」三字。

03b—076 柳下惠魯公族大夫　此上脱「注」字，閩、監本同。毛本增，是也。

校記

❶ 南昌本下增「今改正」三字。

❷南昌本下增「今改正」三字。

❸南昌本下有「是也」二字。

❹南昌本下增「今改正」三字。

❺虞帝也，南昌本「帝」改作「舜」。據校記所云並核閩、監、毛本注疏及孔、韓二本趙注，當以「帝」爲是。

❻校記後一「程」字，南昌本作「桯」。據儀禮士喪禮注及既夕禮注，作「桯」是。

孟子注疏校勘記卷四上

04a—001 旺相孤虛之屬也　閩、監、毛三本同。音義本、廖本、孔本、韓本、考文古本「旺」作「王」。

002 而破之走者　各本同。岳本「破」作「被」。

003 余焉能戰是也　閩、監、毛三本同。廖本、孔本、韓本、考文古本作「若是之類也」。

004 使懷德也　閩、監、毛三本同。廖本、孔本、韓本、考文古本「使」下有「民」字。

005 仗其道德而已矣　閩、監、毛三本同。廖本、孔本、韓本、考文古本作「仗道德也」。

006 寡助之至　音義：「『至』，或作『主』。」

007 章指言：民和爲貴，貴於天地，故曰得乎丘民爲天子　足利本作「天下」，非。也。

008 註得乎丘民而爲天子　按，此章指文也。浦鏜云「今脱，未知屬何節下」，非也。

009 孟子雖仕齊　閩、監、毛三本同。岳本、廖本、孔本、韓本「仕」下有「於」字。

010 使人往謂孟子　廖本、孔本、韓本、考文古本同。閩、監、毛三本「往」誤「來」。

011 有惡寒之疾　閩、監、毛三本同。廖本、孔本、韓本、考文古本「疾」作「病」。

012 欲力疾臨視朝　各本同。考文古本「力」作「助」，非。

013 故稱其有疾而拒之也　閩、監、毛三本同。廖本、孔本、韓本、考文古本無「其」字、「而拒之也」四字。

014 今日弔　閩、監本，孔本、韓本同。廖本、毛本「日」作「以」，形近之譌。考文引作「今以弔」，云「『今』下古本有『日』字，足利本同」，尤非。

015 從學於孟子者也　閩、監、毛三本同。廖本、孔本、韓本、考文古本無「從」字。

016 當必造朝也　廖本、孔本、韓本同。閩本「當」、「必」誤倒。監、毛本承閩本之誤。

017 而心不欲至朝　各本同。考文古本「心」作「必」。

018 具以語景丑氏耳　閩、監、毛三本同。廖本、考文古本「景丑」作「景子」，無「氏耳」二字。孔本、韓本作「且以語景子」。足利本作「且以語景子耳」。

019 君臣主敬　石經諱「敬」作「欽」，下並作「欽」。

020 景丑責孟子　廖本、孔本、韓本同。閩、監、毛三本「丑」作「子」。

021 今人皆謂王無知　閩、監、毛三本，孔本、韓本同。廖本、考文古本「皆」作「言」，誤。

022 豈有如我敬王者也　閩、監、毛三本同。廖本、孔本、韓本、考文古本「也」作「邪」，足利本作「耶」。

023 禮父召無諾無諾而不至也　各本同。考文古本無「無諾」二字。

024 我豈謂是君臣召呼之間乎　廖本、孔本、韓本同。閩、監、毛三本「召呼」誤倒。

025 曾子豈嘗言不義之事邪　孔本、韓本、考文古本同。閩、監、毛三本「嘗」誤「常」。

026 我臣輕於王乎　考文古本同。閩、監、毛三本，孔本、韓本、足利本「臣」作「豈」。按，「豈」是也。

027 桓公之於管仲　桓，石經諱，似作「威」。

028 烈之卑也 閩、監、毛三本同。廖本、孔本、韓本、考文古本上有「功」字。足利本「也」作「耳」。

029 可從而受教者也 閩、監、毛三本同。廖本、孔本、韓本、考文古本無「而」字、「也」字。

030 故非齊王之召己也是以不往而朝見於齊王也 閩、監、毛三本同。廖本、孔本、韓本、考文古本上「也」字作「已」，無「而朝見於齊王」六字。足利本與古本同，無上「也」字。

031 章指言：人君以尊德樂義爲賢，君子以守道不回爲志。

032 言晉楚二君之富 閩、監、毛三本「君」作「國」。

033 而晉楚富貴不足爲富貴也 閩、監、毛三本「爲」上有「以」字。

034 一鎰是爲二十四兩也故云兼金一百百鎰也 閩、監、毛三本同。廖本、考文古本此十八字作「鎰二十兩」四字。孔本、韓本作「鎰二十兩也」。足利本作「鎰二十四兩」。○按，作二十兩乃與「爲巨室」章合。

035 可鬻以作兵備 音義出「可鬻」云：「本或作『育』。」

036 安有君子而可以貨財見取之乎 閩、監、毛三本同。廖本、孔本、韓本、考文古本無「可」、「之」二字。

037 是其禮當其可也 閩、監、毛三本同。廖本、孔本、韓本、考文古本無此七字。

038 章指言：取與之道，必得其禮。於其可也，雖少不辭；義之無處，兼金不顧。

039 是則今日之受宋七十鎰爲非也如

今日之受宋七十鎰爲是　閩本同。監、毛本兩「七十鎰」下並有「受薛五十鎰」五字。

040 平陸齊之邑也　閩、監、毛三本同。廖本、孔本、韓本、考文古本「之」作「下」。

041 以昭果毅　閩、監、毛三本，足利本同。岳本、孔本、韓本「以」作「戎」，與左傳合。考文古本「以」上有「戒」字，非。

042 凶年饑歲　閩、監、毛三本，韓本同。石經、廖本、孔本「饑」作「飢」。

043 爲罪者也　閩、監、毛三本同。廖本、孔本、韓本、考文古本無「者」字。

044 爲王言孔距心語者也　閩、監、毛三本同。廖本、孔本、韓本、考文古本「言」下有「所與」二字。

045 故受其罪也　閩、監、毛三本同。廖本、孔本、韓本、考文古本無「也」字。

046 章指言：人臣以道事君，否則奉身以退。詩云「彼君子兮，不素餐兮」，言不尸其禄也。

* 他日距心自見於王　補案，「距心自」三字疑衍。

047 邑有先君之宗廟曰都至不素餐兮　閩本同。監、毛本删「至不素餐兮」五字。按，「不素餐兮」，章指文也，僞疏連解之，故出此文。

048 云彼君子兮不素餐兮者詩國風伐檀之篇文也箋云彼君子者斥伐檀之人仕有功者乃肯受禄毛氏云熟食曰餐箋云如魚餐之餐　閩本同。監、毛本删去。

049 無使罪麗於民　閩、監、毛三本同。岳本、廖本、孔本、韓本「無」作「毋」。音義出「毋使」。

按，作「無」非也。

050 孟子爲蚳鼃謀　廖本、閩本、孔本、韓本、考文古本、足利本同。監、毛本「謀」誤「諫」。

051 不用而去　閩、監、毛三本同。廖本、孔本、韓本、考文古本無「不用」二字。

052 不用而不去　閩、監、毛三本同。廖本、孔本、韓本無「不用」二字，「而」作「又」。考文古本與廖本同，「又」作「亦」。

053 孟子弟子也　閩、監、毛三本同。廖本、孔本、韓本、考文古本無「也」字。

054 諫諍之官也　閩、監、毛三本同。廖本、孔本、韓本「諍」作「争」。

055 皆當致仕而去　閩、監、毛三本，孔本、韓本同。廖本「仕」作「位」。

056 豈不綽綽然舒緩有餘裕乎　閩、監、毛三本同。廖本、孔本、韓本作「豈不綽綽」。❶

057 章指言：執職者劣，藉道者優，是以臧武仲雨行而不息，段干木偃寢而式閭。考文古本誤「問」。

058 ○註臧武仲段干木○正義曰按魯襄公二十二年左傳云臧武仲如晉雨過御叔御叔在其邑將飲酒曰焉用聖人我將飲酒而已雨行何以聖爲穆叔聞之曰不可使也杜預云御叔魯御邑大夫又武仲多知時人謂之聖云段干木偃寢而軾閭按史記魏世家云魏文侯受子貢經藝客段干木過其閭未嘗不軾也是矣　此僞疏釋章指文也，閩本同。監、毛本删去。

059 出弔於滕君　閩、監、毛三本同。廖本、孔本、韓本、考文古本無「於」字。

060 有寵於齊　閩、監、毛三本同。廖本、孔本、韓本、考文古本「齊」作「王」。

061 蓋言道不合者故不相與言所以有是而言之也已　閩本同。監、毛本，孔本、韓本、考文古本無此二十字。

04a—062 章指言：道不合者，不相與言。王驩之操，與孟子殊，君子處時，危言遜行，孔本、韓本、考文古本作「危行言遜」。故不尤之，但不與言。至於公行之喪，以禮爲解也。

校記

❶ 校記「綽綽」，南昌本、咸豐補刊本作「綽然」，道光初刻本與底本同。按，校勘記云廖本、孔本、韓本作「豈不綽綽」，然核之諸本，廖本與出文同，孔本、韓本此句作「豈不綽綽乎」，則校勘記諸本所云皆非。

孟子注疏校勘記卷四下

04a—001 孟子仕於齊　閩、監、毛三本、孔本、韓本同。廖本「仕」作「事」。案，事、士宋刻書往往通用。❶

002 而歸葬於魯也　閩、監、毛三本同。廖本、孔本、韓本無「而」、「也」二字。考文古本引「歸葬於魯也」，無「而」字。

003 棺椁七寸　閩、監、毛三本同。廖本、孔本、韓本、考文古本、足利本「椁」作「厚」，是也，此形近之譌。

004 然後盡於人心　閩、監、毛三本同。廖本、孔本、韓本、考文古本、足利本「盡」上有「能」字。

005 不然者言其不如是也　閩、監、毛三本同。廖本、孔本、韓本、考文古本作「然如是也」。

006 且無令土親膚　閩、監、毛三本同。廖本、孔本、韓本、考文古本「膚」上有「肌」字。

007 論語曰生事之以禮死葬之以禮可謂孝也已　閩、監、毛三本同。孔本、韓本、考文古本無十八字。案，此章指文也。

008 章指言：孝必盡心，匪禮之踰。論語曰：「生事之以禮，死葬之以禮，可謂孝矣。」

009 高以白布　閩本同。監、毛本「高」下有「衣」字。案，監本此處有剜改痕，是監本據禮記注增也。

010 沈同以其私問曰　音義：沈，或作「沉」，誤。

011 彼然而伐之也　閩、監、毛三本同。孔本、韓本、考文古本無「也」字。

012 便自往伐之矣　閩、監、毛三本同。廖本、孔本、韓本、考文古本無「矣」字。

013 我何爲勸齊國伐燕國乎　閩、監、毛三本同。廖本、孔本、韓本、考文古本作「我何爲當勸齊伐燕乎」。

014 章指言：誅不義者，必須聖賢，禮樂征伐自天子出，王考文古本作「天」。道之正也。

015 以其燕之雖有其罪　閩本同。監、毛本無「之」字。

016 陳賈齊大夫也問王曰自視何如周公仁智乎欲爲王解孟子意故曰王無患焉王歎曰是何言言周公何可及也　閩、監、毛三本同。廖本、孔本、韓本此注分二段，「陳賈」至「患焉」在經文「孰仁且智」下，「王歎」至「及也」在經文「是何言也」下。

017 周公使管叔監殷　石經「殷」諱作「商」，下同。

018 不知其將畔也　閩、監、毛三本，孔本同。廖本、韓本、考文古本無「也」字。

019 亦必不知其將畔　閩、監、毛三本同。岳本、廖本、孔本、韓本、考文古本「必不」作「不必」。

020 周公之此過謬　閩、監、毛三本同。廖本、孔本、韓本、考文古本「之」作「於」。

021 章指言：聖人親親，不文其過。小人順非，以諂其上也。

022 孟子致爲臣而歸　石經每章提行，此獨不提行，誤。

023 故喜之也　閩、監、毛三本同。廖本、孔本、韓本、考文古本無「之」字。

024 遂使寡人得相見否乎　閩、監、毛三本同。廖本、孔本、韓本無「乎」字。

025 孟子對王言不敢自請耳　閩、監、毛三本，孔本、韓本同。岳本、廖本「王」作「曰」。

026 王欲於國中而爲孟子築室　閩、監、毛三本同。廖本、孔本、韓本、考文古本「而」作「央」。

027 使教養一國君臣之子弟　閩、監、毛三本同。廖本、孔本、韓本「教養」作「養教」。

028 遠近均也　閩、監、毛三本同。廖本、孔本、韓本「均」作「鈞」。

029 陳臻也　閩、監、毛三本同。廖本、孔本、韓本、考文古本無「也」字。

030 距時子之言所以有是云也　閩、監、毛三本同。廖本、孔本、韓本、考文古本無「所以有是云」五字。

031 子叔心疑惑之亦以爲可就之矣　閩、監、毛三本同。廖本、孔本、韓本、考文古本無「惑之」二字，「之矣」作「也」。

032 古之爲市也　石經、閩、監、毛三本，韓本同。孔本「也」作「者」。

033 左右占視望　閩、監、毛三本同。廖本、孔本、韓本、考文古本無「視」字。足利本作「左右皆望」。

034 人皆賤其貪者也　閩、監、毛三本同。廖本、考文古本無「者」字。孔本、韓本、足利本無「者也」二字。

035 有關市之征也　閩、監、毛三本同。廖本、孔本、韓本「征」作「賦」。考文古本「征」作「税」。

036 章指言：君子正身行道，道之不行，命也。不爲利回，創業可繼，是以君子以龍斷之人爲惡戒也。

037 宿於晝　各本同。孔本、韓本「晝」作「畫」，注同。案，此當是采用舊説，不必有本子也。〇按，廣韻四十九「宥」，「晝」字下云：「又姓，晝邑大夫之後，因氏焉，出風俗通。」孟子「晝」字不當改爲「畫」字，孔繼涵所引高郵老儒黃彥利之説，但可存以參考。

038 有欲爲王留行者　閩本「爲」上衍「有」字。 ×

039 至晝地而宿也　閩、監、毛三本同。廖本、孔本、韓本、考文古本無「地」字。

040 追送見之　閩、監、毛三本，孔本、韓本、足利本同。考文古本「追」作「進」。

041 留孟子行　閩、監、毛三本同。廖本、孔本、韓本、考文古本「行」上有「之」字。

042 弟子齊宿而後敢言　音義出「齊宿」云：「字亦作『齋』。」

043 其身乃安矣　閩、監、毛三本同。廖本、孔本、韓本、考文古本「矣」作「也」。

044 章指言：惟賢能安賢，智能知微，以愚喻智，道之所以乖也。

045 淹久也　閩、監、毛三本，足利本同。廖本、孔本作「猶稽也」。韓本作「孰稽也」。考文古本作「熟稽也」。考文一本作「淹留」。

046 怪其孰久　韓本、考文古本同。廖本、孔本「孰」作「猶」，閩、監、毛三本作「淹」。

047 則不悦也　閩、監、毛三本同。廖本、孔本、韓本無「則」字。

048 孟子弟子　閩、監、毛三本同。廖本、孔本、韓本下有「也」字。 ×

049 夫尹士惡知予哉　此及下兩「予」字，毛本誤「子」。

050 有遠志也　閩、監、毛三本，孔本同。廖本、韓本、考文古本無「也」字。 ×

051 悻悻然見於其面　音義出「悻悻」云：「字或作『悻悻然』。」

052 我豈若狷狷急小丈夫　閩、監、毛三本同。岳本、廖本、孔本、韓本、考文古本不重「狷」字。○按，不重者是。

053 論曰　閩、監、毛三本同。廖本、孔本、韓本、考文古本作「論語曰」。○按，趙注多稱「論」。

054 故曰士誠小人也　閩、監、毛三本同。廖本、孔本、韓本、考文古本無此七字，無者是。

055 章指言：大德洋洋，介士察察。賢者志其大者，不賢者志其小者，此之謂也。

*夫子若不豫色然　補，諸本「若」下有「有」字。

056 顔色故不悦也　閩、監、毛三本同。廖本、孔本、韓本、考文古本無「故」字。

057 彼時前聖賢之出是其時也　閩、監、毛三本同。廖本、孔本、韓本、考文古本無「時」字，「其」作「有」。足利本無「之」字。

058 五百年王者興　閩、監、毛三本同。廖本、孔本、韓本、考文古本、足利本「年」下有「有」字。

059 正於一世者　閩、監、毛三本同。廖本、孔本、韓本、考文古本無「於」字。

060 是故知命者不憂不懼與天消息而已矣　閩、監、毛三本同。廖本、孔本、韓本、考文古本無此文。

061 章指言：聖賢興作，與天消息，天非人不因，人非天不成，是故知命者不憂不懼也。足利本無「者」字。

062 亦必名世大賢者　閩本「必」下剜增「有」字，監、毛本同。

063 不受其禄也　閩、監、毛三本，孔本同。廖本、韓本、考文古本無「其」字。

064 非古之道　閩、監、毛三本同。廖本、孔本、韓本、考文古本下有「也」字。

065 吾始見齊王　閩、監、毛三本，孔本、韓本同。✕ 廖本「見」上有「得」字。

066 見非太甚　閩、監、毛三本同。廖本、孔本、韓本「太」作「泰」。

067 故不復受其禄也　閩、監、毛三本同。廖本、孔本、韓本、考文古本無「其」字、「也」字。

04b—068 章指言：禄以食功，志以率事，無其事而食其禄，君子不由也。

校　記

❶ 士，道光初刻本同，南昌本、咸豐補刊本作「仕」。按，出文作「仕」，似當以「仕」爲是。

孟子注疏校勘記卷五上

05a—001 旻公於當時　閩、監、毛三本，孔本、韓本作「文公於當時」。宋本無「於當時」三字。

002 猶衛靈公問陳於孔子論語因以題篇　閩、監、毛三本，孔本、韓本同。宋本、考文古本作「若弟子之問師故以題篇」。

003 慈惠愛民曰　此下脱「文」字，閩本同，監、毛本增，是也。

004 考公麋　閩、監、毛三本同。廖本、孔本、韓本「麋」作「麋」。音義云「從禾」，作「麋」是也。考文古本「考公」作「孝公」，下同。

005 似後世避諱　孔本「似」作「以」。

006 不失仁義之道　義，毛本誤「養」。

007 故勉世子　閩、監、毛三本同。廖本、孔本、韓本、考文古本作「欲勸勉世子也」。

008 天下之道一而已矣　閩、監、毛三本同。廖本作「夫天下之道一言已矣」。孔本、韓本作「夫天下之道一言而已」。考文古本、足利本「一而已矣」作「一言而已」。

009 復何疑邪　閩、監、毛三本同。廖本、孔本、韓本、考文古本「邪」作「也」。

010 同丈夫　閩、監、毛三本同。宋本、孔本、韓本、考文古本下有「耳」字。

011 何爲畏彼之哉　閩本同。監、毛本，考文古本作「我何爲畏之哉」。孔本、韓本無「彼」字。

012 言欲有爲　閩、監、毛三本同。孔本、韓本、考文古本「爲」上有「所」字。

013 可得大五十里　廖本、孔本、韓本、考文古本同。閩、監、毛三本「大」誤「夫」。

014 若藥不瞑眩　音義云：「又作『眠眴』。」

015 瞑眩憒亂　音義云：「瞑，或作『慎』。」

016 乃得瘳愈　閩、監、毛三本同。廖本、孔本、韓本、考文古本下有「也」字。

017 德惠乃洽也　閩、監、毛三本同。孔本、韓本無「也」字。足利本「洽」作「治」，非。

018 章指言：人韓本「人」下有「主」字。當上則聖人，秉仁行義，高山景行，庶幾不倦。論語曰「力行近仁」，蓋不虛云。

019 言人上當則聖人　閩本同。監、毛本「上」作「主」。案，此約章指文，「上當」當作「當上」，監本剜改作「主」，非也。❶

020 齋疏之服　閩、監、毛三本，孔本「齋」作「齊」，韓本作「齌」。案，音義出「齌疏」，作「齌」，采用音義也。○按，作「齊」者，經典假借字也。作「齌」者，正字也。作「齋」者，「齌」之誤。

021 三代以事　閩、監、毛三本「事」作「前」。廖本、孔本、韓本、考文古本、足利本「事」作「來」。

022 齊衰也　閩、監、毛三本，孔本、韓本同。考文古本「衰」作「縗」。案，音義出「縗」字云：「或作『衰』。」

023 糜粥也　閩、監、毛三本同。宋本、孔本、韓本「糜」作「⿸麻食」。音義出「⿸麻食」字云：「字亦作『⿸麻食』。」案，「⿸麻食」字大誤。

024 滕文同姓異姓諸臣也　閩、監、毛三本同。宋本、孔本、韓本、考文古本「文」作「之」。

025 且志曰　此與左傳「且諺曰：匪宅是卜，惟鄰是卜」文法正同，依趙注，疑「且」字下奪「曰」字，左傳亦然。

026 言我轉有所受之　閩、監、毛三本同。宋本、孔本、韓本、考文古本「受」上有「承」字。廖本「承」作「丞」。

027 故曰吾有所受　閩、監、毛三本下有「也」字。廖本、孔本、韓本、考文古本無此句，無者是。

028 使其信我也　閩、監、毛三本同。宋本、岳本、孔本、韓本、考文古本無「其」字。

029 以君先哀之也　閩、監、毛三本同。宋本、孔本、韓本、考文古本「之」作「故」。浦鏜云「率」誤「哀」，非也。

030 草上之風　閩、監、毛三本同。石經、廖本、孔本、韓本「上」作「尚」。

031 大悦其孝行之高美也已　閩、監、毛三本同。廖本、孔本、韓本、考文古本無「已」字。

032 章指言：事莫當於奉禮，孝莫大於哀慟，從善如流，文公之謂也。

033 魯國商姓　商，「同」之誤。閩、監、毛三本不誤。

034 鄭書之屬也　閩、監、毛三本「書」作「志」。

035 父大喪記云　父，「又」之誤。閩、監、毛三本不誤。「大喪」當作「喪大」。

036 詩云　石經、孔本、韓本同。閩本「云」誤「曰」，監、毛本承其誤。

037 晝爾于茅　音義：「張云，或作『苗』，誤也。」○按，士相見禮「在野則曰草茅之臣」注：「古文『茅』作『苗』。」是茅、苗古通用，張説非也。茅山古曰苗山，魏有苗茨之碑，即茅茨之碑。

038 有恒産者有恒心　石經「恒」諱作「常」，下同。

039 放邪侈　「放」下脱「僻」字，閩、監、毛三本不脱。宋本、孔本、韓本「僻」作「辟」。侈，音義：「張云，諸

本作『移』，誤也。」案，作「移」者別是一本，非誤也，説見前。❷

040 **是罔民也**　音義：「張云，罔，或作『司』，誤也。」案，作「司」者，「司」即今之「伺」字。

041 **不過十一之制也**　「十」字，此本糢糊，閩、監、毛三本如此。宋本、孔本、韓本、考文古本「十」作「什」。

042 **殷人七十而助**　石經「殷」諱作「商」，下同。

043 **徹猶取人徹取物也**　閩、監、毛三本同。岳本、宋本、廖本、孔本、韓本、考文古本無上「取」字，無者是。

044 **故謂之莫不善於貢也**　閩、監、毛三本同。廖本、孔本、韓本、足利本無「於貢」二字。

045 **而反以常數少取之**　閩、監、毛三本，孔本、韓本同。廖本、考文古本、足利本「數」作「類」。

046 **民人糞其田**　閩、監、毛三本同。宋本、孔本、韓本、考文古本「糞」下有「治」字。

047 **與民同之也**　閩、監、毛三本，孔本同。廖本、韓本、考文古本無「之」字。

048 **使民盻盻然**　音義：「丁作『肸』。」〇按，「盻」字見説文，云：「恨視皃。」但趙注以「勤苦不休息」爲訓，趙作「肸」，不作「盻」也。説文：「肸，蠁布也。」「佾，振也。」肸、佾古通用，肸肸猶屑屑，方言曰：「屑屑，不安也。」

049 **至使老少轉尸溝壑**　閩、監、毛三本同。宋本「少」作「小」，「尸」作「乎」。岳本、孔本、韓本「少」作「小」。足利本「尸」下有「乎」字。

050 **其子雖未任居官**　閩、監、毛三本，韓本同。孔本、考文古本「任」作「士」。音義出「未任」，音壬，作「任」是也。

051 **得世食其父禄**　閩、監、毛三本，孔本、韓本同。宋本「得」作「則」。

052 猶殷人助者　宋本、孔本、考文古本、足利本同。閩、監、毛三本，韓本「猶」作「惟」。案，「猶」當「獨」字之誤。閩本改爲「惟」，非也。

053 知雖周家之時亦有助之之制也　閩、監、毛三本同。宋本、岳本「亦有助之之制也」作「亦助也」。孔本、韓本、足利本作「知雖周家時亦助也」，考文古本「之時」、「之制」無「之」字。

054 謂其常事有序者也　閩、監、毛三本同。宋本、孔本、韓本、足利本作「謂常事所序也」。考文古本無「其」字，「有」作「所」。

055 其命惟新　石經、宋九經本、岳本、咸淳衢州本、廖本、孔本、韓本同。閩、監、毛三本「惟」作「維」。

* 詩大雅文文王之篇　補，此本誤重「文」字。

056 井地不鈞　石經、岳本、咸淳衢州本、廖本、孔本、韓本、考文古本、足利本同。閩、監、毛三本「鈞」作「均」。

057 勿慢鄰國　此本「慢」字模糊，閩、監、毛三本如此。廖本、孔本、韓本、考文古本作「侵」。案，「侵」是也。

058 小司徒云　此本「云」字模糊，閩、監、毛三本如此。孔本、韓本、考文古本作「曰」。

* 而井其田野　補案，「井」下應有「牧」字。

059 不正也　閩、監、毛三本同。廖本、孔本、韓本、考文古本作「不正本也」。

060 時行重法賦　閩、監、毛三本同。宋本、孔本、韓本、考文古本無「法」字。

061 以寬之也　閩、監、毛三本同。岳本、孔本、韓本、考文古本無「也」字。

062 所以供祭祀也　閩、監、毛三本同。岳本、孔本、韓本、考文古本無「也」字。

063 上田　宋本、考文古本同。閩、監、毛三本，孔本、韓本「上」作「士」。

064 其餘老小　廖本、孔本、韓本同。閩、監、毛三本「小」作「少」。

065 亦如上中下之制也　宋本、孔本、韓本同。閩、監、毛三本「制」誤「等」。

066 皆不當征賦也　此本「當」字模糊，閩、監、毛三本如此。廖本、孔本、韓本、考文古本作「出」。

067 時無圭田餘夫　時，宋本作「詩」，誤也。

068 謂受土易居也肥磽也　上「也」字模糊，閩、監、毛三本如此。廖本、孔本、韓本「受」作「爰」，上「也」作「平」。考文古本上「也」作「平」。○按，作「爰」、作「平」是。爰土即國語之「轅田」。賈侍中云：「轅，易也，爲易田之法。」左傳作「爰田」。食貨志曰：「三歲更耕之，自爰其處。」公羊傳注曰：「三年一換土易居。」然則「爰」者，換也。「平肥磽」者，謂一易之地，家百畝，再易之地，家二百畝，三易之地，家三百畝，無偏枯不均也。

069 助察姦惡也　閩、監、毛三本同。廖本、孔本、韓本、考文古本無「惡」字。

070 和睦也　閩、監、毛三本同。廖本、孔本、韓本、考文古本作「睦和也」，爲是。

071 地爲一井　閩、監、毛三本同。廖本、孔本、韓本、考文古本無「地」字。

072 以爲廬井宅園圃家一畝半也　閩、監、毛三本同。廖本、孔本、韓本、考文古本無「井」字，「一」作「二」。○按，無「井」字非也。穀梁傳曰：「古者公田爲居，井竈蔥韭取焉。」「一」作「二」，是也。此二畝半合城保二畝半，是爲五畝之宅。

073 別於士伍者也　閩、監、毛三本，孔本同。韓本、考文古本「伍」作「位」。

074 其井田之大要如是也　閩、監、毛三本同。廖本、孔本、韓本、考文古本無「也」字。✕

075 章指言：尊賢師，知采人之善，足利本作「言」，非。善之至也。韓本脱此四字。修學校，勸禮義，勑民事，正經界，鈞孔本、韓本作「均」。井田，賦什一，則爲國之大本也。

076 子必勉　下脱「之」字，閩、監、毛三本不脱。

077 穀禄不平者　閩、監、毛三本無「者」字。✕

078 蓋目至在君與子矣　閩、監、毛三本「蓋目」作「而以」。❸

079 而未有天命　閩、監、毛三本「未」作「永」。

05a—080 四曰儒以道得民八曰友以任得民　「八曰」上脱「五曰宗以族得民，六曰主以利得民，七曰吏以治得民」三句，閩、監、毛三本不脱。

校記

❶ 南昌本無「也」字。

❷ 『放』下脱『僻』字」下，南昌本增「今補正」三字。

❸ 南昌本下增「今據改」三字。

孟子注疏校勘記卷五下

05b—001 炎帝神農氏　閩、監、毛三本同。廖本、孔本、韓本、考文古本下有「也」字。

002 野人也　閩、監、毛三本同。廖本、孔本、韓本、考文古本作「野人之稱」。

003 捆屨　音義云：「張作『裍』。」

004 猶叩椓也　椓，从木，各本从手，誤。

005 以供飲食也　閩、監、毛三本同。廖本、孔本、韓本「飲食」作「食飲」。

006 當與民並耕　廖本「當」作「常」。

007 兼治民事耳　此本「民」字模糊，閩、監、毛三本，孔本、韓本如此，廖本、考文古本作「政」。

008 故道若此者也　閩、監、毛三本同。廖本、孔本、韓本、考文古本無「者」字。

009 許子必織布然後衣乎　石經、廖本、孔本、閩本同。監、毛本，韓本「然」誤「而」。

010 若今馬衣也　閩、監、毛三本同。廖本、孔本、韓本、考文古本「也」上有「者」字。

011 孟子問相冠乎　閩、監、毛三本同。廖本、孔本、韓本、考文古本無「冠乎」二字。

012 曰自織之與　廖本、孔本、韓本此下有「孟子曰許子自織素與」注文九字，此本及閩、監、毛三本並脱。

013 孟子曰許子自織素乎　閩、監、毛三本同。廖本、孔本、韓本、考文古本「自」上有「何爲不」三字。○按，有者是也。

014 織紡害於耕　閩、監、毛三本，孔本、韓本同。

廖本「紡」作「妨」。

015 陶冶亦以械器易粟者　諸本同，一本「冶」誤「治」。

016 紛紛而爲之煩也　閩、監、毛三本同。廖本、孔本、韓本、考文古本無「而」字、「之」字。

017 此反可耕且爲邪　閩、監、毛三本同。廖本、孔本、韓本「可」下有「得」字。

018 不得復若三皇之道也　考文古本同。閩、監、毛三本，孔本、韓本「得」作「可」。

019 言許子不知禮者也　閩、監、毛三本同。岳本、孔本、韓本、考文古本無「者」字。

020 有小人之事　閩、監、毛三本，孔本、韓本同。石經、考文古本「人」作「民」。

021 以羸困之路也　案，音義出「羸路」云：「字亦作『羸』。」案，此則宣公所見本無「困之」二字。○按，「路」與「露」古通用，「露羸」見於古書者多矣。大雅「串夷載路」，鄭箋以「瘠」釋「路」，俗人乃改「瘠」爲「應」。此添「困之」二字，其繆同也。

022 故曰是率天下而路也　閩、監、毛三本同。宋本、廖本、孔本、韓本、考文古本無此九字，無者是。

023 勞心君也勞力民也　閩、監、毛三本同。廖本、孔本、韓本、考文古本「心」、「力」下竝有「者」字。

024 所常行者也　閩、監、毛三本同。廖本、孔本、韓本、考文古本無「者」字。

025 是言治其土也　閩、監、毛三本同。岳本、宋本、廖本、孔本、韓本、考文古本作「治土也」。

026 猶古之火正也　閩、監、毛三本同。孔本、韓本、考文古本無「之」字。

027 烈熾　閩、監、毛三本同。廖本、孔本、韓本、考文古本下有「也」字。

028 熾者而焚之　閩、監、毛三本同。廖本、孔本、韓本、考文古本作「熾盛者而焚燒之」。○按，「熾盛」是也，熾盛謂草木，不謂火。

029 而奔走遠竄也　閩、監、毛三本同。廖本、孔本、韓本、考文古本無「奔走」二字。

030 瀹濟漯　音義：「丁云，下他合切，作『濕』誤也。」案，説文「濕」爲「漯」之正字，乾濕字作「溼」。作「濕」者乃正字，非誤也，丁説非，詳音義挍勘記。

031 三過其門而不入　閩、監、毛三本同。廖本「門」上有「家」字。孔本、韓本、考文古本作「三過其家門而不得入」。❶

032 如此寧可得耕也　閩、監、毛三本同。岳本「也」作「乎」。廖本、韓本無「可」字，「也」作「乎」。孔本與廖本同，上有「予弗子」三字。考文古本無「可」字。

033 樹藝五穀　石經「樹」諱作「植」。

034 長幼有敍　石經、廖本、孔本、韓本同。閩、監、毛三本「敍」作「序」。

035 司徒主人　考文古本「主」作「得」。

036 是爲契之所教也　閩、監、毛三本同。廖本、孔本、韓本、考文古本作「契之教也」。

037 放勳曰　石經、閩、監、毛三本，韓本同。孔本「曰」作「日」。音義出「日」云：「丁音馹，或作『曰』，誤。」

038 匡之直之　石經「匡」諱作「正」。

039 堯號也　閩、監、毛三本，孔本、韓本同。廖本、考文古本「號」作「名」。案，考文引「堯之號也」，各注疏本皆無「之」字，蓋誤衍。

040 遭水災恐其小民放僻邪侈　廖本、孔本、韓本、考文古本同。岳本亦作「恐」。宋本

「恐」作「慫」。閩、監、毛三本「災恐」作「逆行」。

041 然後又從而振其羸窮　閩、監、毛三本同。岳本、廖本、孔本、韓本、考文古本「又」下有「復」字。

042 德恩惠之德也　閩、監、毛三本同。廖本、孔本、韓本、考文古本作「加德惠也」。

043 不易治爲己憂　閩、監、毛三本，孔本、韓本同。岳本、考文古本「易治」作「治易」。

044 德盛乎巍巍乎　宋本、孔本、考文古本同。閩、監、毛三本，韓本上「乎」作「而」。

045 當以諸夏之禮義化變蠻夷之人耳　廖本、孔本、韓本、考文古本「蠻夷」作「夷蠻」。閩、監、毛三本「當」誤「言」。

046 同其道也　閩、監、毛三本同。廖本、孔本、韓本、考文古本「同」作「則」。

047 不能有先之也　閩、監、毛三本同。廖本、孔本、韓本、考文古本「也」上有「者」字。

048 可謂豪傑過人之士也　廖本、孔本、韓本同。閩、監、毛三本「可」作「所」。

049 故欲尊有若以作聖人朝夕奉事之禮如事孔子以慰思也　閩、監、毛三本同。宋本、廖本、孔本、韓本無「禮」字。考文古本「以」作「似」，無「禮」字。

050 夏之五六月　閩、監、毛三本同。岳本、考文古本「五」下有「月」字。孔本、韓本作「夏五六月」。案，注疏本並有「之」字，考文引作「夏五六月」，當是誤脱也。

051 白甚也　閩、監、毛三本同。廖本、孔本、韓本、考文古本作「甚白也」。

052 於聖人之坐席乎　閩、監、毛三本同。廖本、孔本、韓本、考文古本「於」作「放」。案，音義出「質放」。○按，「放」是也，「放」者，今之「倣」字。

053 故不肯也　閩、監、毛三本同。廖本、孔本、韓本、考文古本無「也」字。

054 鴂舌　依注則當作「鵙」。鵙者，伯勞也，見説文。

055 未聞下喬木而入于幽谷者　閩、監、毛三本同。廖本、孔本、韓本「于」作「於」。

056 博勞鳥也　閩、監、毛三本同。廖本、孔本、韓本、考文古本無「鳥」字。

057 而後勸者也　閩、監、毛三本「勸」作「動」。廖本、孔本、韓本、考文古本「後勸」作「殺物」，是也。詩正義引陳思王惡鳥論云：「伯勞，蓋賊害之鳥。」

058 止喬木　閩、監、毛三本同。廖本、孔本、韓本、考文古本「止」作「上」。

059 入於幽谷　閩、監、毛三本同。廖本、孔本、韓本、考文古本作「入深谷」。

060 戎狄是膺　音義出「膺擊」云：「丁本作『應』。」案，丁本注既作「應」，則此經必亦作「應」也。

061 言南蠻之人　閩、監、毛三本同。廖本、孔本、韓本、考文古本「蠻」作「夷」。

062 可使市無二價　閩、監、毛三本同。廖本、孔本、韓本「價」作「賈」，下同。

063 不相爲詐　閩、監、毛三本「爲」作「僞」。孔本、韓本、考文古本「詐」作「誕」。

064 不相欺愚小大　閩、監、毛三本同。廖本作「不欺愚小大也」。孔本、韓本作「不欺愚小民也」。考文古本作「不相欺愚小也」。○按，愚小謂五尺之童也，考文古本得之。

065 謂丈尺　岳本作「謂尺丈」。

066 皆言同價故曰市無二賈者也　閩、監、毛三本同。廖本、孔本、韓本、考文古本「言」下有

「其」字，無「市」字。足利本無「也」字。

067 或相什百　孔本同。石經「相什」字漫漶，餘同。閩、監、毛三本，韓本「百」作「伯」。

068 玉之璧尺寸　此本五字墨丁。×

069 豈肯作其細哉　閩、監、毛三本同。廖本、孔本、韓本、考文古本「哉」上有「者」字。

070 安能治其國家者也　閩、監、毛三本同。廖本、孔本、韓本、考文古本無「其」字。

071 章指言：神農務本，教於凡民。許行蔽道，同之君臣。陳相倍師，降於幽谷。不理萬考文古本作「万」。足利本作「物」，韓本同。情，謂之敦考文引足利本「敦」作「淳」。樸，是以孟子博陳堯舜上下之敘以匡之也。❷

072 說在孫丑篇　閩本同。監本「孫」上剜增「公」字，非也，毛本同監本。

* 文公之處　補，「公」下當有「與」字，監、毛本亦脱。

073 惡得其賢　閩、監本同。毛本去「其」字。

* 許子子衣褐　補，誤重「子」字，監、毛本不誤。

074 皆欲君民並耕　「並」下墨丁，閩、監、毛三本如此。❸

075 此說爲尚　「此」下墨丁，閩、監、毛三本如此。❹

076 所以亡嬴困之路者　此本「以」作「及」，下一字墨丁，閩本如此。監、毛本「嬴」作「羸」。❺

077 此下文之如此也　「此」下墨丁，閩、監、毛三本如此。❻

078 至舉舜而敷治焉　「舉」下墨丁，閩、監、

毛三本如此。❼

079 是以其大水横流　「以」上墨丁，閩、監、毛三本如此。❽

080 交馳於中國之道　「交」下二字墨丁，閩、監、毛三本如此。❾

081 乃獨自憂懼之　「乃」下墨丁，閩、監、毛三本如此。❿

082 案尋陽端記有云　端，「地」之誤，閩、監、毛三本不誤。⓫

* 四曰嘉匪江　補案，匪，監、毛本並作「靡」。⓬

083 稼穡種樹　「種」下墨丁，閩、監、毛三本如此。⓭

084 斂曰穡也　「曰」上墨丁，閩、監、毛三本如此。⓮

085 民無能名焉　閩本同。監、毛本「能」作「得」。

086 其覆載之德　「覆」下墨丁，閩、監、毛三本如此。⓯

087 其功德之大　「其」下墨丁，閩、監、毛三本如此。⓰

088 急於得人而輔之耳　「於」下墨丁，閩、監、毛三本如此。⓱

089 但急用心於得賢　「得」下墨丁，閩、監、毛三本如此。⓲

090 至亦爲不善變矣　閩、監、毛三本如此。十行本作「至亦不爲言矣」，「言」下「矣」上一字墨丁。

091 復往求見之　閩、監、毛三本同。廖本、孔本、韓本、考文古本無「之」字。

092 **不直言之** 閩、監、毛三本同。廖本、孔本、韓本、考文古本「言」下有「攻」字。

093 **我聞夷子爲墨道者** 閩、監、毛三本同。廖本、孔本、韓本、考文古本無「者」字。

094 **欲以此道** 閩、監、毛三本同。廖本、孔本、韓本、考文古本上有「思」字。

095 **事其親也** 「事」字模糊，閩、監、毛三本如此。廖本、孔本、韓本、考文古本「事」作「奉」。

096 **足以爲戒也吾欲以此攻之者也** 閩、監、毛三本同。廖本、孔本、韓本、考文古本無上「以」字、「者」字。

097 **蓋儒家者曰古之治即若愛赤子** 「蓋」字、「即若愛」三字俱模糊，閩、監、毛三本如此。廖本、孔本、韓本、考文古本「蓋」作「言」，無「者」字，「即」作「民」，「愛」作「安」。

098 **親踈也** 「親踈」字模糊，閩、監、毛三本如此。廖本、孔本、韓本、考文古本作「相殊也」。

099 **但施厚之事** 宋本、廖本、孔本、韓本、考文古本同。閩、監、毛三本「厚」作「愛」。

100 **亦愛救之** 「亦愛」字模糊，閩、監、毛三本如此。廖本、孔本、韓本、考文古本「愛」作「驚」。

101 **故謂之愛同也** 閩、監、毛三本同。孔本、韓本、考文古本無「故」字。

102 **但以赤子無知** 閩、監、毛三本同。廖本、考文古本上有「此」字，下有「非其罪惡」四字。孔本、韓本同。廖本無「此」字。

103 **故曰赤子匍匐將入井非赤子之罪也** 閩、監、毛三本同。岳本、廖本、孔本、韓本、考文古本無此十五字。

104 **舉而委之棄於壑也** 閩、監、毛三本同。廖本、孔本、韓本、考文古本作「舉而委棄之壑中也」。

105 **狐狸食之**　石經「狸」作「貍」。案，詩「取彼狐貍」，釋文、唐石經皆作「貍」。

106 **蠅蚋姑嘬之**　音義：「蚋」作「蜹」，「張云，諸本或作『蟰』，誤也」。○按，姑，蓋謂螻蛄，隋王劭説方言「螻蛄」字作「姑」，見列子釋文。

107 **蓋歸反虆梩而掩之**　虆，音義云：「或作『蔂』。」

108 **相共食之也**　閩、監、毛三本同。岳本、孔本、韓本「相」作「攢」，「攢」字是。

109 **亦有道矣**　閩、監、毛三本同。廖本、孔本、韓本、足利本作「有以也」。考文古本無「亦」字、「以」字。

05b—110 **章指言：聖人緣情，制禮奉終。墨子元同，質而違中。以直正枉，憮然改容，蓋其理也。**

校記

❶ 閩監毛三本，南昌本脱去「三」字，據校勘記行文，當有「三」字。

❷ 許行，南昌本作「許子」。按，校勘記所録章指文字皆據廖本，廖本此處作「許行」，則南昌本誤。

❸ 南昌本下增「今據補」三字。

❹ 南昌本下增「今據補」三字。

❺ 一，學海堂本作「二」。嬴，原作「羸」，監本、毛本注疏並作「嬴」，南昌本、咸豐補刊本亦作「嬴」，今據以改正。

❻ 南昌本下增「今據補」三字。

❼ 南昌本下增「今據補」三字。

❽ 南昌本下增「今據補」三字。

❾ 南昌本下增「今據補」三字。

❿ 南昌本下增「今據補」三字。

⓫ 尋，南昌本、學海堂本作「潯」。

⓬ 此條南昌本增於「斂曰穡也」條後，今據疏文先後順

序移補於此。

⓭ 南昌本下增「今據補」三字。

⓮ 南昌本下增「今據補」三字。

⓯ 南昌本下增「今據補」三字。

⓰ 南昌本下增「今據補」三字。

⓱ 南昌本下增「今據補」三字。

⓲ 南昌本下增「今據補」三字。

孟子注疏校勘記卷六上

06a—001 請見孟子　閩、監、毛三本，足利本同。廖本、孔本、韓本、考文古本無「見」字。

002 故招之而不至也　閩、監、毛三本同。廖本、孔本、韓本、考文古本作「故不至也」。

003 何爲也已　閩、監、毛三本同。廖本、孔本、韓本、考文古本無「已」字。

004 尺小尋者尚可枉大就小而以要其利也　閩、監、毛三本同。廖本、孔本、韓本、考文古本「者尚」作「大不」，無「其」字。案，音義出「要利」，則無「其」字是也。

005 簡子幸臣也　閩、監、毛三本同。廖本、孔本、韓本、考文古本無「也」字。

006 吾爲之範我馳驅　音義：「範我」或作「范氏」。案，後漢書班固傳注引孟子正作「范氏」。文選注同，今亦誤改爲「範我」。○按，「范氏」見左傳劉累學擾龍事。孔甲賜氏曰「御龍」，晉范氏其後也。李善引括地圖即此事，但孔甲譌爲禹耳。孟子作「范氏」爲長，「範我」乃淺人所改。

007 不習於禮也　閩、監、毛三本同。廖本、孔本、韓本、考文古本無「也」字。

008 一發貫臧　足利本「臧」作「機」。音義出「貫臧」，作「機」非。○按，「臧」即今「五臟」字，徂浪切，「一發貫臧應矢而死」，所謂「貫心死疾爲上殺」也，孫宣公云「臧，如字」，非也。

009 尚知羞恥此射者　閩、監、毛三本同。岳本、孔本、韓本「羞恥」作「恥羞」。

010 而見之乎　閩、監、毛三本，孔本、足利本同。廖本、韓本、考文古本無「乎」字。

011 章指言：修禮守正，非招不往，枉道富貴，君子不許，是以諸侯雖有善其辭命，伯夷亦不屑就也。

012 招虞人以當皮冠　「以當」誤倒，閩、監、毛三本不誤。

013 當以義正君　閩、監、毛三本同。廖本、孔本、韓本、考文古本「正」作「匡」。

014 安得爲大丈夫也　毛本「大」誤「丈」。×

015 乃可以爲之大丈夫矣　閩、監、毛三本同。廖本、孔本、韓本、考文古本作「乃可謂大丈夫」。案，「爲」字無理。

016 章指言：以道匡君，非禮不運，稱大丈夫。阿意用考文古本作「相」。謀，善戰務勝，事雖有剛，心歸柔順，故云「妾婦」以況儀、衍。

017 而不得爾　閩、監、毛三本同。廖本、孔本、韓本、考文古本無「爾」字。

018 言古人　閩、監、毛三本同。廖本、孔本、韓本、考文古本上有「而」字。

019 猶喪人曰　閩、監、毛三本同。廖本、孔本、韓本、考文古本「曰」作「也」。案，「也」是。

020 周霄曰我晉人也　考文古本上有「故」字。

021 君子何爲難仕　閩、監、毛三本同。廖本、孔本、韓本、考文古本上重「若此」二字，重者是。

022 如不由其道亦與鑽穴隙者無異　閩、監、毛三本同。廖本、孔本、韓本、考文古本「道」上有「正」字，「亦」作「是」，「無」作「何」。

023 章指言：君子務仕，思播其道，達義行仁，待禮而動，苟容干考文古本作「求」。祿，踰牆之女，人之所賤，故弗爲也。

024 **自五玉五帛**　下「五」字，「三」之誤。閩、監、毛三本不誤。✕

025 **爲甚奢泰者也**　閩、監、毛三本同。廖本、韓本無「者」字。孔本「者也」作「乎」。

026 **非其道**　閩、監、毛三本同。廖本、孔本、韓本、考文古本作「非以其道」。

027 **子以舜受堯之天下**　閩、監、毛三本同。廖本、孔本、韓本無「之」字。

028 **謂仕無功**　閩、監、毛三本同。宋本亦作「仕」。廖本「仕」作「士」。孔本、韓本同，下有「事」字。考文古本亦有「事」字。

029 **作車者也**　閩、監、毛三本同。廖本、孔本、韓本無「也」字。✕

030 **是其四餘羨者也**　閩、監、毛三本同。岳本「四」下有「者」字。廖本、孔本、韓本、考文古本作「是其四者羨餘也」。案，閩、監、毛三本誤。

031 **悌悌順也**　閩、監、毛三本同。廖本、孔本、韓本、考文古本上「悌」作「順也」二字。

032 **彭更以爲彼志食於**　閩、監、毛三本同。廖本、孔本、韓本、考文古本「食於」作「於食」。案，三本誤。

033 **晝墁**　音義云：「張武安切，與『謾』同。」〇按，「謾」必誤字。謾者，欺也，於此文理不順。依注云「墁滅」，則當云與「槾」同。集韻鏝、槾、墁三字同也，「墁」乃「槾」之俗。

034 **然而其意**　廖本、孔本、韓本、考文古本同。閩、監、毛三本「意」作「志」。

035 **則可食乎**　閩、監、毛三本同。廖本、孔本、韓本「可」作「子」。

036 **則子果食功也非食其志也**　閩、監、毛三本同。廖本、孔本無「非食其志也」五字。韓本、考文古本與廖本同，無「則」字。

037 章指言：百工食力，以祿養賢，修仁尚義，國之所尊，移風易俗，其功可珍，雖食諸侯，不爲素餐。

038 里有數十乘之多　里，「車」之誤，閩、監、毛三本不誤。　×

039 尚書逸篇文　閩、監、毛三本同。廖本、孔本、韓本、考文古本作「書尚書逸篇也」。

040 言湯伐葛伯　閩、監、毛三本同。廖本、孔本、韓本、考文古本作「言湯所以伐殺葛伯」。

041 爲一夫報仇也　閩、監本，廖本、孔本、韓本、足利本同。毛本誤作「匹夫執仇也」。考文古本與毛本同，「匹」作「一」。

042 北狄怨　廖本「狄」作「夷」。

043 自葛始也　閩、監、毛三本，韓本同。岳本、廖本、孔本「自」作「從」。

044 再十一征而言湯再征十一國　閩、監、毛三本同。岳本下「再」下有「出」字。廖本、韓本、考文古本作「再十一者湯再出征十一國」。孔本與廖本同，無「出」字。

045 民曰待我君來　閩、監、毛三本同。孔本、韓本、考文古本重「君」字。

046 有攸不惟臣　按，各舊本經注及各本注疏皆作「惟」。疏云「惟念臣服之節」，固不誤也。朱子集注本譌作「爲臣」，不可不正。

047 篚厥玄黄　閩、監、毛三本同。廖本、孔本、韓本「篚」作「匪」。案，音義出「匪厥」：「丁云，義當作『篚』，此作『匪』，古字借用。」則作「匪」是也，下同。○按，據説文匚部「匪似竹篋」，引周書「實玄黄于匪」，非借用，乃正字也。竹部「篚」訓車笭也。

048 救民於水火之中　音義：「救」字或作「捄」。

049 皆尚書逸篇之文也　閩、監、毛三本同。廖本、孔本、韓本無「也」字。

050 以成其類也　閩、監、毛三本同。廖本、孔本、韓本、考文古本「成」作「迎」。

051 太誓曰　閩、監、毛三本同。廖本、孔本、韓本「太」作「大」。注太、泰同。

052 侵紂之疆界　閩、監、毛三本同。廖本、孔本、韓本、考文古本上有「侵于之疆」四字。

053 以張殺伐之功也　閩、監、毛三本同。廖本、孔本、韓本、考文古本「殺伐」作「伐殺」。

054 皆古泰誓也　孔本脱「也」字。

055 何畏齊楚之國焉　閩、監、毛三本同。廖本、孔本、韓本、考文古本無「之國」二字。

056 章指言：修德無小，暴慢無强，是故夏商之末，民思湯武，雖欲不王，末由也已。

* 實則玄黃之帛　「則」、「實」誤倒，閩、監、毛本不誤。

057 當使齊人傅之　閩、監、毛三本同。廖本、孔本、韓本、考文古本下有「邪」字。

058 衆楚人咻之　閩、監、毛三本，孔本同。韓本、考文古本「衆楚」作「楚衆」。

059 嚾也　閩、監、毛三本同。廖本、孔本、韓本作「讙也」。案，音義出「嚾也」，丁云字「讙譁」同，則作「讙」非也。

060 如使在王所者　廖本、孔本、韓本、考文古本同。閩、監、毛三本「如」誤「即」。

061 則王誰與爲不善者也　閩、監、毛三本同。岳本、廖本、孔本、韓本、考文古本無「者」字。

06a—062

章指言：自非聖人，在所變化，故諺曰：「白沙在涅，不染自黑。蓬生麻中，不扶自直。」言輔之者衆也。

孟子注疏校勘記卷六下

06b—001 閉門而不納　閩、監、毛三本同。廖本、孔本、韓本「納」作「内」。案，音義出「不内」，作「内」是也。

002 有好善之心　閩、監、毛三本同。宋本、廖本、孔本、韓本「善」作「義」。

003 陽貨矙孔子之亡也　音義：「矙，或作『瞰』。」○按，依説文則「闞」是正字。

004 章指言：道異不謀，迫斯强之，段、泄已甚，矙亡得宜，正己直行，不納於邪，赧然不接，傷若夏畦也。足利本無「赧然」以下九字。

005 公孫問曰　閩本同。監、毛二本「孫」下有「丑」字。

006 孟子必荅孫丑以此者　閩本同。監、毛二本「孫」上有「公」字。下「孫丑乃不知之」同。

007 章指言：從善改非，坐而待旦。知而爲之，罪重於故。譬猶攘雞，多少同盗，變惡自新，孔本「新」作「心」，非。速然後可也。

008 孟子弟子　閩、監、毛三本同。廖本、孔本、韓本、考文古本下有「也」字。

009 言孟子　閩、監、毛三本，韓本同。廖本、孔本無「孟」字。

010 生民以來也　孔本脱「民」字。

011 迭有治亂　閩、監、毛三本同。廖本、韓本「治亂」作「亂治」。

012 埤下者　毛本「埤」作「卑」。案，音義出「埤」，作「卑」非也。

013 尚書逸篇之水逆行　閩本「之」作「文」。監、毛本「之水」作「水之」。廖本、孔本、韓本、考文古本「之」作「也」。

014 故曰洚水也洪大也　閩、監、毛三本同。宋本作「故洚水洪水也」。岳本、廖本、孔本、韓本無上「也」字。

015 謂澤有草爲菹　閩、監、毛三本同。岳本、孔本、韓本、考文古本「草」下有「者」字。

016 水流行於地而去之　閩、監、毛三本，足利本同。廖本、孔本、韓本、考文古本「之」作「也」。

017 故作邪僞之説　閩、監、毛三本，孔本、韓本同。廖本「邪」作「詐」。

018 沛草木之所生也　監本「草」誤「尊」。　×

019 誅紂伐奄　考文古本「誅」作「討」。

020 大纘承天光烈　廖本、孔本、韓本、考文古本同。閩、監、毛三本「天」誤「夫」。

021 皆行正道無虧鈌也　岳本「正」作「王」。鈌，諸本作「缺」。

022 懼正道遂滅　閩、監、毛三本同。廖本、孔本、韓本、考文古本「正」作「王」。

023 謂我正綱紀也　閩、監、毛三本同。廖本、孔本、韓本、考文古本「綱紀」作「王綱」。

024 無尊異君父之義　廖本「異」作「卑」。足利本同廖本，無「之」字。

025 而以攢議於世也　閩、監、毛三本同。廖本、孔本、韓本、考文古本「攢」作「横」，足利本作「縱横」。

026 野有餓莩　音義：莩，「或作『芠』，或作『殍』」。

孔本作「莩」，蓋采用或本。莩、殍已見於廣韻。

027 此率獸而食人也　廖本、考文古本「獸」上有「禽」字。

028 懼春秋之貶責也　監本「責」誤「貴」。×

029 距詖行　閩、監、毛三本同。廖本、孔本、韓本、考文古本作「距險詖之行」。

030 故曰聖人之徒也　閩、監、毛三本同。廖本、孔本、韓本、考文古本無此七字。

031 章指言：夫憂世撥亂，勤以濟之，義以匡之，是故禹、稷駢蹎，周公仰思，仲尼皇皇，墨突不及汙，聖賢若此，孔本、韓本、考文古本作「是」。豈得不辯也。

032 是使天下無其君也　閩本同。監、毛本「君」作「父」，是也。×

033 我亦欲正人　下脱「心」字，閩、監、毛三本不脱。

034 還至縞京　閩本同。監、毛本「縞」作「鎬」。

035 練其麻曰纑故云辟纑　閩、監、毛三本同。廖本、孔本、韓本無「其」字、「故云辟纑」四字。考文古本引「故云辟纑」云：「無此四字。」○按，「練其麻」當作「練麻縷」，説文曰：「纑，布縷也。」

036 竄於於陵也　閩、監、毛三本同。廖本、孔本、韓本、考文古本無「也」字。

037 己頻顣曰　音義：頻，「亦作『嚬』」。案，文選注引孟子曰「嚬蹙而言」，正作「嚬」字。

038 鶃鳴聲　閩、監、毛三本同。廖本、孔本、韓本、考文古本「聲」上有「之」字。○按，丁氏五歷切，與鵝鳴聲不相似，蓋孟子書本作「兒」，如今人之讀小兒與鵝聲略相近也，俗人加「鳥」作「鶃」，則爲説文「六鶃」字。

039 是以孟子喻以丘蚓而比諸巨擘而已　閩、監、毛三本同。廖本、孔本、韓本、考文古本無此注。

040 章指言：聖人之道，親親尚和，志士之操，耿介特立，可以激濁，不可以孔本、韓本、考文引古本皆無「以」字。常法，是以孟子喻以丘蚓，比諸巨擘也。

06b—041 至自有見者　自，「目」之誤，閩、監、毛三本不誤。❶

校記

❶ 南昌本下增「今據改」三字。

孟子注疏校勘記卷七上

07a—001 **離婁者** 閩、監、毛三本同。宋本「者」作「乃」，孔本、韓本無「者」字。

002 **蓋以爲黃帝之時人也** 閩、監、毛三本同。宋本無「之」字。孔本、韓本作「黃帝時人也」。

003 **乃成方圓** 閩、監、毛三本，韓本同。孔本、考文古本「圓」作「員」。

004 **故以名篇** 閩、監、毛三本同。宋本、孔本、韓本、考文古本「名」作「題」。

005 **嫂溺援手** 毛本「嫂」誤「叟」，閩、監本不誤。×

006 **論語第十篇** 十，「七」之誤，閩、監、毛三本不誤。×

007 **大蔟** 孔本同。閩、監、毛三本，韓本作「大簇」，誤。

008 **黃鍾也** 閩、監、毛三本同。孔本、韓本、考文古本無「也」字。

009 **乃可爲後世之法也** 閩、監、毛三本同。廖本無「之」字。孔本、考文古本無「世之」二字。韓本、足利本無「之」字、「也」字。

010 **假樂之篇** 閩、監、毛三本同。宋本、孔本、韓本「假」作「嘉」，音義出「嘉樂」。

011 **未聞有過者也** 閩、監、毛三本同。廖本、孔本、韓本、考文古本無「者」字。

012 **續以其四者** 閩、監、毛三本同。廖本、孔本、韓本、考文古本無「其」字。

013 **可得而審知** 閩、監、毛三本同。廖本、孔本、韓本「審知」作「知審」。

014 罷於密網也　閩、監、毛三本同。孔本、韓本、考文古本「網」作「罔」。

015 兵甲不多　音義出「甲兵」云：「甲，或作『鉀』。」案，據音義則此經「兵甲」舊作「甲兵」。

016 言天方動汝無然沓沓　廖本「汝」作「女」。閩、監、毛三本「然」作「敢」。孔本、韓本「汝」作「女」，「然」作「敢」。音義出「動女」。

017 背先王之道　閩、監、毛三本同。廖本、孔本、韓本、考文古本「背」下有「棄」字。

018 使君爲敬　閩、監、毛三本同。廖本、孔本、韓本、考文古本「爲敬」作「勉之」，是也。

019 是勉之　閩、監、毛三本同。廖本、孔本、韓本、考文古本「勉之」作「爲敬」，是也。案，「爲敬」、「勉之」四字，十行本並在行末，前後行互換，因而致誤。

020 故有恭敬賊三者之善　閩、監、毛三本「善」作「義」。廖本、孔本、韓本、考文古本無此九字。

021 章指言：雖有巧智，猶須法度，國由先王，禮義爲要，不仁在位，播越其惡，誣君不諫，故謂之賊，明上下相須而道化行也。

022 唐虞之盛者也也　衍一「也」字，閩、監、毛三本不衍。 ×

023 之云不能以自行者　「之云」當作「徒法」，閩、監、毛三本不誤。 ×

* 觸義之所其　補案，「其」字監、毛本並作「具」。

* 主方欲艱難天下之民　補案，「主」當依監本作「王」，毛本作「五」，更謬。

024 近在夏后之世矣　閩、監、毛三本同。廖本、孔本、韓本、考文古本「矣」作「耳」。

025 亦鑒于殷　閩、監、毛三本同。廖本、孔本、韓本、考文古本「于」作「於」。

026 章指言：法則堯舜，以爲規矩。鑒戒桀紂，避遠危殆。名謚一定，千載而不可改也。

027 正義案史記本紀云　「義」下脱「曰」字，閩、監、毛三本不脱。

028 以爲天子　閩、監、毛三本同。案，此四字衍文，毛本加圍，蓋意欲刊去此文，是也。

029 夏商周　閩、監、毛三本同。孔本、韓本、考文古本「商」作「殷」。

030 在仁與不仁而已　閩、監、毛三本同。岳本、廖本、孔本、韓本、考文古本「而已」作「也」。

031 喻惡亡而樂不仁也　閩、監、毛三本同。廖本、孔本、韓本、考文古本無此注。

032 章指言：人所以考文古本無此字。安，莫若爲仁，惡而弗孔本作「勿」。去，患必在考文古本作「及」，韓本同。身，自上達下，其道一焉。

033 諸侯不仁　「不」下脱「爲」字，閩、監、毛三本不脱。

034 而天下歸之　毛本「而」誤「則」，「之」上衍「就」字。❶

035 獨未至邪　閩、監、毛三本同。宋本、孔本、韓本、足利本「獨」作「猶」，下同。

036 猶未足邪　考文古本「猶」作「獨」。

037 章指言：行有不得於人，一求諸身，責己之道也。改行飭躬，福則至矣。

038 家謂卿大夫家　閩、監、毛三本同。孔本、

039 韓本下「家」作「也」。考文古本下有「也」字。

040 是則本正則立本傾則踣固在所敬慎而已　閩、監、毛三本同。廖本、孔本、韓本、考文古本無此注文。

章指言：天下國家，各依其本，本正則立，本傾則踣，雖曰常言，必須敬慎也。

041 沛然大治　閩、監、毛三本同。宋本、孔本、韓本、考文古本「治」作「洽」。

042 四海之内也　閩、監、毛三本同。廖本、孔本、韓本、考文古本無「也」字。

043 章指言：天下傾心，思慕向　孔本、韓本、考文引古本作「嚮」。按，向，今「鄉」字。嚮，俗。善，巨室不罪，咸以爲表，德之流行，以充四海也。

044 令告鄰國　閩本、孔本、韓本同。監、毛本「鄰」誤「大」。

045 而恥受命教　宋本、孔本、韓本同。閩、監、毛三本「命教」誤倒。

046 故百年乃治　閩、監、毛三本同。廖本、孔本、韓本、考文古本「治」作「洽」。

047 小國美之　閩、監、毛三本同。廖本、孔本、韓本、考文古本「美」作「差」。

048 執裸鬯之禮　閩、監、毛三本同。廖本、孔本、韓本「鬯」作「暢」。音義出「暢」字。案，古鬯、暢通用。

049 喻其爲國　上二字此本模糊，閩、監、毛三本如此。宋本、孔本、韓本、考文古本無「其」字。

050 而無敵於天下也　閩、監、毛三本同。廖本、孔本、韓本、考文古本無「於天下」三字。

051 章指言：遭衰逢亂，屈服强大，據國行仁，天下莫敵，雖有億衆，無德不親，執熱須濯，明其孔本、韓本、考文古本無此字。不可違仁也。足利本無「也」字。

052 者案史記云　案，自此至下章疏「則清者人之所貴也足」止，十行本缺一頁，而板心數不缺，誤也。閩本仍十行本之舊，亦未補。監本、毛本不缺，未詳據何本補足。

053 以見上篇説同　毛本同。孔本、韓本、足利本「以」作「已」，下有「也」字。考文古本「以」作「已」。

07a—054 章指言：人之安危，皆由於己，先自毁伐，人乃攻討，甚於天孽，敬慎而已，如臨深淵，戰戰恐懼孔本、韓本、考文引古本作「栗」。也。

校記

❶「『之』上衍『就』字」句，南昌本、學海堂本删。按，今核毛本孟子注疏經文，「之」上無「就」字，則南昌本及學海堂本删去是。

孟子注疏校勘記卷七下

07b—001 水樂卑下 閩、監、毛三本同。廖本、孔本、韓本「卑」作「埤」。音義出「埤」字。

002 獸樂廣野 閩、監、毛三本同。廖本、孔本、韓本「廣」作「壙」。

003 欲卒求之 閩、監、毛三本同。廖本、孔本、韓本「欲」上有「而」字。

004 艾可以爲灸人病 灸，音久，亦音究，孫氏不爲音，俗譌作「炙」。

005 章指言：水性趨下，民樂歸仁，桀紂之毆，使就其君，三年之艾，畜而可得，一時欲仁，猶將沉 孔本、韓本、考文引古本作「沈」。按，依説文當作「湛」。沈，假借字。沉，俗字。溺，所以明鑒戒也。

006 是可哀傷也 閩、監、毛三本同。廖本、孔本、韓本、考文古本「也」作「哉」。❶

007 章指言：曠仁舍義，自暴棄之道也。

008 道在邇 考文古本「邇」作「爾」，注同。

009 而患人求之難也 閩、監、毛三本同。廖本、孔本、韓本、考文古本「患」作「苦」。×

010 以事其長 閩、監、毛三本同。廖本、孔本、韓本、考文古本「以」作「不」。

011 章指言：親親敬長，近取諸己，則邇 考文古本作「爾」。而易也。

012 而人乃求遠 閩本同。監、毛本作「而人乃求之於遠」，當是據下文例增。

013 天也　閩、監、毛三本同。廖本、孔本、韓本、考文古本下有「故曰天道」四字。

014 人也　閩、監、毛三本同。廖本、孔本、韓本、考文古本作「人道也」。

015 故曰不誠未有能動者也　閩、監、毛三本同。廖本、孔本、考文古本無「不誠」二字。韓本作「故曰未有能動者」。足利本無「也」字。

016 章指言：事上得君，乃可臨民。信友悦親，本在於身。是以曾子三省，大雅矜矜，以誠爲貴也。

017 此所以不悦於親　閩本同。監、毛本下有「矣」字。

018 皆天下之子耳　宋本「耳」作「有」。

019 言皆歸往也　閩、監、毛三本，韓本、足利本同。廖本、孔本、考文古本「歸」作「將」。

020 章指言：養老尊賢，國之上務，文王勤考文古本作「務」。之，二老遠至。父來子從，天之順道。七年爲政，以勉諸侯，欲使庶幾於行善也。

021 辟草萊任土地　閩、監、毛三本同。廖本作「辟草任土」。孔本、韓本作「辟草任地」。案，音義出「任土」，則作「任地」非也。

022 章指言：聚斂富君，孔本、韓本作「民」。棄於孔子，冉求行之，同孔本、韓本、足利本作「固」。聞鳴鼓。以戰殺人，孔本、韓本、考文古本作「民」。土食人肉，罪不容死，以爲大戮，重人命之至也。

023 瞳子也　閩、監、毛三本同。廖本、孔本、韓本、考文古本上有「目」字。案，童，正字。瞳，俗字。

024 安可匿之哉　閩、監、毛三本同。廖本、孔本、韓本、考文古本無「之」字。

025 章指言：目爲神候，精之所在，存而察之，善惡不隱，知人之道，斯爲審矣。

026 豈可以和聲音笑貌强爲之哉　閩、監、毛三本同。廖本、孔本、韓本、考文古本「音」作「諂」，「笑」下有「之」字。足利本「笑」上有「諂」字。

027 章指言：人君恭儉，率下移風。人臣恭儉，明其廉忠。侮奪之惡，何由干之而錯其心。

028 此權此　閩、監、毛三本同。廖本、孔本、韓本、考文古本下「此」作「也」。案，作「也」是。

029 天下之道　閩、監、毛三本同。廖本、孔本、韓本上有「今」字。

030 何不援之乎　閩、監、毛三本同。廖本、孔本、韓本、考文古本無「乎」字。

031 章指言：權時之義，嫂溺援手，君子大行，拯世以道，道之指也。❷

032 一説云　閩、監、毛三本同。廖本、孔本、韓本、考文古本「云」作「曰」。

033 父子反自相非　宋本、廖本、孔本、韓本、考文古本同。閩、監、毛三本「自」誤「目」。

034 責於父云　閩、監、毛三本同。廖本、孔本、韓本、考文古本「於」作「其」。

035 不欲自相責以善也　閩、監、毛三本同。廖本、孔本、韓本、足利本無「相」字。

036 章指言：父子至親，相責離恩，易子而教，相成以仁，教之義也。

037 皆通矣　閩本同。監、毛二本删「矣」字。

038 失不義　閩、監、毛三本同。廖本、孔本、考文古本作「失仁義」。韓本、足利本作「夫不義」。○按，「失不義」是。

039 乃爲至孝　閩、監、毛三本同。廖本、孔本、韓本、考文古本下有「也」字。

040 章指言：上孝養志，下孝養體，曾參事親，可謂至矣。孟子言之，欲令後人則曾子也。

041 父母之親爲大者也　閩本同。監本、毛本無「者」字。

* 己人誰不爲所守　補，監、毛本「己」作「夫」，是也。

042 政不足與間也　閩、監、毛三本同。岳本、孔本、韓本無「與」字。音義出「足間」。

043 室人交偏適我　廖本「適」作「讁」。

044 政教不足復非說　閩、監、毛三本同。廖本、孔本、韓本、考文古本「說」作「詵」。案，音義出「非詵」，作「說」非也。蓋形相近而譌。

045 乃能正君也非法度也　閩本同。廖本、監、毛二本，孔本、韓本上「也」作「之」，是。

046 章指言：小人爲政，不足間非。賢臣正君，使握道機。君正國定，下韓本、考文古本作「上」。不邪侈，將何間也？

047 亦不足間非也　閩本同。監、毛二本「非」下有「之」字。

048 有不虞度其時有名譽而得者　閩、監、毛三本同。廖本、孔本、韓本、足利本無「虞」字，「時」作「將」。

049 者陳不瞻　閩本、監本、毛本「瞻」誤「贍」。廖本、孔本、韓本、考文古本「者」作「若」。

050 章指言：不虞獲譽，不可爲戒。求全受毀，未足懲咎。君子正行，不由斯二者也。

051 章指言：言出於身，駟不及舌，不惟其責，則易之矣。❸

052 乃惑也　閩、監、毛三本同。廖本、孔本、韓本、考文古本無「乃」字。

053 章指言：君子好謀而成，臨事而懼，時然後言，畏失言也。故曰師哉師哉，孔本、韓本「哉」作「乎」。按，「哉」字是也，否則與楊子法言不合。桐子之命，不慎則有患矣。

054 而出此言也　閩、監、毛三本同。廖本、孔本、韓本、考文古本無「也」字。

055 深思望重也　閩、監、毛三本同。廖本、孔本、韓本、考文古本「深思」作「思深」。

056 故不即來也　閩、監、毛三本同。孔本、韓本無「也」字。

057 章指言：尊師重道，敬賢事長，人之大綱。樂正子好善，故孟子譏之，責賢者備也。

058 宜孟子以備貴之　閩、監二本「貴」作「責」，是也。毛本「備貴」作「此責」。

059 王驩者也　閩、監、毛三本同。廖本、孔本、韓本、考文古本無「者」字。❹

060 章指言：學優則仕，仕以行道。否則隱逸，免置窮處。餔啜沉孔本、韓本、考文引古本作「沈」，是也。浮，君子不與，是以孟子咨嗟樂正子也。

061 而以餔啜　閩、監、毛三本下有「也」字。✕

062 孟子不與右師言　此下空三字，當是有衍字而剜去之也。❺

063 家窮親老　閩、監、毛三本同。廖本、孔本、韓本「窮」作「貧」。

064 章指言：量其輕重，無後不可，是以大舜受堯二女。夫三不孝，蔽者所闇，至於大聖，卓然匪疑，所以垂法也。

065 禮義之實　閩、監、毛三本同。孔本、韓本、考文古本「義」作「樂」。

066 故中心樂之也　閩、監、毛三本同。廖本、孔本、韓本、考文古本「故」作「而」。×

067 惡可已　閩、監、毛三本、孔本、韓本同。廖本、考文古本下有「也」字。

068 手之舞之也　閩本同。監、毛二本、孔本、韓本無「也」字。

069 章指言：仁義之本，在於孝弟；孝弟孔本脱「孝弟」二字。之至，通於神明，況於歌舞，不考文古本作「而」。能自知，蓋有諸中形於外也。

070 手之舞之也　閩本同。監、毛二本無「也」字。×

071 知義爲智之實　閩本「義」上剜增「仁」字。監、毛本同閩本。

072 而瞽瞍厎豫　閩、監、毛三本同。孔本、韓本「厎」作「底」。案，音義之爾切，是用「厎」字。○案，經典内凡曰「厎致」也，皆之爾切，與「底」都禮切不同。經典内用「厎」字不多，而俗刻多「底」譌爲「厎」。

07b—073 章指言：以天下之貴富，爲不若得意於親，故能懷協頑嚚，厎豫而欣，天下化之，父子加親，故稱盛德者必百世祀，無與比崇。孔本、韓本、考文古本下有「也」字。

校　記

❶此條底本與上一條連爲一條，各本並同。按，此上一條爲離婁上第九章章指，此條爲離婁上第十章「舍正路而不由哀哉」之注文，不應相連，故析爲兩條。

❷南昌本下增校記：「案，『道』字恐誤重。」

❸南昌本下增校記：「此章疏文全脱。」

❹王，南昌本誤作「三」。

❺南昌本下增：「〇今不空三字，俱提上寫，故下章『孟子曰』頂格寫。」

孟子注疏校勘記卷八上

08a—001 凡三十二章　音義、閩、監、毛三本同。按，此當作三十三章，僞疏不數「人有不爲也」一章，故較少一章。音義本亦作「三十二」，當是後人據注疏本改。

002 是離婁一篇有六十章矣　按，題辭正義云「離婁凡六十一章」，與此不合。

003 皆地名也負海也　閩、監、毛三本同。廖本、孔本、韓本、考文古本無上「也」字，「負」下重「負」字。

004 近於酆鎬之地　閩、監、毛三本同。廖本、孔本、韓本、考文古本「之地」作「也」。足利本無「之」字。

005 千里以外也　廖本、孔本、韓本、考文古本同。閩、監、毛三本「以」誤「之」。

006 千二百歲　監本「千」誤「于」。　×

007 蓋謂王也　閩、監、毛三本、孔本同。岳本、廖本、韓本無「蓋」字。足利本無「也」字。

008 王節也　閩本、足利本同。監本、毛本、孔本、韓本作「玉節也」，是也。

009 章指言：聖人殊世而合其道，地雖不比，由通一軌，故可以爲百王法也。

010 周十月夏九月　閩、監、毛三本同。廖本、孔本、韓本作「周十一月」。○按，爾雅釋宮注引孟子曰「歲十一月徒杠成」，邢疏云，郭注作「十月」，推求文義，趙注本作「周十月，夏八月。周十一月，夏九月」，而經文本作「歲十月徒杠成，十一月輿梁成」也，後人亂之，而閩、監、毛本尚存舊迹，廖、孔、韓本則似是而實非矣。周禮之例，凡夏正皆曰歲，凡曰「歲終」，曰「正歲」，曰「歲十有二月」，皆謂夏時也。凡言「正月之吉」，不曰歲，謂周正也，説詳戴震文集。孟子言「歲十月」、「十一月」，謂夏正，兩言「七八月之間」，則謂周正，正與周禮同例。趙注未解其例，今本則經、注又皆舛誤矣。夏令曰「十月成梁」，孟子與國語合。

011 可以成涉度之功　閩、監、毛三本同。廖本、孔本、韓本「涉」作「步」。考文古本「度」作「渡」。

012 周十一月夏十月　閩、監、毛三本同。廖本、孔本、韓本、考文古本「一」作「二」。按，詳上。

013 每人而悦之　閩、監、毛三本同，非也。廖本、考文古本「而悦之」作「輒」。孔本、韓本「悦之」作「輒」。

014 章指言：重民之道，平政爲首，人君由天，天不家撫，是以子産渡人，孟子不取也。

015 十月成津梁　閩本同。監、毛本「十」下有「二」字。

016 輿梁成於十月　閩本同。監、毛本「十」下有「二」字。

017 則可以爲服　閩、監、毛三本同。廖本、孔本、韓本、考文古本無「以」字。

018 則使人導之出疆　閩、監、毛三本，孔本、韓本「則」下有「君」字。

019 乃收其田里田業也里居也　閩、監、毛三本同。廖本、韓本作「乃收其田菜及里居也」。孔本、考文古本作「乃收其田萊及里居也」。足利本作「乃收其田里田萊及里居」。○按，音義亦出「田菜」。菜，當作「采」，大夫采地字，古書多或作「菜」，「菜」誤爲「萊」，作「業」則更誤矣。足利本誤衍，尤非。

020 章指言：君臣之道，以義爲表，以恩爲裏，表裏相應，猶若影響。舊君之服，蓋有所興，風諭宣王，勸以仁也。

021 仁鳥增逝　閩、監、毛三本同。廖本、孔本、韓本「增」作「曾」。考文古本「增逝」作「曾遊」。○按，作「曾」是，曾者，高也。

022 章指言：君子見幾而作，故趙殺鳴犢，孔子臨河而不濟也。

023 是上爲下則也　閩、監、毛三本同。廖本、孔本、韓本、考文古本注文無此六字。

024 章指言：君以仁義率衆，孰不順焉，上爲下效也。

025 陳質娶婦而長拜之　音義：「陳質」本亦作「賈」。○按，孫志祖曰：「長讀『長幼』之『長』，『長』字句絶。春秋繁露五行相勝篇云：『愛人者，有子不食其力。尊老者，妻長而夫拜之。』陳質事當同此。」

026 藉交報讎　閩、監、毛三本同。廖本、孔本、韓本「讎」作「仇」。

027 此皆大人之所不爲也　閩、監、毛三本同。廖本、孔本、韓本、考文古本無「之」字。

028 章指言：禮義，人之所以折中，履其正者，乃可爲中，是以大人不行疑懼。孔本、韓本、考文引古本並作「禮」，是也。

029 是謂人之有俊才者　閩、監、毛三本同。廖本、孔本、韓本、考文古本無「是」字。

030 不養其所以當養　廖本無「以」字。

031 賢不肖相覺　孔本「覺」作「較」，非。按，音義出「相覺」，丁云義當作「校」。蓋「覺」即「校」之假借字，古書往往用「覺」字。

032 章指言：父兄已賢，子弟既頑，教而不改，乃歸自然。

033 乃能有讓千乘之志也　閩、監、毛三本同。廖本、孔本、韓本、考文古本無「也」字。

034 章指言：貴賤廉恥，乃有不爲，不爲非義，義乃可申。

035 當如後有患難及己乎　閩、監、毛三本，孔本、韓本同。廖本「後有」作「有後」。

036 章指言：好言人惡，殆非君子，故曰「不忮不求，何用不臧」。

037 故不欲爲已甚泰過也　閩、監、毛三本同。廖本、考文古本無「故」字，「爲」作「其」。孔本、韓本無「故」字。足利本「故」字同毛本。

038 孟子所以譏踰墻距門者也　閩、監、毛三本同。廖本、孔本、韓本、考文古本無此注文。

039 章指言：論考文引足利本作「語」字亦非，韓本作「論語曰」。曰「疾之已甚，亂也」，故孟子所以孔本、韓本、考文引古本無「所以」二字。譏踰墻距門者也。

040 大人仗義　閩、監、毛三本，韓本同。廖本、孔本「仗」作「杖」。○按，「杖」正，「仗」俗。

041 故曰惟義所在也　閩、監、毛三本同。廖本、孔本、韓本、考文古本無「也」字。

042 章指言：大人之行，行其重者，不信不果，所求合義也。

043 少小之子　閩、監、毛三本同。廖本、孔本、韓本、考文古本「子」作「心」。

044 章指言：人之所愛，莫過赤子，視民則然，民懷之矣，大人之行，不過是也。

045 章指言：養生竭力，人情所勉。哀死送終，行之高者。事不違禮，可謂難矣，故謂之大事。

046 言君子學問之法　閩、監、毛三本同。孔本、韓本、足利本「學問」作「問學」。

047 如性自有之然也　閩、監、毛三本，足利本同。廖本、孔本、韓本、考文古本無「然」字。

048 故曰欲其自得之而已　閩、監、毛三本同。廖本、孔本、韓本、考文古本無此九字。

049 皆知其原本也　閩、監、毛三本同。孔本、韓本、足利本無「也」字。

050 欲其自得之也　閩、監、毛三本同。廖本、孔本、韓本、考文古本無「其」字。

051 章指言：學必根原，孔本作「源」。如性自得，物來能名，事來不惑，君子好之，朝益暮習，道所以臻也。

052 至其道奧之如者　閩、監、毛三本「如」作「妙」。

053 是謂廣尋道意還反於樸説之美者也　閩、監、毛三本同。廖本、孔本、韓本、考文古本無此注。

054 章指言：廣尋道意，詳説其事，要約至義，還反於樸，説之美者也。

055 若文王治於岐邑是也　閩、監、毛三本同。廖本、孔本、韓本作「文王治岐」，是也。考文古本無「若」字、「於」字。足利本亦無「也」字。

056 章指言：五霸服人，三王服心，其服一也，功則不同。上論堯舜，其是違乎？

057 章指言：進賢受上賞，蔽賢蒙顯戮，故謂之不祥也。

058 源泉混混　閩、監、毛三本同。宋九經本、岳本、咸淳衢州本、廖本、孔本、韓本「源」作「原」。○按，原，正字。源，俗字。上文「取之左右逢其原」不从水，可以證从水之誤矣。

059 然其涸也　閩、監、毛三本同。岳本、廖本、孔本、韓本、考文古本「也」作「乾」。

060 可立待之者　閩、監、毛三本同。廖本、孔本、韓本無「之」字。

061 以其無本故也　閩、監、毛三本，足利本同。廖本、孔本、韓本、考文古本作「無本之故也」。

062 章指言：有本不竭，無本則涸。虚聲過實，君子恥諸，是以仲尼在川上曰「逝者考文古本衍「斯」字。如斯」。

063 非强力行仁義也　宋本作「非强仁力行義也」。

064 言必稱於堯舜　閩、監、毛三本同。廖本、孔本、韓本、考文古本無「於」字。

065 但君子存之庶民去之而不由爾　閩、監、毛三本同。廖本、孔本、韓本、考文古本無此注。

066 章指言：人與禽獸，俱含天氣，就利避孔本、韓本、考文引古本「避」作「辟」。按，古書多假「辟」作「避」。害，其閒不希。衆人皆然，君子則否，聖人超絶，識仁義之生於己也。

067 若決江河也而無滯之耳　閩本同。監本無「也」、「之耳」三字。毛本同監本，「無」作「不」。

068 禹拜昌言　閩、監、毛三本，足利本同。廖本、孔本、韓本、考文古本「昌」作「讜」。○按，作「讜」者，今文尚書也，音義出「讜言」。

069 殷録未盡　廖本、考文古本同。閩、監、毛三本，孔本、韓本「録」誤「禄」。

070 故望而不致誅於紂也　廖本、孔本、韓本、考文古本同。閩、監、毛三本，足利本「致」誤「敢」。

071 謂諸侯也　宋本「也」作「者」。

072 所行之事也　閩、監、毛三本同。廖本、孔本、韓本無「之」字。

073 己行有不合世　岳本、廖本、孔本、考文古本同。閩、監、毛三本「世」作「者」，韓本作「也」。按，韓本是也。

074 坐以待旦　廖本「以」作「而」。

075 章指言：周公能思三王之道，以輔成王，大平之隆，禮樂之備，蓋由此也。

076 則遠人安　閩、監、毛三本「遠」改「邇」。

077 湯殷之代始王也文武周之代始王也　閩本同。監、毛二本脱此十五字。

078 此三大國史記之異名　閩、監、毛三本同。宋本、孔本、韓本、考文古本「異名」作「名異」。

079 則五霸所理也　閩、監、毛三本同。廖本、孔本、韓本、考文古本「霸」作「伯」，下同。

080 亦聖人之謙辭爾　閩、監、毛三本同。廖本、孔本、韓本、考文古本無「爾」字。

081 章指言：詩可以言，頌詠大平，時無所詠，春秋乃興，假史記之文，孔子正之以匡邪也。

082 澤者滋潤之澤　按，宋本注分兩段，自此至「故曰五世而斬」，在經文「五世而斬」下。

083 淑善也　足利本無「也」字。

084 蓋恨其不得學於大聖人也　閩、監、毛三本同。廖本、韓本、考文古本無「蓋」、「其」、「人」三字。孔本、足利本無「人」字。

08a—085 章指言：五世一體，上下通流，君子小人，斬各有時。企以高山，跌以陷汙，是以君子恨不及乎仲尼也。

孟子注疏校勘記卷八下

08b—001 章指言：廉、惠、勇，人之高行也，喪此三名，則韓本、考文古本作「列」。士病諸，故設斯科以進能者也。

002 逄蒙　按，「逄」字从「夆」，逄蒙、逄伯陵、逄丑父、逄公，皆薄紅反，東轉爲江，乃薄江反。德公、士元非有二字也。宋人廣韻改字作「逄」，薄江切，殊謬，孟子音義同謬，不可不正。逄蒙，古書作「逢蒙」，則其字不當从「夅」可知矣。

003 有窮后羿　閩、監、毛三本，韓本、足利本同。孔本、考文古本「窮」作「竆」。

004 曰小人學射於尹公之他　考文古本「他」下有「曰」字。

005 假使如子濯孺子之得尹公之他　閩本、廖本、孔本、韓本同。監、毛本脱上「之」字。

006 何由有逄蒙之禍乎　閩、監、毛三本同。廖本、孔本、韓本、考文古本無「乎」字。

007 章指言：求交取友，必得其人。得善以全，考文古本作「金」。養足利本無此字。凶獲患，是故子濯濟難，夷羿以殘，可以鑒也。

* 殺之而烹之　補案，殺之，「之」字衍。

008 子曰射爲背師　閩、監本同。毛本「子」下增「魚」字。

009 而蒙其頭面　閩、監、毛三本同。廖本、孔本、韓本、考文古本「面」作「也」。

010 皆自掩鼻　閩、監、毛三本同。廖本、孔本、韓本、考文古本無「自」字。

011 自治絜浄　凡「絜」作「潔」者，俗也，古書衹用

「絜」。

012 章指言：貌好行惡，西子蒙臭，孔本、考文引古本「蒙」作「冒」。韓本同，「臭」作「鼻」，非也。醜人絜服，供事上帝，明當修飾，惟義爲常也。

013 西子謂臭　閩、監、毛三本「謂」作「冒」。

014 今天下之言性則以故而已矣以言其故者以利爲本耳　閩、監、毛三本同。廖本、孔本、韓本、考文古本作「言天下萬物之情性，當順其故，則利之也。改戾其性，則失其利矣」。

015 若杞柳爲桮棬　閩、監、毛三本同。廖本、孔本、韓本、考文古本「爲」上有「以」字。❶

016 不順物之性　監、毛二本「性」誤「生」。

017 但循理若禹之行水於無事　閩、監、毛三本同。廖本、孔本、韓本、考文古本作「作事循理，若禹行水於無事之處」。

018 誠能推求其故常　閩、監、毛三本同。廖本、孔本、韓本、考文古本下有「之行」二字。

019 可坐而致也　閩、監、毛三本同。廖本、孔本、韓本、考文古本作「可坐知也」。

020 章指言：能修性守故，天道可知，妄智改常，必與道乖，性命之指也。

021 齊之貴臣　閩、監、毛三本同。宋本、孔本、韓本、考文古本無「之」字。

022 字子敖者　閩、監、毛三本同。廖本、孔本、韓本、考文古本無「者」字。

023 反以我爲簡異也　閩、監、毛三本同。宋本、孔本、韓本「異」作「易」。按，「易」是也。

024 章指言：循理孔本、考文引古本作「禮」。而動，不合時人。阿意事貴，脅肩所尊，俗之情也。是以萬物皆流，而金石獨止。

＊人常愛之　補，諸本「常」皆作「恒」，下「常敬」同。

025 人亦必反報之於己也　閩、監、毛三本同。宋本作「人亦必反之己也」。孔本、韓本、考文古本作「人必反之己也」。足利本無「之」字。

026 來加於我也　閩、監、毛三本同。廖本、孔本、韓本、考文古本作「來加我」。

027 無知者　閩、監、毛三本，孔本同。韓本上有「謂」字。足利本上有「爲」字。

028 又何足難矣　閩、監、毛三本同。廖本、孔本、韓本、考文古本「矣」作「也」。

029 憂之當如何乎　閩、監、毛三本同。廖本、孔本、韓本、考文古本「如」下有「之」字。

030 常行仁禮　閩、監、毛三本同。廖本、孔本、韓本、考文古本「禮」上有「行」字。

031 章指言：君子責己，小人不改，比之禽獸，孔本、韓本衍「故」字。不足難矣。蹈仁行禮，不患其患，惟不若舜，可以憂也。

032 當平世三過其門者　按，此段注宋本、廖本、孔本、韓本俱分兩段，自此至「故孔子俱賢之」在經文「禹、稷、顏回同道」下。

033 憂民者也　閩、監、毛三本同。宋本、孔本、韓本、考文古本「者」作「急」。

034 窮而樂道者也　閩、監、毛三本同。宋本、孔本、韓本、考文古本無「者」字。

035 其心皆然　閩、監、毛三本同。宋本、孔本、韓本、考文古本「皆」作「亦」。

036 故勞佚異　閩、監、毛三本同。宋本無「故」字。廖本下有「矣」字。孔本、韓本、考文古本作「勞佚異矣」。

037 雖被髮纓冠而救之　考文古本「而」下有「往」字。

038 走赴鄉鄰　閩、監、毛三本同。宋本、孔本、韓本、考文古本「鄰」作「人」。

039 顔子所以閉户　閩、監、毛三本同。廖本、孔本、韓本、考文古本「閉」作「闔」。

040 章指言：上賢之士，得聖一概，顔子之心，有同禹稷，時行則行，時止則止，失其節則惑矣。

* 則孟子爲禹稷顔回同道　補案，「爲」字，監、毛本並作「謂」，是也。

041 惰懈不作　閩、監、毛三本同。廖本、孔本、韓本「懈」作「解」。按，音義出「惰解」。案，懈，正字。解，假借字。

042 豈有一事於此　閩、監、毛三本同。廖本、孔本、韓本「此」作「是」。

043 賊恩之大者也　閩、監、毛三本同。宋本、孔本、韓本、考文古本無「者」字。

044 子有子母之屬哉　閩、監、毛三本同。孔本、韓本、考文古本「子母」作「母子」。

045 執持此屏妻子之意　閩、監、毛三本同。廖本、孔本、韓本、考文古本「屏」下有「出」字。

046 以爲得罪於父　閩、監、毛三本同。廖本、孔本、韓本、考文古本「得」上有「人」字。

047 而不若是以自責罰　宋本「罰」作「詈」。

048 是則罪益大矣　閩、監、毛三本同。廖本、孔本、韓本、考文古本下有「是章子之行已矣何爲不可與言」十三字。○按，有者是。

049 章指言：匡章得罪，出妻屏子，上不得養，下以責己，衆曰不孝，其實則否，是以孟子禮貌之也。

050 偏國人皆稱爲不孝者焉　「人」字缺，閩、監、毛三本如此。

051 父有争而　閩、監、毛三本「而」改「子」，是也。

052 言賓師不與臣同耳　閩、監、毛三本同。廖本無「耳」字。宋本、孔本、韓本、考文古本作「言師賓不與臣同」。

053 易地皆然　閩、監、毛三本同。宋本、孔本、韓本、考文古本「地皆」作「處同」。廖本「皆」作「同」。

054 章指言：臣當營君，師有餘裕，二人處義，非殊者也。是故孟子紀之，謂得其同。足利本作「宜」。

* 猶行曰　補案，上當有「沈」字。❷

055 王使人瞯夫子　宋九經本、岳本、咸淳衢州本、孔本、韓本、考文古本同。監、毛二本「瞯」作「矙」。閩本注作「矙」，此經作「眮」，「門」字中缺，蓋初刻作「瞯」，欲改作「矙」，剜去而未修板也。〇按，音義出「瞯夫」作「瞯」，蓋此正與滕文公篇「陽貨矙孔子」同字，音勘，譌爲「瞯」，而以古莧切之，非也，下章同。

056 與凡人同耳　閩、監、毛三本，岳本、孔本、韓本同。宋本、考文古本無「人」字。

057 章指言：人以道殊，賢愚體别，頭員足方，善惡如一，儲子之足利本無此字。言，齊王之不達也。

058 以爲妻妾不知　閩、監、毛三本，孔本、韓本同。宋本、考文古本「以」作「也」，山井鼎云「屬上」。

059 用君子之道觀之　閩、監、毛三本同。宋本、孔本、韓本、考文古本無下「之」字。

060 此良人爲妻妾所羞而泣傷也　閩、監、毛三本同。廖本、孔本、韓本、考文古本上有「由」字，「而」字作「爲所」二字。

08b—061

章指言：小人苟得，謂不見知，君子觀之，與正道乖，妻妾猶羞，況於國人，著以爲戒，恥之甚焉。

校記

❶ 校記「爲」字，南昌本作「杞」。按，據廖本及七經孟子考文補遺，南昌本是。

❷ 此條原在「父有爭而」條後，今據注疏文字先後順序移補於此。

孟子注疏校勘記卷九上

09a—001 因以題其篇也　閩、監、毛三本同。宋本、孔本、韓本、考文古本無「其」字、「也」字。

002 則聖位莫保者也　閩本同。監、毛本無「者」字。

003 謂耕于歷山之時然也　閩、監、毛三本同。廖本、孔本、韓本「于」作「於」，無「然也」二字。考文引「歷山之時然也」云：「古本無『然也』二字。」

004 秋天也　閩、監、毛三本同。宋本、廖本、孔本、韓本、考文古本無「天」字。足利本無「也」字。

005 幽陰氣也　閩、監、毛三本同。宋本、廖本、孔本、韓本、考文古本「幽」作「憂」。

006 非爾所知也已　閩、監、毛三本同。廖本、孔本、韓本、考文古本無「也已」二字。

007 故爲言高息之用對如此　閩、監、毛三本「用」作「問」。宋本、廖本、孔本、韓本、考文古本作「相」。按，此當以宋、廖本爲正，作「問」非也。

008 因以萬章具陳其意耳　閩、監、毛三本同。廖本、孔本、韓本、考文古本「以」作「爲」，無「耳」字。

009 皆堯典及逸書所載　案，段玉裁尚書撰異曰：此「堯典」字乃「舜典」之誤，「及」字衍，傳寫之失也。此章及「不告而娶」章及「原原而來」數語，及「祗載見瞽瞍」數語，皆當是舜典中語。蓋舜登庸以後事全見於堯典，而登庸以前及家庭事乃在舜典也。此注上文云「逸書有舜典之敘，亡失其文」，則此正當作「孟子所言諸舜事皆舜典逸書所載」，謂亡失文中語也，「舜」既譌「堯」，淺人乃又妄沾「及」字。

010 **亦不復見於經**　閩、監、毛三本同。廖本、孔本、韓本、考文古本無「於經」二字。

011 **堯須天下悉治**　閩、監、毛三本，孔本、足利本同。韓本、考文古本「治」作「洽」。

012 **三十在位**　廖本、孔本、韓本、足利本同。閩、監、毛三本「三」作「五」，考文古本作「二」。○按，段玉裁曰：作「五」者非也，作「三」者亦未是，作「二」者是也。古文尚書「舜生三十登庸，三十在位，五十載」，馬融、王肅、姚方興本之爲舜年百十二歲之説。今文尚書「舜生三十，徵庸二十，在位五十載」，大戴禮五帝德、史記五帝本紀、皇甫氏帝王世紀皆本之爲舜年百歲之説。王充、趙岐皆從今文者也。論衡氣壽篇曰：「舜生三十，徵用二十，在位五十載，陟方乃死，適百歲矣。」趙注此章「五十而慕」云：「書曰『舜生三十徵庸，二十在位』，在位時尚慕，故言『五十』也。」合三十、二十，正是五十，乃爲「五十而慕」之證。今本作「三十在位」，何可通耶？今本論衡亦改「二十在位」作「三十在位」，使下文「適百歲」之語不可接，皆由不知今文、古文之異也。鄭康成注古文，而用今文正古文。正義曰：「鄭玄讀此經云：『舜生三十，謂生三十年也。登庸二十，謂歷試二十年。在位五十載，陟方乃死，謂攝位至死爲五十年。舜年一百歲也。』」此正鄭説「三」當作「二」，以今正古，故正義冠之以「鄭玄讀此經云」六字，不則直曰「鄭某云」、「鄭云」而已，未嘗有「鄭玄讀此經云」之例，「讀此經」者，明此經之本不如是也，此所以馬、王、姚作「三十在位」，而鄭作「二十」也。自宋以來皆不憭此意，尚書撰異中詳言之。

013 **章指言：夫孝百行之本，無物以先之，雖富有天下，而不能取悦於其父母，莫有可也。孝道明著，則六合歸仁矣。**

014 **萬章言舜**　閩本同。監、毛本無「舜」字。❶

015 **又將須以天下**　閩本同。監本、毛本

「須」作「胥」。

016 尚亦更不足以解其憂 閩、監、毛三本無「更」字。

017 注堯也至不復見 閩本同。監、毛二本作「注堯典至見於經」。

* 餘四子亦不所見者 監、毛本「不」作「無」，是也。

018 五色班襴之衣 閩本同。監、毛二本「班襴」作「斑斕」。

019 齊風南山之篇 閩、監、毛三本同。宋本、孔本、足利本「風」上有「國」字。韓本、考文古本「風」作「國」。

020 父母先荅以辭 閩、監、毛三本同。岳本、廖本、孔本、韓本「先」作「亢」。

021 帝謂堯何不告舜父母 閩、監、毛三本同。廖本、孔本、韓本、考文古本「堯」下、「父母」下並有「也」字。○按，當疊「堯」字。

022 故亦不告也 閩、監、毛三本同。廖本、孔本、韓本、考文古本無「也」字。

023 一說捐階 閩、監、毛三本同。宋本、孔本、韓本、考文古本「捐」作「旋」。○按，說文：「圓，規也。」趙意「捐」同「圓」，故訓爲「旋」。

024 從而蓋揜其井 閩、監、毛三本同。宋本、孔本、韓本、考文古本無「揜」字。

025 以爲舜死矣 閩、監、毛三本同。廖本、孔本、韓本、考文古本無「舜」字。❷

026 舜異母弟也 閩、監、毛三本同。廖本、孔本、韓本、考文古本無「也」字。

027 故引爲己之功也 閩、監、毛三本同。宋本、廖本、孔本、韓本、考文古本作「故引其功也」。

028 天子曰彫弓 考文古本「彫」作「彤」，下同。按，音義出「彫弓」云：「或作『彤』，誤。」

029 象見舜生　閩、監、毛三本，岳本、孔本、韓本同。宋本無「生」字。

030 不知象之將殺己與　閩、監、毛三本同。宋本、孔本、韓本「己」作「之」。

031 羸劣之貌　毛本「劣」誤「弱」。

032 迅走水趣深處也　孔本、韓本同。考文古本同。閩、監、毛三本「水趣」倒。

033 重言之者　閩、監、毛三本同。廖本、孔本、韓本無「者」字。

034 嘉得魚之志也　宋本各本並同。毛本「嘉」誤「喜」。

035 象以其愛兄之道來向舜　廖本、考文古本同。岳本、孔本、韓本、足利本「道」作「言」。閩、監、毛三本「向」誤「問」。

036 章指言：仁聖所存者大，舍小從大，達權之義也，不告而娶，守正道也。

037 是人之大倫者也　閩本同。監、毛二本無「者」字。

038 舜曰惟兹臣庶　閩、監、毛三本「臣」誤「民」。

039 或之擁頸　閩本同。監本「或」下剜增「謂」字。毛本同監本。❸

040 論其則別矣　閩本同。監、毛二本「其」下增「制」字。

041 則主棲而言　閩本同。監、毛本「棲」作「取」。

042 罪在他人　宋本「他」作「何」。

043 不問善惡　岳本各本並同。宋本「問」作「間」。

044 身既已爲天子　閩、監、毛三本同。宋本、孔本、韓本、考文古本無「既已」二字。足利本無

「已」字。

045 豈可爲匹夫　閩、監、毛三本同。廖本、孔本、韓本、考文古本作「豈可使爲匹夫也」。足利本無「也」字。

046 此常常以下　閩、監、毛三本同。廖本、孔本、韓本「以」作「已」。

047 章指言：懇誠于内者，則外發於事，仁人之心也。象爲無道極矣，友于之性，忘其悖逆，況其仁賢乎？

＊ 搢雲氏之後　補，監、毛本「搢」作「縉」，與左傳合。

048 東作田野之人　廖本、孔本、韓本、考文古本同。閩、監、毛三本「作」誤「鄙」。○按，「東作」出堯典，下文著之。

049 放勛　孔本、考文古本「勛」作「勳」。案，音義出「勛」字云「音勳」，則作「勳」非也。

050 攝行事耳　宋本、閩本、孔本、韓本同。監、毛二本「耳」誤「時」。

051 謂舜臣其父也　閩、監、毛三本同。宋本、孔本、韓本、考文古本無「其」字。

052 爲天子之父　閩、監、毛三本同。宋本、孔本、韓本、考文古本無「之」字。

053 以此解咸丘蒙之疑　閩、監、毛三本同。岳本、廖本、孔本、韓本、考文古本「此」作「是」。

054 章指言：孝莫大於嚴父而尊之矣，行莫過於蒸蒸執子之政也，此聖人之軌道，無有加焉。

09a—055 而舜既得爲王之臣而舜既得爲天子矣　上八字衍。閩本作「而舜既爲天子則是而舜既得爲天子矣」，監、毛本同。

校記

❶「萬章言舜」下，南昌本、學海堂本增「堯」字。

❷廖本，南昌本作「宋本」。按，廖本文字與校記所言相合，故南昌本改爲『宋本』，然此宋本今不得見，未詳所改是非。

❸毛本同監本，南昌本無「監本」二字。

孟子注疏校勘記卷九下

09b—001 萬章欲知示之之意　考文古本無一「之」字。

002 胤子丹朱　宋本無「子」字。

003 泰誓曰　閩、監、毛三本同。宋九經本、咸淳衢州本「泰」作「太」。廖本、孔本、韓本作「太」，注同。○按，泰、太皆俗，古祇作「大」。

004 章指言：德合於天，則天爵歸之。行歸於仁，則天孔本、韓本、考文古本此下有「下」字。與之。天命不常，此之謂也。

005 則天下與之者也　閩本同。監、毛本無「者」字。

006 故曰天不能以天下與人也　「不」上脱「子」字。閩、監、毛三本增，是也。

007 有之否乎　閩、監、毛三本、孔本同。廖本、韓本、考文古本無「乎」字。

008 孟子曰否不然也　此經下，岳本、廖本、孔本、韓本、考文古本、足利本並有注「否不也不如人所言」八字。注疏本並無之。○按，有者是也。但因此可正今本經文之誤。經文本作「孟子曰否然也」，三字一句，無「不」字，故注之云：「否，不也。不如人所言。」「癰疽」章注曰：「否，不也。不如是也。」「割烹」章注亦同，而今本奪三字。孟子之「否然」即今人之「不然」也。他「否」字皆不注，獨此注者，恐人之誤斷其句，於「否」字句絶，則「然也」不可通矣，不得其意而或增經，或刪注，今乃了然。

009 是其命而已矣故曰命也　閩、監、毛三本同。廖本、孔本、韓本、考文古本作「是其命禄也」。

*繼世而有天下　毛本「而」作「以」，朱子集注本同。

010 故不得以有天下　閩、監、毛三本同。宋本、孔本、韓本無「以」字。

011 章指言：篤志此二字考文古本作「義」字。於仁，則四海宅心。守正不足，則聖位莫繼。丹朱、商均是也。是以聖人孜孜於仁德也。

012 言義於仁　閩、監、毛三本「仁」誤「人」。按，章指作「篤志於仁」，此文「義」字亦當是「篤」之誤。

013 然後無乃廢滅之矣　閩本同。監、毛本刪「無」字。

* 蓋唐與賢　監、毛本同。案，「唐」下應有「虞」字。

014 孟子曰否不然　按，「不」字衍文，説見上。

015 否不是也　按，此當同前後章作「否不也不如是也」，奪三字。

016 不一眄視也　毛本「眄」誤「盼」。

017 囂囂然曰　音義出「嚻嚻」，盡心上同。

018 囂囂然自得之志　閩、監、毛三本，孔本同。廖本、韓本、考文古本無「然」字。

019 欲就湯聘　岳本及各本並同。宋本「聘」作「幣」。

020 覺悟此未知之民　廖本、韓本、考文古本、足利本同。閩、監、毛三本誤脱「覺」字。孔本誤脱「此」字。

021 自任之重如此　閩、監、毛三本同。廖本、孔本、韓本、考文古本「之」作「其」。

022 救民之厄也　廖本、孔本、考文古本同。閩、監、毛三本，韓本「厄」誤「命」。

×

023 而有正天下者也　孔本「也」改「乎」。案，也、邪古字通用，改「乎」非。

024 歸潔其身而已矣　閩、監、毛三本同。石經、廖本、孔本、韓本「潔」作「絜」。

025 去焉能浼我也　廖本、孔本、韓本、考文古本「去」作「云」，是也。閩、監、毛三本作「爾」，非。

026 歸潔於身不污己而已　閩、監、毛三本同。宋本「潔於身」作「於身絜」。考文古本與宋本同，「絜」作「潔」。廖本、孔本、韓本作「於絜身」。

027 遂順天而誅之也　閩、監、毛三本同。廖本、孔本、韓本、考文古本無「之」字。×

028 章指言：賢達之理世務也，推正以濟時物，守己直行，不枉道而取容，期於益治而已矣。

029 雖千匹之多　閩、監、毛三本「匹」作「駟」。

030 莊公二十二年　閩本同。監、毛本「二十」改「三十」，是也。

031 造皆始也　閩、監、毛三本「造」下增「載」字。

032 也在安邑之西　閩、監、毛三本「也」改「地」，是。

033 有人以孔子孫然　廖本、孔本、韓本、考文古本「孫」作「爲」，是也。閩、監、毛三本「孫然」作「主於」，非。

034 癰疽之醫者也　閩、監、毛三本同。廖本、孔本、韓本、考文古本無「者」字。×

035 近狎人也　閩、監、毛三本同。廖本、孔本、韓本、考文古本無「也」字。×

036 孟子曰否不然也　按，「不」字衍文，説見前。

037 但好事毁人德行者爲之辭爾　閩、監、毛三本同。廖本、孔本、韓本、考文古本、足利本無「但」字，「爾」作「也」。

038 退以義　宋本「以」作「應」。

039 是爲無義無命者也　閩、監、毛三本同。廖本、孔本、韓本無「者」字。

040 遭宋桓司馬　石經「桓」作「桓」。

041 主司城貞子　石經「貞」諱「正」。

042 瘠環者也　閩、監、毛三本同。廖本、孔本、韓本、考文古本無「者」字。

043 得見稱爲聖人乎　閩、監、毛三本同。廖本、孔本、韓本、考文古本無「乎」字。

044 章指言：君子大居正，以禮進退，屈伸達考文古本作「違」。節，不違貞性，孔本、韓本、考文引古本作「信」。故孟足利本作「孔」。子辯之，正其大義也。

045 以是而要秦繆之相實然不　閩、監、毛三本同。廖本、考文古本「秦繆」作「繆公」。孔本、韓本「繆」下有「公」字，「不」作「否」，非。

046 孟子曰否不然　按，「不」字衍文。

047 爲設此言也　閩、監、毛三本同。廖本、孔本、韓本作「爲之設此言」。考文古本無「也」字。

048 諫之　考文古本無「之」字。

049 而假晉道　閩、監、毛三本同。廖本、孔本、韓本、考文古本無「而」字。

050 而已傳相　傳，「傳」之誤。宋本、孔本、韓本、考文古本正作「傳」，是也。閩、監、毛三本作「輔」。孔本、韓本、考文古本「已」作「以」。

051 章指言：君子時行則行，時舍則舍，故能顯君明道，不爲苟合而違正也。

09b—052 此孟子所以據且云焉　閩、監、毛三本「且」改「而」。

孟子注疏校勘記卷十上

10a—001 横民之所止 音義云：横，「或作『總』」。

002 差伯夷伊尹柳下惠之德 閩、監、毛三本，孔本、韓本同。宋本、考文古本「差」作「嗟」。山井鼎云非。

003 至於數四 考文古本「四」作「回」。案，非也。❶

004 蓋其留意者也 浦鏜云：「留，監本誤『酉』。」

005 而有美色者 監本「而」誤「雨」。

006 頑貪之夫 監本「貪」誤「食」。

007 懦弱之人 監本「懦」誤「儒」。

008 遲遲吾行也 石經「遲」作「遟」。

009 始條理也 音義云：「本亦作『治條理』，下同。」

010 集先聖之大道 宋本「道」誤「首」。

011 故如金者之有殺 宋本、孔本、韓本、考文古本「者」作「聲」，閩、監、毛三本作「音」。

012 終始如一也 閩、監、毛三本，孔本、韓本同。廖本「終始」作「始終」。

013 智者智理物 考文古本同，山井鼎云「恐非」。閩、監、毛三本，孔本、韓本下「智」作「知」。

014 聖人終始同 宋本「同」作「何」。

015 智譬猶人之有技巧也 閩、監、毛三本同。廖本、孔本、韓本、考文古本上有「以」字，「猶」作「由」，下「猶」同。

016 章指言：聖人由力，力有常也。賢者由巧，巧可增也。仲尼天高，故不可階。他人丘陵，丘陵由可踰。所謂小同而大異者也。

017 聞下惠之和風者　閩本同。監、毛本「下」上增「柳」字，下並同，惟「柳下惠之行」，「柳」字非監、毛增。

018 孟子名也　閩、監、毛三本同。廖本、孔本、韓本、考文古本無「也」字。

019 麄也　廖本「麄」作「麤」。○案，麤、麄正俗字。

020 言嘗聞其大綱如此矣　閩、監、毛三本同。岳本、孔本、韓本無「矣」字。

021 下至於士　閩、監、毛三本同。廖本、孔本、韓本、考文古本下有「也」字。

022 公侯皆方百里　考文古本「皆」下有「地」字。

023 所受采地之制　閩、監、毛三本同。廖本、孔本、韓本、考文古本下有「也」字。

024 士不得耕　宋本「士」作「上」，非。

025 章指言：聖人制禄，上下差敘，貴有常尊，賤有等威，諸侯僭越，滅籍從私，孟子略記，言其大綱，以荅北宮子之問。

026 晉平公於亥唐也　廖本、閩本同。監、毛二本，孔本、韓本「於」上有「之」字。石經此經漫漶。

027 如晉平公者也　岳本及諸本同。宋本無「也」字。

028 隱居陋巷晉平公嘗往造之　閩、監、毛三本同。宋本「嘗」作「當」。廖本「晉」作「者」。孔本、韓本、考文古本同廖本，「嘗」作「常」。案，「常」是。

029 非王公尊賢也　石經、廖本、閩本同。監、毛本，孔本、韓本「尊」上有「之」字。

030 皆天之所以授賢者　岳本、閩本、孔本、韓本、考文古本、足利本同。監、毛本誤脱「所」字。

031 迭爲賓主　音義出「迭爲」：「張云，或作『佚』，誤。」按，「佚」字不誤，古乃通用。

032 堯亦就享舜之所設　閩、監、毛三本同。廖本、孔本、韓本「享」作「饗」。

033 是天子而友匹夫也　閩、監、毛三本同。廖本、孔本、韓本、考文古本「而」作「之」。

034 用下敬上　石經「敬」諱「欽」，下同。

10a—035 章指言：匹夫友賢，下之以德。王公友賢，授之以爵。大聖之行，千載爲法者也。

校　記

❶ 南昌本無「案」字。

孟子注疏校勘記卷十下

10b—001 當執何心爲可也　閩、監、毛三本同。廖本、孔本、韓本、考文古本、足利本「也」作「者」。

002 郤之郤之爲不恭　閩本同。監、毛二本，孔本、韓本「郤」作「卻」。音義出「卻之」云：「或作『郤』，誤。」案，「卻」字从卩，説文曰「卻也」，俗作「却」。郤者，邑名，字从邑，經傳亦借爲「隙」字。

003 其來交求己以道理　閩、監、毛三本同。岳本、孔本、韓本、考文古本「交求」作「求交」。

004 蓋言其可受之也　閩、監、毛三本同。宋本、廖本、孔本、韓本、考文古本作「言可受也」。足利本無「之也」二字。

005 殷受夏周受殷　石經「殷」諱作「商」。

006 皆於也　廖本、孔本、韓本、考文古本同。閩、監、毛三本「皆」誤「者」。

007 於今爲烈烈　閩、監、毛三本，孔本同。韓本、考文古本下「烈」作「然」。

008 君子欲受之　閩、監、毛三本同。孔本、韓本「欲」作「且」，「受」上重「受」字。考文古本同孔本，無「且」字。

009 謂孟子也　閩、監、毛三本同。宋本、岳本、廖本、孔本、韓本、考文古本、足利本無「也」字。

010 知後王者　諸本同。廖本、監本、毛本「王」作「正」，誤。

011 今大盡耳　宋本「耳」作「甘」。

012 孔子先簿正祭器　音義云：簿，「本多作『薄』」，誤。

013 乏絶　監、毛二本「乏」誤「之」，玩僞疏本用此誤本。

014 何爲不去也　閩、監、毛三本同。廖本、孔本、韓本、考文古本無「也」字。

015 占其事始　廖本、孔本、韓本、考文古本、足利本同。閩、監、毛三本「始」誤「治」。

016 於季桓子　石經「桓」作「桓」。

017 孔子故宿留以荅之也　閩、監、毛三本同。宋本、岳本、考文古本無「孔子」二字。廖本「也」作「矣」。孔本、韓本無「孔子」二字，「也」作「矣」。足利本無「之」字。

018 章指言：聖人憂民，樂行其道，苟善辭命，不忍逆距，不合則去，亦不淹久，蓋仲尼行止之節也。

019 椎之也　考文古本「椎」作「推」。案，音義出「椎」字，作「推」非也。

020 行夜　按，「行」字如月令「出行田原」之「行」，經典釋文皆下孟反，孫不爲音，非也。

021 茁茁　閩、監、毛三本，足利本同。孔本、韓本、考文古本無一「茁」字。

022 章指言：國有道，則能者取考文古本作「處」。卿相。國無道，則聖人居乘田。量時安卑，不受言責，獨善其身之道也。

023 固當周其窮乏　岳本及各本同。宋本「當」作「常」。

024 士窮居周之則受　閩、監、毛三本同。廖本、孔本、韓本、考文古本「居」作「君」。

025 稟貧民之常料也　廖本、孔本、韓本、考文古本「料」作「科」，是也。閩、監、毛三本「稟」作「廩」。○按，作「廩」非也。説文曰：「稟，賜穀也。」淺人多譌「稟」爲「廩」。

026 可食於上禄　孔本、韓本「禄」作「有」。

027 而常來致之乎　廖本「常」作「當」。案，「常」是。毛本同。

028 以君命道故不悅也　閩、監、毛三本同。廖本、孔本、韓本、考文古本「道」作「煩」。足利本作「以爲君命煩故不悅」。案，「煩」是。

029 君以犬馬畜伋　閩、監、毛三本同。宋本、岳本、廖本、孔本、韓本無「以」字。

030 慍恨也　玩此三字，似經文有奪。抑注文作「繆公慍恨也」五字，今本衍二字耳。

031 章指言：知賢之道，舉之爲上，養之爲次，不舉不養，賢惡肯歸。是以孟子上陳堯舜之大法，下刺繆公之不宏孔本、韓本作「閎」。也。孔本、韓本、考文古本無「也」字。

* 伋曾子自稱其名也　案，「曾子」當作「子思」。

032 謂都邑也　孔本無「也」字。

033 故曰市井之臣在野居之曰草莽之臣　閩、監、毛三本同。廖本、考文古本作「故曰市井之人在野野居之人」，孔本、韓本同廖本，上「人」作「臣」。

034 庶衆之人　閩、監、毛三本同。宋本、孔本、韓本、考文古本「庶衆」作「衆庶」。

035 則往供役事　閩、監、毛三本同。宋本、孔本、韓本、考文古本無「役」字。

036 不月往見　岳本、廖本、孔本、韓本、考文古本「月」作「肯」，是也。閩、監、毛三本作「自」，亦非。

037 欲見而召之　閩、監、毛三本同。廖本、孔本、韓本、考文古本作「欲見之而召之也」。

038 而可往見　閩、監、毛三本同。宋本、孔本、韓本、考文古本下有「也」字。

039 孔子奚取焉取非其招不往也　石經「焉」

下有「哉」字，無「其」字。

040 **註旃首者** 「註」當作「注」，下「者」字衍。宋本、岳本、廖本、考文古本作「注旃首者」。閩、監、毛三本作「注旃于首者」。孔本、韓本作「注旃干首者」。○按，作「干」是也，古多假「干」爲「竿」。

041 **是不以禮者也** 閩、監、毛三本同。廖本、孔本、韓本、考文古本作「不以禮也」。足利本有「是」字。

042 **何得而入乎** 閩、監、毛三本同。廖本、孔本、韓本「何」作「可」。

043 **如閉禮也** 閩、監、毛三本同。廖本、韓本「如」作「由」，孔本作「猶」。

044 **周道如底** 按，「底」字誤也，當作「厎」。説文，「厎，柔石也。从厂氐聲」，或作「砥」，職雉切。「底，山居也，下也，从广氐聲」，都禮切。今毛詩作「砥」，孟子作「厎」，正是一字，不當从广，音義亦誤。

045 **孟子言孔子** 閩、監、毛三本，足利本同。孔本、韓本、考文古本「言」作「曰」。

046 **不謂賢者** 閩、監、毛三本同。孔本、韓本、足利本「者」作「人」。 ×

047 **章指言：君子之志，志於行道，不得其禮，亦不苟往。於禮之可，伊尹三聘而後就湯。道之未洽，沮、溺耦耕，接輿佯狂，豈可見也？** 孔本作「乎」。

048 **一國之善者** 閩、監、毛三本同。廖本、孔本、韓本、考文古本「一國」作「國中」。

049 **四海之内** 閩、監、毛三本同。宋本、孔本、韓本、考文古本下有「也」字。

050 **詩歌國近** 閩、監、毛三本同。廖本、孔本、韓本、考文古本「國近」作「頌之」，是。

051 **章指言：好高慕遠，君子之道，雖各**

有倫，樂其崇茂，是以仲尼曰：毋友不如己者。高山仰止，景行行止。

052 命爲王卿也　閩、監、毛三本同。廖本、孔本、韓本、考文古本「王」作「三」。

053 更立親戚之貴者　宋本、岳本、韓本、考文古本同。閩、監、毛三本，韓本「貴」作「賢」，是。❶

054 諫君不從王而待旅遂不聽之　廖本、考文古本「王」作「三」，「旅」作「放」，是也。宋本「遂」作「逐」。孔本、韓本同廖本，「三」作「去」。閩、監、毛三本作「諫君反覆諫君而君遂不聽之」，非也。

055 章指言：國須賢臣，必擇忠良，親近貴戚，或遭禍殃。伊發有莘，爲殷興道，故云成湯立賢無方也。

10b—056 齊宣至則去　閩、監本同。毛本「宣」下增「王」字。

校記

❶ 親戚，原作「親威」，今據南昌本、學海堂本改正。又校記中既言韓本與出文同，又言韓本與出文異，則兩處韓本必有一誤。今核孔本作「貴」，與出文同，韓本作「賢」，疑前一「韓本」是「孔本」之譌。

孟子注疏校勘記卷十一上

11a—001 人性爲才幹　閩、監、毛三本，孔本、足利本同。韓本、考文古本「才」作「本」。

002 所能順完杞柳　閩、監、毛三本同。廖本、孔本、韓本、考文古本、足利本「所」作「子」。

003 而成其桮棬乎　閩、監、毛三本，足利本同。孔本、韓本、考文古本無「其」字。

004 將斤斧殘賊之　各本同。岳本「將」下有「以」字。

*如將戕賊杞柳　此本脱「戕」字。

005 明不可此桮棬　此，當作「比」。閩、監、毛三本作「比」。廖本、孔本、韓本、考文古本作「明不可比桮棬也」。

006 以告子轉性爲仁義　閩、監、毛三本同。廖本、孔本、韓本、考文古本、足利本「爲」上有「以」字。

007 蓋嘆辭也　閩、監、毛三本同。廖本、孔本、韓本、考文古本無「蓋」字。

008 章指言：養性長義，順天自然，殘木爲器，變而後成。岳本、孔本、韓本、考文古本此下並有「告子道偏見有不純」八字。仁内義外，孔本作「内仁外義」。違人之端，孟子拂之，不假以言也。❶

009 湍水圜也謂湍水湍縈水也　閩、監、毛三本同。廖本、孔本、韓本、考文古本上「湍水」作「湍者」，下「湍水」無「水」字，「縈」作「瀠」。案，僞疏引亦作「湍者圜也」，音義出「瀠」字。

010 搏而躍之　音義：「丁作『摶』。」

011 猶水之欲下也　閩、監、毛三本同。廖本、孔本、韓本無「之」字。

012 章指言：人之欲善，猶水好下，迫勢激躍，失其素真，是以守正性者爲君子，隨曲拂者爲小人也。

* 令謂縈迴之水者然其水流沙上　案，「令」誤「令」，「言」誤「然」，監、毛本不誤。

013 無異性　閩、監、毛三本，足利本同。廖本、孔本、韓本、考文古本下有「也」字。

014 問告子以三白之性　閩、監、毛三本同。廖本、孔本、韓本、考文古本疊「子」字。

015 章指言：物雖有性，性各殊異。惟人之性，與善俱生。赤子入井，以發其誠。告子一之，知其麤矣。孟子精之，是足利本作「人」。在其中。

016 則犬狗之性　閩本同。監、毛二本無「狗」字。

017 見彼人年老長大　閩、監、毛三本同。廖本、孔本、韓本無「老」字。

018 非在我者也猶白色見於外者也　閩、監、毛三本，足利本同。廖本、孔本、韓本、考文古本「在」下有「於」字，無二「者」字。

019 同謂之白可也　各本同。考文古本「可」作「何」。

020 爲義義乎　閩、監、毛三本少一「義」字。廖本、孔本、韓本、考文古本作「爲有義乎」。案，廖本是也。

021 且敬老者　閩、監、毛三本同。廖本、孔本、韓本無「且」字。

022 愛從己　廖本、孔本、韓本、考文古本同。閩、監、毛三本「己」誤「心」。

023 所悦喜老者在外　岳本、孔本、韓本、考文古本同。閩、監、毛三本脱「老」字。

024 故曰外也　閩、監、毛三本同。廖本、孔本、韓本無「也」字。

025 耆秦人之炙　音義：「本亦作『嗜』，下同。」○案，嗜，正字。耆，假借字。

026 己情性敬之　閩、監、毛三本，足利本同。孔本、韓本、考文古本「性」作「往」。

027 章指言：事雖在外，行其事者，皆發於中，明仁義由内，所以曉告子之惑也。

028 且孟子所以排之　閩、監二本同。毛本「且」作「故」。

＊ 云炙實　監、毛本「實」並作「者」。

029 行吾敬　此章「敬」字石經諱作「欽」。

030 故言内也　閩、監、毛三本同。岳本、孔本、韓本無「也」字。

031 則誰先酌　閩、監、毛三本，足利本同。岳本、孔本、韓本、考文古本作「則先酌誰」。

032 鄉人以在賓位　閩、監、毛三本同。廖本、孔本、韓本、考文古本無「以」字。

033 斯須之敬在鄉人　閩、監、毛三本，足利本同。廖本、孔本、韓本、考文古本下有「也」字。

034 章指言：凡人隨形，不本其原。賢者達情，知所以然。季子信之，猶若告子，公都受命，然後乃理。

035 孟季至是亦在外也　是，「食」之誤，閩、監、毛三本不誤。

036 公都子曰或人者　閩、監、毛三本同。孔本、韓本無「者」字。

037 以爲各有性　閩、監、毛三本同。岳本、廖本、孔本、韓本「各」上有「人」字。

038 使其二子爲不仁　閩、監、毛三本同。岳本、孔本、韓本、考文古本「其」作「此」。

039 是亦各有性也矣　廖本、孔本、韓本、考文古本無「矣」字。閩、監、毛三本「也」作「者」。

040 皆爲非歟　閩、監、毛三本同。廖本、孔本、韓本、考文古本作「皆非邪」。

041 孝經云　閩、監、毛三本同。岳本、孔本、韓本「云」作「曰」。

042 其有下愚不移者也　閩、監、毛三本同。岳本、廖本、孔本、韓本、考文古本無「也」字。

043 譬若乎被疾不成之人　閩、監、毛三本同。岳本、廖本、韓本「若」作「如」，無「乎」字。考文古本無「乎」字。

044 民之秉彝　閩本同。石經「彝」作「夷」。監本、毛本、孔本、韓本、考文古本、足利本同石經，下同。

045 言天生蒸民　閩、監、毛三本同。廖本、孔本、韓本、考文古本「蒸」作「衆」。

046 民之秉夷夷常也　孔本、韓本、考文古本同。閩、監、毛三本二「夷」作「彝」。

047 故曰人皆有是善者也　閩、監、毛三本，足利本同。廖本、孔本、韓本作「故曰人皆有善也」。考文古本作「故言人皆有善也」。

048 章指言：天之生人，皆有善性，引而趨之，善惡異衢，高下相懸，賢愚舛殊，尋其本者，乃能一諸。

049 非天降下才性與之異也　閩、監、毛三本同。廖本、孔本、韓本無「也」字。

050 以飢寒之厄　閩、監、毛三本同。孔本、韓本、考文古本「厄」作「阨」。音義出「阨」字。

051 樹之時又同　石經此文漫漶，「樹」似諱作「植」。

052 貽我來麰　各本同。考文古本「來」作「麥」。❷

053 地之有肥磽耳　各本同。足利本「地」上有「如」字。

054 以心知耳　監本「心」誤「似」。×

055 古賢人也　閩、監、毛三本同。岳本、孔本、韓本、考文古本「人」作「者」。

056 誰不同也　閩、監、毛三本同。宋本、廖本、孔本、韓本、考文古本下有「草食曰芻穀養曰豢」八字，宋本「食」作「牲」，古本作「性」，山井鼎云：「性，恐『牲』誤。」

11a—057 章指言：人稟性俱有好憎，耳目口心所悦者同，或爲君子，或爲小人，猶麰麥不齊，雨露使然也。孟子言是，所以勗而進之。

校記

❶ 順天，南昌本作「順夫」。按，廖本章指作「順天」，則南昌本非。

❷ 南昌本脱「作」字。

孟子注疏校勘記卷十一下

11b—001 牛山未嘗盛美　閩、監、毛三本同。岳本、孔本、韓本、考文古本「未」作「木」。

*可爲美乎　補，各本「可」下有「以」字，此本脱。❶

002 亦猶此山之有草木也　閩、監、毛三本同。孔本、韓本無「此」、「也」二字。

003 日晝也　閩、監、毛三本同。廖本、孔本、韓本、考文古本、足利本作「晝日也」。

004 利害于其心　監、毛二本同。廖本、閩本、孔本、韓本「于」作「干」。

005 以爲未嘗存善木性　廖本、孔本、韓本、考文古本「存」作「有」，「木」作「才」。閩、監、毛三本「存」作「有」，「木」作「本」。

006 章指言：秉心持正，使邪不干，猶止斧斤不伐牛山，山則木茂，人則稱仁也。

*其所以終而爲者　補，監、毛本「而」作「不」，是也。

007 其一人志欲射鴻鵠　閩、監、毛三本同。岳本、孔本、足利本「志」作「念」。韓本、考文古本「志」下有「念」字。

008 故齊王之不智亦若是　各本同。孔本下衍「也」字。

009 章指言：弈爲小數，不精不能，一人善之，十人惡之，雖竭其道，何由智哉？詩云「濟濟多士，文王以寧」，此之謂也。

010 孟子所以引爲比者　閩、監、毛三本「比」誤「此」。

011 不爲苟患而辟患也　閩、監、毛三本同。廖本、孔本、韓本、考文古本上「患」作「惡」。

012 蹴爾而與之　音義：「張取六切。或作『踖』，音同。」案，玉篇「踖，蹵也」，則蹴、踖可通用。盧刊音義「踖」作「躍」，非也。通志堂、微波榭本俱不誤。

013 人之餓者　廖本、孔本、韓本、考文古本同。閩、監、毛三本「餓」誤「賤」。

014 猶嘑爾　閩、監、毛三本同。廖本、孔本、韓本、考文古本「嘑」作「呼」。○按，「呼」是。呼即今俗云招呼。咄啐，謂招呼也。

015 行道之人凡人　閩、監、毛三本同。岳本、孔本、韓本、考文古本「凡」上有「道中」二字。

016 則不辯禮義而受之　音義云：「丁本作『變』。」案，周易坤釋文「由辯，荀作『變』」，是辯、變古字通用。

017 則不復辯別有禮義與不　廖本、孔本、韓本同。閩、監、毛三本「不」改「否」。考文古本「復」作「得」。

018 窮乏者也　閩、監、毛三本同。廖本、孔本、韓本、考文古本無「也」字。

019 所謂失其本心者也　閩、監、毛三本，足利本同。廖本、孔本、韓本、考文古本無「者」字。

020 章指言：舍生取義，義之大者也。簞食萬鍾，用有輕重，縱彼納此，蓋違其本。凡人皆然，君子則否，所以殊也。

021 有甚於死者　閩、監二本同。毛本「於」下衍「言」字。

022 可哀憫哉　閩、監、毛三本，孔本同。韓本、考文古本「哉」作「也」。

023 人知求雞犬　閩、監、毛三本同。岳本、孔本、韓本、考文古本「犬」作「狗」。

024 學問所以求之矣　閩、監、毛三本，足利本同。廖本、孔本、韓本、考文古本無「矣」字，有者是。

025 章指言：由路求心，爲得其本。追逐雞狗，務其末也。學以求之，詳矣。

026 且人有雞犬放之　閩、監二本同。毛本「且」改「凡」。

027 爲指之不若人故也　閩、監、毛三本同。廖本、岳本、孔本、韓本無「之」字。

028 章指言：舍大惡小，不知其要，憂指忘心，不嚮於道，是以君子惡之也。

029 不思之甚者也宜孟子有是以言之歟　閩、監、毛三本同。廖本、孔本、韓本、考文古本無「者」字、「宜孟子」以下九字。

030 章指言：莫知養身而養　孔本、韓本衍「其」字。樹木，失事違　足利本誤「遠」。務，不得所急，所以誡未達者也。

031 宜誡之以此　閩、監二本同。毛本脱「宜」字。

032 不可舍貴養賤也　閩、監、毛三本同。廖本、孔本、韓本「也」上有「者」字。

033 爲大人故也　閩、監、毛三本、足利本同。廖本、孔本、韓本、考文古本無「故也」二字。

034 樲棘　樲棘，古書皆作「樲棗」。爾雅「遵羊棗」注引孟子「養其樲棗」。古本爾雅皆同，詳爾雅挍勘記。唐宋人本艸注皆作「樲棗」。毛傳曰：「棘者，棗也。」統言之也，故羊棗雖小而得稱棗。

035 樲棘小棘　按，此是「樲棗小棗」之誤，不可不正，「小棘」之語尤爲不通。

036 人所賤之者　閩、監、毛三本同。岳本、孔本、韓本、考文古本、足利本「所」下有「以」字。

037 豈但爲肥長尺寸之膚哉　閩、監、毛三本同。廖本、孔本、韓本、考文古本「哉」作「邪」。

038 亦以懷其道德也　閩、監、毛三本同。廖本作「亦爲懷其道德者也」。孔本、韓本作「亦爲懷道德者也」。考文古本作「亦以懷其道德者也」。足利本作「亦以懷其道者也」。❷

039 章指言：養其行，治其正，俱用智力，善惡相厲，是以君子居處思義，飲食思禮也。

040 此天之所與我者　廖本、閩、監、毛三本同。岳本、孔本、韓本「此」作「比」。按，朱子文集云：「舊官本皆作『比』字，注中『此乃』亦作『比方』。」又集注云：「舊本多作『比』，而趙注亦以『比方』釋之，今本既多作『此』而注亦作『此乃』，未詳孰是。」○按，朱子誤矣，趙注既云「比方」，安可因近本之譌而疑之。上文官有二，故比方之而先立其大者，文意甚明。漢書賈誼傳「比物此志也」，如淳曰：「比謂比方也。」今多譌「此物」。公羊傳注「父老比三老，孝弟官屬」，今本「比」亦譌「此」。

041 此乃天所與人情性　廖本、閩、監、毛三本同。岳本、孔本、韓本「此乃」作「比方」。○按，「比方」是，妄改又在朱子後。

042 則惡不能奪之而已矣　閩、監、毛三本同。廖本、孔本、韓本、考文古本無「之而已矣」四字。

043 章指言：天與人性，先立其大，心官思之，邪不乖越，故謂之大人也。

044 終必亡也　閩、監、毛三本，足利本同。岳本、廖本、孔本、韓本、考文古本「也」作「之」。

045 章指言：古修天爵，自樂之也。今要人爵，以誘時也。得人棄天，道之忌也，惑以招亡，小人事也。

046 故曰非良貴者　孔本「者」改「也」。浦鏜云：「也」誤「者」。

047 晉卿之貴者也　閩、監、毛三本同。孔本、韓本、足利本無「也」字。

048 又能賤人　孔本無「又」字。

049 人之所自有也者　閩、監、毛三本同。廖本、孔本、韓本、考文古本無「也」字。

050 章指言：所貴在身，人不知求，膏粱文繡，己之所優，趙孟所貴，何能比之，是以君子貧而樂也。

051 此章言所貴在身　「此」上當有「正義曰」三字，閩、監、毛三本不脱。

* 則人特不特見而善之　補，監、毛本上「特」字作「將」，是也。❸

052 何能救一車薪之火也　閩、監、毛三本同。廖本「能救」作「勝」。孔本、韓本、考文古本、足利本「救」作「勝」。

053 則謂水不勝火　閩、監、毛三本同。廖本、孔本、韓本無「則」字。

054 亦終必亡仁矣　閩、監、毛三本同。廖本、孔本、韓本、考文古本「亡」作「無」。

055 章指言：爲仁不至，不反諸己，謂水勝火，熄而後已。不仁之甚，終必亡矣。爲道不卒，足利本誤「率」。無益於賢也。

056 以羊易之仁　「易」下脱「牛」字，閩本剜增「牛」字，是也。監、毛二本同閩本。

057 則不如荑稗之草　閩、監、毛三本同。岳本、廖本、孔本、韓本無「則」字。

×

058 章指言：功毁幾成，人在慎終，五穀不熟，荑稗是勝，是以爲仁必其成也。

059 必志於彀　孔本、韓本、考文古本、足利本同。閩、監、毛三本「志」作「至」，下同。浦鏜云：「志」誤「至」。

060 古之善射者　閩、監、毛三本同。岳本、孔本、韓本、考文古本「善」作「工」。疏引作「攻」。

061 轂張弩付的者　「付」字模糊，閩、監、毛三本如此。廖本、孔本、韓本作「轂張也張弩向的者」。考文引「轂張」云古本下有「也」字，又引「弩付的者」云「付」作「向」。○按，張弩向的，所謂若虞機張，往省栝于度，則釋也。

062 用思要時也　閩、監、毛三本同。廖本「時」作「專」。孔本、韓本「要」作「專」。

063 得射者之張也　「得」字模糊，閩、監、毛三本如此。孔本、韓本、考文古本「得」作「猶」。浦鏜云：「得，當『猶』字誤。」

064 攻木工　閩、監、毛三本同。廖本、孔本、韓本、考文古本作「攻木之工」。疏引有「之」字。

065 所以爲圓也　閩、監、毛三本，韓本同。岳本「圓」作「圜」。孔本脱「也」字。

11b—066 章指言：事各有本，道有所隆，轂張規矩，以喻爲仁，學不爲仁，猶是二教，失其法而行之也。

校　記

❶ 此條南昌本原在「亦猶此山之有草木也」條後，今據經注文字之序移補於此。

❷ 古本，南昌本誤作「古文」。

❸ 此條南昌本原在「此章言所貴在身」條前，今據疏文先後順序移補於此。

孟子注疏校勘記卷十二上

12a—001 何者爲重　各本同。孔本無「者」字。

002 豈重一車羽邪　閩、監、毛三本，孔本同。韓本、考文古本「車」作「輿」。

003 翅辭也若言何其不重也　按「翅辭也」者，翅者是語詞，即不啻也。説文「口部」曰：「啻，語時不啻也。」「奚翅」、「不啻」猶史、漢之言「夥頤」。或析「翅」字訓但，誤矣。注云「若言何其重也」，正謂色食之重者，後人添「不」字，遂不可解矣。

004 章指言：臨事量宜，權其輕重，以禮爲先，食色爲後，若有偏足利本作「徧」。殊，從其大者，屋廬子未達，故譬摟紾也。

005 周人述於户　述，當作「迎」，閩、監、毛三本不誤。

006 當如之何　閩、監、毛三本同。廖本、孔本、韓本、考文古本無「之」字。

007 力不能勝一匹雛　音義：匹，丁作「疋」。云：「注云『疋雛，小雛也』，『匹』不訓小，而詁訓及諸書『疋』訓耦，訓小無文。今案，方言『尐，小也』，音節，蓋與『疋』字相似，後人傳寫誤耳。」

008 則謂之無力人　閩、監、毛三本同。孔本「謂」作「爲」，「力」下有「之」字。韓本、考文古本「力」下有「之」字。

009 百鈞三千斤也　閩、監、毛三本，孔本、韓本同。廖本「千」作「十」。考文引亦作「十」。足利本無「百鈞」二字。案，廖本非也。

010 則謂之有力之人　閩、監、毛三本同。廖本、孔本、韓本、考文古本下有「矣」字。

011 孝悌而已矣　閩、監、毛三本同。宋九經本、岳本、咸淳衢州本、孔本、韓本「悌」作「弟」。○按，「悌」者，俗字。

012 淫虐之行　閩、監、毛三本同。廖本、孔本、韓本、考文古本下有「也」字。

013 爲桀似桀而已矣　閩、監、毛三本同。廖本、孔本、韓本、考文古本無「而已矣」三字。

014 不必留館學也　閩、監、毛三本同。孔本、韓本、考文古本「館」作「此」。

015 章指言：天下韓本、考文古本有「之」字。大道，人竝由之，病於不爲，不患不能，是以曹交請學，孟子辭焉。蓋詩三百，一言以蔽之。孔本、韓本、足利本作「也」。

016 夫堯舜二帝之道而已　閩、監、毛三本「而已」上增「孝弟」二字，是。

017 則行堯所行堯所行之迹　閩、監、毛三本删「堯所行」三字，是。

018 口誦詭儒之言　閩、監、毛三本「誦」下增「桀」字。

019 註鈞三千斤　案，「鈞」上當有「百」字，閩、監、毛三本改「千」爲「十」，非也。

020 帝王世説云　案，「説」當作「紀」。

021 高父之爲詩也　閩本、孔本、韓本、考文古本、足利本同。監、毛二本「父」誤「叟」。

022 不達詩人之意也　閩、監、毛三本同。廖本、孔本、韓本、考文古本「意」下有「甚」字。

023 不可磯　按，段玉裁曰：注中訓「磯，激也」，但於雙聲求之，磯與杚、概字古音同，謂摩也，故毛詩音義曰：「磯，居依反，又古愛反。」古假借字耳。近人以石激水解之，殊誤。説文固無「磯」字。

024 而曾不閔己　廖本、孔本、韓本、考文古本同。閩、監、毛三本「閔」誤「闕」。案，十行本「閔」字稍模糊，翻刻閩本時誤仞爲「闕」字，遂改爲「闕」耳。

025 而慕其親不殆　閩、監、毛三本同。岳本、考文古本、足利本「慕」上有「思」字。孔本、韓本與岳本同，「殆」作「怠」，是也。

026 孝之至矣　岳本、孔本、韓本、考文古本同。閩、監、毛三本「矣」誤「耳」。

027 爲不得矣　岳本、廖本、孔本、韓本、考文古本同。閩、監、毛三本「得」誤「達」。

028 章指言：生之膝下，一體而分，喘息呼吸，氣通於親，當親而疏，怨慕號天，是以小弁之怨未足以孔本、韓本、考文引古本無「以」字。爲愆也。

029 孟子又問孫丑　閩本同。監、毛二本「孫」上增「公」字，非，下「孫丑又荅之」同。

030 以褒爲后　閩本同。監、毛二本「褒」下增「姒」字。

031 問欲何之也　閩、監、毛三本同。廖本、孔本、韓本、考文古本無「也」字。

032 得從其志也　閩、監、毛三本同。廖本、孔本、韓本、考文古本無「也」字。

033 不敢詳問其指　閩、監、毛三本同。岳本、孔本、韓本、考文古本「其」上有「願聞」二字。

034 先生之志則大矣　毛本「生」誤「王」，下「先生之號」同。

035 三軍士樂之而悦利　考文古本無「三軍」二字。

036 則其國從而亡矣　閩、監、毛三本同。廖本、孔本、韓本無「從而」二字。

037 章指言：上之所欲，下以爲俗。俗化

於善，久而致平。俗化於惡，久而致傾。是以君子創業，慎其所以爲名也。❶

038 居守其國　閩、監、毛三本同。廖本、孔本、韓本、考文古本下有「也」字。

039 致幣帛之禮　足利本無「帛」字。

040 受之而不報　閩、監、毛三本同。岳本、孔本、韓本「不」作「未」，下有「也」字。

041 亦致禮以交於孟子　閩、監、毛三本。岳本、廖本、孔本、韓本、考文古本無「於」字。❷

042 孟子亦不荅之也　閩、監、毛三本同。廖本、考文古本作「而未荅也」。孔本、韓本、足利本作「受而未荅也」。

043 聞義服故悦也　閩本同。監本「服」上剜增「而」字。毛本、孔本、韓本、考文古本同監本。○按，當作「聞義則服」，用弟子職語。

044 故禮荅而不見之也　閩、監、毛三本同。廖本、孔本、韓本、考文古本無「禮」、「之也」三字。

045 章指言：君子交接，動不違禮，享見之儀，亢考文古本作「允」。荅不差，是以孟子或見或否，各考文古本「否各」作「不荅」。以其宜也。

046 有道德之名　閩、監、毛三本同。孔本、韓本、考文古本下有「也」字。

047 見貢於桀　足利本「貢」作「責」，下「復貢」同。○按，「貢」是也。

048 不用而歸湯　閩、監、毛三本同。廖本、孔本、韓本、考文古本上有「桀」字。

049 如何者五　閩、監、毛三本「何」改「是」，岳本、孔本、韓本作「此」。

050 異得施行其道也　各本「異」作「冀」，是也。

051 此貢人雖異道　閩、監、毛三本同。岳本、孔本、韓本、考文古本「貢」作「二」，是也。

052 所履則一也　閩、監、毛三本同。廖本、孔本、韓本「則」作「者」。

* 趨於屨仁而已　補案：「屨」當作「履」，監、毛本不誤。

053 髠爲其速去　閩、監、毛三本同。廖本、孔本、韓本、考文古本「爲」作「譏」。

054 孔子之孫伋也　閩、監、毛三本同。廖本、孔本、韓本、考文古本無「子之孫」三字。

055 衛詩竹竿之篇　閩、監、毛三本同。廖本、孔本、韓本、考文古本下有「曰」字。

056 北流活活　監本下「活」誤「淫」。

057 齊右善歌　毛本「歌」誤「謳」。○按：右，一本作「后」，見文選注、藝文類聚，要非趙本也。

058 爲之而無功者　考文古本「之」作「事」。

059 則髠必識之矣　閩、監、毛三本同。廖本、孔本、韓本、考文古本「之矣」作「知之」。

060 爲司寇爲賢臣　閩、監、毛三本同。廖本、孔本、韓本、考文古本作「爲魯賢臣」。

061 膊炙者爲燔　毛本「膊」誤「煿」。

062 未及税冕而行　閩、監、毛三本同。廖本、孔本、韓本、考文古本「税」下有「解祭之」三字。

063 不欲爲誠欲急去也　考文古本上「欲」作「敬」。

064 衆人固不識君子之所爲　閩、監、毛三本同。廖本、孔本、韓本、考文古本、足利本「識」作「能知」二字。

065 章指言：見幾而作，不俟終日。孔子將行，冕不及稅，庸人不識，課以功實。淳于雖辯，終亦屈服，正者勝也。

066 孟子曰至其趍也者　閩、監、毛三本「也」上增「一」字。毛本「趍」作「趨」。

067 下惠之仁　閩本同。監、毛二本上增「柳」字。

068 蓋謂之去齊　閩、監、毛三本「之」上增「我」字。

* 則大夫之黨黨從君祭　補，監、毛本下「黨」字作「當」，是也。

069 齊侯歸杞梁之妻　閩本同。監本「杞」上剜增「遇」字，毛本同。

12a—070 宿于此此魯國之南地也　閩本同。監、毛本「此」改「屯」。

校記

❶ 所欲，南昌本作「所從」。按，廖本章指作「欲」，南昌本誤。

❷ 按，今核閩、監、毛三本文字與此條出文同，而自岳本以下諸本則與校勘記所言相同，即無「於」字，是校記「三本」下當增「同」字。

孟子注疏校勘記卷十二下

12b—001 商湯　閩、監、毛三本同。廖本、孔本、韓本「商」作「殷」。

002 周文王是也　廖本、孔本、韓本、考文古本同。閩、監、毛三本「王」改「武」。

003 則有讓　石經「讓」諱作「責」。

004 不朝而至三　閩、監、毛三本同。岳本、廖本、孔本、韓本、考文古本無「而」字。

005 則討之以六師　閩、監、毛三本同。廖本、孔本、韓本、考文古本無「則」字。

006 乃爲之罪人也　閩、監、毛三本同。廖本、孔本、韓本、考文古本無「爲之」二字。

007 五霸桓公爲盛　石經「桓」諱作「威」。

008 無易樹子　石經「樹」諱作「立」。

009 敬老慈幼　石經「敬」諱作「欽」。

010 不敢負之　閩、監、毛三本同。廖本、孔本、韓本、考文古本「之」作「也」。

011 不得立愛妾爲嫡妻也　閩、監、毛三本同。廖本、孔本、韓本無「妻」字。

012 取士必得賢也立賢無方也　閩、監、毛三本同。廖本上「也」作「立」，下「賢」作「之」。孔本、韓本、考文古本同廖本，惟少一「立」字。

013 不得以私怒行戮也　閩、監、毛三本同。廖本、孔本、韓本「戮」上有「誅」字。

014 而以己意設防禁也　閩、監、毛三本同。廖本、孔本、韓本、考文古本「意」上有「曲」字。

015 擅有封賞　閩、監、毛三本同。廖本、孔本、韓本、考文古本「有」下有「所」字。

016 臣以諂媚逢迎之　閩、監、毛三本同。廖本、孔本、韓本無「之」字。

017 章指言：王道寖衰，轉爲罪人，孟子傷之，是以博思古法，匡時君也。

018 五霸至者也　閩、監、毛三本上增「註」字。者，閩本作「是」。

* 士無世禄　補，監、毛本「無」作「者」，不誤。

019 天子諸侯制制如是　上「制」字誤，廖本、孔本、韓本、考文古本作「地」是，閩、監、毛三本作「之」非。

020 在所損之乎在所益之乎　閩、監、毛三本同。廖本、孔本、韓本、考文古本上「乎」作「中邪」二字，下「乎」作「中也」二字。○按，上云「邪」，下云「也」，古人文法多如此。

021 以當正道者　廖本、孔本、韓本、考文古本同。閩、監、毛三本「正」誤「王」。

022 章指言：招攜懷遠，貴以德禮，既孔本、韓本作「及」，考文古本作「賤」。其用兵，廟勝爲上，戰勝爲下，明賤戰也。

023 慎子至而已　閩本同。監、毛二本上增「魯欲使」三字。

024 今之事君者皆曰　閩、監、毛三本，孔本同。考文古本、足利本無「皆」字。

025 侵小國也　閩、監、毛三本同。廖本、孔本、韓本、考文古本「小」作「鄰」。

026 今之所謂良臣　閩、監、毛三本同。廖本、孔本、韓本、考文古本下有「者」字。

027 於古之法爲民賊者也　閩、監、毛三本同。廖本、孔本、韓本、考文古本無「者也」二字。

028 賊傷民也　閩、監、毛三本同。廖本、孔本、韓本、考文古本無「賊」字、「也」字。

029 求必勝之也　閩、監、毛三本同。廖本、孔本、韓本、考文古本無「之」字。

030 章指言：善爲國者，必孔本、韓本、考文引古本作「以」。藏於民，賊民以往，其餘何觀？變俗移風，非樂不化，以亂濟民，不知其善也。

031 孟子止居也　閩本同。監、毛二本「止」改「至」。

032 省賦利民　閩、監、毛三本同。廖本、孔本、韓本上有「欲」字。

033 以此喻白圭之所言而已矣　閩、監、毛三本同。廖本、孔本、韓本、考文古本作「以此喻白圭所言也」。

034 無諸侯幣帛饔飧　饔，當作「飱」。毛本「饔」作「饗」。

*故二十而取一而足也　諸本無上「而」字。

035 故獨生之　閩、監、毛三本同。廖本、孔本、韓本下有「也」字。

036 故可二十而取一　閩、監、毛三本同。廖本、孔本、韓本無「而」字。

037 二十而稅一者　閩、監、毛三本同。廖本、孔本、韓本、考文古本無「而」字。

038 則是夏桀爲大桀而子爲之小桀也　閩、監、毛三本同。廖本、孔本、韓本無「是」字、「而」字、「之」字。考文引「而子爲之小桀也」云：古本無「而」字、「之」字。

039 章指言：先王典禮，萬世可遵，什一供貢，下富上尊。裔土考文古本作「士」。簡惰，二十而稅，夷狄有君，韓本刪此四字，孔本作「貉道有然」。不足爲貴，此四字韓本亦

删。圭欲法之，孟子斥之以王制也。❶

040 正案班固志貨殖傳云　「正」下脱「義曰」二字，閩、監、毛三本不脱。

041 井田方百里是爲八九家共之　閩本同。監、毛二本「百」作「一」，「八九家」作「九夫八家」，是。案，此文監本擠寫，是監本剜改。

042 當諸侯之時　閩、監、毛三本同。廖本、孔本、韓本無「之」字。

043 因自謂過乎禹也　閩、監、毛三本同。廖本、孔本、韓本、考文古本無「乎」字。

044 是子亦過甚矣　閩、監、毛三本同。廖本、孔本、韓本、考文古本無「是」字。

045 章指言：君子除害，普爲人也，白圭壑鄰，亦以狹矣，是故賢者志其大者遠者也。

046 君子不亮惡乎執　音義：「本亦無『乎』字。」

047 捨信將安所執之邪　閩、監、毛三本同。岳本無「所」字。廖本、孔本、韓本「捨」作「舍」，無「所」字、「邪」字。考文古本無「所」字、「邪」字。

048 章指言：論語曰「自古皆有死，民無信不立」，重信之至者孔本、韓本、考文古本無「者」字。也。

049 則君之道　「君」下漏「子」字，閩、監、毛三本不脱。

050 丑問以但好善　閩、監、毛三本同。岳本、孔本、韓本、考文古本「以」作「人」。

051 舜是也　閩、監、毛三本同。廖本、孔本、韓本、考文古本上有「虞」字。

052 懷善之士　閩、監、毛三本同。廖本、孔本、韓本、考文古本「善」下有「言」字。

053 章指言：好善從人，聖人一概，禹聞讜言，荅之而拜。訑訑吐之，善人亦逝，善去惡來，道若合符。詩曰「雨雪瀌瀌，見晛聿消」，此之謂也。

054 註禹聞讜言荅之而拜至此之謂也　閩、監、毛三本「而」作「以」，「此之謂」作「合符者」。

055 正義曰禹聞善言則拜尚書讜言說於前矣詩曰雨雪瀌瀌見晛曰消者此蓋角弓之詩文也註云晛日也瀌瀌雨雪之盛貌　閩、監、毛三本無「詩曰」至「盛貌」三十一字。

056 謂何禮可以仕也　閩、監、毛三本同。廖本、孔本、韓本、考文古本「謂」作「得」。

057 迎之致敬以有禮　石經「敬」諱作「欽」，下同。

058 三十徵庸　監本「徵」誤「微」。○按，此「三十」當同「五十而慕」注作「二十」。

059 文王於鬻販魚鹽之中　音義：「鬻」字或作「育」。

060 章指言：仕雖正道，亦有量宜，聽言爲上，禮貌次之，困而免死，斯爲下矣，考文古本作「夫」。備考文古本作「漏」。此三科，亦無疑也。❷

061 所以不能行之者也　閩、監、毛三本同。廖本、孔本、韓本、考文古本無「之者也」三字。

062 人恒過　石經「恒」諱作「常」，下同。

063 徵於色　石經「徵」諱作「證」。

064 橫塞其慮於胷中　閩、監、毛三本同。廖本、孔本、韓本、考文古本「胷」下有「臆之」二字。

065 若甯戚商歌　考文古本「商」作「高」。案，非也。

066 是而已矣　閩、監、毛三本同。廖本、孔本、韓本、考文古本無此四字。

067 **輔弼之士**　閩、監、毛三本同。孔本、韓本、考文古本「弼」作「拂」。

068 **安樂怠慢使人亡其知能者也**　閩、監、毛三本同。廖本、孔本、韓本、考文古本「慢」作「惰」，無「者」字。

069 **章指言：聖賢困窮，天堅其志。次賢感激，乃奮其慮。凡人佚樂，以喪知能。賢愚之敘也。**

* **何不啜其漕而餔其漓**　補，監、毛本「漕」作「糟」，「漓」作「醨」，是也。

070 **是亦教誨之一道也**　閩、監、毛三本同。廖本、孔本、韓本、考文古本「亦」下有「我」字。

12b—071 **章指言：學而見賤，恥之大者，激而厲之，能者以改。教誨之方，或折或引，同歸殊塗，成之而已。**

* **成之則者也**　毛本「則」下有「一」字。

校記

❶ 圭欲法之，南昌本「法」作「去」。按，廖本章指作「法」，則南昌本誤。

❷ 按，此條乃告子下「古之君子何如則仕」章（第十四章）章指，而此條前「三十徵庸」、「文王於鬻販於魚鹽之中」兩條乃「舜發於畎畝之中」（第十五章）注文，故此條當移至「迎之致敬以有禮」條後。

孟子注疏校勘記卷十三上

13a—001 凡四十五章　閩、監、毛三本同。音義、宋本「五」作「七」。案章指當爲四十七章，作「四十五」者，僞疏改疏以「王子宮室」章并入上章，又失數「莫非命也」一章，故爲四十五章也。

002 爲精氣王　宋本「王」作「生」，孔本、韓本、閩、監、毛三本作「主」。

003 天之執持綱維　閩、監、毛三本同。孔本、韓本、考文古本「綱維」作「維綱」。

004 而衆星拱之　閩、監、毛三本同。宋本、孔本、韓本、考文古本「拱」作「共」。音義出「共之」云：「亦作『拱』。」

005 苟存其心　宋本「苟」作「曰」。

006 故以盡心爲篇題　閩、監、毛三本同。孔本、韓本、考文古本「爲篇題」作「題篇」。

* 言容悦凡言　補，監、毛本下「言」字作「臣」，是也。

* 案一首天文志云　補，監、毛本「一首」作「五行」，不誤。

007 故曰所以事天也　閩、監、毛三本同。宋本、岳本、孔本、韓本、考文古本無「也」字。

008 此所以立命之本　閩、監、毛三本同。廖本、孔本、韓本、考文古本下有「也」字。

009 章指言：盡心竭性，足以承天，殀壽禍福，秉心不違，立命之道，惟是爲珍。❶

* 但操存其心而不仁也　案，「仁」爲「二」譌。❷

010 爲受其正也已　閩、監、毛三本同。岳本、廖本、孔本、韓本、考文古本無「已」字。

011 得正命也　閩、監、毛三本同。廖本、孔本、韓本、考文古本上有「爲」字。足利本「爲」作「無」。案，作「無」非也。

012 畏壓溺死　閩、監、毛三本同。廖本、孔本、韓本、考文古本無「死」字。案，無者字非。❸

013 故曰非正命也已　閩、監、毛三本同。廖本、孔本、韓本、考文古本無「已」字。

014 章指言：人必趨命，貴受其正，巖牆之疑，君子遠之。

015 註畏壓溺死所不弔　閩、監、毛三本「所」上有「禮」字。

016 故曰得之有命也　閩、監、毛三本同。宋本、孔本、韓本「曰」作「言」。　×

017 求無益於得也　監本「求」誤「乘」。　×

018 求在外者也　閩、監、毛三本同。宋本、岳本、廖本、孔本、韓本、考文古本無「者」字。　×

019 章指言：爲仁由己，富貴在天，故孔子曰「如不可求，從吾所好」。

020 常有所行矣　宋本、廖本、閩本、孔本、韓本、考文古本、足利本同。監、毛二本「常」誤「當」。

021 强恕而行　廖本、孔本、韓本同。閩、監、毛三本「强」作「彊」，注同。

022 當自强勉　岳本及各本同，宋本作「勉强」。

023 此最爲近也　閩、監、毛三本同。宋本、岳本、廖本、孔本、韓本、考文古本無「也」字。

024 章指言：每必以誠，恕己而行，樂在其中，仁之至也。

025 無所愛　閩、監、毛三本同。廖本、孔本、韓本、考文古本作「於其所愛」。

026 可推以爲善　閩、監、毛三本同。廖本、孔本、韓本、考文古本下有「也」字。

027 章指言：人有仁端，達之爲道，凡夫用之，不知其爲寶考文古本誤「實」。也。

028 論語曰　各本同。考文古本作「論曰」。○按，趙注多作「論」。

029 章指言：恥身無分，獨無所恥，斯必遠辱，不爲憂矣。

030 無復有恥辱累之矣　「之」字墨丁，閩、監、毛三本如此。

031 今造機變阱陷之巧　閩、監、毛三本同。廖本、孔本、韓本「阱」作「穽」。

032 取爲一切可勝敵之　閩、監、毛三本同。廖本、孔本、韓本、考文古本「之」作「也」。

033 廉恥之心　閩、監、毛三本同。廖本、孔本、韓本、考文古本下有「也」字。

034 不恥不如古之聖人何有如賢人之名也　廖本、孔本、韓本、考文古本同。注意謂取法乎上，乃得乎中也。閩、監、毛三本「聖人」、「賢人」並作「聖賢」。

035 章指言：不慕大人，何能有恥？是以隰朋愧不及黄帝，佐桓公孔本、韓本、考文引古本「桓公」作「齊桓」。以有勳；顔淵慕虞舜，孔子孔本、韓本、考文引古本「孔子」作「仲尼」。歎庶幾之云。考文古本「歎」下有「而」字。

036 正宜羞恥而無爲之也　「正」字墨丁，閩、監、毛三本如此。

037 何能有古聖賢之名也　「也」字墨丁，閩、監、毛三本如此。

038 後齊桓得之輔佐　「輔」字墨丁，閩、監、毛三本如此。

* 何獨不者所樂有所忘也　補，監、毛本「者」作「有」，是也。

039 見且由不得亟　宋九經本、宋本、岳本、咸淳衢州本、孔本、韓本同。閩、監、毛三本「由」作「猶」。

040 伊尹樂道堯舜　閩、監、毛三本同。廖本、孔本、韓本、考文古本作「伊尹樂堯舜之道」。

041 豈可得而臣之者乎　閩、監、毛三本同。廖本、孔本、韓本、考文古本無「者乎」二字。

042 章指言：王公尊賢，以貴下賤之義也。樂道忘勢，不以富貴動心之分也。各崇所尚，則義不虧矣。

043 以其能樂己之樂　「能樂」二字墨丁，閩、監、毛三本如此。

044 故有王公大人　「王」字墨丁，閩、監、毛三本如此。

045 自得無欲之貌也　閩、監、毛三本同。廖本、孔本、韓本、考文古本無「也」字。

046 章指言：内定常滿，囂囂無憂，可出可處，故云以遊。修身立世，賤不失道，達善天下，乃用其寶。句踐好遊，未得其要，孟子言之，然後乃喻。

047 孟子至天下　閩、監二本同。毛本「天」上有「兼善」二字。

048 故云以士　「士」字墨丁。閩、監、毛三本如此。案，此章指文也，「士」當作「遊」，與「憂」韻。

049 窮則獨善身　閩、監、毛三本「身」上有「其」字。

050 無自知者也　閩、監、毛三本，足利本同。宋本、孔本、韓本、考文古本「自」作「異」。

051 故由文王之大　廖本、孔本、韓本、考文古本作「故須文王之大化」。閩、監、毛三本作「故由文王之化」。

052 若夫豪傑之才知　閩、監、毛三本同。廖本、孔本、韓本、考文古本無「之」字。

053 以善守其身正其行　閩、監、毛三本同。宋本、岳本、孔本、韓本、考文古本無二「其」字。

054 章指言：小人待化，乃不辟邪，孔本、韓本二字倒。君子特立，不爲俗移，故稱豪傑自興也。

055 章指言：人情韓本作「恃」。富盛，莫不驕矜，若能欿然，謂不如人，非但免過，卓絶乎凡也。

056 當其雖勞　閩、監、毛三本同。岳本、孔本、韓本、考文古本「其」作「時」，是也。

057 以坐殺人故也　廖本、孔本、韓本、考文古本同。閩、監、毛三本「坐」誤「生」。

058 章指言：勞人欲以佚之，殺人欲以生之，則民無怨讟也。

059 殺之不怨故曰殺之而不怨　閩、監、毛三本同。宋本、岳本下「之」作「人」。廖本、考文古本下「之」作「人」，下有「也」字。孔本、韓本作「殺非不教，故殺之不怨也」。

060 又使日遷善　閩、監、毛三本同。孔本、韓本、考文古本無「又」字。

061 言化遷善爲之大道者也　閩、監、毛三本同。廖本、孔本、韓本、考文古本作「言化大也」。

062 豈曰使人知其小補益之者哉　閩、監、毛三本同。廖本、孔本、韓本、考文古本作「豈曰使成人知其小補益也」。

063 章指言：王政浩浩，孔本、韓本作「皥皥」。與天地同道。霸者德小，民人速覩，是以賢者志其大者也。

064 而遂天下之故者　閩、監、毛三本「遂」

下有「通」字，是。

065 章指言：明法審令，民趨君命。崇寬務化，民愛君德。故曰「移風易俗，莫善於樂」。

* 有九職繫萬民　補，監、毛本「繫」作「任」。

066 無不知愛其親者　按，古本無不作「者」。注疏本亦不誤，今書塾朱子集注本「者」作「也」，不可不正。❹

067 施之天下人也　閩、監、毛三本同。廖本、考文古本「也」作「而已」二字。孔本、韓本與廖本同，「施」作「推」。

068 章指言：本性良能，仁義是也，達之天下，恕乎已也。

069 人之所不學而至達之天下也者　閩、監、毛三本「而」下有「能」字。

070 居木石間　閩、監、毛三本同。孔本、韓本、考文古本「間」上有「之」字。

071 相去豈遠　閩、監、毛三本同。廖本、孔本、韓本、考文古本下有「哉」字。

072 聞人一善言　各本同。孔本無「人」字，下「見人」同。

073 若江河之流　各本同。孔本上有「辟」字。案，此采音義也。音義出「辟若」云：「下『辟若』同。」下「辟若」當指章指「辟若神龍」言，故知此文上舊有「辟」字，浦挍同。

074 其所欲行也　閩、監、毛三本同。廖本、孔本、韓本、考文古本無「也」字。

075 章指言：聖人潛隱，辟若神龍，亦能飛天，亦能小同，舜之謂也。

076 每以身先之　閩、監、毛三本同。廖本、孔本、韓本、考文古本「先」作「況」。

077 章指言：「己所不欲，勿施於人」，仲尼之道也。

078 以其在於有疢疾之人　閩、監、毛三本同。廖本、孔本、韓本、考文古本無「以其」二字。

079 章指言：孤孽自危，故能顯達。膏粱難正，多用沈溺。是故在上不驕，以戒諸侯也。

* 膏粱自正　補案：「自」字當從章指作「難」。

080 以悦君者也　閩、監、毛三本同。廖本、孔本、韓本、考文古本「者也」作「而已」。

081 而後爲悦者也　閩、監、毛三本同。廖本、孔本、韓本、考文古本作「而後悦也」。

082 章指言：容悦凡臣，社稷股肱，天民行道，大人正身。凡此四科，優劣之差。

083 君子重言　閩、監、毛三本同。宋本、孔本、韓本、考文古本「君」作「孟」。

084 章指言：保親之養，兄弟無他，誠不愧天，育養英才，賢人能之，樂過萬乘，孟子重焉，一章再云也。

085 此章言保親之養　「此」字墨丁，閩、監、毛三本如此。

086 吾人能之　「吾」字墨丁，閩本同，監本如此，毛本作「賢」。

087 以其無嫌隙之事也　「嫌隙」二字墨丁，閩本同，監、毛二本如此。

088 而仰無以有羞愧於天俯無以有慚怍於人　「仰無」至「天俯」九字墨丁，閩本同，監、毛二本如此。

089 己之有德又得天下英才大賢　「德又」二字墨丁，閩本同，監、毛二本如此。

090 欲行禮也　閩、監、毛三本同。廖本、孔本、韓本、考文古本「欲」作「樂」。

091 乃所謂性於仁義者也　閩、監、毛三本同。宋本、孔本、韓本、考文古本作「謂性仁義也」。廖本無「於」字。

092 行之於天下　閩、監、毛三本同。宋本、孔本、韓本、考文古本「之」作「政」。

093 人自曉喻而知也　閩、監、毛三本同。宋本、岳本、孔本、韓本、考文古本「自」作「以」，「知」下有「之」字。廖本亦有「之」字，足利本無。

094 章指言：臨莅孔本、韓本「莅」作「蒞」。天下，君國子民，君子之樂，尚不與存。仁義内充，身體履方，四支不言，蟠辟用張。心邪意溺，進退無容，於是之際，知其不同也。

095 君國子民　「君」字墨丁，閩、監、毛三本如此。

＊ 仁義内外充　監、毛本同。案，章指無「外」字。❺

13a—096 君子之學入乎耳著乎心布乎四體形乎動静又曰君子至德默然而喻同意　「耳著」以下，十行本有脱頁，閩本亦闕，監本、毛本如此。

校記

❶ 殀壽，原作「殃壽」。按，孟子本文、廖本章指及南昌本作「殀」，今據以改正。

❷ 操存，注疏各本皆作「操執」。蓋「存」乃「執」之誤。

❸ 無者字非，南昌本、咸豐補刊本删「字」字作「無者非」。據文義，南昌本及咸豐補刊本爲長。

❹ 「按，古本無不作『者』」句，南昌本改作「按，『者』字古本皆同」，蓋因出文中有「無不」二字。

❺ 此條南昌本在「君國子民」條前，今據疏文先後順序移補於此。

孟子注疏校勘記卷十三下

13b—001 仁人呼復歸之矣　閩、監、毛三本同。廖本、孔本、韓本、考文古本「呼」作「將」，是也。案，此形近之僞。

002 足以無飢矣　宋九經本、宋本、岳本、咸淳衢州本、孔本、韓本、考文古本、足利本同。閩、監、毛三本「足」誤「可」。

003 章指言：王政普大，教其常業，各養其老，使不凍餒。考文古本作「餒之」。案，「之」當「乏」之誤。二老聞之，歸身自託。考文古本誤「記」。衆鳥不羅，翔鳳來集，亦斯類也。

* 歸身自已　已，章指作「託」，是也。

004 疇一井也　按，文選登樓賦注及唐釋玄應衆經音義卷一皆引賈逵説「一井爲疇」，邠卿所本也。文選送應民詩注作「二井爲疇」，「二」乃譌字。❶

005 庶民治其田疇　閩、監、毛三本同。宋本、孔本、韓本、考文古本「庶」作「教」。

006 而何有不仁者也　閩、監、毛三本同。宋本、孔本、韓本、考文古本無「而」字。

007 章指言：教民之道，富而節用，畜孔本作「蓄」。積有餘，焉有不仁，故曰「倉廩實知禮節」也。

008 則地無遺其利又在上者　閩、監、毛三本「其利」作「利其」，無「又」字。

009 坎也　閩、監、毛三本同。宋本、孔本、韓本、考文古本「坎」作「欿」，下「滿坎」同。○按，「原泉」章作「科坎也」。

010 以喻君子之學必至成章乃仕進者也　閩、監、毛三本同。宋本、孔本、韓本、考文古本無「之」字、「至」字、「者」字。

011 章指言：宏大明者無不照，包聖道者成其仁，是故賢者志大，宜爲君子。

012 此章言宏也明者　閩、監、毛三本「也」上一字作「能」，「也」作「大」。案，此章指文也，作「能」非。

013 包聖道者　閩、監、毛三本「包」改「志」。案，此章指文也。包，宋本作「乞」，作「志」非。

* 而天下亦莫大也於太山也　補案，上「也」字誤衍。

014 故以此別之也　閩、監、毛三本同。宋本、孔本、韓本、考文古本作「以此別之」。

015 章指言：好善從舜，好利從蹠，明明求之，常若不足，君子小人，各一趣也。

016 不肯爲也　閩、監、毛三本，孔本同。宋本、韓本、考文古本無「肯」字。

017 放踵　文選注引作「致於踵」，引注「致至也」。

018 不知時變也　閩、監、毛三本同。岳本、宋本、孔本、韓本、考文古本「知」作「得」。

019 章指言：楊墨放蕩，子莫執一，聖人量時，不取此術，孔子行止，唯義所在。

020 章指言：饑孔本、韓本、考文引古本作「飢」。不妄食，忍情抑欲。賤不失道，不爲苟求。能無心害，夫將何憂。

021 章指言：柳下惠不恭，用志大也，無可無否，以賤爲貴也。❷

022 能於中道　閩、監、毛三本同。宋本、孔本、韓本、考文古本無「能於」二字。

023 而盡棄前行者也　閩、監、毛三本同。廖本、孔本、韓本、考文古本無「者」字。

024 章指言：爲仁由己，必在究考文古本作「完」，韓本同。之，九軔而輟，無益成功，論之一簣，義與此同。

025 五霸而能久假仁義　閩、監、毛三本同。宋本、孔本、韓本、考文古本「而」作「若」，足利本作「方」。

026 譬如假物　閩、監、毛三本、孔本、韓本同。廖本「如」作「若」。

027 章指言：仁在性體，其次假借，用而不已，考文古本無「已」字。實何以易，在其勉之也。

028 人臣秉忠志若伊尹　閩、監、毛三本同。廖本、孔本、韓本疊「志」字。

029 章指言：憂國忘家，意在出身，志在寧君。放惡攝政，伊、周有焉，凡人志異，則生篡心也。

030 公孫至篡也　閩本同。監、毛二本「孫」下有「丑」字。

031 則謂之素餐　閩、監、毛三本同。廖本、孔本、韓本、考文古本無「則」字。

032 有不耕而食　閩、監、毛三本同。廖本、孔本、韓本下有「者」字。

033 身安國富　閩、監、毛三本同。宋本、孔本、韓本「身」作「君」。

034 章指言：君子正己，以立於世，世美其道，君臣是貴，所過者化，何素餐之謂也？孔本、韓本、考文引足利本無「也」字。

035 問士當何事爲事者邪　閩、監、毛三本同。廖本、孔本、韓本、考文古本「者邪」作「也」。

036 尚貴也　十行本「貴」字糢糊，閩、監、毛三本如此，宋本、孔本、韓本、考文古本作「上」。

037 仁爲士　廖本、孔本、韓本「士」作「上」，閩、監、毛三本作「貴」。

038 大人之事備矣　閩、監、毛三本同。廖本、孔本、韓本、考文古本「矣」作「也」。

039 章指言：人當尚志，志於善也，善之所由，仁與義也，欲使王子無過差也。

040 章指言：事有輕重，行有小大，以大包小，可也，以小信大，未之聞也。

041 桃應以舜爲天子　閩、監、毛三本同。宋本、孔本、韓本「以」下有「爲」字。

042 夫舜惡得禁之　各本同。宋本「夫」作「大」。

043 草履也　閩、監、毛三本同。廖本、孔本、韓本、考文古本「履」下有「可蹝者」三字。

044 爲至貴也　閩、監、毛三本同。宋本、孔本、韓本、考文古本無「至」字。

045 章指言：奉法承天，政不可枉，大孝榮父，遺棄天下。虞舜之道，趨將如此，孟子之言，揆聖意也。

046 見王子之儀　岳本、宋本、廖本、孔本、考文古本同。閩本此下剜增「體」字，非。監、毛二本，韓本並沿閩本之誤。

047 高涼　按，「涼」字與「亮」同，古字通用。亮者，明也。

048 喟然嘆曰　各本同。岳本「嘆」上有「而」字。

049 居之移人氣志　閩本、孔本、韓本、考文古本、足利本同。監、毛二本「人」誤「養」。

050 豈非盡是人之子也　閩、監、毛三本同。宋本、考文古本「豈」作「皆」。孔本、韓本「盡」作

「皆」。

051 章指言：人性皆同，居使之異。君子居仁，小人處利，譬猶王子，殊於衆品也。

052 譬猶王子　閩、監、毛三本「猶」作「如」。

053 故君自發聲耳　閩、監、毛三本同。廖本、孔本、韓本、考文古本無「耳」字。

054 章指言：輿服器用，人用不殊。尊貴居之，志氣以舒。是以居仁由義，盎然内優，胷中正者，眸子不瞀也。

055 正義曰　此上監、毛二本增「孟子曰至似也」六字。

056 似其呼聲似我君也　閩、監、毛三本刪「似其呼聲」四字，是也。

057 言大亦無他事異焉　閩本同。監、毛二本無「大」字。

058 愛而不敬　石經「敬」諱作「欽」，下同。

059 章指言：取人之道，必以恭敬，恭敬貴實，虚則不應，實者謂敬愛也。

060 正義曰　監本此上剜增「孟子曰至虚拘」六字。毛本與監本同。

061 天性也　注文宋本、廖本分兩段，「形謂」至「人也」在此經下。孔本、韓本與宋本同。

062 謂君子體貌尊嚴也　閩、監、毛三本同。宋本、孔本、韓本「尊嚴」作「嚴尊」。

063 顔如舜華　十行本「舜」字模糊，閩、監、毛三本如此。廖本、孔本、韓本、考文古本作「蕣」。案，音義出「蕣」字，依説文則「舜」古字，「蕣」俗字也。

064 然能以正道　閩、監、毛三本同。廖本、孔本、韓本、考文古本「然」下有「後」字。

065 而言踐　閩、監、毛三本，足利本同。廖本、孔本、韓本、考文古本作「色主名」，是也。

066 章指言：體德正容，大人所履，有表無裏，謂之柚梓，是以聖人乃堪踐形也。❸

067 何踐之以爲異哉　閩本同。監、毛二本「哉」作「或」。

068 而不行喪者也　閩、監、毛三本同。廖本、孔本、韓本、考文古本無「也」字。

069 亦教之孝悌而已矣　石經、宋本、孔本、韓本同。閩、監、毛三本「悌」作「弟」。

070 是豈以徐徐之爲差者乎　閩、監、毛三本同。岳本、廖本、孔本、韓本、考文古本不重「徐」字。

071 令欲行其朞喪　閩、監、毛三本同。宋本、孔本、韓本、考文古本「令」作「今」。

072 欲使得行數月喪　岳本及各本同。廖本「使」作「復」。

073 章指言：禮斷三年，孝者欲益，富貴怠厭，思減其日。君子正言，不可阿情，丑欲朞之，故譬以紾兄徐徐也。

074 而浹洽也　閩、監、毛三本同。廖本、孔本、韓本、考文古本「浹」作「沾」。足利本「也」作「之」。

075 有達財者　音義出「達財」云：「一本作『才』。」

076 此教之道也　閩、監、毛三本同。廖本、孔本、韓本、考文古本無「也」字。

077 章指言：教人考文古本作「之」。之術，莫善五者，養育英才，君子所珍，聖所不倦，其惟誨人乎。

078 則中道德之中　各本同。考文古本「德」作「體」。

079 章指言：曲高和寡，道大難追。然而履正者不枉，執德者不回，故曰人能宏道。考文古本作「大」。丑欲下之，非也。

080 章指言：窮達卷舒，屈伸異變，變流從顧，守者所慎，故曰金石獨止，不徇人也。

081 滕更滕君之弟　自此文「滕君之弟」起至「君子之於物也」章注「非己族類」「非」字止，十行本缺一頁，閩本與十行本同，亦缺一頁，惟所缺自「更」字起耳。監、毛本不缺。❹

082 當有功勞之恩　監、毛同。宋本、孔本、韓本「當」作「嘗」。

083 章指言：學尚虛己，師誨貴平，是以滕更恃二，孟子弗應。

084 章指言：賞僭及淫，刑濫傷善，不僭不濫，詩人所紀，是以季文三思，何後之有。

085 而不加之仁　監、毛、韓本同。宋本、考文古本「加之」作「知人」，岳本、廖本、孔本作「如人」。足利本此句作「而不得與人同」。

086 不得不殺也　監、毛、孔本、韓本同。宋本下「不」作「而」。❺

087 用恩之次者也　閩、監、毛三本同。廖本、孔本、韓本、考文古本無「者」字。

088 章指言：君子布德，各有所施，事得其宜，故謂之義也。

089 務愛其賢也　閩、監、毛三本同。廖本、孔本、韓本、考文古本無「其」字。

090 不二三　宋本、廖本、孔本、韓本同。閩、監、毛三本「二三」作「一一」。

091 親加恩惠也　閩、監、毛三本同。岳本、廖本、孔本、韓本無「也」字。

092 有若大飯長歠而問無齒決類也　閩、監、毛三本同。廖本、孔本、韓本、考文古本「有若」至「齒決」十一字作「若此之」三字。

13b—093 章指言：振裘持領，正羅維綱，君子百行，先務其崇，是以堯舜親賢大化，以隆道爲要也。

校記

❶卿，原作「鄉」。按，趙岐字邠卿，作「鄉」者乃形近之譌，今據咸豐補刊本改正，他本皆誤。

❷南昌本下增校記：「案，僞疏作『以貴爲賤』，誤也。」

❸榟，南昌本誤作「梓」。按，音義出文作「柚榟」，廖本章指亦作「榟」，則作「梓」非。

❹南昌本下增「〇今據毛本補」。

❺南昌本末增「誤」字。

孟子注疏校勘記卷十四上

14a—001 凡三十九章　閩、監、毛三本同。音義「九」作「七」。案，此當作三十八章，疏亦數至三十八章，又云「凡此三十九章」，舛錯殊甚。

002 得民爲君爲臣　閩、監二本同。毛本「爲臣」上有「得君」二字。

003 言伯夷下惠　閩本同。監、毛二本「下」上有「柳」字。毛本「言」誤「方」。

* 優劣異羞　補，監、毛本「羞」作「差」，不誤。

004 所親愛之臣民　閩、監、毛三本，足利本同。宋本、考文古本無「親」字。廖本上有「加」字。孔本、韓本作「加所愛之臣民」。

005 章指言：發政施仁，一國被恩。好戰輕民，災及所親。著此魏王，以戒人君也。

006 敵國不相征　閩、監、毛三本同。廖本、孔本、韓本、考文古本、足利本「不」下有「得」字。

007 於三王之法　各本同。考文古本「三」作「二」。

008 皆不得其正者也　閩、監、毛三本同。宋本、孔本、韓本、考文古本無「皆」字。

009 章指言：春秋撥亂，時多戰争，孔本、韓本作「争戰」。事實違禮，以文反正，征伐誅討，不自王命，故曰無義戰也。

010 言争或過　閩、監、毛三本同。廖本、孔本、韓本、考文古本「争」作「事」。

011 皇帝清問下民　閩、監、毛三本同。宋本、廖本、孔本、韓本、考文古本、足利本無「皇」字。○按，無者是。困學記聞所引正同。

012 天不能問於民　閩、監、毛三本同。廖本、韓本、考文古本無「於」字。孔本作「天子不能問民」，孔本誤。

013 武成之篇名　閩、監、毛三本同。廖本、孔本、韓本、考文古本「之」上有「逸書」二字，是也。❶

014 而迎其王師　閩、監、毛三本同。廖本、孔本、韓本、考文古本無「王」字。

015 則不取之也　閩、監、毛三本同。宋本、孔本、韓本、考文古本無「之」字。

016 章指言：文之有美過實，聖人不改，録其意也。非獨書云，詩亦有言，「崧高極天」，「則百斯男」，宋本、孔本、韓本、考文古本此下有「亦已過矣」四字。是故取於武成二三策而已。孔本、韓本無「是故」已下十字。❷

017 至不取也　閩本同。監、毛二本「取」下有「之」字。×

018 南面而征北夷怨　宋本、孔本、韓本同。閩、監、毛三本「夷」作「狄」。石經此字漫漶。案，僞疏引亦作「北夷」，作「夷」是也。

019 何謂而後我　閩、監、毛三本同。宋本「謂」作「爲」。廖本無「而」字。孔本、韓本、考文古本作「何爲後我」。

020 已説於上篇矣　閩、監、毛三本同。廖本、孔本、韓本、考文古本無「矣」字。

021 武王之伐殷也　石經「殷」諱作「商」。

022 趣馬　廖本及各本同。宋本作「取馬」。音義出「趣馬」。

023 額角犀厥地　閩、監、毛三本同。宋本、孔本、韓本「額」作「頟」，「犀」作「屖」。案，音義云：「頟，即『額』字。『屖』字音西，義與『棲遲』

同，息也，久也，字從尸下辛。或作『犀牛』字，誤也。」段玉裁云：丁説殊誤。字當作「犀」，从牛。國語曰「角犀豐盈」，國策曰「眉目準頞犀角，權衡偃月」，今人謂之「天庭」，古謂之「犀角」，相書云「伏犀貫頂」，即其理也。「頟角犀厥地」，文選注引作「撅地」，謂人叩頭似若以角發地然也。説文曰：「厥，發石也。」

024 欲令武王來征己之國　閩、監、毛三本同。廖本、孔本、韓本、考文古本上有「各」字。

025 章指言：民思明君，若旱望雨，以仁伐暴，誰不欣喜？是以殷民厥角，周師歌舞，焉用善戰，故云罪也。

026 若崩厥角角　閩本下「角」剜去，空一字。監、毛本無下「角」字。

027 梓匠輪輿之功　宋本、廖本、孔本、韓本同。閩、監、毛三本「功」作「工」。

028 雖得規矩之法　閩、監、毛三本同。廖本、孔本、韓本、考文古本無「之法」二字。

029 亦不能成器也　閩、監、毛三本同。宋本、廖本、孔本、韓本、考文古本「亦不能」作「不以」。

030 蓋喻人不志仁雖誦典憲不能以善　閩、監、毛三本同。廖本、孔本、韓本、考文古本無此十四字。

031 章指言：規矩之法，喻若典禮。人不志仁，雖誦典憲，孔本、韓本、考文古本作「憲籍」。不能以善。善人修道，公輸守繩，政成器美，惟宋本、足利本作「準」。度是應，得其理也。

032 章指言：阨窮不憫，貴而思降，凡人所難，虞舜獨孔本、韓本、考文引古本作「所」。隆，聖德所以殊也。

＊ 舜降聖德　案，「降」當依章指作「隆」。

033 孟言舜初於耕歷山　閩、監、毛三本

「孟」下有「子」字。

034 章指言：恕以行仁，遠禍之端。暴以殘民，招咎之患。是以君子好生惡殺，反諸身也。

035 勿令勿讎則殺之　閩、監、毛三本下「勿」作「讐」。

036 章指言：修理關梁，譏而不征，如以稅斂，非其式程，懼將爲暴，故載之也。

037 雖妻子不肯行之　閩、監、毛三本，孔本、韓本同。岳本、宋本、廖本、考文古本無「雖」字。

038 而況他人乎　閩、監、毛三本，孔本、韓本同。宋本作「而況於他人者乎」。考文古本作「而況他人者乎」。

039 章指言：率人之道，躬行爲首，孔本、韓本、考文引古本下有「故」字。論語曰「其身不正，雖令不從」。

040 營苟得之利　各本同。毛本「苟」誤「茍」。

041 章指言：務利蹈姦，務德蹈仁，舍生取義，其道不均也。

042 能讓千乘之國　石經「讓」諱作「遜」。

043 伯夷　各本同。宋本作「子臧」。

044 季札之類　閩、監、毛三本同。孔本、韓本、考文古本「類」作「疇」。

045 爭簞食豆羹　閩、監、毛三本，孔本、韓本同。宋本、岳本「食」作「飯」。

046 鄭公子　閩、監、毛三本同。廖本、孔本、韓本、考文古本作「鄭子公」，是也。左傳作「子公」。

047 染指黿羹之類　閩、監、毛三本同。宋本、孔本、韓本、考文古本「黿」作「魭」。音義出「魭羹」云：「左傳作『黿』。」案，此則注文本用「魭」

字，改爲「黿」非也。

048 章指言：廉貪相殊，名亦卓異，故聞伯夷之風，懦夫有立志也。

* 故經書曰鄭公子弑其君夷　案，「子」下當有「嘉」字。

049 故財用有所不足故也　閩、監、毛三本同。宋本、孔本、韓本、考文古本作「故財用不足」。❸

050 章指言：親賢正禮，明其五教，爲政之源，聖人以三者爲急也。

051 謂象封於有庳　閩、監、毛三本同。宋本、孔本、韓本作「謂若象封有庳」。考文古本、足利本「謂」下有「若」字。

052 故不得有天下焉　閩、監、毛三本同。宋本、孔本、韓本、考文古本、足利本「焉」作「也」。

053 章指言：王者當天，然後處之。桀紂幽厲，雖得猶失，不以善終，不能世祀，不爲得也。

* 世有不仁之者　補，監、毛本「者」作「人」，是也。

* 而得其國而爲臣者　補，監、毛本「臣」作「君」。

054 諸侯能以爲大夫　閩、監、毛三本同。宋本、孔本、韓本「能」作「封」。

055 而更置之　閩、監、毛三本同。宋本、孔本、韓本、考文古本「之」作「也」。

056 章指言：得民爲君，得君爲臣，民爲貴也。先黜諸侯，後毁社稷，君爲輕也。重民敬祀，治之所先，故列其次而言之。

057 如諸侯不能保安其社稷　閩本同。監、毛二本「如」作「而」。

058 柳下惠之和　各本同。考文古本「和」作

「厚」。

059 喻聞尚然　閩、監、毛三本同。宋本、廖本、孔本、韓本、考文古本「喻」作「諭」。

060 況於親見而薰炙之者乎　閩、監二本同。毛本「薰」作「熏」，「乎」誤「子」。岳本無「於」、「而」二字。廖本作「況親見勳炙者也」。考文古本與廖本同，「勳」作「熏」。孔本作「況於親見薰炙者也」。韓本、足利本與孔本同，韓本「薰」作「勳」。案，音義出「勳炙」云「字與『熏』同」，則作「薰」、「熏」者並非古本也。

061 章指言：伯夷、柳下惠考文古本無「惠」字。變貪厲薄，千載聞之，猶有感激，謂之聖人，美其德也。

062 下惠之爲聖人也　閩本同。監、毛二本上增「柳」字，下「聞下惠之和風」同。

063 章指言：仁恩須人，人能宏道也。

064 說已見上篇言矣此不復說焉　閩、監、毛三本同。廖本、孔本、韓本、足利本作「注義見萬章下首章」。考文古本無「言矣」已下七字。

065 章指言：孔子周流不遇，則之他國，遠逝惟魯斯戀，篤於孔本、韓本、考文引古本無「於」字。父母國之義也。

066 君子之戹於陳蔡之間　音義出「戹於」云：「或作『厄』，同。」

067 君子之道三　孔本、韓本、考文古本同。閩、監、毛三本「之道」改「道者」。

068 章指言：君子固窮，窮不變道，上下無交，無賢援也。

069 如之何也　閩、監、毛三本同。廖本、孔本、韓本、考文古本無「也」字。

070 而仕者亦益多口　閩、監、毛三本同。廖本、孔本、韓本作「而爲士者益多口」。考文引「而仕者」云：古本作「而爲仕者」。

071 亦不殞厥問　宋九經本、岳本、咸淳衢州本、孔本、考文古本同。閩、監、毛三本，韓本「殞」作「隕」，注同。

072 不殞絶畎夷之愠怒　閩、監二本同。毛本、孔本、韓本、考文古本「殞」作「殄」。

073 章指言：正己信心，不患衆口，衆口諠譁，大聖所有，況於凡品之所能禦，故荅貉稽曰無傷也。

074 不意衆口　閩本同。監、毛二本「意」作「患」。

075 法度昭明　閩、監、毛三本同。廖本、孔本、韓本、考文古本「明」作「昭」。

076 是躬行之道可也　閩、監、毛三本同。廖本、孔本、韓本、考文古本「行」作「化」。

077 而欲使人昭明　閩、監、毛三本同。宋本、孔本、韓本、考文古本「人」上有「他」字。

078 章指言：以明昭闇，闇者以開。以闇責明，闇者愈迷。賢者可遵，譏今之非也。

* 而求流之請　補，監、毛本「請」作「清」。

079 山之領　宋本、孔本、韓本、考文古本、足利本同。閩、監、毛三本作「嶺」。

080 正若山路　閩、監、毛三本同。廖本、孔本、韓本、考文古本「正」作「比」。

081 章指言：聖人之道，學而時習，仁義在身，常宋本、孔本、韓本、足利本作「當」。被服，舍而弗修，猶茅是塞，明爲善之不可倦也。

082 禹之尚聲樂　閩、監、毛三本同。廖本、孔本、韓本、考文古本「尚」下有「聲」字。

083 鈕磨齧處深矣　閩、監、毛三本同。宋本、孔本、韓本、考文古本「磨」作「擘」。

084 蠡欲絶之貌也　閩、監、毛三本同。廖本、孔本、韓本、考文古本叠「蠡」字。足利本不叠，無「也」字。

085 限切　段玉裁云：門限亦曰門切，丁氏云限迹切深，僞疏單摘「限」字，由不解「切」字也。

086 是兩馬也　閩、監、毛三本同。廖本、孔本、韓本、考文古本無此四字。

087 章指言：前聖後聖，所尚者同，三王一體，何得相踰。欲以追蠡，未達一隅，孟子言之，將啓其蒙。

088 以振貧窮　廖本、孔本、韓本、考文古本同。閩、監、毛三本「振」作「賑」。「賑」乃俗字耳。

089 將復若發棠時　閩、監、毛三本同。孔本、韓本、考文古本無「將」字。

090 見虎走而迎　閩、監、毛三本同。宋本、孔本、韓本、考文古本下有「之」字。

091 章指言：可爲則從，不可則凶，言善見用，得其時也。非時逆指，猶若馮婦，暴虎無已，必有害也。

092 耳之樂五音　閩、監、毛三本同。廖本、孔本、韓本、考文古本「五音」作「音聲」。

093 四肢懈倦　閩、監、毛三本同。孔本、韓本「懈」作「解」。音義出「解倦」。

094 則思安佚不勞苦　宋本、孔本、韓本、考文古本同。閩、監、毛三本「苦」誤「若」。

095 凡人則有情從欲而求可身　閩、監、毛三本同。廖本、孔本、韓本「有」作「觸」，「身」作「樂」。宋本、考文古本「有」作「觸」。足利本「身」作「樂」。

096 故君子不謂之性也　閩、監、毛三本同。廖本、孔本、韓本、考文古本無「之」字。

097 知之於賢者也　宋本、岳本、孔本、韓本同。

閩、監、毛三本「知」作「智」。案，音義出「知之」云：音智，注同。則作「智」非也。

098 有性焉　各本同。孔本「焉」作「也」。

099 乃得居而行之　閩本、孔本、韓本同。監、毛二本「居」誤「君」。

100 在天而已　閩、監、毛三本同。廖本、孔本、韓本、考文古本「在」作「任」。

101 章指言：尊德樂道，不任孔本、韓本、考文古本作「追」。佚性。治性勤禮，不專委命。君子所能，小人所病，究言其事，以勸戒也。

102 聞樂正子爲政於魯　各本同。毛本「聞」誤「問」。

103 不害爲善信之行謂何　閩、監、毛三本同。孔本、韓本、考文古本「爲」作「問」。

104 不億不信也　閩、監、毛三本同。廖本、孔本、韓本、考文古本「億」作「意」。案，音義出「不意」，作「億」非也。

105 使之不虛　各本同。考文古本「之」下有「意」字。

106 章指言：神聖以下，優劣異差，樂正好善，應下二科，是以孟子爲之喜也。

14a—107 樂正何人也者　閩、監、毛三本「正」下增「子」字。

校記

❶ 武成，南昌本誤作「武城」。

❷ 武成，南昌本誤作「武城」。又「是故」以下凡十一字，此云「十字」，是「十」下脱「一」字，南昌本、學海堂本並誤。

❸ 出文「財用」，南昌本誤作「則用」。

孟子注疏校勘記卷十四下

14b—001 欄也 閩、監、毛三本同。廖本、孔本、韓本、考文古本「欄」作「蘭」。足利本作「闌」，下「入欄」同。音義出「蘭」字云：「與『欄』字同。」案，蘭者假借字，欄者俗字，闌者正字也。

002 又復從而非之 閩、監、毛三本同。廖本、孔本、韓本、考文古本「非」作「罪」。

003 章指言：驅邪反正，正斯可矣。來者不綏，追其前罪，君子甚之，以爲過也。

004 斷養之役也 閩、監、毛三本同。廖本、孔本、韓本、考文古本「斷」作「斯」。音義出「斯養」云：「斯養」同「斷」。

005 則分崩不振 閩、監、毛三本、孔本、韓本同。宋本、廖本無「則」字。

006 章指言：原心量力，政之善者。繇役並興，以致離殍。養民輕斂，君子道也。❶

007 居不離散 閩、監、毛三本同。廖本、孔本、韓本、考文古本「居」作「民」。

008 章指言：寶此三者，以爲國珍。寶於珍孔本、韓本、考文引古本作「争」。玩，以殃其身。諸侯如兹，永無患也。

009 章指言：小知自私，藏怨之府。大雅先人，福之所聚。勞謙終吉，君子道也。

010 若是乎從者之庱也 閩、監、毛三本、孔本、韓本同。廖本「庱」作「廋」。音義出「廋」字云：「或作『庱』。」

011 扉屨也　十行本模糊，閩、監、毛三本如此。宋本、孔本、韓本「扉」作「屝」。音義出「屝」字，作「扉」者誤。

012 業織之有次　監本「業」誤「菜」。×

013 自知問之過也　閩、監、毛三本同。宋本、孔本、韓本無「也」字。

014 夫子之設科也　閩、監、毛三本同。宋本、岳本、廖本、孔本、韓本「子」作「予」。案，注云「夫我設教授之科」，僞疏亦云「夫我之設科以教人」，則作「予」是也。予、子蓋字形相涉而譌。

015 來者不拒　閩、監、毛三本，孔本、韓本同。宋九經本、宋本、岳本、咸淳衢州本、廖本「拒」作「距」。

016 亦不拒逆　閩、監、毛三本，韓本同。廖本、考文古本「拒」作「距」。孔本「拒逆」作「逆拒」。

017 君子不保其異心也　閩、監、毛三本同。廖本、孔本、韓本、考文古本無「其」字。

018 殆非爲是來　閩、監、毛三本同。廖本、孔本、韓本、考文古本上有「言」字。

019 謙以益之而已　閩、監、毛三本同。廖本、孔本、韓本、考文古本作「謙以荅之」。

020 章指言：教誨之道，受之如海，百川移流，不得有拒。考文引古本作「距」。雖獨竊屨，非己所絶，順荅小人，小人自咎，所謂「造次必於是」也。

021 人能充無穿窬之心　閩、監、毛三本同。宋九經本、岳本、咸淳衢州本、廖本、孔本、韓本「窬」作「踰」。

022 人能充無受爾汝之實　各本同。廖本「汝」作「女」。

023 人所爾汝者也　閩本、孔本、韓本同。監、毛二本「汝」作「女」。毛本下「爾汝」亦作「女」。

024 而以有行所至　閩、監、毛三本同。廖本、

孔本、韓本、考文古本「有」作「自」。❷

025 是以言餂之也　音義云：「本亦作『餂』。」○按，韻書無「餂」字，而趙注與方言正合，則爲「餂」字之誤無疑也。

026 章指言：善恕行義，充大其美，無受爾汝，何施不可。取人不知，失其臧否，比之穿踰，善亦遠矣。

027 孟子曰人皆不忍　閩、監、毛三本「皆」下有「有所」二字。

028 以其失之以也　閩本下「以」改「敖」。監、毛二本與閩本同。

029 而道存焉　閩、監、毛三本同。岳本、廖本、孔本、韓本、考文古本無此四字。

030 自任太輕也　閩、監、毛三本同。宋本、孔本、韓本無「也」字。

031 章指言：言道之善，以心爲原，當求諸己，而責於人，君子尤之，況以妄芸，言失務也。

032 乃爲善言者也　閩本同。監、毛二本刪「者」字。

033 乃爲善道○君子之言也　閩、監、毛三本「○」作「也」字。

034 以其君子於其言也　閩本同。監、毛二本無上「其」字。

* 非特騰心說而已　補，監、毛本「心」作「口」，是也。

035 謂加善於民也　閩、監、毛三本同。岳本、廖本、孔本、韓本、考文古本無「也」字。

036 盛德之至　各本同。孔本下有「也」字。

037 行命以待之而已矣　閩、監、毛三本同。廖本、孔本、韓本、考文古本作「待命而已矣」。

038 章指言：君子之行，動合禮中，不惑禍福，修身俟終，堯舜之盛，湯武之隆，不是過也。

039 是爲盛之至也　閩、監、毛三本「盛」下有「德」字。

040 勿視其巍巍然　閩、監、毛三本同。廖本、孔本、韓本「巍」作「魏」。音義出「魏魏」，「丁云當作『巍』」。是經文本作「魏」，作「巍」非也。○按，依説文本無二字。

041 謂當時之尊貴者也　岳本及各本同。宋本無「謂」字。

042 説大人之法　閩、監、毛三本同。廖本、孔本、韓本、考文古本「説」下有「此」字。

043 言語得盡而已　閩、監、毛三本。廖本、孔本、韓本、考文古本無「而已」二字。❸

044 堂高數仞　閩、監、毛三本同。廖本、孔本、韓本、考文古本「堂高」作「高堂」。

045 榱題數尺　閩、監、毛三本同。廖本、孔本、韓本、考文古本「榱題」作「振屋」。

046 奢太之室　閩、監、毛三本同。廖本、孔本、韓本、足利本「太」作「汰」，考文古本作「大」。

047 大屋無尺丈之限　廖本、孔本、考文古本、足利本同。閩、監、毛三本，韓本「屋」作「室」。

048 後車千乘　閩、監、毛三本同。孔本、韓本、考文古本「後」作「從」。

049 章指言：富貴而驕，自遺咎也。茅茨采椽，聖堯表也。以賤説貴，懼有蕩心，心謂彼陋，以寧我神，故以所不爲爲之寶玩也。

＊ 自遺咎　補案，「咎」下依章指有「也」字。

050 利欲也　各本同。廖本「利欲」作「欲利」。

051 若晉國欒黶之類也　閩、監、毛三本同。

廖本、孔本、韓本、考文古本無「晳」字。

052 不存者衆　閩、監、毛三本同。廖本、孔本、韓本、考文古本下有「也」字。

053 章指言：清静孔本、韓本作「浄」。寡欲，德之高者。畜聚積實，穢行之下。廉者招福，濁者速禍，雖有不然，蓋非常道，是以正路不可不由也。

054 孟子至寡矣　閩、監二本同。毛本「子」下有「曰」字。

* 孟子曰至雖有不存焉者寡矣　監、毛本同。案，「不」字衍。

055 故問羊棗與膾炙孰美也　閩、監、毛三本同。廖本、孔本、韓本、考文古本「孰」字在「與」字之上。韓本無「也」字。

056 故諱　閩、監、毛三本同。廖本、孔本、韓本、考文古本下有「之也」二字。

057 章指言：情理宋本、孔本、韓本、考文古本作「禮」。相扶，以禮制情，人所同然，禮則不禁。曾參至孝，思親異心，羊棗之感，終身不嘗，孟子嘉焉，故上章稱曰豈有非義而曾子言之者也。

058 獨曾子好之　閩、監、毛三本「子」改「晳」。

059 譬如君父之名　閩、監、毛三本「如」下增「諱」字。

060 吾黨之小子　閩、監、毛三本同。宋本、孔本、韓本「小子」作「士」。

061 孔子在陳　閩、監、毛三本同。廖本、孔本、韓本、考文古本「在」作「戹」。

062 思魯之狂士者也　閩、監、毛三本同。廖本、孔本、韓本、考文古本無「者」字。

063 狷者有所不爲也　各本「狷」作「獧」。案，音義出「狂猥」云「與『狷』同」，則經、注並當作「猥」，作「狷」者誤。

064 能恥賤惡　閩、監、毛三本同。廖本、孔本、韓本、考文古本「惡」作「汙」。

065 以其鄉原賊德故也　閩、監、毛三本同。宋本、孔本、韓本無「鄉原」二字。

066 萬章問鄉原之惡如何　廖本、孔本、韓本「如」作「云」。閩、監、毛三本「如何」作「何如」。

067 言何以嘐嘐若有大志也　閩、監、毛三本同。廖本、孔本、韓本「以」下有「是」字。

068 萬子曰　按，朱注本作「萬章」，誤。

069 惡鄉原恐其亂德也　韓本脱此八字。

070 莠之莖葉似苗　閩、監、毛三本同。岳本、廖本、孔本、韓本無「之」字。

071 色似朱朱赤也　閩、監、毛三本同。廖本、孔本、韓本少一「朱」字。

072 孔子之所惡也　閩、監、毛三本同。廖本、孔本、韓本、考文古本上有「皆」字。

073 歸於常經　閩、監、毛三本同。宋本、岳本、廖本、孔本、韓本、考文古本「於」作「其」。

074 章指言：士行有科，人有等級，中道爲上，狂獧不合。似是而非，色厲内荏，鄉原之惡，聖人所甚。反經身行，民化於己，子率而　足利本作「以」。正，孰敢不正也？

075 如佞口鄉原者　閩、監、毛三本「口」上有「利」字。

076 然而無有乎爾則亦無有乎爾　音義：「陸本作『然而無乎爾則亦有乎爾』」。

077 非實無有也　岳本、廖本、孔本、韓本、考文古本同。閩、監、毛三本「有」誤「者」。

14b—078

章指言：天地剖判，開元建始，三皇以來，人倫攸敘。宏析道德，班垂文采，莫貴乎聖人。聖人不出，名世承間，雖有此限，蓋有遇孔本下有「有」字。不遇焉。是以仲尼至獲麟而止筆，孟子以「無有乎爾」終其篇章，斯亦一契之趣也。

校記

❶君子道也，南昌本作「君之道也」。按，廖本章指作「子」，則南昌本誤。

❷出文「有行」，南昌本作「自行」。「閩、監、毛三本同」句，南昌本改作：「閩、監、毛三本『自』作『有』。」

❸按，今核閩、監、毛三本文字與此條出文同，而自廖本以下諸本則與校勘記所言相同，即無「而已」二字，是校記「三本」下當增「同」字。

孟子音義校勘記卷上

f01—001 孟子音義序　以孔繼涵微波榭本、韓岱雲刊本、盧文弨抱經堂本校徐乾學通志堂本，四家互有得失，拾遺訂誤，以成是記。

002 充龍圖待制　○韓本「圖」下有「閣」字。

003 臣孫奭辭撰進　○孔本、盧本同。韓本無「辭」字。

004 臣吴易直前江陰軍江陰縣尉　○韓本脱「軍江陰」三字。

孟子題辭

005 趙氏中常侍唐珩兄玹爲京兆尹岐遂避難四方無所不歷　○孔本、韓本同。盧本「爲」上重「玹」字。案，後漢書趙岐傳「玹」字不重，「珩」作「衡」，「避」作「逃」，「無」作「靡」。

006 通稱　○孔本、韓本同。盧本提行。

007 剿　○韓本、盧本作「剿」。孔本作「勦」。案，从刀之字訓絶，从力之字訓勞。依説文當作「劋」，从刀喿聲，韓本作「剿」，即「劋」之異字。

008 章别後列切　○孔本同。韓本、盧本「後」作「彼」。案，「彼」是。

梁惠王上

009 集穆張云當爲輯穆　○盧本同。孔本、韓本此條在「重嗟」條下，是也。

010 於牣丁本作仍　○孔本、韓本同。盧本「仍」作「仞」。案，「仞」是。

011 鍾與　○韓本、盧本作「鍾」。孔本作「鐘」。

012 罔民下音同。　○各本同。案，「音」當作「章」。

梁惠王下

013 暴見及後注虹見皆同 ○孔本、韓本同。盧本無「皆」字。案，無「皆」字與全書體例不合。

014 書曰天降下民至越厥志案今尚書太誓有此文但三五字詳略不同耳 ○韓本「詳」誤「計」。按，「太」當作「大」，與「大誥」之「大」字同，謂此會中之大也。僞孔傳云「大會以誓衆」，王肅注云「以大道誓衆」，則其字作「大」可知。

015 慝 ○盧本作「吐得切」。韓本「吐」作「土」。孔本作「他」。嚴杰云：竝同位同等字。

公孫丑上

016 橈丁奴効切 ○孔本、盧本作「効」，韓本作「效」。

017 吾不惴焉丁本作遄云音揣恐懼貌 ○盧本作「貌」。孔本、韓本作「也」。

018 函音含鎧苦愛切又苦亥切祝丁亦音呪蚤售音早授不中張仲切 ○孔本、韓本同。盧本脱此五條。

019 潓也又摸本切 ○孔本、盧本作「摸」。韓本作「模」。

公孫丑下

020 賮囚刃切 ○韓本、盧本作「囚」。孔本作「因」。案，「囚」字是也。

滕文公上

021 更也 ○盧本同。孔本、韓本無「也」字。

022 覸古莧切。 ○盧本、韓本作「莧」。孔本作「筧」。案，从竹非也。

023 𢊁音義與糜同。 ○孔本、盧本有「音」字，韓本脱。

024 捆屨埤倉曰捆倣也 ○孔本、盧本作「倣」。韓本作「撽」。

025 飧 ○韓本、盧本同。孔本作「飱」，誤。告子章句下同。

026 羸路字亦作羸郎果切 ○孔本、盧本作「羸」，是也。韓本作「臝」，非。案，羸，力爲切，瘦也。「路」同「露」。羸路，謂瘦瘠暴露也。音義前説是，亦作者非。

027 **淪濟漯**作濕誤也　○孔本、韓本同。盧本「濕」改「溼」，誤。○按，漯、濕本是一字，丁云「誤也」，非。顧氏隸辨云：「累，即『㬎』之省，而譌『曰』爲『田』耳。如『顯』亦從㬎，綏民校尉熊君碑『顯』皆爲『顋』，與『濕』之爲『漯』正同。」段玉裁云：漢碑多借「濕漯」爲「溼」字，今人以「濕」爲「溼」本字，而「濟濕」字乃作「漯」。

028 **鳴鴃**丁云毛詩作鶪　○韓本、盧本作「鶪」。孔本作「鵙」。案，鶪从狊，不从貝。

029 **懲艾**丁廢切　○孔本、盧本同。韓本「丁」下有「魚」字。案，「魚」字當有。

030 **倍蓰**蓰謂半倍而益之一作五倍曰蓰　○盧本作「蓰謂」。孔本、韓本作「倍謂」，非也。韓本「一作」下有「蓰」字。

031 **蠅蜹姑**　○盧本、韓本作「蜹」。孔本作「蚋」。案，説文作「蜹」，从虫芮聲。

滕文公下

032 **墁**與謾同　○孔本、盧本作「謾」。韓本作「漫」。

033 **讙也**丁云案玉篇音𡁙召呼也蓋字讙譁同。　○按，韓本作「讙」是，孔本、盧本作「嚾」非。讙即今之「諠譁」字也。「玉篇音𡁙，召呼也」，此語甚誤，「讙」不得有「𡁙」音，考玉篇㗊部，「嚻，荒貫切，呼也，與『喚』同」，然則「丁云按玉篇作嚻」轉寫譌作「音𡁙」。

離婁上

034 **蔟**　○孔本、盧本作「蔟」。韓本作「簇」。按，从艸是也。

035 **厲王流於彘**丁音帶　○孔本、盧本同。韓本「帶」作「滯」。案，作「滯」是也。

036 **裸**　○孔本、韓本同。盧本誤從衣旁。

037 **以濯**丁作淪　○韓本、盧本同。孔本「丁」誤「下」。

038 **眊**音耄　○孔本、韓本作「耄」。盧本作「耄」。

039 惡得卷末烏可已也　○孔本、盧本同。韓本「烏」改「惡」。

f01—040 底　○韓本、盧本作「底」。孔本作「底」。案，當作「厎」，从厂氐聲。

孟子音義校勘記卷下

離婁下

f02—001 桮音柸　○孔本、盧本作「柸」。韓本作「杯」，是。

002 何難其難赴難　○韓本、盧本作「赴難」。孔本誤作「赴乃」。

003 惰解音解　○孔本同。韓本、盧本作「音懈」。案，「懈」是。

萬章上

004 勛音勳　○孔本、盧本作「音勳」。韓本作「勳同」。案，韓本是也。書堯典作「放勳」，此作「放勛」，故云「勳同」。説文力部曰：勳，古文作「勛」，从員。然則孟子作「勛」，依古文也。

005 𨅝𨅝　○盧本同。孔本、韓本作「囂」。

萬章下

006 凡七章　○各本同。案，「七」當作「九」。

007 不撓　○盧本作「撓」。孔本、韓本作「橈」。按，孔、韓是也。

008 郤之正體却字　○韓本、盧本同。孔本作「却之正體卻字非」。

009 將比丁毗志切　○盧本作「志」。韓本作「先」。孔本作「失」。案，「失」是也。「先」與「失」形相近，「毗志切」因下文而致誤，丁之「毗失」即廣韻五質之「毗必」也。

010 傳質丁讀如字　○盧本作「字」。孔本、韓本作「贄」。

011 如底詩作砥同　○韓本作「底」。孔本、盧本作「底」。按，底者，砥之正字，後人乃謂「砥」爲正字，氐與砥異用，非也。作「底」者又一字。

告子上

012 蹴爾或作踓 ○孔本、韓本作「踓」。按，「踓」疑説文「趡」字之別體。盧本改作「躍」，誤也。

告子下

013 掊克聚斂也。 ○韓本、盧本作「歛」。孔本作「斂」。案，説文有「歛」無「斂」，歛，从攴僉聲。

014 訑訑字作詑者今諸本皆作訑 ○孔本、韓本「作詑者」作「詑詑」。盧本作「詑」，不作「訑訑」。韓本無「諸」字。按，説文作「詑」，方言作「詑」，皆訓欺，孟子是此字。注「自足其智，不嗜善言」，義之引伸。丁、張音義皆確，自「訑」譌「詑」，乃別爲音，而孫氏又爲曲説，不可從。

015 雨雪宇付切 ○韓本作「宇」。孔本、盧本作「于」。

016 鬻字或作育音同 ○孔本、韓本同。盧本此條在「曾益」條下。

盡心上

017 亟見去吏切下同 ○韓本、盧本同。孔本「同」誤「句」。

018 襁緥説文云負兒衣也聲類曰緥者小兒被子也 ○韓本、盧本同。孔本無「云」字，「緥」作「襁」，非是。

019 睟然見下音現 ○韓本、盧本同。孔本「現」誤「見」。

盡心下

020 凡三十七章 ○韓本、盧本同。孔本「七」作「九」。案，七、九竝非，當作「八」。

021 餂之 ○孔本、韓本有「之」字，盧本脫。

022 子率又所類反 ○孔本同。韓本、盧本「反」作「切」。

f02—023 然而無有乎爾則亦無有乎爾陸本作然而無乎爾則亦有乎爾 ○韓本脱「則亦有乎爾」五字。

附録

恭進十三經注疏校勘記摺子

欽惟皇上聖德天縱，典學日新，爲政本乎六經，教士先夫儒術，此我朝聖聖相承之極軌也。臣幼被治化，肄業諸經，校理注疏，綜核經義，於諸本之異同，見相沿之舛誤，每多訂正，尚未成書。乾隆五十六年，奉勅分校太學石經，曾以唐石經及各宋板悉心校勘，比之幼時所校，又加詳備。自後出任外省，復聚漢唐宋石刻暨各宋元板本，選長於校經之士，詳加校勘，自唐以後單疏分合之不同，明閩附音之有別，皆使異同畢録，得失兼明，成十三經注疏校勘記二百十七卷，附孟子音義校勘記一卷，釋文校勘記二十五卷。昔唐國子博士陸德明慮舊籍散失，撰經典釋文一書，凡漢晉以來各本之異同，師承之源委，莫不兼收並載，凡唐以前諸經舊本賴以不墜。臣撰是書，竊仿其意，連年校改方畢，敬裝十部，進呈御覽。臣自維末學，莫贊高深，妄瀆聖聰，不勝戰慄悚惶之至，謹奏。嘉慶二十一年十二月。（四部叢刊本揅經室二集卷八，清阮元撰。又見於後印之文選樓本十三經注疏校勘記，文字同。）

重刻宋板注疏總目録

周易正義十卷，魏王弼、韓康伯注，唐孔穎達等正義；

尚書正義二十卷，漢孔安國傳，唐孔穎達等正義；

毛詩正義七十卷，漢毛公傳，鄭玄箋，唐孔穎達等正義；

周禮注疏四十二卷，漢鄭玄注，唐賈公彦疏；

儀禮注疏五十卷，漢鄭玄注，唐賈公彦疏；

禮記正義六十三卷，漢鄭玄注，唐孔穎達等正義；

春秋左傳正義六十卷，晉杜預注，唐孔穎達等正義；

春秋公羊傳注疏二十八卷，漢何休注，唐徐彦疏；

春秋穀梁傳注疏二十卷，晉范甯注，唐楊士勛疏；

論語注疏二十卷，魏何晏等注，宋邢昺疏；

孝經注疏九卷，唐玄宗明皇帝御注，宋邢昺疏；

爾雅注疏十卷，晉郭璞注，宋邢昺疏；

孟子注疏十四卷，漢趙岐注，宋孫奭疏。

右十三經注疏共四百十六卷。謹案，五代會要：後唐長興三年，始依石經文字刻九經印板。經書之刻木板，實始於此。逮兩宋刻本浸多，有宋十行本注疏者，即南宋岳珂九經三傳沿革例所載「建本附釋音注疏」也。其書刻于宋南渡之後，由元入明遞有修補，至明正德中，其板猶存，是以十行本爲諸本最古之册。此後有閩板，乃明嘉靖中用十行本重刻者；有明監板，乃明萬曆中用閩本重刻者；有汲古閣毛氏板，乃明崇禎中用明監本重刻者。輾轉翻刻，訛謬百出。明監板已燬，今各省書坊通行者，惟有汲古閣毛本，此本漫漶不可識讀，近人修補更多訛舛。元家所藏十行宋本有十一經，雖無儀禮、爾雅，但有蘇州北宋所刻之單疏板本，爲賈公彦、邢昺之原書，此二經更在十行本之前。元舊作十三經注疏挍勘記，雖不專主十行本、單疏本，而大端實在此二本。嘉慶二十年，元至江西，武寧盧氏宣旬讀余挍勘記而有慕于宋本，南昌給事中黄氏中傑亦苦毛板之朽。因以元所藏十一經至南昌學堂重刻之，且借挍蘇州黄氏丕烈所藏單疏二經重刻之。近鹽巡道胡氏稷亦從吴中購得十一經，其中有可補元藏本中所殘缺者，於是宋本注疏可以復行於世，豈獨江西學中所私哉。刻書者最患以臆見改古書，今重刻宋板，凡有明知宋板之誤字，亦不使輕改，但加圈于誤字之旁，而別據挍勘記擇其説附載於每卷之末，俾後之學者不疑于古籍之不可據，慎之至也。其經文、注文有與明本不同，恐後人習讀明本而反臆疑宋本之誤，故盧氏亦引挍勘記載於卷後，慎之至也。竊謂士人讀書當從經學始，經學當從注疏始。空疏之士、高明之徒讀注疏不終卷而思卧者，是不能潛心斁索，終身不知有聖賢諸儒經傳之學矣。至於注疏諸義，亦有是有非。我朝經學最盛，諸儒論之甚詳，是又在好學深思實事求是之士由注疏而推求尋覽之也。二十一年秋，刻板初成，藏其板於南昌學，使士林、書坊皆可就而印之。學中因書成請序於元。元謂聖賢之經如日月經天、江河行地，安敢以小言冠兹卷首，惟記刻書始末於目録之後，復敬録欽定四庫全書十三經注疏各提要於各注疏之前，俾束身修行之士知我大清儒學遠軼前代，由此潛心敦品、博學篤行以求古聖賢經傳之本源，不爲虚浮孤陋兩途所誤云爾。太子少保光禄大夫江西巡撫兼提督揚州阮元謹記。（清嘉慶二十年至二十一年南昌府學刻重栞宋本十三經注疏卷首）

重栞宋本十三經注疏後記

嘉慶二十有一年秋八月，南昌學堂重栞宋本十三經注疏，成卷四百十六，并附録挍勘記，爲書萬一千八百一十葉，距始事於二十年仲春歷時十有九月。蓋官於斯土與生是邦者合其心力而爲之者也，稷竊心慰焉。曩歲癸酉，稷承乏江寧鹽法道，適浙閩制府桐城方公維甸，予告在籍，相與過從，講求政事之餘，究研經義。時以各注疏本異同得失參差互見，近日坊間重刻汲古閣毛氏本，舛誤滋多，計欲重栞之而稷調任江西，厥議遂寢。明年甲戌，宮保阮公元來撫江右，稷向讀其所著十三經注疏挍勘記，心知其所藏宋本之善，欲請觀之。而涖政之初，公事旁午，踰歲初春，始獲所願。稷昔欲重栞而志未逮者又怦然動矣。武寧貢生盧宣旬，宮保門下士，於稷夙有文字契，至是來謁，屬董厥事。以宋本召工剞劂，而一時賢士大夫樂與觀成者，咸鼓舞而贊襄之。於官則有今江南蘇松督糧道、前九江府知府方體，今江西督糧道、前廣信府知府王賡言，今南昌府知府張敦仁暨南昌縣知縣陳煦，新建縣知縣鄭祖琛，署鄱陽縣知縣、候補知州周澍，浮梁縣知縣劉丙，廣豐縣知縣阿應麟，會昌縣知縣候補知州曾暉春，二品蔭生儀徵阮常生。於紳則有給事中黃中傑，御史盧浙，編修黃中模，員外黃中杕，舉人余成教，貢生趙儀吉、袁泰開、李楨。或輸廉以助，或分經以挍，續殘補闕，證是存疑。而宮保於退食餘閒，詳加勘定，且令庋其版於學中，俾四方讀者皆可就而印之。誠西江之盛事，而宫保嘉惠士林之至意也。宫保既記其刻書始末於序目之後，稷亦喜夙願之既副，爲記其重栞日月與挍栞諸名氏於全書之末云。江西鹽法道分巡瑞袁臨等處地方盧江胡稷謹記。（清嘉慶二十年至二十一年南昌府學刻重栞宋本十三經注疏卷首）

重校宋本十三經注疏跋

宫保阮制軍前撫江右時，出所藏宋十行本以嘉惠士林，嘉慶丙子仲春開雕，閲十有九月，至丁丑仲秋板成，爲卷四百一十有六，爲葉一萬一千八百有奇。董其事者，武寧明經盧君來庵也。嗣宫保陞任兩廣制軍，來庵以創始者樂於觀成，板甫就，急思印本呈制軍以慰其遺澤西江之意。局中襄事者未及細校，故書一出，頗有淮風別雨之訛，覽者憾之。後來庵遊幕湘南，以板移置府學明倫堂，遠近購書者皆就印焉。時余司其事，披覽所及，心知有舛悮處，而自揣見聞寡陋，藏書不富，未敢輕爲改易。今夏制軍自粤郵書，以倪君模所校本一册寄示，適奉新余君成教亦以所校本寄省。倪君所校計共九十三條，余君所校計共三十八條，予因合二君所校之本，詳加勘對，親爲檢查督工，諸條更正，是書益增美備。於此想見宫保尊經教士之心，歷十餘年而不倦，隔數千里而不忘，而宇内好古之士旁搜博採，相與正訛糾繆，豈非經學昌明之盛事哉。倘四方君子更有考訂所及補目前所未備者，隨其所得郵寄省垣，俾得彙梓更正，亦皆有補於後學云。道光丙戌歲仲冬月，南昌府學教授盱江朱華臨謹識。（道光重修南昌府學本十三經注疏卷首）

學海堂本十三經注疏校勘記題記❶

注疏之善册未有過於十行本者，若毛氏汲古閣本，缺佚錯訛，棼不可理。十行本初次修板在明正德時，即日本山井鼎七經孟子考文所載正德本，非别有正德注疏本也。正德後遞有修改，誤書棘目，不若毛本多矣。近年南昌重刻十行本，每卷後附以挍勘記，董其事者，不能辨别古書之真贋，時引毛本以訂十行本之訛字，不知所據者乃續修之册。更可詫異，將宫保師挍勘記原文顛倒其是非，加「補挍」等字。因編經解附正於此，俾後之讀是記者，知南昌本之悠繆有如是夫。錢塘弟子嚴杰謹識于廣州督糧道署，時道光六年八月朔日。（學海堂本十三經注疏校勘記周易注疏校勘記卷一末）

❶ 此標題原無，爲整理者所拟補。

圖書在版編目 (CIP) 數據

十三經注疏校勘記 / 劉玉才主編 . —北京：北京大學出版社，2015.10
ISBN 978-7-301-23937-7

Ⅰ . ①十… Ⅱ . ①劉… Ⅲ . ①經學 ②《十三經》—注釋 Ⅳ . ① Z126.2

中國版本圖書館 CIP 數據核字 (2014) 第 022665 號

國家社科基金重點項目
"《十三經注疏校勘記》研究"附屬成果

書　　名	十三經注疏校勘記 SHISANJING ZHUSHU JIAOKANJI
著作責任者	劉玉才　主編
责任編輯	吴遠琴　王長民　陳軍燕　趙　新
標準書號	ISBN 978-7-301-23937-7
出版發行	北京大學出版社
地　　址	北京市海淀區成府路 205 號　100871
網　　址	http://www.pup.cn　　新浪微博：@ 北京大學出版社
電子信箱	dianjiwenhua@163.com
電　　話	郵購部 62752015　發行部 62750672　編輯部 62756449
印 刷 者	北京中科印刷有限公司
經 銷 者	新華書店
	787 毫米 ×1092 毫米　16 開本　340.25 印張　2355 千字
	2015 年 10 月第 1 版　2015 年 10 月第 1 次印刷
定　　價	1600.00 圓（全 11 册）